项目资助

本书系国家社科基金重点项目"数字时代女性创业的障碍及政策支持机制研究"（20ASH012）的成果

数字时代创业政策、创业教育和女性创业

黄扬杰 ○ 等著

中国社会科学出版社

图书在版编目（CIP）数据

数字时代创业政策、创业教育和女性创业 / 黄扬杰等著. -- 北京：中国社会科学出版社，2024.12.
ISBN 978-7-5227-4276-2

Ⅰ．F241.4

中国国家版本馆CIP数据核字第2024T5B420号

出 版 人	赵剑英	
责任编辑	赵　丽	
责任校对	罗婉珑	
责任印制	郝美娜	

出　　版	中国社会科学出版社
社　　址	北京鼓楼西大街甲158号
邮　　编	100720
网　　址	http://www.csspw.cn
发 行 部	010-84083685
门 市 部	010-84029450
经　　销	新华书店及其他书店
印　　刷	北京明恒达印务有限公司
装　　订	廊坊市广阳区广增装订厂
版　　次	2024年12月第1版
印　　次	2024年12月第1次印刷
开　　本	710×1000　1/16
印　　张	27
字　　数	414千字
定　　价	158.00元

凡购买中国社会科学出版社图书，如有质量问题请与本社营销中心联系调换
电话：010-84083683
版权所有　侵权必究

《数字时代创业政策、创业教育和女性创业》课题组成员

组　　长：黄扬杰

副组长：卜雅静　李　平

成　　员：（按汉语拼音排序）

陈　勇　郭　扬　黄文武　黄兆信
蒋玉佳　李思慧　刘文杰　孙双蕾
王　静　王心如　魏丽娜　向惜缘
徐　颖　杨　震　袁　玥　张惠芬
张佳丽　赵国靖　赵　蕾　卓泽林

特别鸣谢：上海海蕴女性创业就业指导服务中心法定代表人杨震老师、深圳市女性创业促进会张惠芬会长在著作问卷调查、访谈调查、资料收集等各方面提供的支持和帮助。

总　　序

受邀为"高校创新创业教育研究"丛书[①]作序，我十分高兴。这套丛书的出版对推进中国高校创新创业教育理论探索和实践尝试都具有关键价值。黄教授团队专攻创新创业教育的实践探索和理论研究，率先提出岗位创业教育新理念，曾为此荣获教育部人文社会科学优秀成果奖一等奖，并负责牵头起草制定了中国高校创新创业教育质量评价标准。回应全球发展的百年未有之大变局和新冠疫情对人类社会发展的系统性、复杂性影响，黄教授团队再出佳作，在此表示祝贺。

2002年，我在一篇文章中针对高校毕业生就业难问题，提出高等学校要加强对大学生进行创业教育。我认为，应该在学校里就向学生进行创业教育。所谓创业教育，就是教育学生不是消极地等待单位招聘就业，而是在没有就业机会的情况下勇于自己创业。后来，随着国际和国内整体形势的变化以及教育社会化程度的加深，我又提出学校不仅要对学生进行职业生涯教育，指导学生设计职业生涯规划，同时还要加强创业教育。在这里面，有一个关键点就是，学校应与社会各界联手，为学生创业创造一个良好的氛围。这样做的目的就是，为学生创造条件和环境，帮助他们创业。

2019年，我在《创新创业教育：国际视角》一书中讨论了全球创新创业教育的发展，从国际比较视角分析了创新创业教育为回应和引领社会发展所作的贡献及可改善的空间。我当时就提出，教育的深化改革需要尽早开始培养学生的创新思维和创业能力，高校是创新创业的基地。创新创业教育的升级转型中，我们不仅要提高对创新创业的认识，以提

---

① "高校创新创业教育研究"丛书主编为黄兆信教授。

高人才培养的质量为核心，以创新人才培养机制为重点；还要把理论研究和实际应用结合起来，推动创新和创业相结合。我们在关注创新创业实践发展的同时，还应当重视基础理论研究。

2020年，中国仅高校毕业生总数已近900万，之后每年持续增长，学生就业变成了时下民生的热点和亟须解决的重点问题。与此同时，中国特色社会主义的建设及"脱贫攻坚"工作的开展，也激发我们对教育功能的思考。毫无疑问，疫情将对大学生就业创业产生持续性的影响，我们需要一段时间来适应新的发展形势。创新创业教育注重人才培养质量，关注社会问题的多样性、复杂性和变化性，直接回应了当前我国高等教育内涵式发展中对质量和效率的追求。然而，我们也应该注意到，由于长期以来在我国教育领域中存在的唯分数、唯升学等观念障碍和行为弊病，导致创新创业教育的先进理念和模式虽然早就被黄教授等学者提出来并得到广泛认同，但在学校"培养具有创新创业意识和能力的人才"中却成效不彰。令我们感到振奋的是，2020年10月中共中央、国务院发布了《深化新时代教育评价改革总体方案》。这一方案的出台不仅是贯彻落实习近平总书记关于教育的重要论述和全国教育大会精神、深化教育综合改革以及释放教育系统深层活力的重大举措，也对新时代做好学校的创新创业教育具有十分重要的指导、牵引和规范作用。

我之所以这样讲，是因为这一总体方案对各级各类学校、教育教学工作，对学生、教师的评价都提出了不同要求。比如坚持把立德树人成效作为根本评价标准，不得向学校下达升学指标，要坚决改变以往简单以考分排名评价老师、以考试成绩评价学生、以升学率评价学校的导向和做法。这样做，显然有利于创新创业教育能真正融入国民教育体系中，融入各级各类学校的人才培养体系中，融入课程体系和教师平时的教学工作实践中。在当前我国大力推进教育改革的今天，创新创业教育一定会在我国的学校教育中结出硕果，对此，我是满怀信心的。

这套丛书在岗位创业教育理念的基础上进一步深化，形成了系统性的成果。这一系列研究既放眼全球发展新形势和创新创业教育国际实践，又立足于中国社会的实际和特色，理论基础扎实，调查全面，分析深入。

他们所做的工作，不仅有利于创新创业教育研究的进一步深化，而且有助于中国学校创新创业活动的开展。

2020 年 11 月 30 日

前　言

　　女性创业的稳健增长是缓解就业压力、促进经济社会高质量发展的重要力量。习近平提出要坚持中国特色社会主义妇女发展道路，依法依规为妇女全面发展营造环境、扫清障碍。改革开放40多年来，通过相关政策支持和鼓励，女性创业之路更加宽广，但与男性仍有差距，女性创业发展仍不平衡不充分。数字时代以人工智能、移动互联等为代表的新一轮信息技术变革正在加速经济、社会的数字化转型，不断冲击传统创业理论，也改变了女性创业过程中的各种现实障碍。因此，亟须识别新形势下女性创业障碍，并加强政策和创业教育精准支持，激发女性创业活力，推动女性创业发展。

　　本书综合运用知识图谱、半结构访谈、案例分析和问卷调查法，遵循"女性创业理论—创业障碍识别—创业异质性剖析—创业政策和创业教育复杂作用机制"分析框架，通过采用 CiteSpace、QCA、SPSS、AMOS、PLS-SEM 等软件，实现了对数字时代女性创业者现状特征的素描和比较，并对女性创业政策和创业教育复杂作用机制进行深入探究。

　　本书研究发现：第一，全球女性创业活跃度受多种因素影响，"能力—机会—期望—动机主导型路径"对于促进女性创业更为有效。第二，通过中国女性创业者画像素描，发现资金不足、创业与家庭间平衡困难以及社会关系匮乏是女性创业的主要障碍。第三，通过问卷数据结构方程模型分析，进一步发展了数字时代女性创业障碍的二阶六维模型，即数字能力、机会识别与开发、心理资本、创业团队异质性、创业与家庭冲突以及性别刻板印象六个维度。第四，女性创业者存在异质性，个人层面的创新性是影响初创企业绩效的重要因素，机会识别与开发以及心理资本在创新性和创业绩效间具有显著中介效应，而性别刻板印象具有负面的调节作用。第五，中国女性创业政策发展经历了三个阶段，政策工具的结构分布存在失衡问题。

最后，本书提出了破除数字时代女性创业障碍，以精准化的创业政策和创业教育共建良好数字创业生态系统的支持机制。第一，政府应积极设立女性创业扶持项目和政策，以解决女性创业者在资金和政策等方面遇到的障碍，为其创业清障添助力。第二，学校应在创业教育内容中加强对女性创业的培养，大力宣传成功女企业家榜样，提升女大学生的创业自信。第三，社会应积极塑造良好的女性创业生态系统，拓宽创业市场，为女性创业者提供便利的创业平台。第四，家庭成员应积极支持、理解、配合女性创业活动，主动分担女性的家庭角色和事务，给予女性充分的创业空间。第五，女性创业者个人应主动构建社会关系网络，提升自身知识和技能，如积极参加企业家交流会等，积累社会资本。

目 录

第一篇 数字时代女性创业理论研究

第一章 女性创业文献综述及理论基础 …………………… (3)
 第一节 女性创业的内涵与特征 …………………………… (3)
 第二节 国外女性创业研究评述 …………………………… (6)
 第三节 国内女性创业研究评述 …………………………… (11)
 第四节 女性创业三大理论基础 …………………………… (25)

第二章 全球女性创业现状及趋势 …………………………… (32)
 第一节 全球女性创业现状分析 …………………………… (32)
 第二节 全球女性创业趋势分析 …………………………… (40)
 第三节 心理认知视角下的全球女性创业 ………………… (42)
 第四节 本章小结 …………………………………………… (55)

第二篇 数字时代女性创业障碍研究

第三章 数字时代中国女性创业者画像 ……………………… (59)
 第一节 成功女性创业者画像 ……………………………… (59)
 第二节 女大学生创业特征画像 …………………………… (81)
 第三节 本章小结 …………………………………………… (99)

第四章　数字时代女性创业障碍的访谈研究 (101)
- 第一节　女性创业障碍的内涵与构成因素研究 (101)
- 第二节　数字时代女性创业障碍识别的访谈研究 (104)
- 第三节　数字时代女性创业者创业障碍破除初探 (121)
- 第四节　本章小结 (123)

第五章　数字时代女性创业障碍构成要素的实证研究 (126)
- 第一节　变量的定义和测量 (126)
- 第二节　研究方法 (128)
- 第三节　实证分析结果 (129)
- 第四节　女性创业者创业障碍的整体水平及差异分析 (142)
- 第五节　本章小结 (150)

第六章　数字时代女大学生创业意愿和行为研究 (151)
- 第一节　数字时代女大学生创业的内涵与特征 (151)
- 第二节　数字时代女大学生创业意愿研究 (153)
- 第三节　数字时代女大学生创业的障碍因素研究 (157)
- 第四节　数字时代女大学生创业行为的影响因素研究 (159)
- 第五节　本章小结 (166)

第三篇　数字时代女性创业异质性研究

第七章　女性返乡创业者的决策逻辑与行动过程 (171)
- 第一节　研究背景与目的 (171)
- 第二节　理论基础和文献综述 (172)
- 第三节　多案例研究法 (174)
- 第四节　研究发现与意义 (182)
- 第五节　本章小结 (190)

第八章　妈妈创业者如何实现高创业机会识别与开发 …………（192）
 第一节　研究背景与目的 …………………………………（192）
 第二节　理论基础与文献综述 ……………………………（193）
 第三节　多元回归和定性比较混合法 ……………………（197）
 第四节　研究发现与意义 …………………………………（200）
 第五节　本章小结 …………………………………………（209）

第九章　女性创业者的创业团队异质性与创业绩效研究 …（210）
 第一节　研究背景与目的 …………………………………（210）
 第二节　理论基础与假设提出 ……………………………（212）
 第三节　链式中介模型的实证探索 ………………………（216）
 第四节　研究发现与意义 …………………………………（224）
 第五节　本章小结 …………………………………………（226）

第十章　女性创业者创新性与创业绩效研究 ………………（227）
 第一节　研究背景与目的 …………………………………（227）
 第二节　文献综述与假设提出 ……………………………（228）
 第三节　有调节的中介模型的实证探索 …………………（231）
 第四节　研究发现与意义 …………………………………（238）
 第五节　本章小结 …………………………………………（240）

第四篇　数字时代女性创业政策和创业教育作用机制研究

第十一章　中国女性创业政策量化研究 ……………………（243）
 第一节　创业政策的内涵与类型 …………………………（244）
 第二节　政策工具理论 ……………………………………（247）
 第三节　中国女性创业政策综合量化研究 ………………（252）

第四节　政策工具视角下女性创业政策研究结论 …………（271）
　第五节　本章小结 ……………………………………………（272）

第十二章　数字时代女性创业教育作用机制研究 ………………（274）
　第一节　女性创业者创业需求分析 …………………………（275）
　第二节　创业教育促进女性创业机制研究 …………………（278）
　第三节　创业政策和区域创新促进女性创业机制研究 ……（283）
　第四节　女性创业绩效的影响因素研究 ……………………（293）
　第五节　本章小结 ……………………………………………（308）

第十三章　社会组织对女性创业教育和支持的案例分析 ………（309）
　第一节　上海海蕴对女性创业教育和支持的案例分析 ……（309）
　第二节　深圳女创促进会对女性创业教育和支持的案例
　　　　　分析 …………………………………………………（318）
　第三节　本章小结 ……………………………………………（326）

第十四章　数字时代利益相关者支持女性创业的对策 …………（328）
　第一节　政府对女性创业的支持 ……………………………（328）
　第二节　学校对女性创业的支持 ……………………………（331）
　第三节　社会对女性创业的支持 ……………………………（336）
　第四节　家庭对女性创业的支持 ……………………………（339）
　第五节　个人对女性创业的支持 ……………………………（341）

参考文献 …………………………………………………………（345）

附录一　《数字时代女性创业问卷》（创业版） ………………（405）

附录二　《数字时代大学生创业政策和创业教育调查问卷》 …（412）

附录三　《数字时代女性创业》访谈提纲 ………………………（419）

第一篇

数字时代女性创业理论研究

第一章

女性创业文献综述及理论基础

第一节 女性创业的内涵与特征

当前，创业已成为经济增长和就业创造的重要途径（解学梅等，2022）。21世纪以来，女性自主创业在世界各国劳动力市场中的重要性不断提高，女性创业已经成为全球性趋势。随着科技的不断进步和数字化时代的到来，女性创业者能够更便捷地获取信息、开展业务和与客户互动，这也为女性创业提供了更多的机遇。根据全球创业观察数据，在2021年，全球妇女创业活跃度达到10.4%，彰显了妇女在职场的力量（GEM，2021）。同时，由于性别平等意识的提高，女性逐渐获得了更多的机会和平等的地位，这也为女性创业提供了更多的空间和机遇（李纪珍等，2019）。政府和社会也逐渐意识到女性创业的重要性，加大了对女性创业者的支持力度，提供了更多的创业政策和资源，为女性创业创造了更好的创业环境，中国女性创业群体不断壮大，发展势头强劲（许文婷等，2022）。

一 女性创业的内涵

女性创业是指女性创造、发展和经营自己的企业或创业项目，创业企业由女性创立并担任主要管理者角色，调动资源并承担风险来创建一个新的企业（张茜等，2022；Hechavarria et al.，2019）。创业女性具有高度自主性、较强的决策意愿和决策能力（裴谕新和龚泽玉，2022）。与男性创业相比，女性创业在经历相同的困难和挑战时，还需要面对更多的性别歧视、家庭角色压力和社会文化认知上的障碍。因此，女性创业的内涵不仅包括创业本身所需的经济、商业和管理技能，还包括以下方面：

1. 推动性别平等：女性创业可以推动性别平等和女性赋权。女性创业者的成功经验和角色模型作用，可以鼓励更多女性参与创业和职场竞争，并改变社会对女性创业者的刻板印象和性别偏见（张慧等，2020）。

2. 突破传统角色限制：女性创业可以打破传统的性别角色限制，激发女性的潜能和创造力。女性在创业中可以发挥她们所拥有的创意、创新和敏锐的市场洞察力，同时也可以为家庭、社区和经济发展作出贡献（王乙杰和杨大利，2021）。

3. 增加经济机会：女性创业可以为经济发展提供更多机会和活力。女性创业者创造的企业和就业机会，可以促进经济增长和就业机会的增加，同时也可以推动当地社区的发展和改善（李朋波等，2017）。

4. 实现自我价值：女性创业可以实现自我价值和成就感。女性创业者通过创造和经营企业，可以实现自我价值，同时也可以带动和影响更多的人做出创业选择（李纪珍等，2019）。

总之，女性创业的内涵远不止于经济和商业，它也包括推动性别平等、突破传统角色限制、增加经济机会和实现自我价值等方面的意义和价值。

二 数字时代女性创业的特征

随着数字时代的发展，女性创业已成为全球大趋势，在世界劳动力市场中，女性创业者的重要性日渐增强。在中国，随着经济社会的快速发展以及改革开放的稳步推进，女性创业在数字时代快速发展的大环境下，改变了创业机会的发现和利用的方式，减轻了社会就业压力，孕育出了新的经济增长点。女性创业的发展，为稳定和提高妇女的社会、经济地位做出重要贡献。女性创业对于经济发展以及实现女性社会价值有重要意义，女性创业能够通过创造就业机会来促进经济发展、有助于消除性别偏见，进而实现可持续包容增长（强国令等，2022）。

女性创业的研究最早可追溯到 20 世纪 70 年代中期，Schwartz 发表于《当代商务》的《"企业家"：一个新的女性领域》（刘银妹，2023），他的研究开辟了女性创业研究的先河（张建民和周南瑾，2019）。国外的早期研究主要集中于描述女性创业者自身的特点，如婚姻状况、生育状况、创业中面临的问题以及女性与男性创业者的差异等（解学梅，2021）。然而，学者们大多聚焦于单一主体，缺乏探讨女性创业企业与其他主体间的互动研究，难以揭示多主体互动下女性创业活动的独特性以及女性创业的独特障碍，易造成学界对女性创业认识的片面性。根据现有关于女性创业的文献研究发现，在数字时代，女性创业者展现了一些独有的特征和趋势：

1. 技术驱动：数字时代女性创业者更加依赖和利用技术创新来推动她们的业务。她们涉足互联网、移动应用、人工智能、区块链等领域，并利用技术来解决问题并创造商业机会（Ge et al.，2022；邱泽奇和乔天宇，2021）。

2. 社交媒体的重要性：女性创业者在数字时代更加注重利用社交媒体来建立品牌形象、推广产品和服务，以及与客户建立更紧密的联系。她们可能更擅长利用社交媒体平台如 Instagram、Facebook 和 LinkedIn 等来展示自己的产品和故事，吸引目标受众（Brahem & Boussema，2022；赵荔等，2017）。

3. 灵活的工作模式：数字时代的技术进步和远程工作的普及使得女性创业者更有机会创造灵活的工作模式。她们可以选择在家办公、远程团队合作，或者利用共享办公空间等创新的工作方式，更好地平衡事业和家庭责任（马丹，2022；Gálvez et al.，2020）。

4. 社会责任感：数字时代的女性创业者更加关注社会和环境问题，并积极寻找解决方案。她们可能更倾向于创建具有社会影响力的企业，例如社会企业或环保企业，以实现商业成功的同时也追求社会价值（Johnstone-Louis，2017；费涓洪，2004）。

5. 资源和支持网络：数字时代的女性创业者可以通过互联网和社交媒体获得更多资源和支持。她们可以参与在线社群、加入创业网络，获得导师指导和与其他创业者分享经验。这些资源和支持网络可以帮助她们建立自信、获取必要的知识和资源，推动创业事业的发展（张建民和周南瑾，2019；Janssen et al.，2018；葛宝山等，2012）。

6. 共享经济的机会：数字时代的共享经济为女性创业者提供了更多机会。通过平台经济，她们可以利用自己的技能和资源，如共享住宿、共享交通工具或提供在线服务，实现创业梦想和经济独立（Seet et al.，2022）。

总的来说，数字时代的女性创业者更加注重技术创新、社交媒体的运用、灵活工作模式、社会责任感，同时也可以借助资源和支持网络以及共享经济的机会来推动她们的创业事业。

第二节　国外女性创业研究评述

在传统上，包括新商业领域在内的商界创业都是以男性为导向的，但连续的全球创业观察数据报告显示，这种格局正在发生变化，而且一些国家的变化速度相对较快。

如《2021年全球创业观察数据报告》显示，在全球47个经济体中，有两个经济体（卢森堡和罗马尼亚），女性的创业率高于男性。而在机会平等文化不那么扎根的国家，如意大利等地中海国家，女性创业更有意义，有助于促进女性在劳动力市场的参与（Colombelli et al., 2019）。尽管女性企业家的创业追求在研究和实践中不断受到关注，但她们在新企业创建领域的贡献和影响仍然有限。此外，尽管大多数国家的女性企业家的数量显著增加，催生了更有活力的经济，但在理论和实践的学术文献中，女性企业家也仍然没有得到充分的探索（Minniti, 2010）。这是因为在多数情况下，对女性创业的调查是广泛的，没有针对性的。与男性相比，女性会遇到不同的挑战和障碍，因此，基于性别的具体创业研究有助于发展和改善女性创业精神。由于在同样的情况下，研究结果可能直接或间接用于改进或修订管理政策，因此，强调女性企业家研究作为一个独立研究领域是很有必要的（Chasserio et al., 2014）。了解个人和国家之间的差异和共同点是了解女性创业及其因果关系，以及其对政策的潜在影响的重要一步。因此，本节主要进一步深入梳理国外对女性创业的研究。

一　创业与女性创业

创业，是指将想法转化为商业企业和新产品，是经济增长的一个关键驱动力（Schumpeter et al., 2017）。然而，关于创业的研究机构并没有充分说明是什么决定了女性的创业。随着妇女不断参与经济活动，以及人力资本相对较快的增长，这些现象普遍被经济学家视为女性创业增长的驱动力（Kabeer，2021）。研究全球女性企业家日益紧迫，因为其可能成为促进经济发展的关键领域，特别是那些传统上女性在正式公司工作或经营方面没有发挥重要作用的国家（Roberts & Mir Zulfiqar，2019）。在一个多样性和多元文化主义拥抱"独特"和"不同"的时代，女性创业为创业的多样性作出了重大贡献。女性企业家展示了特定的创业能力：她们在特定的领域创业，开发特定的产品和服务，追求反映她们的世界的商业目标，并以一种与男性明显不同的方式来构建她们的业务（Rudhumbu et al.，2020）。女性创业通过提供独特的文化、思维方式、开发产品、服务和不同于男性的组织形式，引入了创业的多样性。女性创业，像其他部分创业，例如，民族创业、农村创业、社会创业或创业的残疾人，扩大客户和员工的自由选择，加深学习和分享的机会，并扩大自由发展我们的知识对他人的看法，偏好和态度对创业相关的话题。

在过去的四十年里，女性创业在世界各地得到了普及（Paoloni & Serafini，2018；Pergelova et al.，2019），女性创业的趋势越来越明显（Rey-Martí et al.，2015）。此外，在学术界也推动了女权主义研究和提出其他赋予女性权力的举措，促使人们更多地了解女性拥有和经营企业（Ribes-Giner et al.，2018）。女性考虑成为企业家并进入商业世界的原因有很多，DeTienne 和 Chandler（2007）指出，女性创业围绕着四个主要问题：机会识别、网络、融资和公司绩效，这些是女性建立和控制自己企业的基础。

二 数字时代国外女性创业简况

首先，目前的研究表明女性在公司管理层的比例仍然不足（Dezső et al.，2016），与男性相比，她们成为企业家的可能性始终较低。此外，有新的证据表明，由妇女领导的企业可能首先承受了新冠疫情的影响。《2021年GEM特别报告》显示，女性企业家受到封锁和限制的影响最大，因为她们大多是管理没有托儿服务和学校关闭的人。此外，就业机会有限、失业率高、劳动力市场不稳定和不安全以及对妇女的就业歧视使女性比男性更容易失业。国际劳工组织发布的《国际劳工组织监测报告：COVID-19 和工作世界：第五版》显示，中美洲（58.9%）、东南亚（48.5%）、南欧（45.8%）和南美洲（45.5%）受重创行业的女性就业比例特别高。在加拿大、哥伦比亚和美国，女性就业人数从 2019 年 4 月到 2020 年 4 月下降了 16% 以上，5 月份下降趋势明显。

其次，创业现在似乎是妇女问题的一个具体解决方案，因为劳动力市场的演变使大量妇女能够创造自己的工作（Fana et al., 2020），尤其是她们不仅能够兼顾工作和生活，还能满足个人抱负或找到有意义的、有价值的项目。特别是，数字化成为女性应对困境最重要的工具和机会，数字贸易和跨境电商为女性创业和就业降低了门槛、带来了前所未有的发展机遇（Ughetto et al., 2020）。在一个技术和数字化驱动的世界里，数字化是否可以作为一种机会均衡器受到关注。如著名的 *Small Business Economics* 期刊专门推出"数字时代的女性创业"的特刊，作为对快速增长的女性创业文献中数字经济的作用被忽视的回应（Ughetto et al., 2020）。因此，各国妇女要把握数字经济机遇，搭上创新发展快车，为推动经济社会高质量发展贡献力量。

三　理论探索：女性创业影响因素研究

（一）性别与社会角色理论

关于性别与创业的现有文献相当广泛，人们普遍认为男性在很大程度上是创业者（Acs et al., 2011）。社会角色理论在解释观察到的性别行为差异方面具有适用性，并以性别角色理论为基础（Eagly & Kite, 1987）。就其本身而言，这一理论以每种性别的模式为基础，吸引了定义男女适当行为的社会习俗。具体来说，社会习俗把妇女放在家里，做家务，照顾孩子和老人，而男人负责工作，带回家的钱来养家。因此，男性群体被配置为创业和经营企业的理想群体，而女性在利用商业机会时会遇到障碍。正如 Gupta（2014）的研究所指出的，性别歧视依然存在，妇女仍然普遍受到定型观念的影响，尤其是新的定型观念被归因于商业女性；其结果是，如果当代女企业家要生存和繁荣，她们不仅必须克服对妇女成就的现有社会限制，还必须克服阻碍她们平等进入商界的新障碍。

研究创业中的性别问题引起了人们的极大兴趣，因为它可以帮助教育者和决策者提高女性在创业过程中的参与程度（Malmström et al., 2017）。因此，研究人员从不同角度探讨了这一问题背后的因素。例如，

Sullivan 和 Meek（2012）回顾了有关性别和创业的文献，得出结论认为性别主要用作独立变量来解释其他变量，如金融资本、市场准入、歧视、成功、利润、网络。性别差距也是个人自我认知的结果，这些自我认知使女性认为，与男性同行相比，她们缺乏或被赋予更少的创业技能和能力，如自信或竞争态度（Audretsch et al.，2017）。男性的创业社会化程度高于女性（McAdam et al.，2019），这对获得资金和商业机会具有重要影响。

在创业过程中，企业家通常会遇到各种独特和典型的创业障碍和挑战，而女性企业家则面临与性别和社会角色相关的额外和更明显的障碍。然而，女性企业家必须在市场上发展和保持竞争优势，无论是否存在这些基于性别的障碍，才能生存下去。因此，需要深入研究战略的制定，以避免或克服与性别相关的障碍，并确保女性在其创业中的成功。

（二）女性主义理论

一方面，女权主义、经验主义和自由女权主义等理论认为，男性和女性是相似的，创业的含义是企业家应该被视为一个群体，在遇到不同的差异和挑战时无论他们的性别。另一方面，社会女权主义、激进女权主义和心理女权主义理论主张男女存在本质区别，基于男女的不同经历和社会化过程，导致各自对同一情况有着不同看法和解释。这些观点可能对创业产生影响，特别是影响女性的创业道路，因为她们被迫遵循基于男性的方法。对于创业女性的动机目前已有许多研究（Poggesi et al.，2016），这些研究人员得出结论，与男性不同，女性主要对压力因素做出反应，如在以前的工作中受到挫折和痛苦，与男性相比工资较低，职业中断时间较长。此外，从某种程度上讲，女性无法晋升到最高职位，即受到"玻璃天花板"的阻碍。Gupta（2020）认为，如果按照男性的标准来分析女性的职业生涯，是无法完全理解她们的职业生涯的，因为女性必须在家庭和职业生活之间分配她们投入的时间和精力。

随着女性作为企业家和政治行动者的角色越来越突出，女性企业家行为的研究受到了女权主义理论的启发。然而，大多数受女权主义启发的研究仍然是实证性的，并没有明确解决理论问题。此外，在就业能力方面，女性在薪酬问题以及职业发展方面面临着压倒性的劣势。此外，还有许多因素，如教育水平、自然或身体因素以及陈规定型观念，都是就业能力领域性别问题的原因。为了个人发展，妇女应克服各种障碍，通过获得新技能和应用创新实践不断提高自身素质。

（三）制度环境

研究表明，组建专业的社会网络和令人鼓舞的生态系统至关重要。网络帮助妇女获得资源、财务信息和资本，并发现新的商业机会，从而帮助她们克服基于性别的创业限制。女性的个人网络通常由私人领域组成（Bertelsen et al.，2017），包括亲属、友谊、商业或职业联系，并受到宗教（Mitra & Basit，2019；Avnimelech & Zelekha，2023）以及文化和社会期望（Surang，2018）的影响。关于公共政策的研究也在女性创业领域盛行，比如建立援助项目，通过培训、赋权、指导、网络和政府规章制度等刺激、促进和支持女性创业。许多政府包括在其经济和社会发展政策组合中促进妇女的创业，这是有充分理由的（Hechavarría & Ingram，2019）。提高女性的创业活动率，使其更接近男性，将大大增加许多经济国家的新企业的数量，提供新的工作机会。尽管大多数西方国家在支持女性创业方面表现相似，但美国在良好的制度支持和强大的女性整体创业环境支持方面表现最好（Alsos & Ljunggren，2017）。

（四）创业教育

大多数关于性别和创业的研究表明，男性比女性表现出更高的自我效能感和更高的冒险行为，但对创业教育的需求较少（Baù et al.，2017；Eddleston et al.，2016）。具有创业家庭背景的男性比具有创业家庭背景的女性更有可能自己创业。这表明，为了提高女性参与创业活动的程度，需要在现有商学院开设有效的创业教育课程或适当的咨询课程，以促进学生在创业生涯中取得成功（Chrisman et al.，2012）。高校创业教育变得越来越重要，因为它通过重点教育和持续支持提供创业自信（Dakung et al.，2017）。Solesvik 等（2019）调查了挪威（12）、俄罗斯（21）和乌克兰（12）45名女性企业家，与新兴国家相比，发达国家（如挪威）的文化和社会背景可能为女性企业家在其他地方实现自我提供了更多的可能性，从而为关注企业中的社会问题留下了更多空间。

（五）结论与建议

国外学者不仅面临着女性创业研究的相对匮乏，而且关于女性创业的学术辩论缺乏概念性的、严谨的理论，因此，女性创业在研究和实践中都没有得到充分的利用。跨文化交流有可能在促进女性创业领域协同概念和想法的表达方面产生重大贡献。

第一，缺乏创业文化和社会支持在很大程度上影响了女性创业。在这方面，教育和培训起着关键作用。建议制定一项政策，鼓励使用社交和商业网络，以便通过这些网络可以转移不同的技能，以丰富创业机会并帮助管理。同时促进工作和家庭和解的政策也是必要的，女性身份涉及男女之间不平等的家庭责任，这阻碍了创业。最后，还应注意的是，女性自身已经确立了某些情感、信仰、观点和行为，这些情感、信念、观点和行为受到了金融和社会差异的强化，而这些差异的出现和存在往往是女性自我限制的。

第二，与文化因素和个体经营者中的移民有关的问题为理论和实证工作提供了另一个非常丰富的研究领域，不仅有可能对科学作出重大贡献，而且有可能对政策和管理实践作出重大贡献。由于移徙仍然是面临发展冲击的一个重要应对机制，因此非常需要作进一步研究，特别是在性别、族裔和移民地位之间研究不足的交叉点。

第三，歧视被认为是创业中性别差距的一种可能解释，尽管证据好坏参半，但这在较贫困的国家可能更为显著。对妇女的歧视往往是一种文化或社会固有的性别信仰的结果。这不仅会降低女性成为企业家的可能性和她们作为企业家的收入，还可能会降低女性从创业中获得的非金钱利益。

第四，人们对总体活动水平如何影响女性创业决策和后者如何促进增长知之甚少。尽管有大量证据和一些很好的案例研究存在于这一主题上，但到目前为止，缺乏系统的方法和数据阻碍了对女性创业和成长的全面而有力的理论的形成。因此，对于科学和政策而言，深入了解现有增长模型如何解释女性创业的独特特征是非常可取的。

第三节　国内女性创业研究评述

习近平总书记在 2018 年提出"引导妇女在祖国改革开放的伟大事业中实现自我发展"，妇女发展部、社会保障部认真贯彻习近平总书记系列重要讲话精神，进一步推进妇女创业与再就业，重点推进"创业创新巾帼行动""乡村振兴巾帼行动""巾帼脱贫行动",取得了重大成效。截至 2019 年,全国妇联已建成 336 个女性创业脱贫示范基地,培养了 10 万多名女性创业者。女性创业被认为是反贫困、提高地位的重要途径(汪忠等,2020)。女性创业不仅具有提高就业率、增加国民收入等经济意义,而且具有促进两性平等、改变社会性别结构、促进共同富裕的社会意义(谷海洁,2016)。随着女性创业活动的日益活跃及其对经济社会发挥积极作用的日益凸显,围绕女性创业的研究日益丰富并逐渐成为一个相对独立的主题(李朋波等,2017)。由于其经济和社会重要性,女性创业已引起学者和政策制定者的大量关注(Xie et al., 2021)。但相较于其他研究领域或创业领域研究的其他主题,中国女性创业研究的数量和质量都处于相对匮乏和滞后的状态。基于知识图谱可视化分析女性创业研究热点、研究主题以及发展趋势的研究更少。

国际社会对女性创业的研究开始于 20 世纪 70 年代(湛军、张占平,2007),女性创业障碍是影响女性创业实践的最主要因素,因此,研究女性创业面临的障碍一直是国际社会女性创业领域的热门话题(Zhang et al., 2019)。Baughn(2006)认为,男性和女性之间不同的社会化过程导致女性企业家和男性企业家面临的障碍是不同且不平等的,因为企业家的角色通常被描述为男性,所以女性通常在她们的创业过程中处于更不利的地位。Naidu 和 Chand(2017)总结了女性企业家面临的 17 个性别不平等障碍,具体可归纳为女性的母职、创业认知、创业规范和创业融资四个方面。

在母职方面,Greenhaus 等(1985)认为女性参与家庭角色的比例阻碍了她们参与工作的角色,因此,她们比男性更有可能经历工作和家庭的冲突,更不利于做出创业选择。

在创业认知方面,Urbano 等(2014)的研究结果表明,自我效能或自信、网络、风险承受力和创业倾向之间存在积极的联系。Loscocco(2012)研究发现,与男性相比,女性的风险倾向更低,风险承受能力更弱。此外,男性和女性的社会资本(如社交技能和社交网络)程度不同,女性被认为缺乏有助于创业的人力资本,这可能会对她们的机会认知和剥削产生负面影响(Marlow,2002)。

在创业规范方面,Calabrò 等(2018)的研究表明,规范可以通过塑造性别角色和刻板印象影响创业态度和意向,创业职业往往被描绘成一种刻板的男性职业,因此,女性认为自己缺乏吸引力或技能,不鼓励自己创业(Krueger,2007)。

在创业融资方面,Díez-Martín 等(2016)进行的一项实证研究表明,融资渠道与创业活动之间存在显著的、积极的、直接的关系,即拥有大量融资资源的国家可以拥有较高水平的创业活动。获得融资是男性和女性企业家遇到的一个重要问题,但女性比男性更有可能在财务上受到限制(Mwaura,2015)。

目前国外女性创业研究正处于发展成熟期,中国对于女性创业的研究也应着眼于全球化多样化的背景,借鉴国外研究先进经验,促进国内女性创业研究的发展,进而提高中国女性创业活动率。

基于以上背景,本节以中国知网收录的 CSSCI 来源期刊论文为数据来源,借助 CNKI 计量分析和 CiteSpace 可视化分析功能,绘制科学知识图谱,对女性创业相关研究进行定量与定性分析,梳理出我国女性创业研究的基本情况、研究热点并展望其未来研究趋势,以期更好地推动女性创业的研究,为女性创业的实践探索提供理论依据和决策参考。

一 数据来源与研究方法

（一）数据来源

本节为确保文献质量,以中国知网数据库 CSSCI 来源期刊论文为数据来源,CSSCI 中文全称为:中文社会科学引文索引,其所刊发的文章影响力大、权威度高,受到学界的广泛认可,因此可以保证研究文献的质量。同时为确保研究文献的主题相关性,笔者使用中国知网的高级检索功能,检索关键词限定为"女性创业"或"妇女创业",期刊来源为 CSSCI,年限为 2000 年 1 月至 2021 年 12 月 31 日（文献检索日）,剔除了会议、新闻以及与主题无关的文献,最后得到 121 篇有效文献,导出"Refworks"格式,以备进一步分析研究。

（二）研究方法

本节基于文献计量学的方法,采用科学知识图谱可视化的方式对中国研究女性创业的现状进行定量分析。CiteSpace 是美籍华人科学家陈超美团队基于 Java 平台,结合科学发展模式理论、普莱斯的科学前沿理论和结构洞理论等理论开发的可视化计量分析软件（汪超等，2021）。它将信息可视化方法、文献计量学和数据挖掘算法结合在一个交互式可视化工具中（Synnestvedt et al.，2005），其界面简洁、功能强大，具有关键词共现、聚类分析以及时区图谱分析等分析方式，能对特定领域文献进行计量，以探寻出学科领域演化的关键路径及其知识拐点（陈悦等，2015），进而分析某一学科或领域中的研究重点、研究热点、前沿方向和研究趋势等（汪超等，2021）。因此，本节使用 CiteSpace.5.8.R3 版本对中国近 20 年来女性创业研究的文献作进一步分析，初始设置如表 1-1 所示，其他选项为默认设置。

表 1-1　　　　　　　　　CiteSpace.5.8.R3 初始设置

参数类型	参数设置	
时间设置	时间区间	2000 年至 2021 年
	时间切片	1 年
术语来源	标题、摘要、作者关键词、增补关键词	
节点类型	作者、机构、关键词	
选择标准	Top N = 50	

二　中国女性创业研究基本特征

（一）文献数据量统计分析

基于 CNKI 的文献计量分析功能，导出的中国女性创业研究文献发文量的时间分布如图 1-1 所示。从图 1-1 可以看出，中国的女性创业研究开始于 21 世纪初，武汉大学的关培兰教授是较早研究中国女企业家的学者之一，《中外女企业家发展研究》是她于 2003 年主编的一本著作（关培兰等，2004），为中国女性创业研究拉开了序幕。2006—2008 年，全国妇联宣传贯彻《中华人民共和国就业促进法》，大力促进创业与就业，女性创业蓬勃发展，中国女性创业研究也于 2008 年达到第一个发展高潮。随着研究热度持续上涨，2019 年核心文献发表数量达到最高峰。但总体来说，中国女性创业研究起步较晚，文献总量较少。

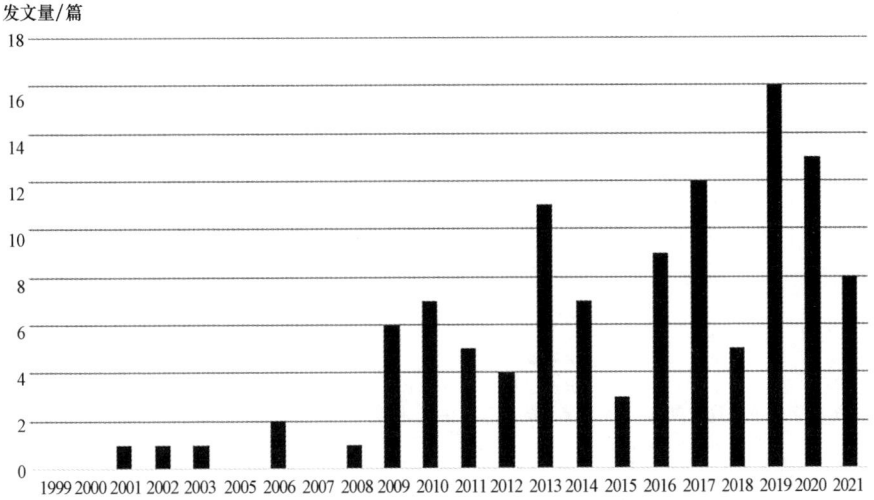

图 1-1 文献发表时间趋势

（二）研究者及研究机构混合共现分析

通过作者以及研究机构的混合共现分析，能够有效识别出一个学科或领域的核心作者群及其机构之间的合作强度，同时根据核心作者的研究主题，能够发现一个学科或领域的知识结构和研究热潮（胡泽文等，2013），能够分析出不同研究者和研究机构在此领域的贡献程度（汪超等，2021）。本节基于 CiteSpace 分析软件对发文作者进行共现分析，时间选定为 2000—2021 年，时间切片为 1 年，节点类型勾选"Author"和"Institution"，将 Top N 的阈值设定为 N=50，对所有文献资料中的作者信息进行可视化处理生成研究者及研究机构混合共现图谱（见图 1-2），得到 323 个网络节点，423 条连线，网络密度为 0.0081，这表明 2000—2022 年中国女性创业研究领域有 323 位关键作者和研究机构，他们之间进行了 423 次合作。其中节点的字体大小代表作者中心性强弱，作者间连线的粗细程度以及数量多少代表合作关系的紧密度。在整个合作网络中存在一些明显的小网络，但网络密度较小，这表明中国女性创业研究作者整体分布较为分散且作者间的合作较少。

通过分析图谱可知：第一，中国女性研究领域的高产作者以吴永慧、周炜、倪梦媛、解学梅等人为代表，文献成果较多且被引频次较高，表

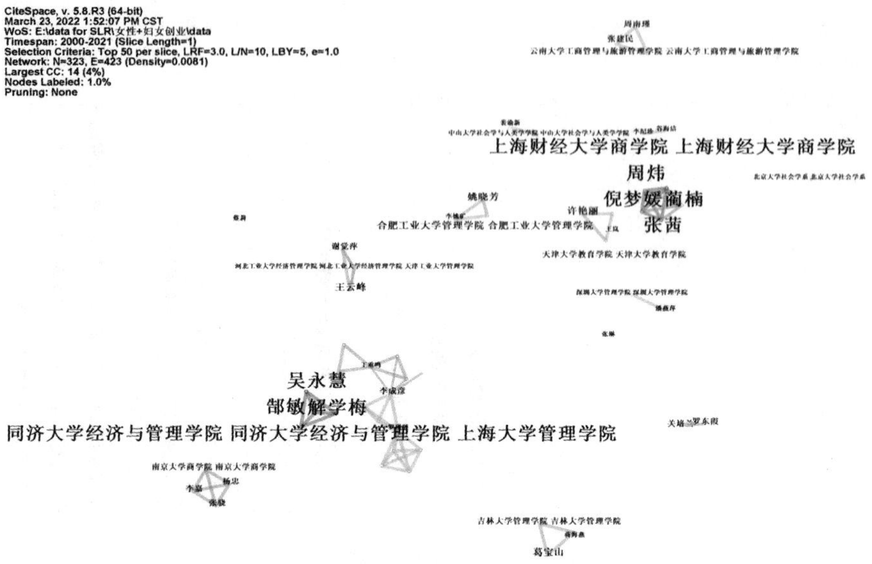

图 1-2　女性创业研究者及研究机构混合共现图谱

明其在中国女性创业研究领域的贡献与影响力较大；第二，女性创业研究机构较为分散，多呈现点状分布，节点之间的连线较少，研究力量的分散不利于中国女性创业研究的系统长远发展，高校间的研究合作有待进一步加强；第三，中国女性创业研究多集中在高校中的管理学院，如同济大学管理学院、上海大学管理学院、吉林大学管理学院、合肥工业大学管理学院等，研究机构的单一不利于女性创业研究的创新发展。尽管中国女性创业研究起步较晚，文献量较少，但也存在一些高质量高被引文章，如刘鹏程、李磊、王小洁于 2013 年发表在《管理世界》上的《企业家精神的性别差异——基于创业动机视角的研究》一文（刘鹏程等，2013），截至 2022 年 3 月 19 日共被引 201 次，下载 9764 次。该文立足于中国的实际情况，剖析了中国企业家精神中的性别差异，即女性创业中的低比例和低水平现象，并提出相应政策建议，这对于提高女性企业家精神、推进妇女创业的转变都有着积极作用，同时也为国内妇女创业的学术研究作出了一定贡献。

（三）女性创业研究的热点领域与主题

对女性创业领域文献的关键词进行分析能够有效地考察文献之间的

联系，关键词出现的次数越多、频率越高，说明很有可能是该领域研究的热点方向，分析关键词共现图谱有利于人们分析研究的热点及热点的演变趋势（陈悦等，2015）。因此，本章将从关键词共现图谱以及关键词聚类考察女性创业领域的热点领域以及研究的主题。

1. 女性创业研究热点领域

CiteSpace 可以显示出更有效的关键字、更有效的分析和更少的时间（Madani，2015），更好地挖掘研究领域的核心节点，展现研究领域的知识结构、研究范式、研究主题和研究热点（兰国帅，2017）。本节利用 CiteSpace 的 Keyword 分析得出关键词网络共现图谱（图 1-3），其中节点大小表明关键词出现频次多少，节点位置表明中心度，如果一个关键词拥有较高的中心度，那么它在共现网络中的影响力也就越大，即该关键词与其他关键词在文献中共同出现的概率越大（杨海燕，2015）。分析得到 200 个节点（关键词），399 条连线，其中"女性创业"节点最大，其次，"性别差异""创业环境""女性""创业动机""机会识别""女大学生"等关键词的节点也较大，表明其出现的频次较高。根据样本关键词出现频次以及中心度筛选出排名前十的核心关键词（表 1-2），由此可以发现，近 20 年来中国女性创业研究主要关注女性创业影响因素（机会识别、融资、社会资本、创业动机等）与创业性别差异（女性、性别歧视、女大学生等）。

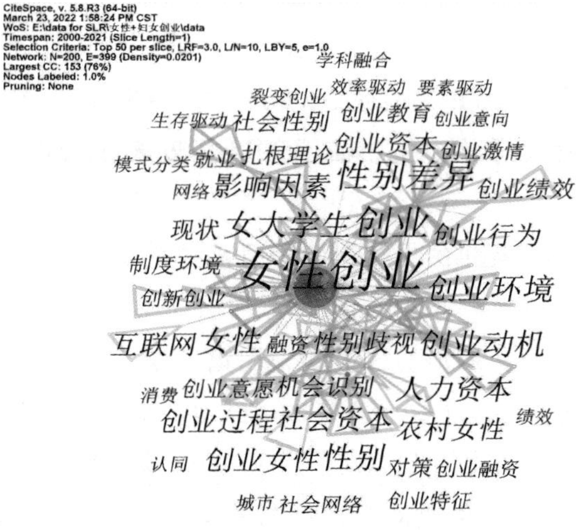

图 1-3 女性创业关键词共现图谱

表1-2　　　　　　　　女性创业高频数高中介中心性关键词

序号	频数	中介中心性	关键词
1	42	0.82	女性创业
2	25	0.03	性别歧视
3	24	0.03	机会识别
4	23	0.02	融资
5	13	0.18	创业
6	9	0.16	性别差异
7	7	0.13	女大学生
8	7	0.06	创业动机
9	7	0.05	女性
10	7	0.02	社会资本

2. 女性创业研究主题识别

CiteSpace 是利用谱聚类算法产生聚类，并提取标签词，由此形成反映研究前沿的聚类图谱（常进锋、陈呆然，2022）。通过聚类可以解决紧密结合的集群混乱和遮挡问题，便于分析人员看到显著的结构和模式，减少视觉杂波（Zhang et al.，2009）。陈超美（2015）教授表示，CiteSpace 根据网络结构和聚类的清晰程度，提供了两类可以评判图谱绘制效果的指标，即聚类模块值（Q值）和聚类平均轮廓值（S值）两个指标。总体上，Q＞0.3 就意味着划分出来的组织结构是显著的，当 S 值在 0.7 时，聚类是具有较高有效性的。由图1-3可知，Q 为 0.6789，S 为 0.8922，即女性创业相关文献的聚类效果较显著，结果较合理，具有研究价值。

根据 CiteSpace 提供的聚类详细信息汇总功能，绘制了关键词聚类汇总表（表1-3）。作为 CiteSpace 的开发者，陈超美特别强调，CiteSpace 关键在于使用户通过对知识图谱的绘制、生成和解读，了解知识图谱将会怎样改变人们看世界的方式（陈悦等，2015）。为了提高图谱的易读性，保留聚类大小排在前10的聚类标签，十个主要聚类分别是#0 女性创业、#1 创业动机、#2 性别差异、#3 人力资本、#4 机会识别、#5 女性、#6 融资、#7 性别、#8 创业激情、#9 借鉴。基于关键词聚类图谱（图1-4），"女性创业""创业环境""性别差异"等关键词都出现在聚类中心，本章将聚类大小与聚类效率相结合，并对本章时区内有关学者的研究成果进行梳理，发现目前有关女性企业家的研究主要有三个主题。

表1-3 关键词聚类汇总

聚类编号	聚类名称	聚类大小	聚类轮廓值
#0	女性创业	29	0.975
#1	创业动机	27	0.818
#2	性别差异	16	0.877
#3	人力资本	15	0.917
#4	机会识别	15	0.883
#5	女性	14	0.845
#6	融资	14	0.909
#7	性别	10	0.863
#8	创业激情	10	0.889
#9	借鉴	8	1

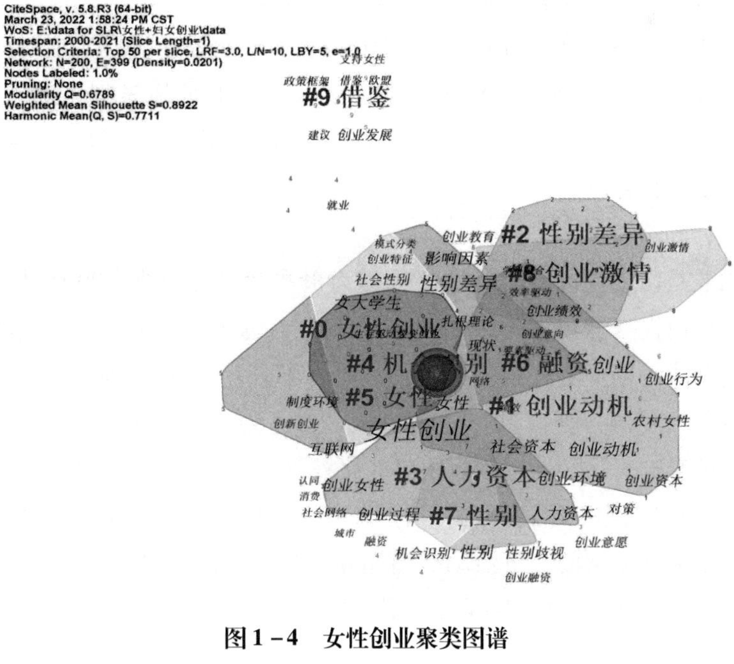

图1-4 女性创业聚类图谱

(1) 创业动机

创业有不同的动机（Ribes-Giner et al., 2018），它是创业行为背后的驱动力，激励创业者去寻找机会、把握机会，实现创业成功（姚晓芳、代宇，2011）。作为影响企业家精神的一个重要因素，目前已有的关于企业家精神的研究多以创业动机的"推—拉"双因素为基础，而"拉"则强调内部激励。其主要包括自我成就感、理想的工作、良好的薪酬待遇、实现自我价值等；"推"强调外在经济利益是从事创业的驱动力（董静、赵策，2019），主要包括被裁员、工作中的压力、挫败感、对公司环境的不满等。大部分学者一致认为，生存型创业和机会型创业是基于推拉理论研究发现的创业动机的两种形式（李朋波等，2017；汤学俊，2016）。张建民等（2019）研究发现，女性创业动机的构成是综合的、复杂的、多维度的，主要可以分为外部激励、独立自主、内部激励等方面。姚晓芳等（2014）认为，女性的创业动机促使她们偏向于创办小型企业，这减少了启动资本、创业风险以及运营的困难，让她们有更多的时间来照料家庭。此外，由于创业所提供的弹性工作安排，使得她们可以根据其丈夫的工作时间，平衡工作与家庭。女性独特的创业动机以及由此而来的创业行为，对发展新产品、服务、企业成长、雇佣员工、逆境生存等都会造成消极的影响（姚晓芳等，2014）。邓子鹃等（2013）通过对文献的分析发现，生存型创业和机会型创业都与创业环境紧密关联。因此，为了鼓励更多的女性创业，要为其营造良好的外部环境，包括金融支持、政府项目、教育培训等。

(2) 机会识别

创业是以创业机会的识别与选择为根本前提，而机会识别是机会选择的逻辑前提（张琳，2016）。机会构建观认为机会是创业者在实践中主观构建而成，创业者嵌入外部环境，与外部环境中多主体相互作用形成众迹过程（潘燕萍等，2019），因此女性对于创业机会的识别往往受到多种因素的影响，比如性别刻板印象（张慧等，2020）、社会规范（谷海洁等，2016）、工作—家庭影响（潘燕萍等，2019）等。由于创业往往被默认为是由男性主宰的经济活动（裴谕新、陈思媚，2019），"女性"角色对创业者的创业行为产生了多种影响，从而影响其对创业机遇的认知（陈明、张姝骁，2016），比如创业机会评估。张慧等（2020）认为，女性会受客观环境中负面刻板印象信息的影响，而感知到刻板印象威胁进而导致消极的机会评估态度，从而影响女性的创业机会识别。谷海洁等（2016）通过分析女性创业进入决策的影响因素发现，个人对创业机会的判断与社会中潜移默化所传递的创业性别规范有关。即将有关创业男性化的传统信息传达给受试者时，男性对创业机会的创业评估会更高；反之亦然。但由于现有的社会规范倾向于男性化，会使女性意识到更多自己的不足和风险，进而影响女性的创业行为。李赋薇等（2020）认为，相较在低增长企业中的女性，那些在高成长性企业中的女性更容易发现和利用这些机遇。综合国内学者对女性创业的研究，发现促进女性创业者更有效地识别创业机会是开展女性创业的重要前提，有效识别创业机会能够提高从拥有创业意愿到实施创业行为的转化率。

（3）创业融资

金融资本能够为新公司的产品生产、服务、地域扩张以及内部过程的改善提供融资，从而降低其所面对的流动性限制，推动企业的发展和成功（王汉瑛等，2021）。但由于性别角色的不协调，女性创业公司在男性主导的行业中获得股权融资的可能性较小（Zhao et al., 2021），绝大部分女性群体都把资金缺乏作为开启创业的第一个难题（任远、陈琰，2005）。同时，程建青等（2021）认为，金融约束对女性创业具有抑制作用，在供给方面，女性的创业规模较小，投资回报率不高；就需求侧而言，由于女性较低的风险承受能力，其获得外部投资的机会相应也会变小。融资阻碍不利于女性创业的启动与可持续发展，迫使女性创业者选择较为保守的经营模式。资金匮乏会降低企业应对突发危机的能力，不利于企业的持续发展（姚晓芳、代宇，2011）。王汉瑛等（2021）认为，帮助女性创业者融资是孵化女性创业项目的当务之急。邓子鹃等（2013）通过梳理文献发现，随着创业环境的优化、人力资本和社会资本的易获得性、性别歧视现象逐步褪去，女性创业资金更具易获得性、融资渠道更多样化。随着女性创业融资的难度降低，女性创业率将会有效提高。马继迁等（2020）学者基于CFPS实证分析认为，女性创业者可以积极与政府机构、金融机构等建立联系或形成资金网络，提升创业资金的获得性，从而有利于提高社会女性创业率。

中国目前对于女性创业的研究仍处于探索发展阶段，研究主体内容可以归纳为创业特质、创业过程、创业环境、创业绩效。近20年女性创业研究的热点问题集中在创业动机、机会识别、创业融资，未来研究可以基于创业生态系统开展对女性创业的研究，加入利益相关者视角，同时加强研究主题间的相互联系，形成良好的女性创业研究生态。从#9借鉴这个聚类可以看出，在进行国内女性创业研究的同时，要放眼世界，借鉴国外先进研究理论以及方法，在全球化和多样化的背景下进行有中国特色的女性创业研究。

(四) 女性创业研究前沿及趋向

CiteSpace 的主要目标是促进对知识领域中出现的趋势的分析，发现某个学科或领域的研究前沿，研究前沿代表了一个研究领域最先进的思想（Synnestvedt et al., 2005）。研究前沿是指学界在科学研究中当前最先进、最受关注的重点研究领域，通过对前沿问题和领域的分析可以更加准确地掌握该研究今后的发展趋势，进而促进研究的深入与创新（汪超等，2021）。本节运用 CiteSpace 软件的时间线图谱分析功能和突现性检测功能对女性创业研究的前沿和趋向进行探测识别。

1. 女性创业研究时间线图谱分析

CiteSpace 的时间线图谱（图 1-5）可以从时间维度上展现女性创业研究的演进状况，分析不同时间段的热点主题及其变化趋势（汪超等，2021），同时可以清楚地捕捉到当前文献的网络关系。时间线图谱中的横轴代表时间，表明不同阶段该领域的研究热点，节点位置是关键词首次出现的时间，其中节点越大说明关键词的中心性越强，表明其影响越大。关键词的密度越高代表该时间段的研究成果越多，也意味着该领域正处于研究的繁盛期。连接的线条数量和颜色可以表明关键词在相关领域被研究的活跃程度。如图 1-5 所示，女性创业研究的关键节点出现在 2001年，说明 20 世纪 90 年代是中国女性创业研究的萌芽期，20 世纪以后，中国女性创业研究步入了新阶段。随着关键词的密度增加，可以看出中国女性创业研究正在持续发展，且更多地关注文化规范、社会认同等创业环境。随着中国女性创业研究视域的不断扩大，有利于更好地开展创新性研究。

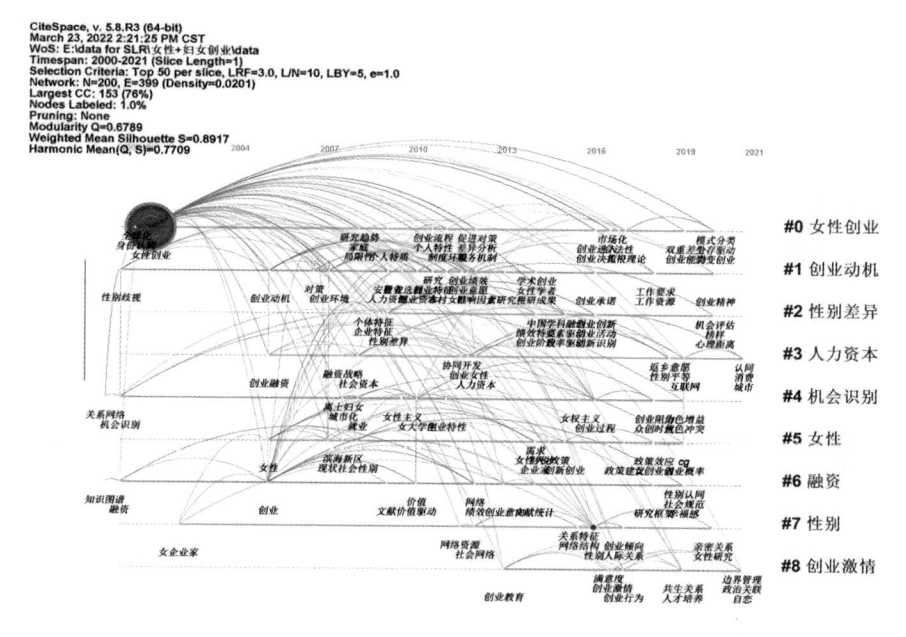

图 1-5　2000—2021 年女性创业研究时间线图谱

2. 女性创业关键词突现分析

CiteSpace 的关键词突现功能可以度量某个变量值在短期内发生的变化，能够有效反映研究热点的变化和新兴趋势（张茜等，2022）。关键词的研究时长越长，说明研究周期越持续，影响力越大，且是该研究领域中的重点关注方向。本章基于 CiteSpace 软件的突现词功能，对 2000—2022 年女性创业相关研究的关键词进行最小持续时长为 1 年的突现分析，选取前 15 个突现词并根据关键词出现时间排序，如图 1-6 所示。分析图 1-6 可知，早期女性研究文献研究热点聚焦于女性关系网络、融资、机会识别以及性别歧视等，研究方法主要是采用知识图谱进行可视化分析，近年间则更关注创业行为。值得注意的是，"互联网"这一关键词开始突现的时间为 2019 年，并持续到 2022 年，这表明随着数字经济的发展，未来女性创业的趋势将更倾向于互联网数字化创业。

Keywords	Year	Strength	Begin	End	2000—2022
关系网络	2000	2.72	2000	2007	
知识图谱	2000	2.72	2000	2007	
融资	2000	2.59	2000	2007	
机会识别	2000	2.45	2000	2007	
性别歧视	2000	2.32	2000	2007	
创业	2000	1.80	2009	2014	
创业资本	2000	1.76	2010	2011	
女大学生	2000	1.52	2010	2011	
创业动机	2000	1.63	2011	2013	
性别差异	2000	2.45	2013	2016	
女性	2000	1.42	2013	2016	
性别	2000	1.97	2016	2017	
创业过程	2000	1.47	2016	2018	
创业行为	2000	1.52	2017	2022	
互联网	2000	1.31	2019	2022	

图 1-6　关键词突现

（五）结论与展望

1. 研究结论

本章基于 CNKI 文献计量分析功能和 CiteSpace 可视化软件，分析了中国知网收录的 121 篇女性创业研究的核心期刊文献，从文献发布时间趋势、核心作者及机构、关键词共现、关键词聚类和时间线分析的角度，总结了女性创业的研究热点主题以及研究脉络，得出以下结论：

（1）从发文量来看，中国女性创业的研究起步较晚，呈现由低位运行到逐渐上升的趋势，中国相关政策的实施对于促进创业有着重要的意义。2016—2018 年，中共中央、国务院坚定打赢脱贫攻坚战的决心，积极促进就业与创业，全国妇联积极开展春风行动，女性创业群体受到极大关注，中国女性创业研究也在此期间蓬勃发展。

（2）从研究作者和机构来看，中国目前女性创业领域的研究者较缺乏，长期研究的核心作者更为稀缺，研究机构单一且分散，不利于女性创业的创新性研究，因此，需要形成女性创业研究的研究网络，为研究者和研究机构创造平台。

（3）从关键词共现和聚类方面看，本章将中国目前女性创业的研究热点主题归纳为创业动机研究、机会识别研究、创业融资研究。

（4）从时间线图谱分析和关键词突现分析来看，关注女大学生创业、研究创业行为问题以及关注互联网创业是未来研究的前沿动态和发展趋势。

2. 研究展望

综观女性创业研究的相关文献，同时结合中国女性创业研究现状，发现女性创业研究的文献对中国女性创业的发展提供了较为丰富的理论积淀。随着时代和女性创业实践的发展，女性创业的学术研究还有着很大的发展空间，未来的研究可以重点从以下几个方面予以加强：

（1）丰富女性创业研究的理论基础，探寻独特的理论视角。坚实的理论基础对于一个领域的研究发展十分重要（姚晓芳、代宇，2011）。中国目前对于女性创业相关的理论问题研究还十分薄弱，当前研究大多处于描述现象、陈述事实的层面，不利于女性创业实践的发展。探寻独特的女性创业理论视角有助于解释女性创业活动中的特殊现象，比如从后结构性别视角和自由主义性别视角研究对创业机会感知的性别差异。

（2）加强对女性创业行为方向的研究。研究女性创业行为的影响因素有助于清除女性创业障碍、提高女性创业率，同时有助于为国家制定相关创业就业政策提供依据。同时要关注女大学生这个极具创业潜力的群体，积极开展创业教育研究，提高潜在女性创业率。

（3）加强研究主题间的联系，形成女性创业研究生态。目前中国女性创业研究领域"百花齐放"，研究作者和研究机构较为分散，研究主题也未能形成清晰整合的脉络，因此加强研究主题间的联系，形成女性创业研究生态也是未来研究的一个重点方向，有助于促进中国女性创业研究系统全面发展。

第四节 女性创业三大理论基础

创业是经济发展和社会进步的重要载体，有助于推动就业促进经济的可持续发展。21 世纪以来，女性创业在全球劳动力市场上的重要性日渐明显，女性创业的重要性已不言而喻。目前国内外学者对女性创业的研究趋于多样化，创业理论的相关研究为创业，尤其是女性创业的研究提供了理论基础（胡萍，2008）。本章通过梳理国内外创业理论的研究，从数字创业生态系统、创业性别意识和创业过程理论等方面进行了归纳整理，以期为女性创业研究提供理论参考。

一 数字创业生态系统

近年来，数字经济以前所未有的趋势席卷全球，尤其在新冠疫情冲击下，在线教育、远程医疗、居家办公、电子商务等数字经济蓬勃发展，成为带动经济增长的核心动力，对中国经济稳定运行发挥了重要支撑作用。2020年中国数字经济规模已达39.2万亿元，占GDP比重38.6%，位居世界第二（《中国数字经济发展白皮书》）。当下，国家认识到数字技术在改善创业教育方面的巨大潜力，并关注数字时代创新创业人才培养的重要性。2021年3月，全国人大在"十四五"规划与2035年远景目标纲要就打造数字经济新优势、营造良好数字生态作出战略部署。同年11月，中央网络安全和信息化委员会印发《提升全民数字素养与技能行动纲要》指出："到2025年，全民数字化适应力、胜任力、创造力显著提升，数字素养与技能提升发展环境显著优化，基本形成渠道丰富、开放共享、优质普惠的数字资源供给能力；展望2035年，基本建成数字人才强国。完善数字创新人才培养机制，提升人才培养质量和水平，鼓励学生运用数字技术创新创业"。在数字经济的卷席之下，如何在数字化浪潮下构建创业生态系统成为重要命题。创业生态系统是我国创新创业战略驱动的重要引擎，也是推动创新创业的关键一环。

创业生态系统由生态系统逐步演化而来。"生态系统"这一概念最初由英国植物生态学家坦斯利于1935年提出，他将其定义为"特定地点的群落或集合及其相关物理环境"（Chang & Gütl，2008）。此后，该词在教育学和社会学的研究领域被广泛用于解释要素与要素、要素与系统之间的关系（Liu & Qin，2021）。Dunn（2005）对构建以大学生为主体的创业生态系统进行分析，并阐述了创业生态系统的基本理论框架。随后，有关创业生态系统的研究得到国内外学者的广泛关注。随着云计算、智能化技术、自动化技术、大数据技术等数字技术的逐渐成熟，出现了数字化创业与传统创业相融合的新的商业模式,带来新产业、新模式的无限可能,不少学者开始研究数字技术在创业生态系统中的作用。

(一) 数字生态系统的概念

Sussan 和 Acs (2017) 在整合创业生态系统和数字生态系统的基础上提出了数字创业生态系统,它连接数字产品生产者和数字消费者,减少了交易成本,创造出新的社会价值和社会效益。其中,数字生态系统是指由数字技术与异构数字实体共同构建的适应性分布式开放技术系统。该系统以数字用户需求为核心,利用数字技术的创建、传播提供数字产品和数字服务。而创业生态系统是一个能够支持创业,促进创业资源共享,提供完善的创业硬件设施(办公环境、物流运输等)和软件服务(政策支持、创业文化)的复杂系统。Li (2017) 指出数字创业生态系统是一种新的组织形式,完备的创业生态系统内部能进行有效的分工协作,推动系统整体更加高效有序地运转。Elia (2020) 指出,数字创业生态系统可以从两种角度解释,分别是数字输出生态系统和数字环境生态系统。数字输出生态系统包括企业家参与者网络,这些参与者通过不断地互动来创建数字企业,专注于利用数字技术进行设计的组织,生产和交付创新的数字产品或服务。数字创业生态系统可以同时是一个数字环境生态系统,它提供支持初创公司设计和组建过程的平台和环境。然而,目前数字创业生态系统尚未形成完善的体系,学界对数字创业生态系统这一主题的研究还在推进中,一些理论问题仍有待在未来得到进一步研究和探索。

(二) 数字生态系统的特征

数字创业生态系统具有数字生态系统和创业生态系统二者相结合的独特性质,如数字技术变革、全用户开放协同、跨界融合颠覆、数字高价值创造、动态快速迭代等(朱秀梅、杨姗,2022)。其中,数字技术变革指的是数字技术给创业活动带来的根本性变革作用(Nambisan,2017);全用户开放协同指的是数量庞大的用户不断进入数字创业生态系统并成为数字创业生态系统的参与者(Sussan & Acs, 2017);跨界融合颠覆指的是数字创业生态系统不再受限于地理的边界,不断进行跨界融合、颠覆传统产品、服务和行业发展;数字高价值创造指的是数字创业生态系统具有更深、更广的价值溢出效应,呈现出全数据、全渠道、全节点的多主体高价值共创（Nambisan & Baron，2021）；动态快速迭代指的是在数字创业生态系统中，产品与服务的更新周期正急速缩短，企业必须以更快的速度应对数字市场的变化才能获得可持续发展。

（三）数字创业企业与数字创业生态系统的相互作用

数字创业是数字创业生态系统的核心主体。本章将数字创业视为数字创业者或创业团队为适应数字变革，通过识别和开发数字创业机会，创造与获取新价值的过程（Nambisan，2017）。数字创业在创业主体、过程和结果方面的变革催生了数字创业生态系统。首先，数字创业打破了传统创业战略理念的限制（Li et al.，2017），使得创业过程中用户、竞争者及其他主体的关系发生变化，多层次数字架构让数字多主体间的关系更加动态、开放，从线性的供应链模式转变为网状的生态系统模式（Sussan & Acs，2017），形成超越空间约束的数字创业生态系统的多主体网络关系。其次，数字创业允许创业过程以非线性的方式跨越时间和空间展开，吸引更多主体参与到数字创业活动中，加快资源流动，使得企业的生产、交付、服务方式更加灵活，产业链更加快捷和强韧，带来更大的规模效益，引导数字创业生态系统生成。最后，数字创业面临高度动态性与不确定性，创业结果体现出更强的非预先定义的特征（Nambisan，2017），需要不断重新界定机会、变革价值主张，寻求快速适应动态发展的路径与模式，通过融合多主体发展，建立数字创业机会集，构建企业的生态发展路径，形成数字创业生态系统。

二　创业性别意识

由于目前经济增长放缓导致就业压力增大，"大众创业、万众创新"使得创业的重要性日益显现，而女性创业带来的性别红利能够使经济更加持续和包容增长，但同时女性创业也是机遇与挑战并存的。从性别意识角度研究创业行为，在促进女性创业创造经济价值的同时有助于推动性别歧视现象和社会排斥现象的减少（王乙杰、杨大利，2021）。总的来说，推动女性创业发展需要聚焦性别意识，形成多方合力，政府应构建体现性别意识的制度环境和政策支持体系；社会组织应构建创业培训体系以激发女性的创业潜能；高校应构建针对女性的创业教育体系；女性个体应构建和完善创业的自我成长体系。

(一) 女性创业的性别意识概念

"Gender awareness"的中文词汇被国内学者翻译得往往有差异,如"性别意识""性别平等意识""社会性别意识"等。性别意识的强弱能够体现女性的社会地位,同时性别意识的增强也是社会文明进步的表现(石红梅等,2003)。性别意识是指在意识到男女生理差异的基础上,也要意识到男女在人格、尊严、权利和机会上的平等,削弱"男尊女卑"的传统观念,消除性别刻板印象,从而促进性别平等、社会进步(禹旭才,2015)。性别意识其实包含三个相互关联的层面,一是性别敏感,即是否尊重和关怀男性与女性的生理差异,是否从性别视角审视女性问题,这是性别意识存在的出发点;二是性别能力,这是指女性自身素质是先天被认为不如男性,男优女劣,对女性自身素质的认可是拥有平等性别意识的前提;三是性别分工,性别意识的具体体现在于性别角色分工,包括在政治、经济、文化以及在家庭内部的分工,男女的角色分工是否限定,男女的发展机会是否平等(石红梅等,2003)。当前中国女性地位在一定程度上有所提升,但性别意识并没有完全脱离传统的性别文化,"男强女弱""女主内、男主外"等观念仍在一定程度上影响女性创业的热情。

将性别意识纳入女性创业意味着需要考虑到男性和女性不同的生理条件和心理特征,以及不同的家庭责任和不同想法的影响,同时还应认识女企业家创业发展面临的特殊困难,这是中小企业发展和女性创业发展的双赢战略。因此,必须在许多方面支持女性的创业发展(李纪珍等,2019)。

(二) 女性创业的性别意识影响因素

关于影响性别意识的因素,西方学者进行了相对较长和深入的随访研究,并将其分为两个阶段。而后现代女权主义兴起之前,对性别差异和性别意识的研究主要来自心理学,受到生物学和遗传学的强烈影响。他们主要将性别差异归因于生理特征,并认为生理差异决定了妇女的从属地位和性别角色(孟祥斐、徐延辉,2012)。随着后现代女权运动的兴起,人们越来越意识到男女差异的根源不是一种自然的生理特征,而是社会因素。美国学者盖尔·鲁宾首先提出了自然生理学和社会文化之间关于性别差异的对立。在1975年出版的《妇女贸易:性"政治经济"笔记》一书中,她提出了"性别/社会制度"的概念。在构建这一概念时,她从亲属制度的产生入手,将性别的形成纳入生产制度来考察,认为家族的再生产即妇女的被交换,产生了男性权力并构造了家庭中的性别身份,女性被强制和教育成"女人"(Butler, 2020)。受鲁宾的启发,西方学者开始探索性别制度与家庭、政治、经济和制度之间的关系。因此,研究社会制度和环境变量(如家庭结构、教育水平、工作经验、政治身份和族裔)对性别意识的影响已逐渐成为女性研究的主要课题。国内学者探讨了年龄、教育水平、收入、职业、家庭结构等方面影响性别意识的因素。陈怀宇(2021)认为组织观念、文化建设、公共服务、城乡结构等是影响创业女性性别意识的主要因素。李露露等(2019)基于沿海和内陆地区不同的社会背景和婚姻状况、经济发展水平和开放性差异等因素,分析了性别意识差异发生作用的内在机制。石红梅和叶文振等(2003)分析发现,树立差异性创业教育理念对女大学生性别意识有显著影响,克服创业的性别劣势,彰显优势,进而激发创业动机。

总体而言,国外学者对性别意识及其影响因素的研究相对成熟,实证研究也为现有分析提供了良好的实证支持。然而,关于性别意识的国内研究仍然相对缺乏。现有研究主要侧重于引入性别意识的概念,而对影响女性性别意识因素的分析主要侧重于定性描述和归类。只有少数研究从定量角度探讨了女性的性别意识及其影响因素,但在这类分析中,对高层次女性人才的性别意识和影响因素缺乏关注。

三 创业过程理论

根据 Gartner(1985)的研究,创业是创建新组织的过程,对创业过程的研究是创业研究的核心,主要包括识别机会和收集信息,以及资源的获取与经营战略这两大步骤。目前,主要有两种对创业过程的研究重点不同的创业理论。第一种是基于机会的创业理论,Shane 和 Venkataraman(2000)认为,创业过程是围绕机会识别、开发和利用的一系列过程。第二种是基于资源的创业理论,主要侧重于将研究重点从机会识别转移到创业投资行为。Ireland 等(2001)认为,创业是一个与环境相关的社会过程。在这个过程中,个人和团队整合自己的资源,利用市场机会创造财富。基于这两种观点,本章认为,在创业过程研究中,研究者不能忽视创业机会和创业资源这两个重要的元素。当创业者能够有效识别到创业机会并对机会进行有效合理利用时，创业活动能够顺利实施并取得良好的创业绩效（陈震红等，2004）。

创业是基于不确定条件下的复杂过程，在这一过程中，企业家与周围环境不断互动，通过创建新组织，最终实现机会价值的最大化。创业过程的动态性和复杂性，是基于企业家的异质性、环境不确定性以及创建新组织等三个因素相互影响、相互作用。Timmons 模型是最具影响力的创业过程理论模型之一。Timmons（2004）认为，创业过程是一个高度动态平衡的过程，在这一过程中，创业机会、创业团队和资源之间需得到适当配置。对于创业者来说，创业过程的实质是创业机会的识别与开发的过程。其中，资源为创业者在创业过程中进行机会开发提供了坚实的基础。创业团队则是初创企业的重要构成要素，同时也是创业过程的主体。在 Timmons 模型中，这三个要素的动态平衡，充分反映了创业过程的复杂性和动态性特征（杨俊，2004）。

根据唐靖和姜彦福（2008）的研究，创业过程的早期阶段一般分为三个子阶段：首先，在概念期这一初始阶段，是创业动机形成的阶段，具体来说，创业者有意识地识别创业机会并形成创业意图。其次，在酝酿期这一阶段，创业者通过整合内外部资源，完成创业资源和创业机会的开发。最后，在婴儿期阶段，创业者进一步实施创业行为，成立一个全新的经济组织。

综上，创业是不断演变的过程，在这一动态过程中，创业者将创业机会与创业资源禀赋融合在一起。因此，借鉴创业过程理论对研究女性在创业过程中的障碍具有重要作用。基于推动女性创业研究的发展视角看，研究者从创业机会出发，不断识别创业过程的规律，并从创业者资源禀赋角度剖析创业过程的发展方向的差异性是必要的（杨俊，2004）。同时，根据创业过程理论能够更有效识别到女性创业过程中的障碍，从而更有针对性地进行创业障碍的破除，有利于女性积极开展创业活动，从而提高创业绩效，促进经济可持续发展。

第二章

全球女性创业现状及趋势

第一节　全球女性创业现状分析

一　高增长的女性企业家

女企业家为全球经济和社会作出了重大贡献。根据2020—2021年全球创业观察报告，全球有2.74亿女性参与创业，此外，还有1.39亿已成立企业的女性所有者/管理者和1.44亿女性非正式投资者。女性创业者的早期创业活动总比率为11%，几乎占全世界所有创业者的一半。相比之下，老牌企业女性的所有权率（创业板定义为拥有和管理一家已向所有者支付薪金、工资或任何其他款项超过42个月的运营企业）为5.6%，占全球已有企业所有者的三分之一。全世界5%以上的女性是活跃的非正式投资者，占全世界非正式投资者的40%以上。

世界上的许多经济发展、创新和创造就业都起源于新企业的创建。在全球范围内，接受调查的30.2%女性企业家预计在未来五年内雇佣六名或六名以上员工，而男性企业家的这一比例为48%。换句话说，女性企业家约占当今世界活跃的成长导向型企业家的三分之一。女性不仅在创业活动上接近男性，而且高度参与高增长的创业活动，显然对其市场、社区和国家经济产生了重大影响。

多年来的讨论大多集中在增加女性企业家的数量上，我们需要看到这种讨论演变成专注于高增长的活动。世界各地有如此多的女性正在产生重大影响，尽管这个体系中存在影响增长机会的障碍。当务之急是，帮助女性企业家和创业者建立高增长的公司。

二　疫情对女性企业家的影响

由于小企业的脆弱性、行业部门的影响以及额外的负担，这场大流行病对女性企业家产生了巨大影响。GEM2020 数据显示，女性比男性受到的影响更大。在最近关闭企业的人中，女性因大流行病关闭企业的可能性比男性高 20%（男、女的可能性分别为 35.5% 和 41.9%）。欧洲的性别差距最大。在北美地区，因疫情而关闭企业的女性比男性多 50%。这一趋势在苏格兰和东亚则不同，男性因疫情关闭企业的比例高于女性（男、女的比例分别为 37.7% 和 34%）。低收入国家中，女性因疫情关闭企业的可能性低于男性（女性和男性的可能性分别为 35.6% 和 38.5%）；中等收入和高收入国家的情况正好相反，在这些国家，女性因疫情关闭企业的可能性要大得多。这些结果最可能的解释是企业规模、行业位置和家庭需求的模式。

在全球范围内，女性因疫情关闭企业的可能性略低于男性（男、女的可能性分别为 44.2% 和 41.2%）。安哥拉女性的企业关闭率最高（72.1%），中国台湾地区女性最低（15.1%）。然而，在全球范围内，因疫情而创业的女性仅略低于男性（男、女的可能性分别为 26% 和 23.8%）。在 GEM2020 报告的 15 个国家中，在因疫情而创业的企业方面，瑞典的男女比例为 0.5，阿曼的男女比例为 1.3。在全球范围内，女性和男性在大流行病下提供新的商业机会的比率不相上下（40.6% vs 42.2%）。在中等收入国家和高收入国家以及拉丁美洲也发现了平等。在低收入国家中，女性在大流行病下提供新的商业机会的比率比男性少 20%。就疫情对创业意愿的影响而言，在所有地区和收入水平上，女性与男性持平或更高。在拉丁美洲和加勒比地区，三分之一的女性受到疫情对女性创业意愿的强烈影响，比男性高 20%，但比中部地区和东亚地区的女性低（33.4% vs 38.4%）。从全球来看，女性企业家比男性企业家更有可能认为在疫情期间创业更困难（65.5% vs 60.8%）。这种性别差距在欧洲和北美洲的高收入国家最为明显（62.9% vs 56.8%）。尽管全球和各区域的性别均等，但在低收入国家（44.1% vs 39.6%）和中等收入国家（40.3% vs 35.1%），女性企业家认为政府应对措施有效的可能性比男性企业家高 10% 左右，而在高收入国家则相反（43.9% vs 47.9%）。

三　全球女性创业的趋势

《2020/2021全球女性创业报告》显示，女性的创业率为11%，超过男性的四分之三（男女比例为0.8）。低收入国家女性创业率的平均比率最高，为17.1%，而高收入国家女性创业率的平均比率较低，为8.9%。安哥拉、印度尼西亚、哈萨克斯坦、阿曼、沙特阿拉伯和多哥六个国家的女性创业率与男性相等或更高。

（一）创业活动及动机

GEM数据显示，全球近五分之一的女性表示有在未来三年内创业的打算，而男性的这一比例为四分之一（男女比例为0.8）。低收入和中等收入国家的创业意向和早期商业活动水平最高，而且比高收入国家更接近性别平等。在所有地区，女性拥有和管理约三分之一的老牌企业（男女比例为0.6）。在中亚和东亚地区，女性拥有企业的比例最高（6.9%），而男性的这一比例为11.9%。男性和女性的创业动机大体相当。当被问及创业的原因时，女性和男性都最有可能将工作稀缺作为主要动机（女性的比例为75%，男性为70%）。低收入国家的女性和男性同样有可能认为自己创办公司创造了巨大的财富（约70%），而中等收入和高收入国家的女性和男性则有10个百分点的性别差距。女性和男性认为创业是为了改变世界（47% vs 48%）或延续家庭传统（32% vs 33%）的比例大致相同。

（二）影响创业活动的结构性因素

在全球范围内，女性经营的企业往往比男性小得多。约36.6%的女性创业者在创业初期是单独创业，在没有联合创始人或员工的情况下独立经营，而男性的这一比例为24.6%。另外，女性企业家拥有/管理619名员工的公司的可能性约为男性的一半，拥有/管理20名或以上员工的公司的可能性比男性低三分之二。据报道，大多数早期创业活动是在批发/零售贸易部门，其中51.3%为女性企业家，43.4%为男性企业家。女企业家也更有可能在政府、卫生、教育和社会服务部门工作（男女比例为1.7），与往年不同的是，在制造业和运输业男女比例为1.1。

与之前的GEM报告研究一样，我们发现，除了中亚和东亚国家，女性和男性创业参与率最高的群体往往是18—34岁的群体。最年轻的男女企业家出现在低收入国家，其中约60%的男女企业家年龄在18—34岁。创业率随教育程度的增加而增加，超过五分之二的男女企业家都受过中等教育。在全球范围内，不同教育水平的女性和男性创业者的比例是平等的，7%的女性创业者拥有研究生学位，而男性创业者的比例为8.2%。与男性企业家（27.4%）相比，女性企业家（36.9%）的家庭收入更有可能处于较低的三分之一，尤其是在高收入国家。家庭收入较高的三分之一家庭的男女比例为0.8，三分之一的女性企业家家庭收入较高，而男性企业家的这一比例为42.9%。

在所有地区，平均而言，女性比男性更不可能亲自认识一位企业家（49.6% vs 56.2%），其中低收入国家的差距最大（49.5% vs 59.8%）。在全球范围内，为创业公司提供资金的女性比例为5.8%，男性为8.2%，性别差距为30%。哈萨克斯坦是唯一一个女性比男性更愿意投资企业的国家（21.2% vs 17.7%）。在其他行业的投资方面，女性的平均投资额约为男性的一半（1474美元 vs 2785美元）。与前几年相比，在高收入国家，女性的投资金额中值高于男性（男、女比例为0.68）。相比之下，低收入国家在投资中位数方面的性别差距最大（男女投资中位数分别为104美元和260美元）。

（三）影响创业活动的文化因素

在文化上，对创业的支持在全球范围内是非常平等的：创业的容易程度；认为创业是一种很好的职业；创业是一份地位很高的工作；媒体报道对新企业有利。在全球范围内，女性发现新商业机会的概率比男性低10%（42.5% vs 47.5%），她们不畏惧失败的概率也比男性低10%（49.9% vs 54.8%）。女性对自己创业能力的信心也比男性平均低20%（54.7% vs 66.2%）。

在全球范围内，女性企业家（27.2%）几乎与男性企业家（29.5%）一样，能够提供给所有或部分客户全新的创新产品或服务。男女企业家的创新率往往随着经济发展而提高，低收入国家有五分之一的女企业家提供创新产品，中等收入国家有四分之一，高收入国家几乎有三分之一的女企业家提供创新产品。鉴于2020年世界各地的商业受到的影响，这一比例下降近30%可能并不令人惊讶，尤其是对女性企业家来说，她们更有可能经营食品和零售服务行业，并面临更多的家庭责任。

在全球范围内，与男性相比，女性企业家更可能将自己的业务定位于当地市场（47.7% vs 35.7%），而追求国内市场（36% vs 43%）和国际市场（13.8% vs 18.9%）的可能性则要低得多。值得注意的是，在印度，女性企业家关注国际市场的可能性是男性企业家的3.3倍。

四 女性创业的区域概况

《2020/2021全球女性创业报告》显示，女性创业的比率和模式在世界各地差别很大。收入水平或文化差异并不能完全清楚地解释趋势，企业启动和成长的环境涉及一系列复杂的因素。全球不同区域针对女性创业的观点包括性别差异、高增长活动和大流行病的影响。

（一）中东亚

在中亚和东亚地区，创业比率最高的是哈萨克斯坦，该国五分之一的女性处于创业初期阶段。在女性劳动力参与率高的低收入国家，女性创业比率往往很高；然而，印度的情况并非如此，印度女性的平均创业比率为2.6%。事实上，在本区域所分析的五个国家中，女性创业的模式差别很大。在中亚和东亚，女性创业比率很低。印度和印度尼西亚的女性创业者认为，工作的稀缺性是创建企业的主要动机，而哈萨克斯坦、韩国和中国台湾地区的女性创业者则表示，创造财富是她们创业的主要动机。

在该区域的国家中，印度的女企业家似乎受到疫情影响最严重，三分之二的女性将最近的企业关闭归因于疫情。然而，从比较的角度来看，性别差距最大的是韩国，该国女性企业家因疫情而关闭企业的可能性是男子的五倍。2020年中期，哈萨克斯坦企业家的企业倒闭率最高，但性别差距不大。最后，与男性相比，印度和韩国的女性在获得企业融资方面面临的困难似乎最大。

（二）欧洲

与世界其他地区的女性相比，欧洲女性的创业率是最低的。欧洲女性的创业率为5.7%，而世界平均水平为11%。在欧洲国家女性没有其他地区那么有进取心，因为她们有其他的工作选择，而且从庞大的福利国家中受益，这些国家为工人提供了失业和家庭需求的缓冲。尽管如此，工作稀缺仍然是创业最常见的原因。

欧洲的女性更有可能自营企业或雇佣少量雇员（1 到 5 人）。欧洲女性在信息和通信技术领域的创业率是最高的。欧洲女性企业家的平均受教育程度高于大多数国家的男性。欧洲女性在以下方面的比例也很低：看到新的商业机会；拥有创业的技能；不惧怕失败。

尽管与工作稀缺性有关的动机较低，但欧洲的女性创业者实际上较少参与高增长的创业活动。与中东和非洲的趋势一样，欧洲的女性创业者在预期的性别差距上也很大，在创造就业、创新和国际化方面存在巨大的性别差距。尽管在某些国家存在一些差异，在超过半数的分析国家中，女性创建的公司的创新水平与男性创建的公司的创新水平相似。然而，在 15 个国家中 14 个国家的男性更有可能参与出口，而女性则主要关注当地市场。欧洲女性的非正式投资率在世界上也是最低的，尽管该区域的投资额中位数高于世界许多其他地区的女性。

关于大流行病的影响，欧洲女性的企业倒闭率较低，但她们将企业倒闭归因于大流行病的可能性要比男性高 50%，而将企业倒闭归因于缺乏资金或盈利能力的可能性比男性低很多。女性和男性创业者都认为大流行病危机并没有阻碍新企业的创建，也没有降低创业的意愿。女性企业家比男性更大概率认为在大流行病期间很难创业，而在看到新机会方面则表现出了平等的水平。

（三）拉丁美洲及加勒比地区

拉丁美洲和加勒比地区的国家包括一些最具活力和创业精神的经济体。事实上，这一区域拥有女性参与创业的最高比率，具有显著的高增长活动和往往由男性主导的制造和运输部门的参与模式。尽管就预期就业增长而言，女性企业家不太以增长为导向。在区域层面上，女性企业家在出口活动的高比率方面不如男性，但她们同样提供创新产品或服务。例如，哥伦比亚女性销售创新产品的比例是男性的两倍（45.5% vs 24.1%）。

尽管拉丁美洲和加勒比地区女性的创业活动水平很高，甚至有些女性的创业观念和信念在世界上是最强的，但这里的女性企业家的企业倒闭率也是世界上最高的（比男性企业家高 20%），这表明她们的市场具有高度的波动性和不确定性。此外，拉丁美洲和加勒比地区的女性企业家，由于大流行病而关闭企业的比例高于世界上任何其他群体（无论男女）

(57.5%)。在巴西和乌拉圭，性别差距特别明显。尽管大多数女企业家受过高等教育或更好的教育，但该地区一半的女企业家年龄在35岁以下，三分之一来自贫困家庭。

研究结果表明，拉丁美洲和加勒比地区的女性企业家正通过高增长的创业活动对当地产生重大影响。政策制定者不应低估这些国家女性的抱负、技能或决心。拟订方案的举措应侧重于通过使用数字技术和发展商业网络扩大市场和加强业务增长。

(四) 中东及非洲

中东和非洲地区是世界上女性创业意愿最高的地区之一。自相矛盾的是，除了包括一个女性与男性已建立企业的比例最高的国家（安哥拉），它还包括一些最低比率的国家（摩洛哥、沙特阿拉伯、阿曼和阿拉伯联合酋长国）。安哥拉有超过一半的女性创业，多哥有超过三分之一的女性创业，相比之下，伊朗和非洲只有5%或更少的女性创业。在较贫穷国家，女性和男性的创业活动水平高可能反映工作稀缺，而创业率低可能表明该国家具有非常传统的性别信仰，限制妇女参与劳动力市场和企业所有权。

不幸的是，除安哥拉外，在该区域大多数国家，女性似乎更难将高创业意愿转化为新的企业。此外，虽然中东和非洲的女性高度参与创新，但她们不太关注国内和国际市场，也不太积极参与国际化（出口）。尽管拥有高度支持的文化，但数据表明，在本区域的一些国家，女性面临着重大的文化障碍，这可能与非常保守的性别信仰制度和对妇女的限制有关。尽管如此，该地区的女性仍在设法创办和发展有前途的公司。政策制定者应考虑如何支持女企业家努力扩大其企业规模，以造福地方社区和国家经济。

(五) 北美洲

北美洲女性创业活动的比率在历史上一直很高。2020年，美国和加拿大女性的创业活动比率分别为13.6%和13.9%，远高于全球女性的平均水平（11.0%）。然而，性别差距依然存在，女性的创业活动总量是男性的80%。在加拿大和美国，超过三分之二的女性创业是为了改变世界，这一比例远远高于除印度和危地马拉之外的世界其他国家。在加拿大和美国，女性比男性更不可能把创造财富和继承家族传统作为理由。对发达国家的企业家来说，就业机会稀缺的动力要小得多。在北美洲，创业意愿相当低，在加拿大和美国，女性参与成熟企业的比例比男性低得多。然而，这两个国家的女性对创业持积极态度，认为这是一种良好的、高地位的职业。但是，加拿大和美国的女性在创业观念上落后于男性，比如看到新的商业机会和拥有创业技能。该地区的女企业家往往比男性更年轻，受教育程度也更高，尽管她们比男性更可能处于家庭收入的后三分之一。北美的女性在其他企业的非正式投资中非常活跃，特别是在加拿大，但在投资的比例和水平上都落后于男性。

与欧洲和世界其他一些地区的企业家相比，北美洲的企业家通常被认为更有企业家精神，更关注高增长。然而，北美洲女性企业家的成长性远远低于男性企业家，约为全球平均水平。与男性相比，她们也较少参与高水平的出口。矛盾的是，美国的女性比她们的男性同行更关注国内和国际市场，而加拿大的女性企业家的创新率高于该国的男性。

新冠疫情对北美洲女企业家的影响似乎反映了全球模式，但该地区的经验各不相同。在美国，企业倒闭显示了性别平等，但在加拿大，女性倒闭的比例低于男性。在美国各州，几乎一半的女性将大流行病作为停止经营的原因，在应对新冠疫情大流行方面，北美的女性发挥了重要作用。在某些领域，工作可以通过虚拟方式进行管理，各行业的分布更加均匀，但在信息和通信技术领域存在巨大的性别差距。

五 总结

尽管许多国家的创业意愿和创业精神的比率很高，但在贫穷、传统性别观念和参与公共生活受到限制的情况下，女性企业家在创业和增长方面仍然面临重大障碍。世界上的大多数国家，女性比男性更有可能把工作稀缺作为创业的理由。女性企业家往往比男性企业家更贫穷，受教育程度更低，而且家庭收入也低，特别是在低收入国家，但在大多数中等和高收入国家也有。因此，可以发现，在许多国家，女性企业家独自创业的比例要高得多，而且往往经营着规模小得多、专注于当地市场的雇主公司。

在最脆弱的小企业和新企业中，女性的比例过高，这些企业更容易受到市场动荡和经济冲击的影响。这一趋势也助长了长期以来对增长型女企业家的负面刻板印象，特别是在男性主导的环境中，这些负面的刻板印象最有可能被激活。增长型女企业家一直在寻求增长型资金和其他关键资源以支持企业扩张和规模。政府可以通过支持女性企业家的孵化器、加速器和商业网络来解决这些结构性障碍。

第二节　全球女性创业趋势分析

一　创业的性别差异

而根据《2021/2022 全球女性创业报告》中的国家数据，我们可以对全球女性创业发展趋势有个整体的把握。在全球范围内，女性创业活跃度往往不如男性。其中，女性的早期创业活动总量是 10.4%，而男性是 13.6%。并且，不同国家的女性创业者在性别差异、创业进入率、创业意向、创业退出率等方面存在很大差异。

其中，女性的创业进入率和退出率往往较低，多米尼加共和国的女性创业率（43.7%）最高，而波兰（1.6%）和挪威（1.7%）的女性创业率最低，性别差距最大。2021 年，中东和非洲的女性创业意向非常高，但创业率却很低。此外，男女企业家在年龄和教育程度上几乎没有差异，但在家庭收入、行业和企业规模方面存在明显的性别差异。女性企业家的家庭往往不如男性企业家富裕，几乎一半的女性企业家参与了批发/零售部门，五分之一的女性企业家参与了政府、保健、教育和社会服务部门（女性为 18.5%，男性为 10.1%）。她们也更有可能在没有员工的情况下创业，但也不太可能拥有超过 20 人的员工，这种情况在高收入国家中更为明显。这些差距在很大程度上是由各国的经济和部门组成的不同所造成的，所以不同收入的国家在各方面存在很大差异。

二　疫情后女性创业趋势

从 2019 年到 2021 年，新冠疫情的大流行对各个国家的女性创业产生了不同程度的影响。总体上来看，女性的创业意愿与男性一样有所下降，从 2019 年的 19.1% 下降到 2021 年的 16.7%，并且低收入国家的降幅最大。在企业退出率上，女性企业退出率上升了 24%，男性企业退出率上升了 26%。中高收入国家的女性企业家的退出率上升了 74%，远远高于男性，而高收入国家的女性在大流行病期间的企业退出率几乎没有变化。

让人欣慰的是，近一半的女性初创企业家认为新冠疫情创造了新的商业机会。关于这次新冠疫情是否促使了新的数字技术的使用和该公司是否在未来六个月内采用更多的数字技术这两个问题，女性企业家与男性企业家的比例基本持平。大约四分之一的女性企业家认为新冠疫情促使她们的企业使用新的数字技术（女性25.3%，男性25.2%）。此外，超过一半的企业家预计在未来六个月内将会采用数字技术（女性58.1%，男性59.4%）。但在不同的区域，其结果仍然存在差距。相比之下，高收入国家中女性企业家在新冠疫情期间采用数字技术的可能性最低。并且，除了中东和非洲地区（女性37.8%，男性40.0%），其他地区女性企业家都比男性企业家更有可能利用数字技术进行创业。值得注意的是，Slovenia的女性企业家使用新数字技术的可能性是男性企业家的两倍（女性16.3%，男性7.0%），而调查显示Luxembourg的女性企业家因新冠疫情而促使使用新数字技术的可能性比男性企业家低三分之二（女性10.6%，男性30.8%）。与处于早期阶段的企业相比，女性创办的老牌企业采用数字技术的可能性与男性持平（女性17.7%，男性17.2%）。总体上来看，国民收入水平与数字技术使用率方面的性别差距再次成反比关系。

三 女性创业者的区域贡献差距

从全球范围来看，女性企业家在国内和国际市场提供创新服务的企业家中所占的比例为三分之一，她们非常积极地从事以国内和国际市场为重点的高创新型增长企业。但由于每年各区域参与调查的国家不同，女性企业家为不同区域增长和发展所作出的贡献趋势也各不相同。其中，中高收入国家的女性创新率最高，在所有从事高增长企业的企业家中所占的比例约为三分之一。无论何种类型的企业家，其创业的区域趋势都因国家文化和结构因素而异。

此外，与前几年相一致的情况是，中亚和东亚的女性显示出了世界上最高的创业率。拉丁美洲和加勒比区域体现了女性创业的高波动性和不确定性，其女性创业意向、创业活动和创业率最高，但同时企业退出率也高，但所在地区各国之间的差别很大。欧洲女性的创业意愿和参与率最低，但其性别平等率普遍更高。在欧洲和北美洲有大量高收入国家的女性高度参与了高潜力的创业活动,然而,在这些地区创业观念的性别差异却最显著。

四 女性创业的性别障碍

因为创业规则和制度往往是基于男性规范和行为设计的,所以女性企业家在创业环境中往往面临着挑战。即使在性别平等程度较高的地区,性别偏见仍然是女性企业家面临的一个巨大障碍。欧洲和北美洲地区的妇女是世界上最具影响力和最享有特权的女企业家,但她们仍面临在有利环境中取得成功的重大障碍。这对女性创办企业类型的选择以及她们的创业认知产生消极影响,尤其是在创业自信方面。

值得注意的是,除创业技能外,低收入国家的女性在关键的创业认知方面与男性最平等,而高收入国家的女性在认知方面的性别平等程度最低,最大的性别差距也最常出现在高收入国家。专家调查组对女性创业支持性环境的六个方面进行了调查,所得结果都非常消极。因此,我们需要在结构性不平等的背景下更好地提供统计数据,并认识到女性已经在为市场、社区和国家的经济增长、社会发展和创新作出贡献。如果我们对性别不平等的存在以及不同类型的女性创业如何演变有了更清晰的了解,那么在政策应对、创业研究、创业支持等方面的效果将会更为有效。

第三节 心理认知视角下的全球女性创业

一 引言

女性创业活动的稳健增长有助于提高女性的社会地位(Ahmed et al., 2020),降低失业率(Chatterjee et al., 2022),并改善整体社会生活质量。然而,不同国家的女性创业活跃度存在较大差异(Dheer et al., 2019)。《2020—2021年全球创业观察报告》显示,在被调查的42个国家中,仅有安哥拉、印度尼西亚、哈萨克斯坦、沙特阿拉伯、阿曼与多哥的女性创业活跃度高于男性。因此,如何激活女性创业活跃度,成为各国亟待解决的重要课题。唯物辩证法指出,事物的发展是内外因共同起作用的结果,内因是事物发展的根据,决定着事物发展的基本趋向。因此，探索女性创业认知如何激活女性创业活跃度具有重要的实践和理论价值。

女性创业活跃度反映一个地区女性群体创业经济整体发展水平（Vidal-Suñé & López-Panisello，2013），表征该地区女性创业经济是否活跃。通过梳理现有文献发现，一些研究考察了社会规范（Meek et al.，2010）、政府政策、人力资本与金融资本等宏观环境对女性创业的影响（Thébaud，2015；Yousafzai et al.，2015）。然而，这忽略了微观层面的关键作用（Datta & Gailey，2012），如创业期望和能力感知对女性创业活跃度至关重要（Bayon et al.，2015）。而且，很少有文献研究多种心理认知条件的组合影响，创业活动是受各种认知条件影响的复杂现象，可能存在多种多样有效的途径，不同的组合可能会导致相同的结果。

任何单一的理论都有一定的局限性。近年来，从心理认知视角考察女性创业逐渐受到重视，如基于社会拼凑理论研究女性创业动机与创新绩效之间的关系（Di Domenico et al.，2010）、基于自我决定理论（Prasastyoga et al.，2021）和目标设置理论（Chandra & Paras，2021）探究创业动机与创业效能感的影响机制、基于扎根理论探究由创业意向向创业行为转化的影响因素与作用机理。然而，该类研究在研究方法上，都偏向单独探讨各要素对女性创业的影响。本章则从这几个心理认知维度出发探究对女性高创业活跃度的理论机制，运用QCA研究心理认知各要素之间对女性创业活跃度的协同效应。

二　文献综述与组态模型

（一）文献综述

1. 心理认知理论

心理认知是一种心理认识过程，如注意、知觉、表象、记忆、创造性、问题解决、言语和思维等（Hunt & Ellis，1999）。认知研究为我们提供了多种机制，既有理论驱动的，也有经验支撑的，以建立对我们如何学习看到机会的更深层次、更丰富的理解，认知现象在整个过程中都很重要（Krueger et al.，1994）。女性创业活动可能需要所需资源的有形基础设施，但我们却忽视了认知基础设施——它使我们能够感知（并学会感知）个人可信的机会（Chatterjee et al.，2022）。了解支撑女性创业活动的认知基础设施,也为我们如何促进女性创业活动提供了更丰富的视角。认知视角不仅为创业精神提供了有用的新概念工具的可能性,它还可能有助于发展有效的干预措施,帮助女性企业家实践。

2. 能力感知

能力感知是完成任务相关的能力、领导能力的信心,或者是对任务成功的感知(Townsend et al., 2010),能力感知显著对女性初创企业活动有积极影响(Bayon et al., 2015; Pinho & Sá, 2023)。尽管能力感知与创业自我效能感相似,但仍存在差异。自我效能感不同于能力感知(Alvarez et al., 2013),这表明了两种截然不同的能力信念——前者是具体任务的相关信心,例如,执行相关各种任务的能力(Bird, 1998),后者是完成这种任务相关的能力、领导能力的信心,或者是对任务成功的感知(Townsend et al., 2010)。Townsend 等(2010)已经表明,与任务相关的感知,例如能力感知,可以独立于目标存在,能力感知对女性新生创业活动的影响是必要的。

由此得出假设1:能力感知对女性创业活跃度具有影响。

3. 机会感知

Timmons(2004)在著作《新企业的创建》中提出了一个全新的创业管理模式。他认为,创业行为是以机会为契机,其关键步骤就是寻找创业机会,创业的"核心"是寻求机会并采取行动。因此,要理解创业,就需要了解如何看到机会并决定追求它们(Katz, 1992)。

机会感知表示创业者能够感知创业机会的能力,通过感知过程,可以跟踪潜在的机会,并转化为适当有利可图的决策,是创业过程中的关键要素(Kusa et al., 2021)。潜在的机会可以通过感知决策过程被跟踪并转化为合适的或有利可图的决策(Lumpkin & Lichtenstein, 2005)。认知研究允许我们探索这种观点如何有助于机会的出现(Teece, 1998)。即使机会被发现了,它们仍然需要被感知(Krueger & Brazeal, 1994)。Krueger(1994)提出,机会感知和创业意向都属于潜在创业者的心理认知状态。就机会感知来说,真正去感知创业机会而非只在乎机会本身,决定着创业者是否会进行创业(Hsu et al., 2019)。就创业意向来说,它决定着创业机会感知是否可以转化为有意识的创业行为(Charfeddine & Zaouali, 2022; Walker et al., 2013)。因此,创业机会感知直接影响意向及程度（Noguera et al.，2013），创业机会感知愈强，就会对创业意向具有显著促进作用（Wu et al.，2019），预期创业成功率愈高，行为诱发的可能性愈大（Krueger et al.，2000）。

由此得出假设2：机会感知对女性创业活跃度具有影响。

4. 失败恐惧

失败恐惧是我们"趋利避害"动机下的产物（Cacciotti et al.，2020）。当前研究大多是以成就动机理论、情感事件理论和情绪认知评价理论为基础，分析失败恐惧的本质（Bélanger et al.，2013）。对于创业者而言，失败恐惧是创业过程中的重要组成部分（Cacciotti & Hayton，2015）。当威胁个人能力和成就的情感事件出现时，女性创业者对失败厌恶性后果的信念被激活（Thébaud，2015），并将注意力集中于外部环境中的威胁刺激、失败的潜在后果以及自身的消极状态上，进而诱发出自身情感反应（Stroe et al.，2020）。不少实证研究发现失败恐惧抑制创业意图（Hessels et al.，2011），不利于创业进入，阻碍新生创业活动（Morgan & Sisak，2016），降低对创业机会的评估和利用（Steininger，2022），会对女性创业者追求机会型创业产生不利影响，更严重的后果是会拖延创业行动进程（Cacciotti et al.，2016），从而影响失败后再创业的选择。

由此得出假设3：减少失败恐惧对女性创业活跃度具有影响。

5. 创业期望

期望理论，又称作"效价—手段—期望"理论（Rahi et al.，2021）。Rahi（2021）认为期望的概念就是指一个人根据以往的能力和经验，在一定的时间段里希望达到目标的一种心理活动。创业期望是新生创业者对创业行为的预期（Baum et al.，2001）。创业期望是一项重要的认知活动，它能帮助创业者认识创业行为目标、理解新企业创建过程与绩效问题。行为科学理论认为，行为与期望是相关的。一方面，创业期望会指引创业者的创业行为，对创业者创业愿景和战略的制定产生影响（Gaies et al.，2022）。另一方面，创业期望能激发创业者的创造力，使创业者进行机会识别与开发（Kautonen et al.，2015），帮助创业者获取创业资源并提高资源配置率，从而开发新产品和新市场。根据《2021年全球观察报告》，创业期望会反映创业活动的内在本质与特征，从而进一步论证了创业期望对创业者坚持创业有重要影响。

由此得出假设4：创业期望对女性创业活跃度具有影响。

6. 创业动机

"本能（动机）驱动行为，其目标是生存、成功和避免失败"（Carsrud & Brännback，2011）。将动机与个人的期望相结合，把动机定义为某种努力导致预期的结果（Piñeiro-Chousa et al.，2020；Ephrem et al.，2021）。创业是一种以行动为导向的现象，创业动机是个体参与创业过程的关键因素（Piñeiro-Chousa et al.，2019；Benzing et al.，2009），创业动机是企业家试图通过建立一个企业来实现的目标（Eijdenberg & Masurel，2013；D'andria et al.，2018）。学界既有的研究成果已经证实了创业动机与创业行为的强相关性（Larsson & Thulin，2019），创业者在创业行为中的意愿、行为、能力以及努力程度由动机的强弱程度直接决定（Piñeiro-Chousa et al.，2016）。Naffziger等（1994）的研究结果表明，创业动机可以影响创业行为和创办企业之后的决策，影响创业管理模式从而最终影响企业绩效。男性与女性创业动机的异质性决定了其是否产生创业行为和是否取得创业成功（Lawler & Suttle，1973）。综上，创业动机是女性选择实施创业行为和获得创业成功的先决条件。

由此得出假设5：高创业动机对女性创业活跃度具有影响。

（二）组态视角下心理认知与女性创业活跃度

在心理认知理论的指导下，探讨各要素对女性创业活跃度的净效应作用为理解多个要素与女性创业之间的关系奠定了基础。然而，此类研究中心理认知要素与女性创业的线性关系并不确定，而且难以回答多个要素（尤其是三个以上）的组态效应，无法挖掘更清晰的必要与充分因果关系（Douglas et al.，2020），也难以洞察多个心理认知要素共同对女性创业的因果复杂关系。事实上，要素间存在共生与竞争关系，只有各要素联动匹配，改变创业心理认知，才能影响创业活动（Lim et al.，2010）。

组态视角从整体出发，试图解释如何从整体中相互作用，该视角认为，组织最好被理解为相互关联的结构和实践的集群而非分单元格或者松散结合的实体（Meyer et al.，1993），因此不能以孤立分析部件的方式理解组织，这与本章要从心理认知整体出发的视角一致（Fiss，2011）。因此，组态视角非常适合探索心理认知与女性创业活跃度的非线性、等效性以及非对称性的因果复杂问题。同时，心理认知对女性创业的影响机制大致有两个方面：一是影响女性能力感知（Bayon et al., 2015），二是影响女性创业期望（Ephrem et al., 2021）。前者通过优化女性政府政策和市场环境等措施，增强女性资源和创业能力（Grégoire et al., 2011）。后者是营造支持创业的社会氛围，树立女性模范，提高女性创业期望。

综上所述，心理认知各要素如何影响女性创业仍是一个开放的问题。本章基于组态视角，重点挖掘心理认知影响女性高创业活跃度的因果复杂机制，理论模型图如2-1所示。

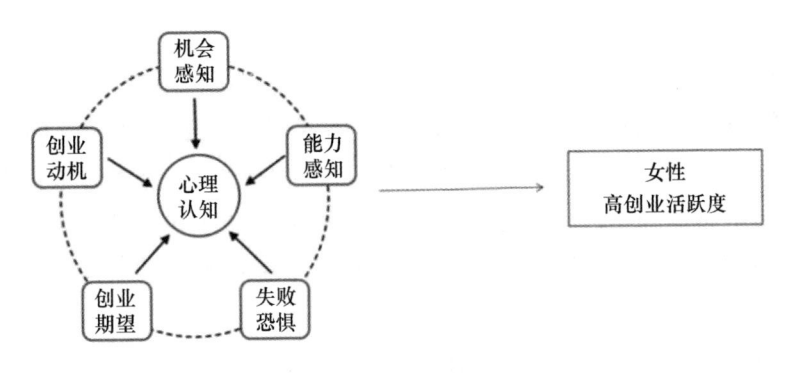

图2-1 理论模型

三 研究方法

（一）NCA和QCA的混合方法

必要与充分因果关系是两种新兴的因果关系解释，其中必要条件因果指某一前因不存在时结果不会发生；而充分条件因果指前因（组合）充分地产生结果（Dul, 2016; Ragin, 2008）。为了更好地分析本书的必要和充分因果关系，本章采用了必要条件分析的新方法，并补充在充分因果分析上优势突出的QCA方法。

首先，本章用NCA检验特定心理认知因素是不是产生创业活跃度的必要条件。其次，本章采用fsQCA方法探索激活女性创业活跃度的因果复杂机制（Ragin, 2008）。fsQCA致力于运用整体视角来进行跨案例的比较分析，从而探索哪些条件要素的组态会引起预期结果的出现（Ragin, 2008），哪些组态引起预期结果缺乏或不存在等因果复杂性问题（Douglas et al.，2020)。心理认知各要素组合会形成不同的认知组态，女性创业活跃度的复杂影响机制就属于这类问题，所以特别适合采用 fsQCA 方法进行研究。

(二) 数据收集

GEM 从 1999 年开始，是 Babson College (USA) 和伦敦商学院 (UK) 共同研究的项目。它是一个国家团队组成的网络联盟，主要与顶级学术机构联合，是全球唯一一个直接从个体企业家那里收集创业数据的研究来源。GEM 数据是最丰富的且最可靠的，因此该报告数据具有较高的权威性和可靠性。2021 年 GEM 报告中 42 个国家女性创业指标完整，最终 42 个国家数据全部保留。

其中各指标的解释如下：

女性创业活跃度是指女性在一国从事创业活动的比率，即衡量 18—64 岁女性中新创业者或新企业经理的百分比。能力感知是指有创业所需的技能和知识的信心，即测量 18—64 岁女性创业者认为自己具备创业所需技能和知识的人所占的百分比 (Townsend et al.，2010)。机会感知是指能够感知到创业机会，即测量在 18—64 岁女性创业者中，认为在自己居住的地区有创业机会的人所占的百分比 (Kusa et al.，2021)。失败恐惧是指担心创业失败而产生的恐惧，即 18—64 岁女性创业受访者表示，她们看到了很好的机会，但因担心失败而不愿创业 (Bélanger et al.，2013)。这是指看到好机会的人的百分比，而不是全部的成年人。创业期望是新生创业者对创业行为的预期，即测量 18—64 岁的女性创业者中，预计五年后将雇佣 6 人或更多的人所占的百分比 (Baum et al.，2001)。

其中创业动机是创业的内在驱动本能 (Carsrud & Brännback，2011)，在 2021 年 GEM 数据调查中，针对四个方面的创业动机进行了测量，本章取其均值作为数据，即测量女性创业者中同意创业的原因是"改变世界"的百分比、同意创业的原因是"创造巨额财富或非常高收入"的百分比、同意创业理由是"延续家庭传统"的百分比、同意创业的理由是"找不到工作而进行创业"的百分比。

(三) 数据校准

校准是将案例赋予集合隶属度的过程 (Piñeiro-Chousa et al.，2019)。

在进行校准数据之前,需要设定 3 个定位点,即完全隶属、中间点、完全不隶属,校准后的集合隶属度介于 0—1 之间(Ragin,2008)。本章根据样本数据分布的 25%、55% 和 75% 分别作为三个定位点(Xie et al.,2021),各变量校准锚点及描述性统计详见表 2-1。

表 2-1　　　　　　变量测量、校准与描述性统计

变量	校准锚点			描述性统计			
	完全隶属	中间点	完全不隶属	均值	标准差	最小值	最大值
FEA	17.62	9.40	5.07	12.78	10.20	0.90	51.10
CP	65.55	53.05	46.35	55.49	15.75	26.90	92.60
OP	63.15	45.70	36.45	48.88	19.96	13.10	88.50
FOF	57.67	52.70	46.95	53.62	10.72	33.40	82.70
EE	39.37	25.15	16.05	32.29	31.55	0	200.60
EM	55.20	50.11	37.46	49.53	12.15	26.05	78.30

四　分析结果

(一) 必要性分析

NCA 不仅可以识别特定条件是不是某一结果的必要条件,还可以分析必要条件的效应量。在 NCA 中效应量也叫瓶颈水平,它代表产生特定结果需要必要条件的最低水平。效应量取值在 0—1,越大代表效应越大,小于 0.1 代表效应量太小(Dul,2016)。NCA 方法可以处理连续变量和离散变量。

在表 2-2 中,本书报告了 NCA 分析结果,包括采用 ceiling regression(CR)和 ceiling envelopment(CE)两种不同估计方法得出的效应量。在 NCA 方法中必要条件需要满足两个条件:效应量(d)不小于 0.1(Dul,2016),且排列检验的蒙特卡洛模拟显示效应量是显著的(Dul et al.,2020)。综合来看,能力感知和机会感知效应量(d)不小于 0.1 且 P 值显著,可以认为是女性创业活跃度的必要条件。而失败恐惧、创业期望和创业动机效应量太小且检验结果都不显著,显示它们不是创业活跃度的必要条件。

表2-2　　　　　　　　必要条件分析（NCA）结果

变量[a]	方法	精准度	上限区域	范围	效应量（d）[b]	P值
CP	CR	95.20%	0.159	1	0.159	0.000
CP	CE	100%	0.154	1	0.154	0.000
OP	CR	92.90%	0.110	1	0.110	0.000
OP	CE	100%	0.130	1	0.130	0.000
FoF	CR	90.50%	0.034	1	0.034	0.009
FoF	CE	100%	0.014	1	0.014	0.025
EE	CR	95.20%	0.015	1	0.015	0.029
EE	CE	100%	0.023	1	0.023	0.005
EM	CR	86%	0.011	1	0.011	0.023
EM	CE	100%	0.060	1	0.060	0.009

注：a. 校准后模糊集隶属度值。b. $0.0 \leq d < 0.1$："低水平"；$0.1 \leq d < 0.3$："中等水平"。

本书进一步采用QCA方法检验必要条件。如表2-3所示，单个条件必要性的一致性普遍小于0.9，这并不构成研究结果的必要条件。但通过组态结果所示，能力感知和创业期望是构成女性创业活跃度的核心条件，表明此结果与NCA结果具有一定程度的一致性。

表2-3　　　　　　　　单个条件的必要性检验

条件变量	女性高创业活跃度 一致性	女性高创业活跃度 覆盖率	女性非高创业活跃度 一致性	女性非高创业活跃度 覆盖率
高能力感知	0.765	0.782	0.291	0.309
非高能力感知	0.324	0.305	0.794	0.778
高机会感知	0.674	0.663	0.409	0.418
非高机会感知	0.408	0.399	0.670	0.681
高失败恐惧	0.608	0.591	0.480	0.485
非高失败恐惧	0.470	0.465	0.594	0.612
高创业期望	0.710	0.707	0.368	0.381
非高创业期望	0.378	0.366	0.716	0.719
高创业动机	0.726	0.736	0.366	0.385
非高创业动机	0.394	0.374	0.749	0.739

(二) 充分性分析

条件组合分析主要用于检验不同前因变量之间组合对结果变量是否具有较强的解释力。将5个条件变量导入fsQCA3.0软件中，并采用fsQCA模块进行运算，参考已有研究（Ragin，2008），本书将一致性阈值设置为0.8，将案例频数阈值设定为1。按照软件设定，在真值表中，大于0.7的赋值为1，小于0.7的赋值为0。数值1代表该因素水平较高，数值0代表该因素水平低，结果如表2-4所示，最终保留了3个高女性创业活跃度的路径，4个非高女性创业活跃度的路径。

表2-4 真值表

CP	OP	FoF	EE	EM	Number	FEA	Raw consist.	PRI consist.	SYM consist.
1	1	1	1	1	6	1	0.998	0.997	0.997
1	1	0	1	1	2	1	0.997	0.996	0.996
1	0	0	1	1	2	1	0.983	0.972	0.972
1	1	0	1	0	1	1	0.962	0.932	0.932
1	0	0	0	0	2	0	0.785	0.567	0.610
0	0	0	1	1	3	0	0.749	0.491	0.491
0	0	1	1	0	2	0	0.737	0.471	0.548
1	1	0	0	1	5	0	0.706	0.644	0.697
1	1	1	1	0	1	0	0.701	0.572	0.572
1	1	0	0	1	1	0	0.682	0.505	0.505
0	0	0	1	0	1	0	0.659	0.183	0.190
1	0	1	0	1	1	0	0.530	0.217	0.217
0	1	0	0	0	1	0	0.529	0.210	0.210
0	0	1	0	0	1	0	0.479	0.063	0.071
0	1	1	1	0	3	0	0.421	0.143	0.143
0	0	1	0	1	1	0	0.420	0.128	0.128
0	1	1	0	0	1	0	0.383	0.073	0.073
0	0	0	0	0	8	0	0.251	0.035	0.035

(三) 女性创业活跃度的驱动机制分析

1. 高女性创业活跃度的驱动机制分析

模糊集分析表明，三个组态（H1、H2 和 H3）产生了较高的女性创业活跃度（表 2-5），这些组态的一致性指标分别为 0.984、0.990 和 0.992，这说明 3 个组态都是高女性创业活跃度的充分条件。解的一致性指数为 0.982，这也进一步说明覆盖绝大部分案例的 3 个组态也是高女性创业活跃度的充分条件。模型解的覆盖范围为 0.448，说明 3 个组态解释了约 50% 的女性高创业活跃度的原因。

（1）能力—期望主导型

组态 H1：能力感知 * 创业期望，当能力感知高的女性潜在创业群体具有较强的机会感知和创业期望，且不害怕创业失败时，无论是否具有良好的创业动机，她们都会从事创业活动。潜在女性创业者具有较强的能力感知，相信自己能够创业（Bayon et al.，2015），其创业期望增加（Teece，1998），从而刺激其创业活动。

（2）能力—期望—动机主导型

组态 H2：能力感知 * 创业期望 * 创业动机，表明无论创业机会优良与否，失败恐惧高低与否，创业能力高的女性潜在创业群体通常具备相对较强的创业期望和创业动机，使她们更加可能投入创业活动中。具体而言，当潜在的女性创业群体有较强的创业动机且相信自己有创业的能力，她们的创业期望就会提高（Harmeling & Sarasvathy，2013；Abdelwahed & Alshaikhmubarak，2023），从而进一步激活创业活动。

（3）能力—机会—期望—动机主导型

组态 H3：能力感知 * 机会感知 * 创业期望 * 创业动机，当高创业动机的潜在女性创业群体能力感知和机会感知较高时，她们的创业期望会增加（Teece，1998），无论失败恐惧是否高，她们都会投身于创业活动（Miao et al.，2022）。

2. 非高女性创业活跃度的驱动机制分析

模糊集分析得出产生非高女性创业活跃度的组态有 4 条（如表 2-5 所示），且 4 个组态的一致性指标分别为 0.922、0.963、0.920、0.915。解的一致性指数为 0.919，模型解的覆盖率为 0.668，覆盖绝大部分案例的 4 个组态不仅构成了非高创业活跃度的充分条件，而且解释了约 70%

的女性非高创业活跃度原因。

表2-5　　　　　　　　　产生女性创业活跃度的组态

条件	产生女性高创业活跃度的组态			产生女性非高创业活跃度的组态			
	H1	H2	H3	H4	H5	H6	H7
能力感知	●	●	●	⊗	⊗	⊗	
机会感知	•		•		⊗	●	⊗
失败恐惧	⊗	⊗			⊗	•	●
创业期望	●	●	●	⊗			⊗
创业动机		●	●	⊗	⊗	⊗	•
一致性	0.984	0.990	0.992	0.922	0.963	0.920	0.915
原始覆盖度	0.211	0.243	0.380	0.495	0.419	0.188	0.075
唯一覆盖度	0.017	0.049	0.186	0.053	0.073	0.086	0.01
总体一致性	0.982				0.919		
总体覆盖度	0.448				0.668		

注：●表示该条件为核心存在条件；•表示该条件为边缘存在条件；⊗表示该条件为核心缺失条件；⊗表示该条件为边缘缺失条件；空白单元格表示该条件在配置中不相关。

组态H4：~能力感知＊~创业期望＊~创业动机，表明无论机会感知是否优越，失败恐惧是否高，缺乏能力感知、创业期望和创业动机不会产生高的女性创业活动。组态H5：~能力感知＊~机会感知＊~失败恐惧＊~创业动机，表明无论创业期望是否优越，即使女性不害怕创业失败，缺乏能力感知、机会感知和创业动机也不会产生高的女性创业活动。组态H6：~能力感知＊机会感知＊失败恐惧＊~创业动机，表明无论创业期望是否优越，即使机会感知优越，缺乏能力感知和创业动机以及害怕创业失败也不会产生高的女性创业活跃度。组态H7：~机会感知＊失败恐惧＊~创业期望＊创业动机，表明无论能力感知是否优越，即使女性具有较强的创业动机，缺乏机会感知和创业期望以及害怕创业失败也不会产生较高的女性创业活跃度。

此外，由表2-5可知，女性高创业活跃度的三个组态核心条件都包含能力感知和创业期望，这充分说明，能力感知和创业期望对女性创业者活跃度有着更普遍的影响。

(四) 稳健性检验

本章对高女性创业活跃度的前因组态进行了稳健性检验。首先，本章将数据的校准点更改为上四分位数、下四分位数以及上四分位数和下四分位数的平均值。通过对产生女性高创业活动配置的稳健性测试，观察到在新模型和原始模型的组态之间有一个明确的子集关系（Fiss，2011）。其次，将一致性阈值提高到0.85，并检验了产生女性高创业活跃度组态的稳健性。新模型的组态与原来的基本一致（Kraus et al.，2018），稳健性检验显示结果稳健。

五 研究发现与意义

（一）结论

本章挖掘了心理认知驱动女性创业活跃度的因果复杂机制。首先，单个心理认知要素并不构成女性高创业活跃度的必要条件，这深化了能力感知、机会感知、创业期望和创业动机等与女性创业正相关的发现，同时，高能力感知和高创业期望起着更普遍的作用，并且其他创业条件要素的发挥也会受其影响，这证实了创业期望和能力感知对女性进行创业活动的强大效应。其次，产生女性高与非高创业活跃度的驱动路径分别有3类及4类（Ragin，2008）。（1）高女性创业活跃度的驱动机制分为3条路径；（2）产生高女性创业活跃度的3条路径中，能力—机会—期望—动机主导型路径更可能有效地激活女性创业，即认为在创业过程中，能力感知和创业期望条件能够极大可能性地影响女性创业活动；（3）非高女性创业活跃度的驱动机制分为4条路径，且与高女性创业活跃度的驱动机制存在非对称性关系。

（二）讨论

1. 理论意义

（1）本章从微观心理认知层面的5个关键条件变量来考察女性创业驱动机制。本章丰富了创业过程理论在创业微观心理认知层面的发现，不仅得出影响女性创业的9条路径机制，还发现更有效驱动女性创业的机制，这有助于揭开心理认知要素影响女性创业活动的黑箱。

（2）本章提出了一个心理认知综合分析女性创业活动的框架。不同于以前的研究，主要集中在创业过程理论模型上，本章结合了女性创业背景，探究女性创业活跃度的多重影响因素，进一步提高女性创业活跃度的理论认识，为后续相关研究和政策制定提供一定的启示和参考。

（3）本章用 fsQCA 方法发现女性创业活动的驱动机制存在因果的非对称性。这充分体现了 fsQCA 方法突破了线性回归中因果效应对称性的统一假设，可以提炼出一个给定结果是否发生的更微妙的解释，能更好地解释效率驱动国家创业活动的差异性和条件间相互依赖的组态效应。

2. 管理意义

第一，根据不同国家背景优化女性的心理认知是激发女性创业活动的必要条件。与本章提出的女性心理认知的综合框架相似，不同国家具有不同的高创业活动路径。此外，女性非高创业活跃度可分为四种路径。因此，加强女性心理认知需要因地制宜。第二，提高对女性能力的认识，进一步激发女性创业活力。能力感知是女性创业的核心要素，它在很大程度上决定了她们是否想要创业，是否能够创业的问题。也就是说，要强化女性发现、创造、利用创业机会的勇气，激发她们的创业意志，强化她们成功创业的信念，从而支持女性的主观创业精神。第三，推广优秀的女性企业家榜样，提高女性的创业期望。Krumboltz（1976）将榜样定义为树立榜样并鼓励他人做出特定职业道路选择或追求特定目标的人。因此，榜样对于引导个人的职业道路或激励创业意向和创业行为具有重要意义。

（三）不足与展望

这项研究成功地达到了目标，然而，这项研究有两个局限性需要强调。第一，它通过心理认知关注影响女性创业活动的因素，但没有考虑市场环境、社会规范、基础设施等宏观因素的影响。第二，由于个案细节和观察个案数量的限制，本章提出的前提条件数量不足。未来的研究应着重从宏观层面探索影响女性创业的因素，需要特别注意确定宏观和微观视角之间是否有协同作用。

第四节　本章小结

创业活动能够衡量一个国家的经济活力。一些研究考察了影响女性创业活动的心理认知条件，方法是孤立地考虑个体心理认知条件的影响，而忽略它们的相互依赖性。本章的重心在于以全球42个国家的女性创业活跃度为因变量，以影响女性创业活跃度的四个心理认知变量为自变量，运用NCA和QCA混合研究方法研究心理认知各要素之间对女性创业活跃度的协同效应。

通过必要性分析，能力感知和机会感知的效应量均不小于0.1，且P值显著，可视为女性创业活动的必要条件。失败恐惧、创业期望和创业动机的效应量太小，检验结果不显著，说明它们不是创业活动的必要条件，显示了单个心理认知要素是不是造成高女性创业活跃度的必要条件，为后续的分析奠定基础。

通过充分性分析，在真值表中，大于0.7的值被赋值为1，这表示该因子的水平较高。低于0.7的值被赋值为0，根据软件设置，这表示该因子的水平较低。最后，分别保留3条和4条具有高、低有限元分析的路径，显示了不同前因变量之间组合对结果变量具有较强的解释力，为后续的分析奠定基础。

通过模糊集定性比较分析方法（fsQCA）探索激活女性创业活跃度的因果复杂机制。采用整体视角，进行跨案例的比较分析，最终保留了3条高女性创业活跃度的路径，4条非高女性创业活跃度的路径。结果显示，女性创业期望和能力感知较高，但单一的心理认知因素并不构成女性高创业活跃度的必要条件。高、低女性创业活跃度的驱动路径之间存在不对称关系。最后，提出了优化女性心理认知、提高女性能力感知、树立优秀女性创业榜样三种支持女性创业的措施。

第二篇

数字时代女性创业障碍研究

第三章

数字时代中国女性创业者画像

第一节 成功女性创业者画像

创业是创造社会财富、促进社会良性健康发展的良药，更是经济发展的强大驱动力。随着女性社会地位的提高、知识技能的增长，女性从进入劳动市场寻找工作获得收入逐渐演进为利用周边资源和机会进行自主创业，不仅促进了个人价值的实现，也为他人带来更多的工作机会。与此同时，女性创业者在创业过程中也遇到很多挑战和障碍。

因此，本书选取以女性为主导的成功创业企业为调查对象，本次被调查者应为企业女性创始人或合伙人。本问卷的设计围绕女性创业者的基本信息、企业背景、创业特征及障碍三个方面展开，用李克特五点量表对女性创业者的创业特征及障碍展开调研。本书采取纸质问卷（实地调研）和电子问卷（问卷星、微信转发问卷链接）相结合的方式收取数据，问卷从正式发放到回收共历时3个月。选取数字经济发达、较发达和欠发达3类地区10个省份（北京、上海、广东、浙江、四川、江苏、河南、江西、山西、陕西）作为调研区域。借助女性企业家协会（如深圳市女性创业促进会）、女性创业组织（如上海海蕴女性创业就业指导服务中心）和团队社会关系，对调研区域内的女性创业者（企业创始人或联合创始人）进行"滚雪球"抽样调查。"滚雪球"抽样是抽样的基本方法之一，往往用于对稀少群体的调查。在"滚雪球"抽样中，首先选择一组调查单位，对其实施调查之后，再请她们提供另外一些属于研究总体的调查对象。调查人员根据她们所提供的线索进行后续调查。基于便利性原则，共发放600份调查问卷，回收580份问卷，回收率为

96.67%，剔除废卷 22 份，剔除废卷的标准为：（1）没有选择设置的指定选项；（2）回答时间过短；（3）90% 以上选了同一个答案；（4）1/3 以上题目没有填答。最终剩余 558 份有效问卷，有效回收率为 96.21%。

对量表的信度进行检验是保证研究数据质量的重要步骤。Cronbach's Alpha 系数是常用的衡量量表信度的指标之一，其数值越高表示量表的内部一致性越好，反之则说明量表存在信度问题。通常认为 Cronbach's Alpha 数值在 0.6 以下表示量表信度不可信，需要重新设计问卷或者重新收集数据并再次进行分析；在 0.6—0.7 为可信；在 0.7—0.8 为比较可信；在 0.8—0.9 为很可信；在 0.9—1 为非常可信。在本次研究中，如表 3-1 所示，总体量表的 Cronbach's Alpha 数值为 0.924，超过 0.9，各个变量的 Cronbach's Alpha 数值均大于 0.6，表明本次研究所使用的量表具有很好的内部一致性，信度很好，无须对题项进行修改或剔除，符合信度要求。因此，这些数据可以被认为是可靠的，并且可以进一步用于后续的数据分析。

表 3-1　　　　　　　　变量的信度、效度检验

变量	项数	Cronbach's Alpha	KMO 值	Bartlett 球形检验显著性
创业动机	9	0.754	0.733	0.000
创业技能	15	0.92	0.923	0.000
性别刻板印象	3	0.869	0.698	0.000
社会支持	3	0.775	0.696	0.000
创业特征	15	0.776	0.612	0.000
创业绩效	7	0.839	0.628	0.000
创业政策支持	8	0.921	0.808	0.000
工作—家庭	6	0.922	0.879	0.000
心理资本	4	0.893	0.846	0.000
团队异质性	3	0.82	0.84	0.000
总量表	73	0.924	0.899	0.000

效度用来衡量综合评价体系是否能够准确反映评价目的和要求，效度越高，即表示测量结果越能显示其所要测量的特征，反之，则效度越

低。KMO用于检查变量间的偏相关性，取值在0—1。KMO值越接近于1，变量间的偏相关性就越强，因子分析效果就越好。KMO值在0.9以上极适合做因子分析，0.8以上适合做因子分析，0.7以上尚可，0.6以上勉强可以，0.5以上不适合，0.5以下非常不适合。Bartlett球形检验用于判断相关矩阵是不是单位阵，即各变量是否有较强的相关性。P<0.05时，不服从球形检验，应拒绝各权变量独立的假设，即变量间有较强相关；P>0.05时，服从球形检验，各变量相互独立，不能做因子分析。在本次研究中，如表3-1所示，总体量表和各个变量的KMO值均大于0.6，总体量表和各个变量的Bartlett球形检验显著性均为0.000，表明数据具有相关性，适合做因子分析。

一 样本的人口统计学分析

（一）年龄分布情况

受访者的年龄差异往往影响其思维逻辑和行为方式的成熟度。对于创业者而言，年龄差异往往意味着不同的工作或者创业经历，这可能会影响到创业者创业时的决策。因此，在对受访者的特征进行分析的过程中，年龄分析非常必要。本书中，受访者的年龄分布情况如图3-1所示。

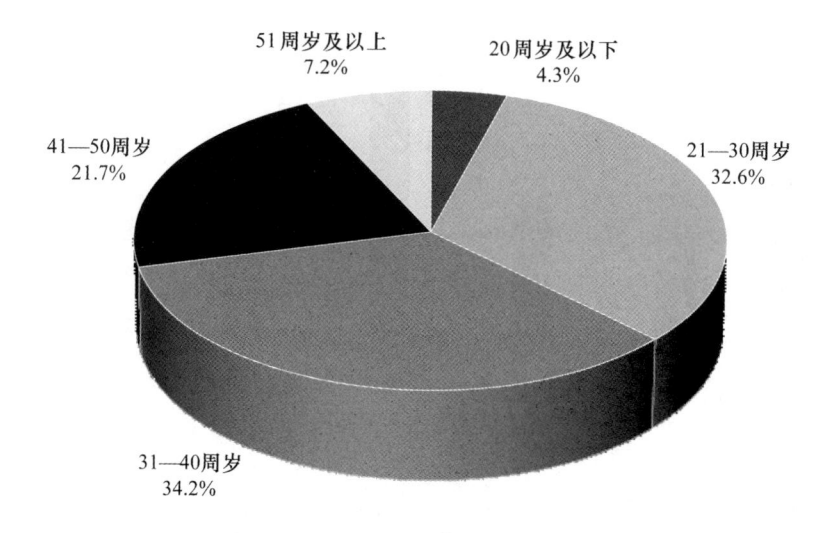

图3-1 女性创业者样本年龄分布情况

- 51周岁及以上 7.2%
- 20周岁及以下 4.3%
- 21—30周岁 32.6%
- 31—40周岁 34.2%
- 41—50周岁 21.7%

从分析结果中可以看出,此次调查将受访者年龄分为5个阶段:20周岁及以下的受访者有24人,所占比例为4.3%;21—30周岁的受访者有182人,占比为32.6%;31—40周岁的受访者有191人,占比34.2%;41—50周岁的受访者有121人,占比21.7%;51周岁及以上的受访者有40人,占比7.2%。综合来看,此次调查中,女性创业者的创业年龄集中为21—30周岁和31—40周岁阶段,这说明了21—40周岁的女性青年创业者是创业的主要群体。

(二)学历(受教育程度)分布情况

不同学历创业者的创业意向、创业方式、创业过程、创业行业可能存在较大区别,因此本章将创业者的受教育程度纳入分析项。从分析结果来看(图3-2),受访者的教育程度普遍在本科学历,共236人,占比42.29%;专科次之,共127人,占比22.76%;接下来依次是高中及以下学历,共108人,占比19.35%;硕士82人,占比14.70%;博士5人,占比0.90%。其中专科及以上学历占样本总数的80.65%,由此可见,中国女性创业者的受教育程度普遍较高。其中,女性创业者的受教育程度集中于本科及以下学历,本科学历创业者人数最多,是女性创业的主力军。

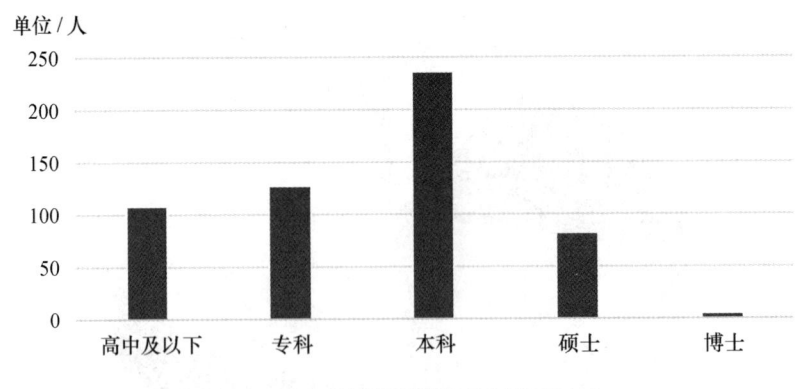

图3-2 女性创业者样本学历情况分布

(三)婚育情况

女性的婚育状况会影响其是否创业、创业行业、创业区域、创业规模。因此,本章将女性创业者的生育状况纳入本次调查。数据结果显示

(图3-3),已婚者占本次调研的53%、未婚者占本次调研的39%、其他情况占本次调研的8%。

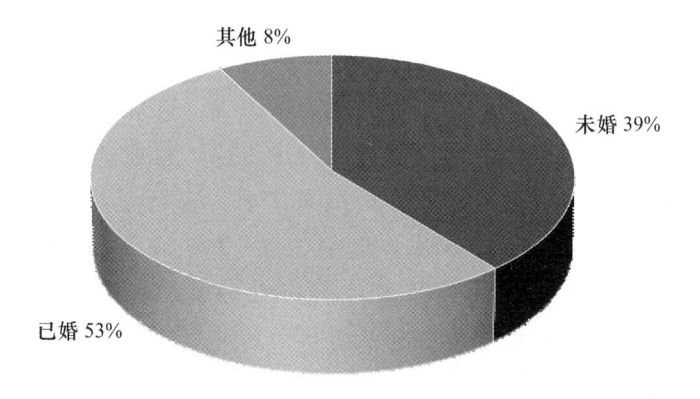

图3-3 女性创业者样本婚姻情况分布

女性创业者的生育状况会影响其创业倾向,故本章将女性创业者的生育状况纳入研究。数据结果显示(图3-4),未生育者共241人,占本次调研对象的43.2%;生育一胎者共191人,占比34.2%;生育两胎者共111人,占比19.9%;生育3胎及以上者共15人,占比2.7%。此结果表明,女性更倾向于在未生育状态下选择创业,随着生育子女数量的增加,创业人数减少。

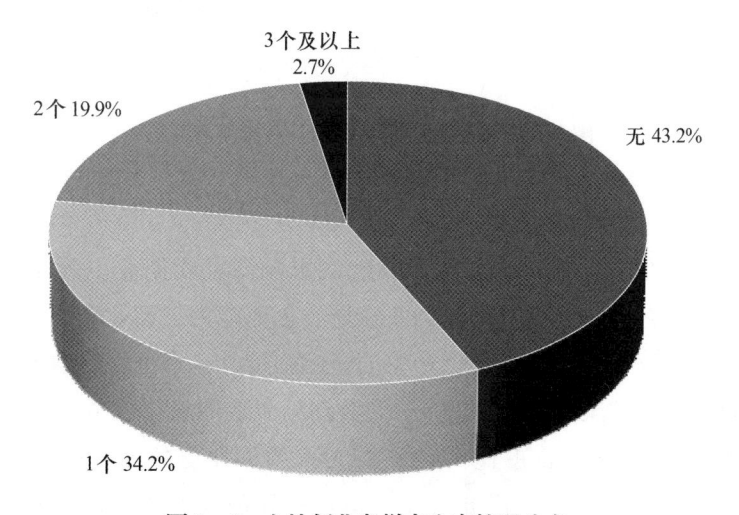

图3-4 女性创业者样本生育情况分布

二 样本的基本信息

（一）先前经验

创业者的先前工作经验和行业经验会在极大程度上影响创业者创业方向的选择、创业自信心、创业能力等方面。因此，本书也将先前工作经验和行业经验作为研究分析的一个方向。行业和工作经验具体分布情况如图 3-5 所示。从分析结果来看，有行业经验的创业者，占比达 69.7%，其创业年限多集中于 1—2 年和 3—5 年，占比达 44.6%；没有行业经验的创业者占比达 30.3%。分析结果表明，大部分女性创业者更倾向于在创业前先进入行业掌握一定情况和动态后再进行创业。

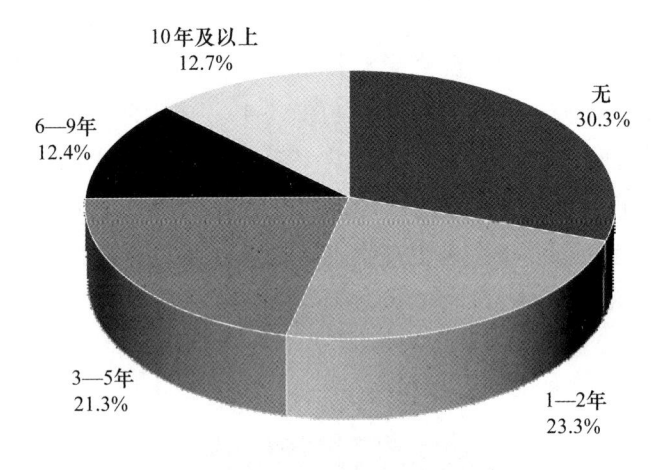

图 3-5 女性创业者样本行业经验情况分布

（二）家族创业情况（创二代）

个体是否选择创业，受很多因素的影响，家族创业史就是其中之一。家族是否创业会影响个体创业意愿、创业能力、创业资源、创业行业、创业绩效等。基于家族创业史的影响强度，本书也将其纳入研究范畴，数据分析结果如图 3-6 所示。数据结果表明，有家族创业史的女性创业者共计 69 人，占比 12.4%；无家族创业史的女性创业者共计 489 人，占比 87.6%。由此可见，虽然家族创业史从很多方面对创业者有影响，但是更多的女性创业者属于创一代，乐意自己探索创业路径。

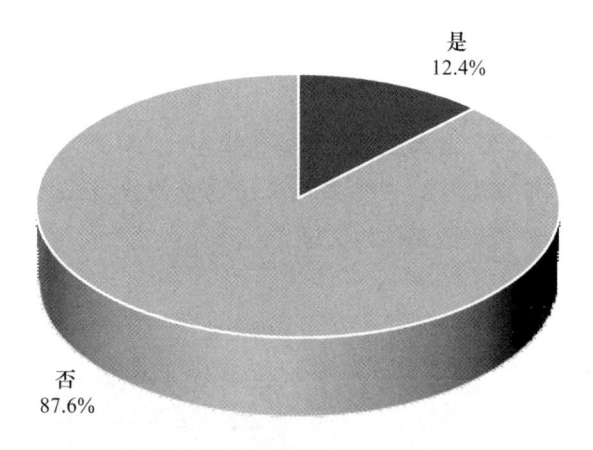

图 3-6　女性创业者样本家族创业史情况分布

创二代与创一代相比有着明显的资源优势和经验优势，但并非所有的创二代经营的企业都是继承家族企业，本次数据统计表明（图 3-7），69 位创二代里，只有 15 位接手家族企业，其余皆为自主创业。

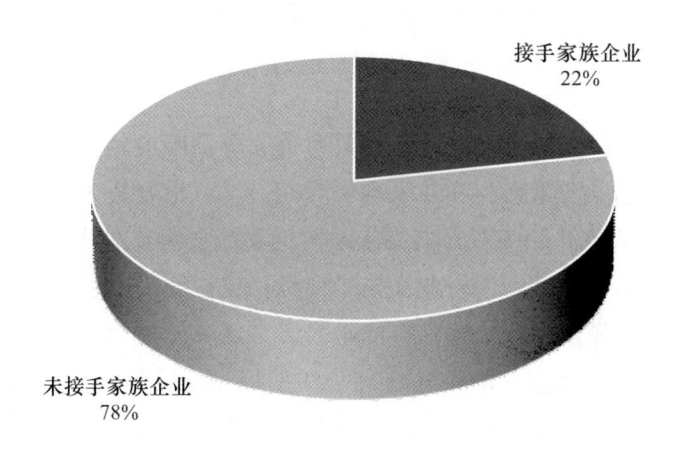

图 3-7　女性创业者样本接手家族企业情况分布

(三) 返乡创业情况

乡村振兴的战略提出，使促农、助农、繁荣农村成为政府工作的重点。在政府政策的扶持及推动下，越来越多的外出务工人员愿意回家乡发展。因此，本章认为是否返乡创业也须列入关注项。数据结果如图3-8所示：返乡创业人员共163人，占比29.2%；非返乡创业人员395人，占比70.8%。这表明，虽有政策作为拉力，但是返乡人员占比仍为少数。未来创业研究中，可更多地关注返乡创业研究，为乡村发展贡献力量，助力乡村振兴战略落地实施。

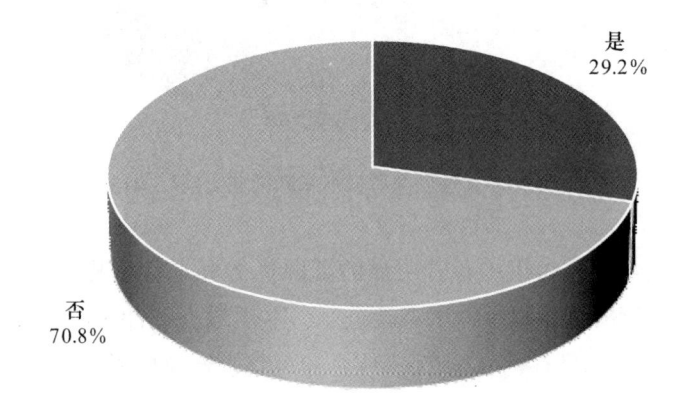

图3-8 女性创业者样本返乡创业情况分布

(四) 所属行业

创业企业所属行业的不同，会影响企业所面临的资源、威胁、竞争环境，以及企业的策略和绩效表现。因此，本章也分析了创业企业所属的行业，结果如图3-9所示。结果显示，女性创业企业所属行业更多聚集于消费生活、教育培训行业和电子商务，这说明，女性创业更多地集中于低门槛、易进入、周期短的行业；第二集聚行业为文娱传媒、新零售、医疗健康、金融。随着社会经济的发展，新零售兴起，人们医疗、教育需求也越来越强，这说明女性创业者创业企业所属行业并非一时兴起，而是根据社会经济发展动态顺势而为。

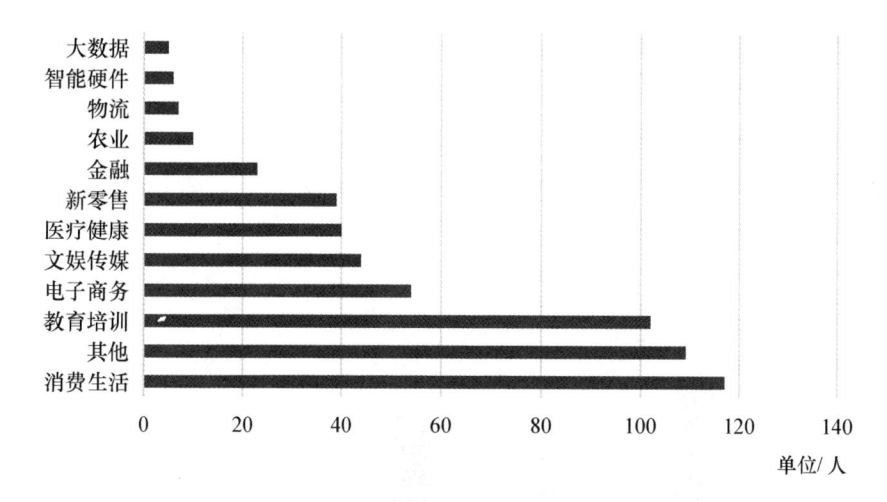

图3-9 女性创业者样本所属行业情况分布

(五) 创业类型

创业类型在某种程度上可以体现出创业者的原始资金程度、行业、创业动机等。因此，本章将创业者创业类型纳入分析范畴，结果如图3-10所示：在本次研究对象中，个体创业有405位，占比72.6%；大公司衍生创业有68位，占比12.2%；其他有85位，占比15.2%。这表明女性创业者创业类型绝大部分集中于个体创业类型。

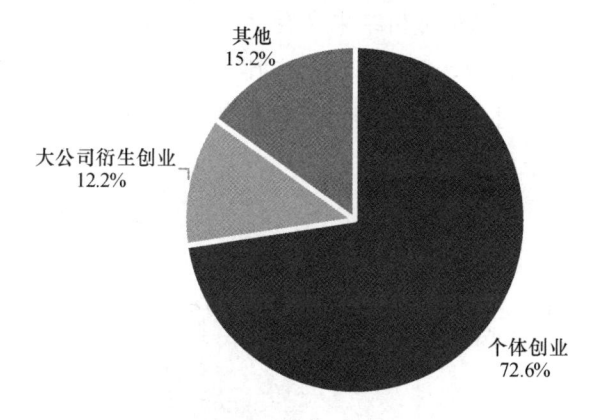

图3-10 女性创业者样本创业类型情况分布

(六) 企业发展阶段

创业发展阶段不同，其面临的机会、挑战、发展策略也有所不同。

因此，本章将企业发展阶段纳入女性创业企业研究因素中。结果如图 3-11 所示，女性创业企业发展阶段多集中于初创期、生存期、成长期，共占比 84.59%。这显示了女性企业者的创业企业多集中于初创发展期，也间接提示女性创业者未来发展需要更多地利用政策优势，抓住发展机遇，提前应对发展挑战。

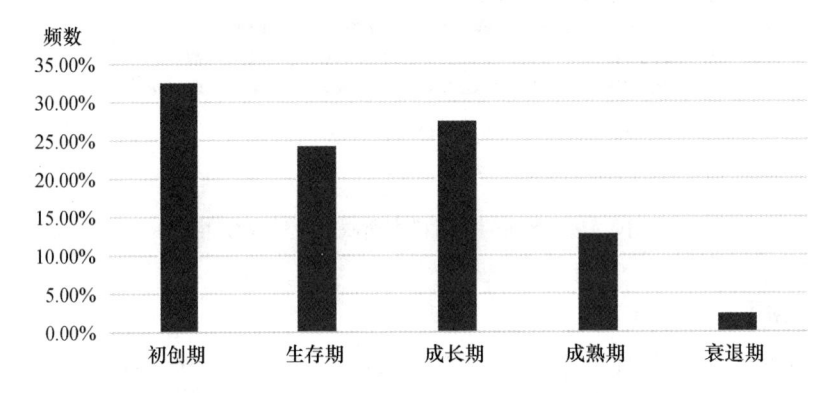

图 3-11 女性创业者样本企业发展阶段情况分布

（七）企业数字化

数字经济的发展具有明显的驱动性，为女性创业者提供了新的发展机遇。从本次调研的数据分析结果来看（图 3-12），有一半以上的女性创业者选择数字化创业，共 338 位，占比 60.6%。这表明，女性创业者在选择创业时，应对当下社会经济发展形势进行分析，不拘泥于传统的企业发展，集中于新型发展趋向。

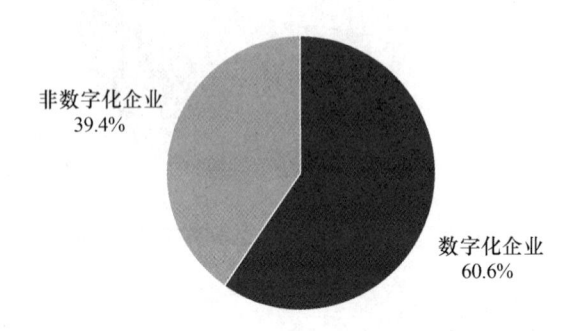

图 3-12 女性创业者样本企业数字化情况分布

三 女性创业者创业动机、创业技能、创业特质分析

为进一步对女性创业者画像进行描绘,本章又从女性创业者的创业动机、创业技能、创业特质三个方面进行解读(表3-2)。

表3-2 女性创业者样本创业动机、创业技能、创业特质的平均值、中位数值

	创业动机			创业技能					创业特质				
	成就型	价值型	生存型	数字能力	机会识别	机会开发	经验学习	关系能力	成就动机	创新性	风险承担	模糊容忍	控制源
平均值	3.5	4.1	3.4	3.8	3.6	3.6	4.0	3.9	3.7	3.7	3.5	3.5	2.9
中位数	3.7	4.0	3.3	4.0	3.7	3.7	4.0	4.0	3.7	3.7	3.7	3.3	3.0

(一)创业动机

图3-13显示,女性创业者在成就型动机、价值型动机、生存型动机三个维度的评分大于或等于3的占比分别是84%、97%和75%。总体来

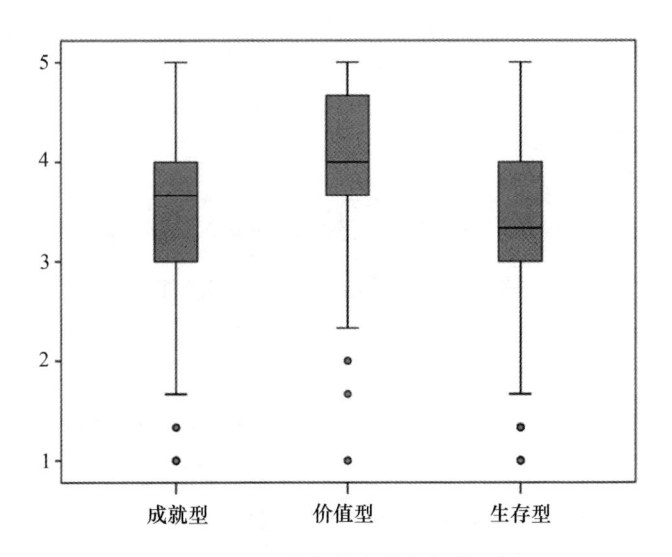

图3-13 女性创业者样本创业动机

看，价值型创业动机的四分位间距框高于成就型创业动机和生存型创业动机，中位数为4，均高于其他维度，中位值位于四分位间距框的下部，总体评分较高。这表明女性创业者创业更倾向于掌握自己的人生、实现个人价值，同时也想要获得肯定和经济收入。

（二）创业技能

根据图3-14显示，女性创业者创业技能各维度评分高于3的占比分别为数字能力91%、机会识别能力87%、机会开发能力87%、经验学习能力96%、关系能力96%。除此之外，女性创业者在数字能力、经验学习能力、关系能力的四分位间距框高于机会识别能力与机会开发能力，且中位数均为4，都位于四分位间距框的中部和上部，总体评分高。由此可见，女性创业者在创业过程中应增强行业及企业发展洞察力，以避免错失发展机遇。

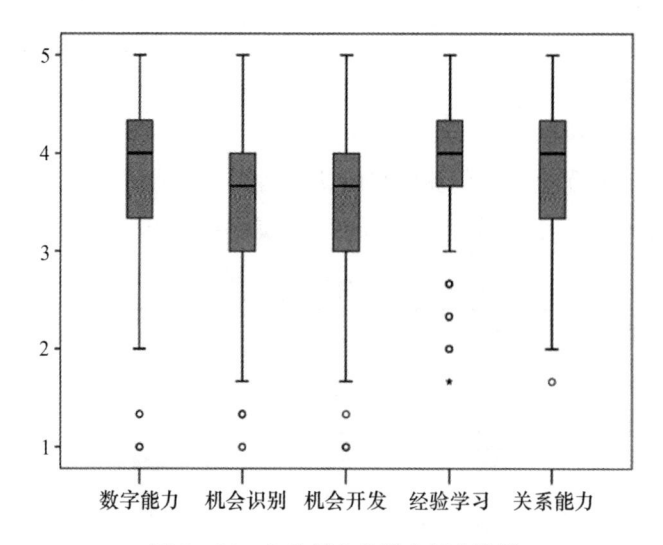

图3-14 女性创业者样本创业技能

（三）创业特质

创业者的创业特质会影响创业者的创业选择和创业绩效。从图3-15可知，女性创业者创业特质各维度评分高于3的占比分别为成就动机93%、创新性92%、风险承担89%、模糊容忍89%、控制源58%。且控制源维度的四分位间距框明显低于其他维度，中位线为3且位于四分位间距框的上部，表明女性创业者未来应注意增强自信心，树立积极的创业信念，提升创业满意度和内在驱动力以促进创业。

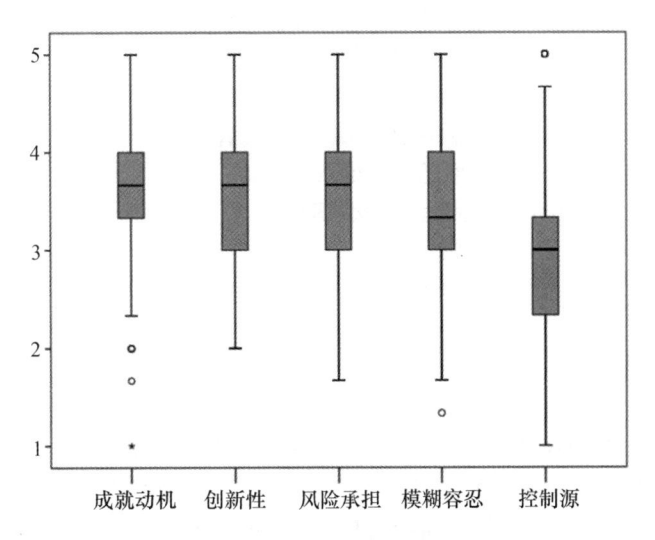

图 3-15　女性创业者样本创业特质

四　女性创业者创业障碍及所需支持情况

（一）女性创业者创业障碍情况分析

1. 女性创业者创业障碍

在创业过程中，不可避免地会遇到障碍，阻碍创业活动的正常开展。如图 3-16 所示，对于女性创业者来说，资金不充足是摆在眼前的第一道门槛。资金是创业必备，没有资金的创业想法便不能落地，所以对女性创业者来说，要做好资金积累，为创业活动有序开展做好准备。排在第二位的障碍是创业—家庭冲突。本次样本中的女性创业者，大部分处于适婚年龄，一半以上为已婚，故家庭与创业之间的冲突是摆在现实中的难题，家庭方面尤其是父母和丈夫应给予支持，多分担家庭事务。排在第三位的障碍为缺乏社会关系。从某种程度上讲，企业的发展情况受到社会资源尤其是社会人际关系的影响，因此女性创业者要善于在日常生活中去扩展自己的人脉资源。

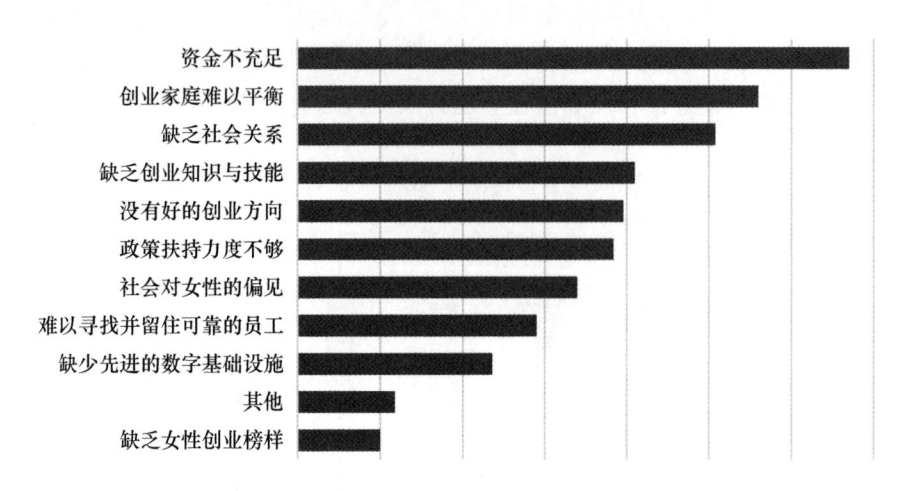

图3-16 女性创业者样本创业障碍情况分布

2. 企业不同发展阶段女性创业者遇到的障碍情况

处于不同发展阶段的企业，其发展需求、战略规划、发展目标等可能会受到不同障碍的影响。本次调研企业发展阶段分为初创期、生存期、成长期、成熟期、衰退期五个阶段，从图3-17所示的分析结果可知，本次被调研女性创业者的企业无论处于哪个阶段，所面临最大的创业障碍依次为资金缺乏、创业—家庭冲突和缺乏社会关系。

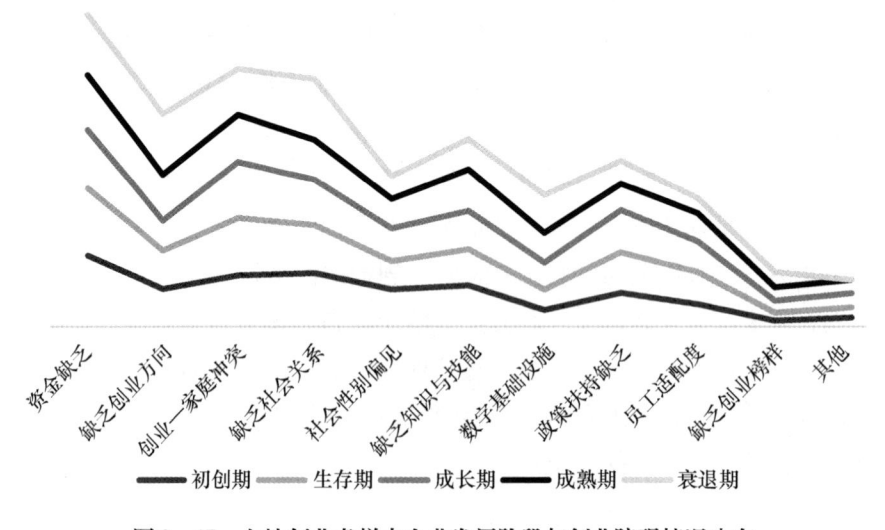

图3-17 女性创业者样本企业发展阶段与创业障碍情况分布

3. 数字化企业与非数字化企业女性创业者障碍情况

数字化企业与非数字化企业在发展过程中所需资源、机会、优势、劣势各有不同。因此，本章将数字化企业与非数字化企业发展过程中遇到的障碍情况进行对比（图3-18）。结果发现，资金缺乏、创业—家庭冲突和缺乏社会关系是摆在二者之间的三大障碍。

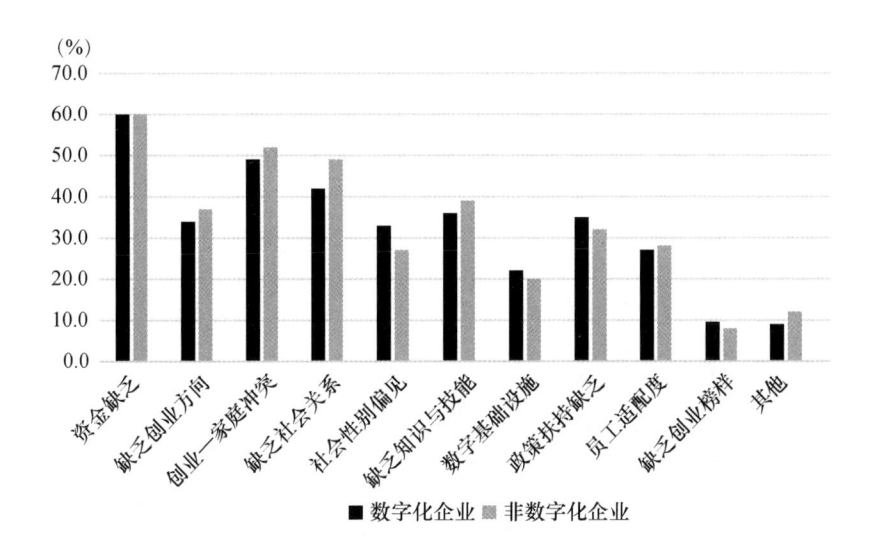

图3-18 女性创业者样本企业数字化与创业障碍情况分布

（二）女性创业者创业所需支持

1. 女性创业者创业所需支持情况（总样本分析）

在对女性创业者的创业障碍进行分析后，本章对女性创业者的支持需求进行分析。如图3-19所示，无论是总体样本分析还是不同发展阶段企业、不同类型企业或是是否为数字化企业女性创业者样本，其支持需求排在前三位的依次是创业资金支持、创业政策支持、创业知识培训，数据分析如图3-19所示。

女性创业者创业企业在不同发展阶段所遇到的困难和风险不同，相应所需的支持因素也不相同。本章数据分析结果显示（图3-20），处在初创期、生存期、成长期、成熟期、衰退期的企业所需要的创业支持排在前三位的都是创业资金支持、创业政策支持、创业知识培训。

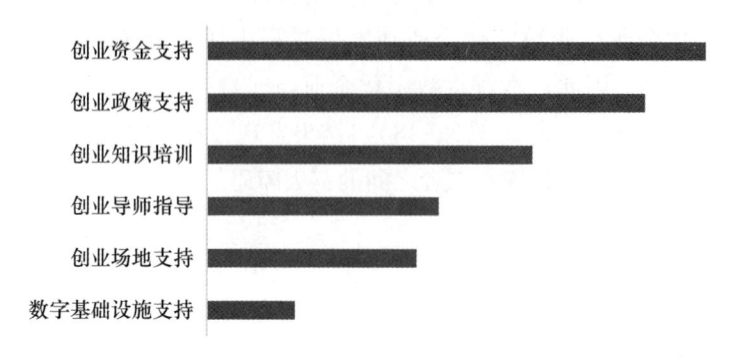

图 3-19　女性创业者样本创业支持需求情况分布

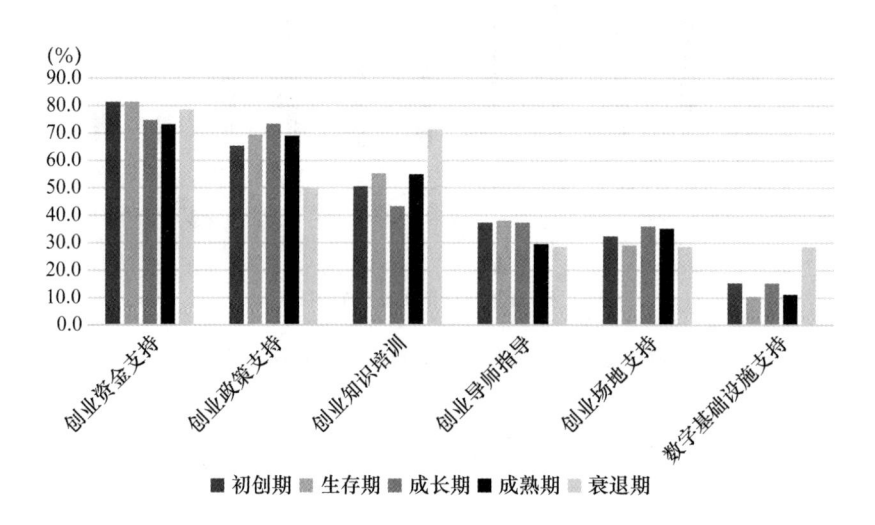

图 3-20　女性创业者样本企业发展阶段与创业支持需求情况分布

女性创业企业是否数字化影响着企业发展趋势和战略规划，相应所需的支持因素也不相同。本章数据分析结果显示（图 3-21），无论企业是否数字化，其创业支持排在前三位的都是创业资金支持、创业政策支持、创业知识培训。

女性创业者创业因企业类型不同相应所需的支持因素也不相同。本章数据分析结果显示（图 3-22），个体创业企业与大公司衍生创业企业所需要的创业支持排在前三位的都是创业资金支持、创业政策支持、创业知识培训。

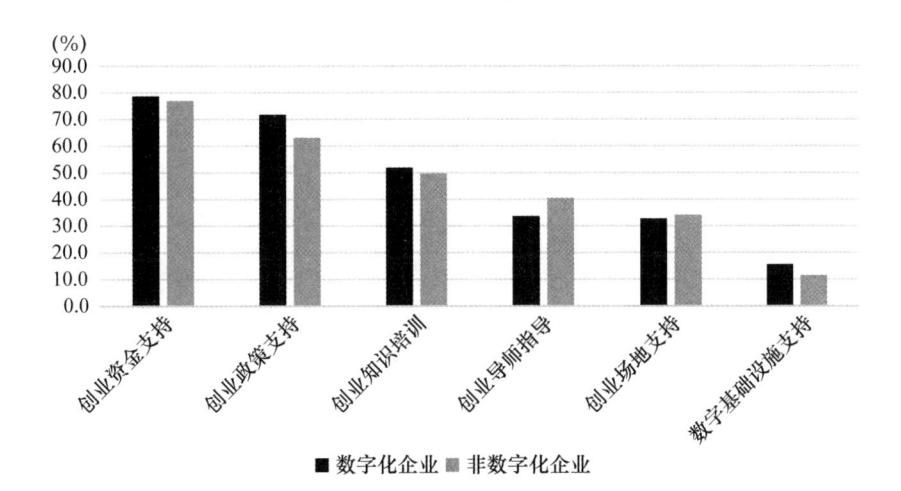

图 3-21 女性创业者样本企业是否数字化与创业支持需求情况分布

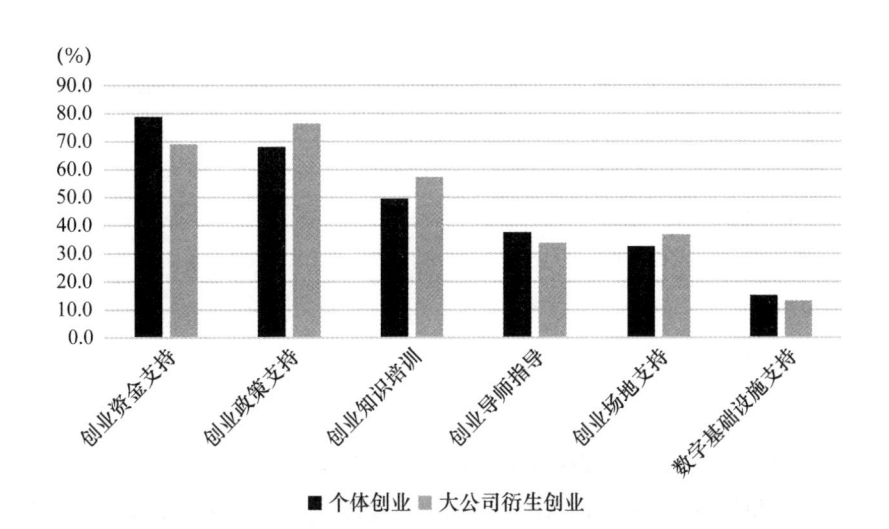

图 3-22 女性创业者样本企业类型与创业支持需求情况分布

2. 女性创业者创业动机分析

由表 3-3 中女性创业者创业动机维度指标的数据可以看出，均值从高到低分别为对做的事情感兴趣（FX5：4.15）、控制自己的人生（FX4：4.07）、实现具体想法（FX6：4.07）、获得成就认可（FX1：3.69）、有时间照顾家人（FX9：3.50）、扩大圈子影响（FX3：3.45）、不满工作的薪资待遇（FX7：3.34）、成为成功人士（FX2：3.31）、希望不再失业（FX8：3.30）。对女性创业动机维度进行单样本 T 检验，检验值为 3，表中显著性（双尾）的数值小于 0.05，说明女性创业者创业动机的平均得分与检验值 3 有显著性差异，也就是说，女性创业者在这些指标上都有很强的创业倾向。其中对做的事情感兴趣、控制自己的人生、实现具体想法是女性创业最大的驱动力。

表 3-3　　女性创业者样本创业动机单样本检验（检验值 =3）

指标	平均值	t	df	Sig.（双尾）	平均值差值	95% CI 下限	95% CI 上限
FX1	3.69	15.622	557	0.000	0.694	0.61	0.78
FX2	3.31	6.315	557	0.000	0.312	0.21	0.41
FX3	3.45	9.348	557	0.000	0.448	0.35	0.54
FX4	4.07	24.113	557	0.000	1.073	0.99	1.16
FX5	4.15	30.579	557	0.000	1.154	1.08	1.23
FX6	4.07	25.221	557	0.000	1.068	0.98	1.15
FX7	3.34	6.168	557	0.000	0.341	0.23	0.45
FX8	3.30	5.437	557	0.000	0.297	0.19	0.40
FX9	3.50	9.913	557	0.000	0.496	0.40	0.59

3. 女性创业者创业技能分析

由表 3-4 中女性创业者创业技能指标的数据可以看出，均值从高到低分别为：我能从失败的经验中吸取教训（FX20：4.0）、我能在创业/工作过程中积累各种经验（FX19：3.98）、我能够快速学习新知识（FX11：3.97）、我能够与员工建立良好的关系（FX24：3.97）、我经常总结已发生的工作/创业行为（FX21：3.94）、我能够利用碎片化的时间学习（FX10：3.89）、我能够与拥有重要资源的关键人物建立关系（FX23：3.84）、我能够与潜在投资者建立并维持良好的关系（FX22：3.83）、我能够准确识别新信息可能带来的变化（FX14：3.67）、我能够利用数字平台持续学习（FX12：3.61）、我能将新的商机快速融入创业活动中（FX16：3.60）、我能够快速吸收、整合新的市场机遇（FX18：3.55）、我有快速搜集创业机会信息的渠道（FX13：3.54）、我能够开辟新市场（FX17：3.54）、我能够准确预测市场前景（FX15：3.49）。对女性创业技能维度指标进行单样本 T 检验，检验值为 3。表中显著性（双尾）的数值小于 0.05，说明女性创业者创业技能各个指标与常规值 3 之间差异具有统计学意义，差异显著。可见，女性创业者创业技能高于平均值，其中我能从失败的经验中吸取教训、我能在创业/工作过程中积累各种经验、我能够快速学习新知识是女性创业者最集中掌握的创业技能。

表 3-4　女性创业者样本创业技能单样本检验（检验值 =3）

指标	平均值	t	df	Sig.（双尾）	平均值差值	95% CI 下限	95% CI 上限
FX10	3.89	22.060	557	0.000	0.894	0.81	0.97
FX11	3.97	26.824	557	0.000	0.971	0.90	1.04
FX12	3.61	13.461	557	0.000	0.608	0.52	0.70
FX13	3.54	13.270	557	0.000	0.543	0.46	0.62
FX14	3.67	17.682	557	0.000	0.672	0.60	0.75
FX15	3.49	12.864	557	0.000	0.495	0.42	0.57
FX16	3.60	15.729	557	0.000	0.599	0.52	0.67
FX17	3.54	13.296	557	0.000	0.536	0.46	0.62
FX18	3.55	14.686	557	0.000	0.554	0.48	0.63
FX19	3.98	29.869	557	0.000	0.980	0.92	1.04
FX20	4.00	30.698	557	0.000	1.002	0.94	1.07
FX21	3.94	27.423	557	0.000	0.935	0.87	1.00
FX22	3.83	24.503	557	0.000	0.833	0.77	0.90
FX23	3.84	23.572	557	0.000	0.839	0.77	0.91
FX24	3.97	29.994	557	0.000	0.966	0.90	1.03

4. 女性创业者心理资本分析

由表3-5中女性创业者心理资本维度指标的数据可以看出,分数从高到低依次为:我认为我能够获得成功(FX53:3.99);在充满挑战性的工作面前,我有信心通过努力来获得成功(FX52:3.95);我对目标锲而不舍,为取得成功能调整实现目标的途径(FX54:3.95);当身处逆境和被问题困扰时,我能克服困难(FX55:3.95)。对女性创业者心理资本维度指标进行单样本T检验,检验值为3,表中显著性(双尾)小于0.05,说明女性创业者心理资本维度各个指标与常规值3之间差异显著,具有统计学意义。其中:我认为我能够获得成功;在充满挑战性的工作面前,我有信心通过努力来获得成功;我对目标锲而不舍,为取得成功能调整实现目标的途径是女性创业者最集中具备的心理资本。

表3-5　女性创业者样本心理资本单样本检验(检验值=3)

指标	平均值	t	df	Sig.(双尾)	平均值差值	95%CI 下限	95%CI 上限
FX52	3.95	30.957	557	0.000	0.950	0.89	1.01
FX53	3.99	31.841	557	0.000	0.987	0.93	1.05
FX54	3.95	29.958	557	0.000	0.953	0.89	1.02
FX55	3.95	29.954	557	0.000	0.952	0.89	1.01

5. 女性创业者家庭—创业冲突分析

由表3-6中女性创业者家庭—创业维度指标的数据可以看出,均值从高到低分别为:由于家人或配偶/伴侣的要求,我想在创业中做的事情无法完成(FX29:3.51);我的家人或配偶/伴侣的要求干扰了与创业有关的活动(FX28:3.45);与家庭有关的压力干扰了我履行与创业有关的职责的能力(FX30:3.41);我的创业要求干扰了我的家庭和家庭生活(FX25:3.22);我的创业产生了压力,很难履行家庭职责(FX27:3.15);由于创业对我的要求,我想在家里做的事情没有完成(FX26:3.10)。对女性创业者家庭—创业维度指标进行单样本T检验,检验值为3,表中显著性(双尾)小于0.05,说明该维度下指标与检验值之间存在显著性差异,具有统计学意义。其中,女性创业者最主要的家庭—创业冲突集中在：由于家人或配偶/伴侣的要求，我想在创业中做的事情无法完成；我的家人或配偶/伴侣的要求干扰了与创业有关的活动；与家庭有关的压力干扰了我履行与创业有关的职责的能力。

表3-6 女性创业者样本家庭—创业单样本检验（检验值=3）

指标	平均值	t	df	Sig.（双尾）	平均值差值	95% CI 下限	95% CI 上限
FX25	3.22	4.890	557	0.000	0.219	0.13	0.31
FX26	3.10	2.228	557	0.026	0.100	0.01	0.19
FX27	3.15	3.276	557	0.001	0.149	0.06	0.24
FX28	3.45	10.008	557	0.000	0.446	0.36	0.53
FX29	3.51	11.478	557	0.000	0.511	0.42	0.60
FX30	3.41	9.142	557	0.000	0.409	0.32	0.50

6. 女性创业者团队异质性分析

从表3-7中可以看出，女性创业者创业团队异质性维度指标分数从高到低依次是：每位高管团队成员都有自己的专长或专门知识（FX58：3.76）、我的创业团队中每位成员的职业经历都不相同（FX57：3.63）、我的高管团队中每位成员的教育背景都不相同（FX56：3.61）。对女性创业者团队异质性维度指标进行单样本T检验，检验值为3，显著性（双尾）均小于0.05，说明该维度下指标与检验值之间存在显著性差异，具有统计学意义。其中，每位高管团队成员都有自己的专长或专门知识是女性团队最具异质性的指标。

表3-7 女性创业者样本创业团队异质性单样本检验（检验值=3）

指标	平均值	t	df	Sig.（双尾）	平均值差值	95% CI 下限	95% CI 上限
FX56	3.61	15.859	557	0.000	0.609	0.53	0.68
FX57	3.63	16.935	557	0.000	0.633	0.56	0.71
FX58	3.76	20.232	557	0.000	0.758	0.68	0.83

7. 女性创业者创业绩效分析

从表 3-8 中可知，女性创业者创业绩效维度各指标分数从高到低依次是：顾客对公司的满意度高（FX65：3.91）、公司服务质量高（FX62：3.81）、公司社会声誉高（FX63：3.50）、公司在同行内市场占有率高（FX59：3.21）、公司创造了许多工作岗位（FX64：3.20）、公司销售增长率高（FX60：3.20）、公司的利润高（FX61：3.13）。对女性创业者创业绩效维度指标进行单样本 T 检验分析，检验值为 3，显著性（双尾）均小于 0.05，说明该维度下指标与检验值之间存在显著性差异，具有统计学意义。其中，女性创业绩效排列靠前的为：顾客对公司的满意度高、公司服务质量高、公司社会声誉高。以上均属于社会绩效，说明女性创业者创业绩效中的社会绩效高于经济绩效。

表 3-8　　女性创业者样本创业绩效单样本检验（检验值 = 3）

指标	平均值	t	df	Sig.（双尾）	平均值差值	95% CI 下限	95% CI 上限
FX59	3.21	6.071	557	0.000	0.211	0.14	0.28
FX60	3.20	5.918	557	0.000	0.201	0.13	0.27
FX61	3.13	4.023	557	0.000	0.134	0.07	0.20
FX62	3.81	24.155	557	0.000	0.814	0.75	0.88
FX63	3.50	13.877	557	0.000	0.500	0.43	0.57
FX64	3.20	5.261	557	0.000	0.204	0.13	0.28
FX65	3.91	27.703	557	0.000	0.909	0.84	0.97

8. 女性创业者创业政策支持分析

由表 3-9 可知，女性创业者创业政策支持维度各指标分数从高到低依次是：设立女性创业奖励金（FX70：4.08）、加大对数字企业/人才的扶持力度（FX71：4.03）、为创业女性提供税收优惠（FX67：4.02）、为创业女性提供小微贷款优惠（FX69：3.99）、促进女性创业法律法规齐全（FX68：3.96）、及时更新数字企业的行业规范和标准（FX73：3.92）、带头建设数字智慧园和数字特色小镇（FX72：3.88）、配有专门的女性创业服务中心（FX66：3.84）。对女性创业者创业政策支持维度指标进行单样本 T 检验分析，检验值为 3，显著性（双尾）均小于 0.05，说明该维度下指标与检验值之间存在显著性差异，具有统计学意义。结果表明，现有的女性创业者创业政策多集中于设立女性创业奖励金、加大对数字企业/人才的扶持力度、为创业女性提供税收优惠，未来创业政策要加大对女性创业者基础设施和服务建设。

表 3-9　女性创业者样本创业政策支持单样本检验（检验值=3）

指标	平均值	t	df	Sig.（双尾）	平均值差值	95% CI 下限	95% CI 上限
FX66	3.84	20.897	557	0.000	0.841	0.76	0.92
FX67	4.02	25.084	557	0.000	1.018	0.94	1.10
FX68	3.96	24.796	557	0.000	0.957	0.88	1.03
FX69	3.99	24.383	557	0.000	0.986	0.91	1.07
FX70	4.08	28.191	557	0.000	1.077	1.00	1.15
FX71	4.03	26.771	557	0.000	1.030	0.95	1.11
FX72	3.88	22.352	557	0.000	0.878	0.80	0.96
FX73	3.92	23.199	557	0.000	0.918	0.84	1.00

第二节　女大学生创业特征画像

女大学生是最有潜力的女性创业者。2024 届高校毕业生规模、增量创历史新高，就业形势复杂严峻，而创业是缓解就业压力最有效的措施之一。基于缓解就业压力、应对疫情、劳动力市场饱和、大学生个人意识的转变（渴望相对自由轻松不受约束的工作环境和氛围）和对传统企业职业生涯的不满，越来越多的大学生选择创业。但是，GEM2023—2024 报告显示，当前大学生创业意愿不高，创业意愿发展到创业行为的转化率比较低。因此，如何提高大学生创业的积极性，寻找大学生提升创业意愿的影响因素显得尤为重要，具有一定的研究价值和现实意义。基于此，本书在全国各个省份高校按比例抽取一定数量的大学生作为调查对象，问卷的填写者应为高校在读者，或高校毕业 5 年内就业创业者

（说明：因为毕业5年内是确定职业发展方向的关键时期，也能够彰显大学生创业成果，所以本次调查也将毕业5年内的学生纳入调查对象）。

本书的问卷设计围绕女大学生的创业特征展开，主要包括被调查者人口统计学特征和就业创业相关的基本信息。采取纸质版问卷（实地调研）和电子版问卷（微信、QQ转发问卷星链接）的方式收取数据，问卷从正式发放到回收共用时3个月。为了确保调研的顺利开展，课题组首先在全国范围内招募相关的研究人员，并通过招募的研究人员在他们所在的大学内分发问卷。考虑到调研员对不同问题的认知可能存在差异，首先对调研员进行了培训，主要分为静态培训和动态跟踪反馈，在双方合意且调研组方确定调研员具备完成调研工作的能力及资源后，正式发送调研聘请书，调研员工作正式启动。此次调研在各个省份选取3—5位调研员，每个省份根据高校资源数据抽取3—5所高校对校内外在读和已毕业大学生进行调查。本次调研是全国范围的大规模调查，调查了中国各类型大学，数据量较为丰富，样本量较大。共收回问卷10893份，其中有效问卷8467份，剔除无效问卷2426份（部分题目答案填写不完整、问卷题目答案无差异、所填写答案明显矛盾等）。其中有效问卷中，被调查者为女大学生身份的5438份问卷是本次研究分析的主要对象。

对量表的信度进行检验是保证研究数据质量的重要步骤。Cronbach's Alpha系数是常用的衡量量表信度的指标之一，其数值越高表示量表的内部一致性越好，反之则说明量表存在信度问题。通常认为Cronbach's Alpha数值在0.6以下表示量表信度不可信，需要重新设计问卷或者重新收集数据并再次进行分析；在0.6—0.7为可信；在0.7—0.8为比较可信；在0.8—0.9为很可信；在0.9—1为非常可信。在本次研究中，如表3-10所示，总体量表的Cronbach's Alpha数值为0.975，超过0.9，各个变量的Cronbach's Alpha数值均大于0.6，表明本次研究所使用的量表具有很好的内部一致性，信度很好，无须对题项进行修改或剔除，符合信度要求。因此，这些数据可以被认为是可靠的，并且可以进一步用于后续的数据分析。

效度用来衡量综合评价体系是否能够准确反映评价目的和要求，效度越高，即表示测量结果越能显示其所要测量的特征，反之，则效度越低。KMO用于检查变量间的偏相关性，取值在0—1。KMO值越接近于

1，变量间的偏相关性就越强，因子分析效果就越好。KMO 值在 0.9 以上极适合做因子分析，0.8 以上适合做因子分析，0.7 以上尚可，0.6 以上勉强可以，0.5 以上不适合，0.5 以下非常不适合。Bartlett 球形检验用于判断相关矩阵是不是单位阵，即各变量是否有较强的相关性。$P < 0.05$ 时，不服从球形检验，应拒绝各权变量独立的假设，即变量间有较强相关；$P > 0.05$ 时，服从球形检验，各变量相互独立，不能做因子分析。在本次研究中，如表 3 - 10 所示，创新创业成果转化、创新创业信息服务的 KMO 值为 0.5，不适合做因子分析，因此剔除这两个变量。剩余各个变量的 KMO 值均大于 0.6，Bartlett 球形检验显著性均为 0.000，表明这些变量具有相关性，适合做因子分析。

表 3 - 10　　　　　　　　变量的信度、效度检验

变量	项数	Cronbach's Alpha	KMO 值	Bartlett 球形检验显著性
创业意向	4	0.873	0.795	0.000
创业动机	9	0.89	0.863	0.000
创业技能	15	0.951	0.953	0.000
创业行为	4	0.913	0.846	0.000
家庭支持	4	0.914	0.821	0.000
创业特征	15	0.897	0.926	0.000
个人特质	4	0.933	0.863	0.000
创业政策	8	0.969	0.953	0.000
创业教育	8	0.971	0.953	0.000
创新创业环境	4	0.952	0.871	0.000
创新创业扶持政策评价	4	0.946	0.866	0.000
创新创业成果转化	2	0.921	0.500	0.000
创新创业信息服务	2	0.917	0.500	0.000
总量表	83	0.975	0.979	0.000

一　人口统计学分析

（一）问卷填写者的性别分布

本次调查回收的问卷中，男大学生共 3029 人，占比 35.8%；女大学生共 5438 人，占比 64.2%。总体来看，本次调研中女大学生占被调研人数的比重较高，具体分布如图 3 - 23 所示：

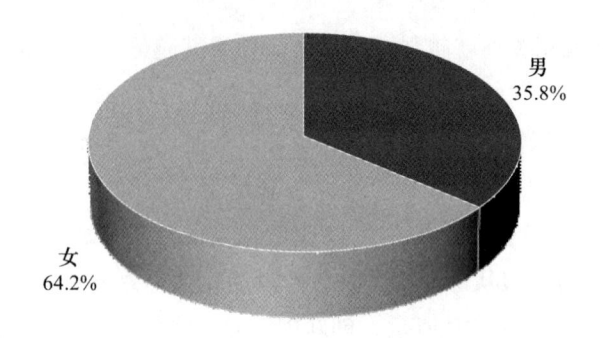

84 / 第二篇 数字时代女性创业障碍研究

男
35.8%

女
64.2%

图 3-23 大学生样本性别情况分布

（二）学历情况

总体来看，此次研究中的被调查者学历多集中在本科，共 3593 人，占比 66.1%；其次是大专，共 1341 人，占比 24.7%；接下来是硕士，共 302 人，占比 5.6%。

（三）问卷填写者的年龄情况

此次调查回收的 5438 份问卷中，被调查者年龄多集中于 20 周岁及以下，共 3475 份，占比 63.9%；21—30 周岁的被调查者共 1934 份，占比 35.6%；31 周岁及以上被调查者共 29 份，占比 0.5%，具体分布见图 3-24。

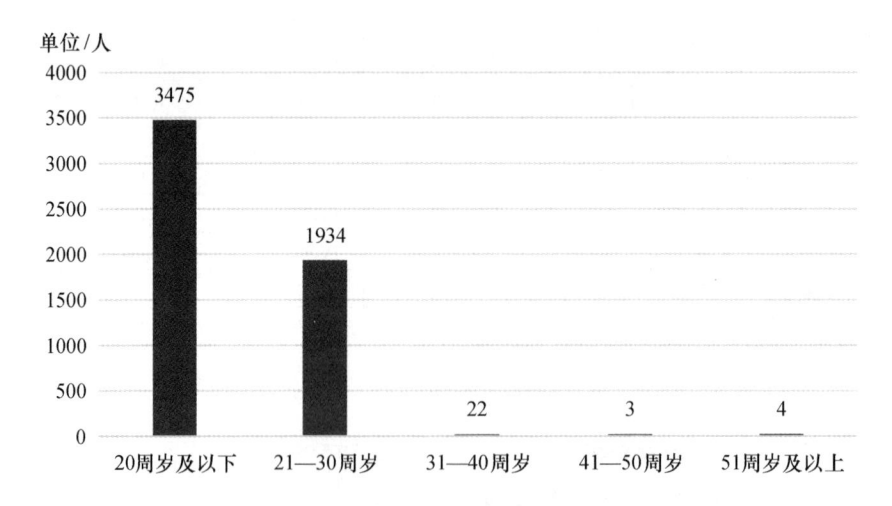

单位/人

年龄	人数
20周岁及以下	3475
21—30周岁	1934
31—40周岁	22
41—50周岁	3
51周岁及以上	4

图 3-24 女大学生样本年龄情况分布

（四）大学生专业分布情况

从本次调查结果来看（图 3-25），专业多集中在管理学 1154 人，占比 21.2%；其次是医学 877 人，占比 16.1%；教育学 658 人，占比 12.1%；经济学 623 人，占比 11.5%；工学、理学分别是 582 人、551 人，分别占比 10.7%、10.1%。其他专业（哲学、法学、文学、历史学、农学、军事学、艺术学），共 993 人，占样本比例为 18.3%。

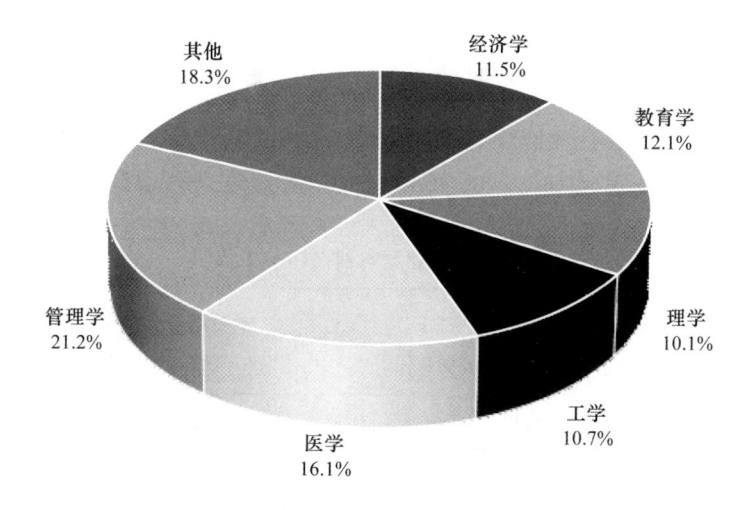

图 3-25　女大学生样本专业情况分布

（五）大学生就读学校类型

从本次调查结果来看（图 3-26），就读于普通本科院校的学生占样本量最多，共 2412 人，占比 44.4%；然后依次是高职大专院校，1232 人，占比 22.7%；民办院校，1134 人，占比 20.9%；"双一流"高校，460 人，占比 8.5%。

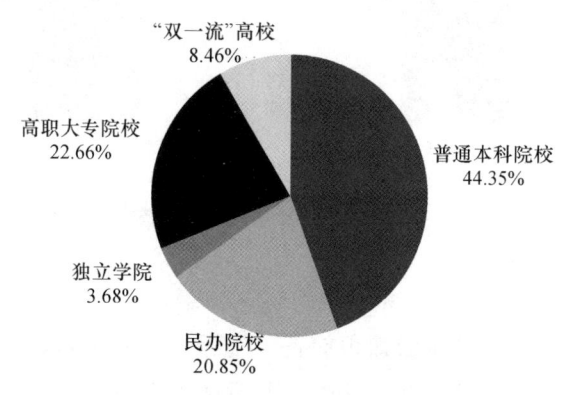

图 3-26　女大学生样本就读学校类型情况分布

二 大学生创业倾向分析

（一）性别与创业倾向

对男女大学生创业意向进行独立样本检验，结果如表3-11所示。大学生创业意向独立样本 T 检验中，显著性小于 0.05，说明男女大学生创业意向存在显著的差异性，且从图 3-27 中可知，男大学生的创业意向高于女大学生，说明在未来的创业导向和研究中，应多关注女大学生创业意向的影响因素。

表3-11　　　　　男女大学生创业意向独立样本 T 检验

	t	自由度	显著性（双尾）	平均值差值	标准误差差值	差值95%置信区间 下限	差值95%置信区间 上限
创业意向	18.75	5630.529	0	0.38	0.02	0.34	0.42

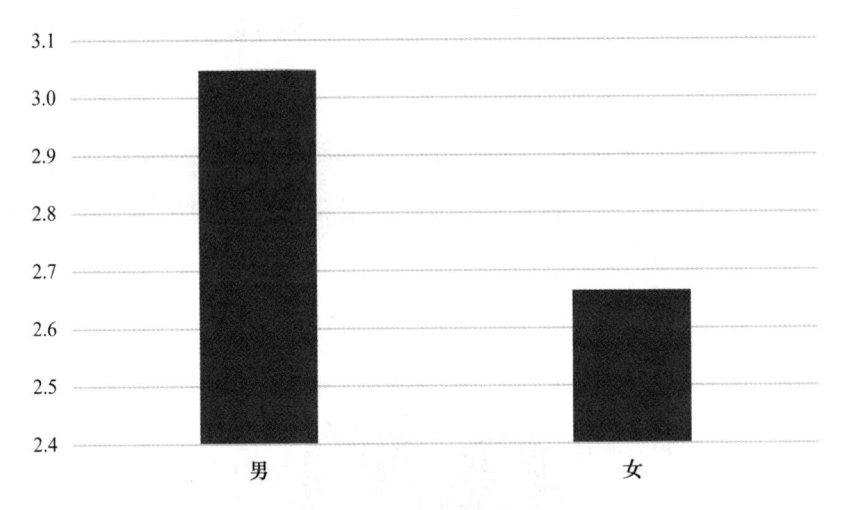

图 3-27　男女大学生创业意向差异

（二）年级分布与创业倾向

女大学生在不同的年级知识储备、阅历、行业与职业发展认知都有所不同，所以不同年级的女大学生创业意愿也有所不同，因此本书将女大学生年级分布与毕业后的职业规划进行分析，结果如图3-28所示。一年级和二年级的大学生更倾向于毕业后自主创业，分别有54人和33人，占比均为5%；其次是三年级的大学生，共17人，占比4%；四年级和五年级的大学生则更倾向于就业和升学。由此可见，随着入学时间的增长，大学生越来越倾向于升学或者就业，这或许与近年来受疫情影响导致经济形势下滑而影响就业倾向以及阅历和知识的增长而改变毕业计划有关。

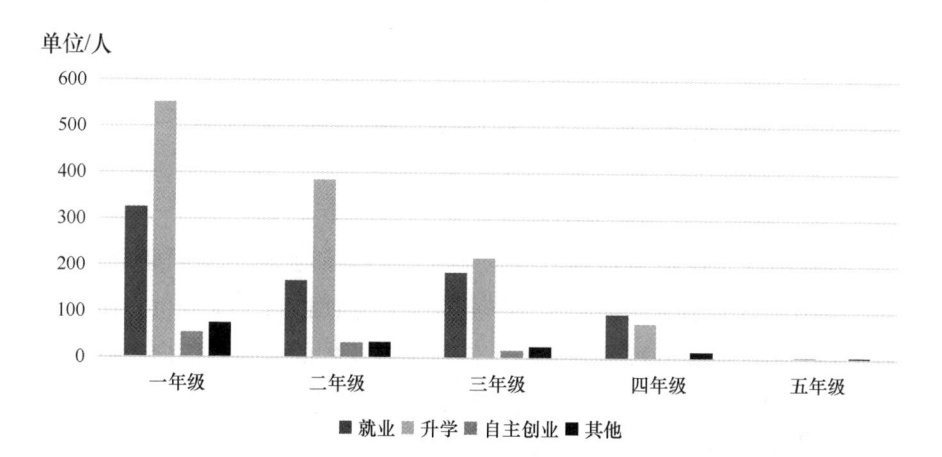

图3-28 女大学生样本年级分布与创业倾向情况分布

（三）学科分布与创业倾向

由于学科领域会影响大学生毕业后的创业就业方向、创业就业质量、创业就业机会等方面，因此本书将大学生的就读专业作为分析的一部分，结果如图3-29所示。从分析结果来看，就读于艺术学、农学的女大学生毕业后想要创业的人数更多，分别占据该专业领域被调查者的比例为6.76%、6.67%；其次是教育学、法学、医学，创业占比分别为2.50%、1.43%、1.38%；工学、理学、文学、管理学、哲学、历史学、军事学领域毕业后想要创业的人数较少，占比均不足1%，其中哲学、历史学、军事学被调查者想要创业的人数为0。这表明，不同专业领域学生毕业后其创业倾向存在较大差异。

频数

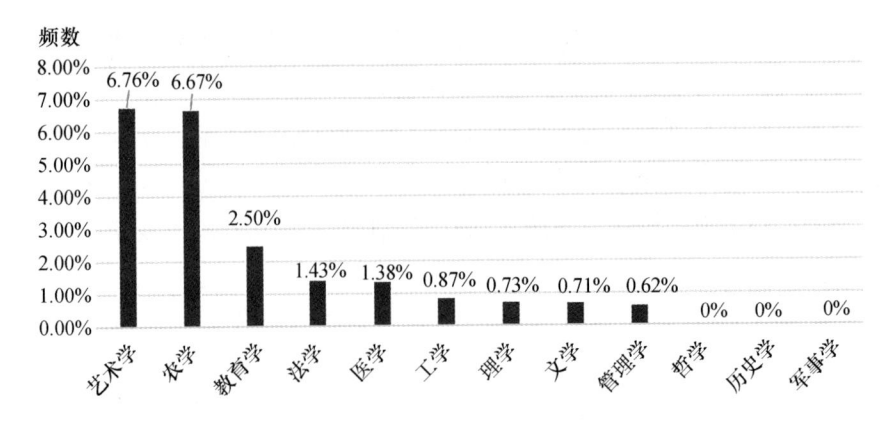

学科	占比
艺术学	6.76%
农学	6.67%
教育学	2.50%
法学	1.43%
医学	1.38%
工学	0.87%
理学	0.73%
文学	0.71%
管理学	0.62%
哲学	0%
历史学	0%
军事学	0%

图 3-29　女大学生样本学科分布与创业倾向情况分布

（四）就读院校与创业倾向

就读院校层次会影响大学生的毕业规划、创业动机、创业资源等，因此本书也对大学生就读院校及毕业后创业意愿进行交叉分析，结果如表 3-12 所示。从分析结果来看，高职大专院校的学生更倾向于毕业后创业，占本次调研高职大专院校人数的 6.1%；其次是民办院校和"双一流"高校，分别占据本次调研该类型高校人数的 5.5%、5.4%；而普通本科院校的学生则更倾向于升学深造，占据本次调研该类型高校人数的 63.6%。

表 3-12　　　　　女大学生样本就读院校与创业倾向　　　　单位：人，%

计划	"双一流"高校 人数	占比	普通本科院校 人数	占比	高职大专院校 人数	占比	民办院校 人数	占比
就业	64	34.4	316	26.8	86	34.8	309	47.0
升学	103	55.4	751	63.6	120	48.6	264	40.2
自主创业	10	5.4	44	3.7	15	6.1	36	5.5
其他	9	4.8	70	5.9	26	10.5	48	7.3
总计	186	100.0	1181	100.0	247	100.0	657	100.0

三 大学生创业情况分析

(一) 创业实践

从本次对女大学生调研的数据结果来看,有4%的女大学生进行了创业实践,共239人,其余均未进行创业实践(图3-30);有45人注册过公司,只占样本量的1%(图3-31)。由此可见,女大学生创业实践及行动落地状态并不理想。

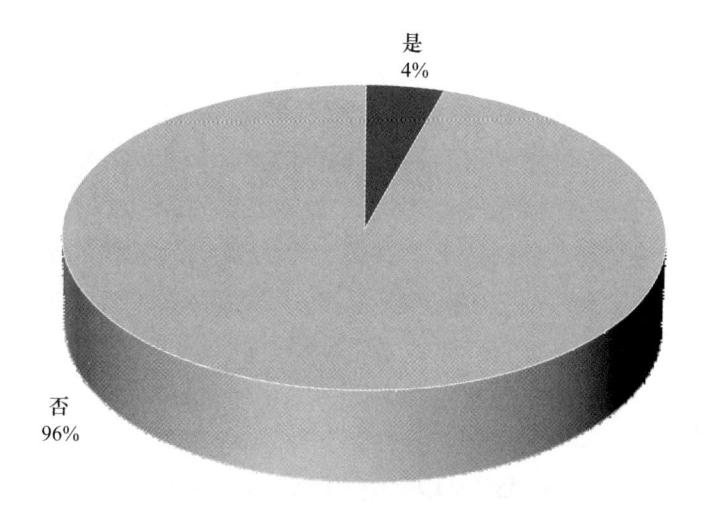

图3-30 女大学生样本创业实践情况分布

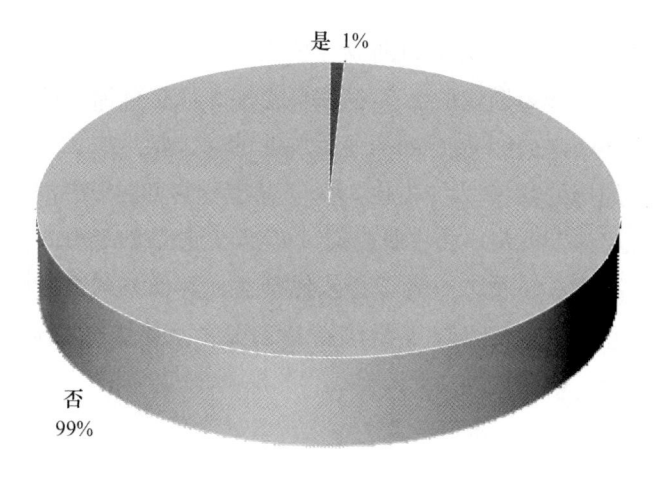

图3-31 女大学生样本公司注册情况分布

(二) 创业数字化

数字化作为国家创新战略的驱动,在促进社会经济发展方面作出了巨大的贡献,也为大学生提供了更多的就业和创业机会。本次针对女大学生调研的结果显示(图3-32),在45位注册了公司的女大学生中,数字型企业有20家,占比44%;传统型企业有25家,占比56%。虽然结果表明女大学生在创业时更倾向于传统型企业,但是也在一定程度上体现了数字化作为新型的发展趋势,未来会有更大的潜力。

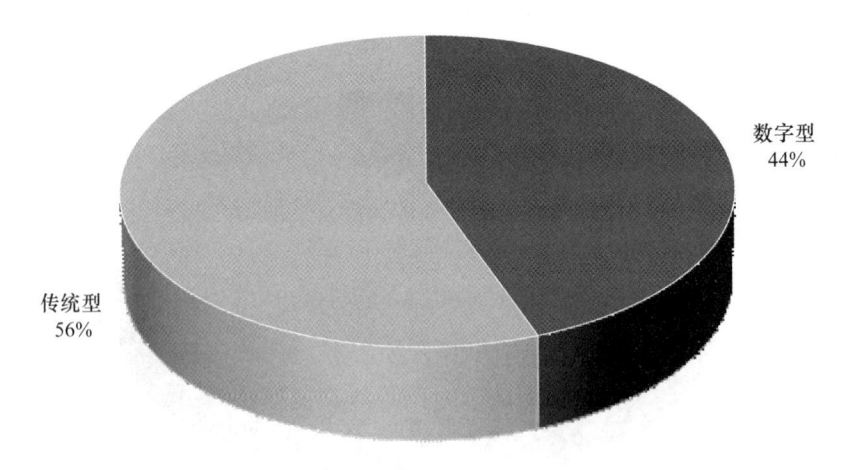

图3-32 女大学生样本创业数字化情况分布

(三) 创业经验与创业计划

由于过往的学习、工作和创业经验会对毕业后职业倾向产生影响,故本章对毕业后计划创业的女大学生的过往经验进行描述统计。结果显示(图3-33),在105位计划毕业后创业的女大学生中,有过创业实践或注册公司经历的共30人,占比29%,其余皆为创业零经验者。在校期间有创业经验(239人)和注册公司(45人)经历的271人(减去重合的13人)中有30位被调查者选择依然创业,其他被调查者则选择就业或升学。有相关创业经验却不继续选择创业,其原因可能是受到挫败、资金积累不足、职业规划变动等。

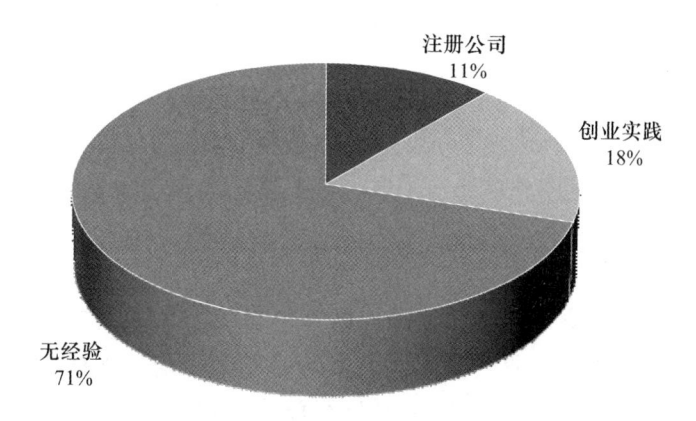

第三章 数字时代中国女性创业者画像 / 91

图 3-33 女大学生样本创业经验与创业计划情况分布

(四) 创业障碍

由于创业意向和创业计划的落地受到诸如资金、机会、资源等众多因素的影响，故本章也将女大学生目前创业可能遇到的障碍纳入分析描述。分析结果显示（图 3-34），对当前女大学生来讲，资金不充足、缺乏社会关系、没有好的创业方向、缺乏创业知识与技能、难以寻找可靠的合伙人、创业—学习难以平衡是最主要的障碍因素。

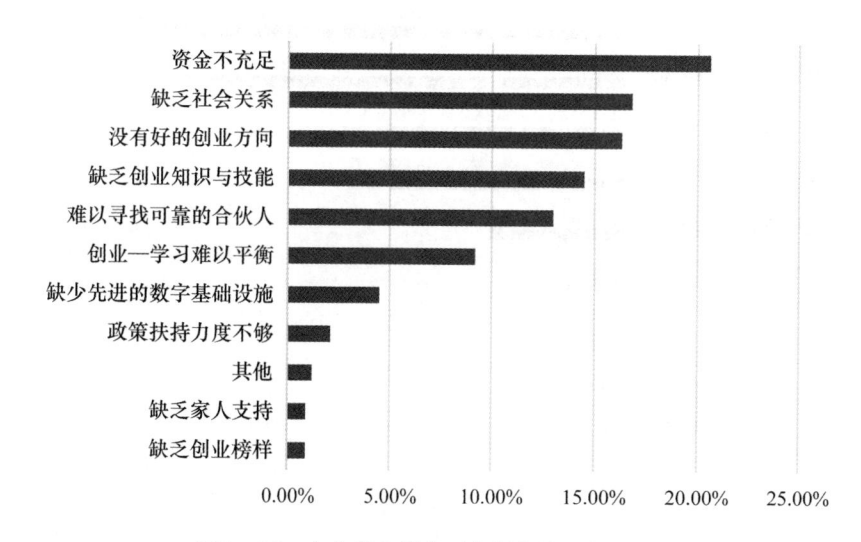

图 3-34 女大学生样本面临创业障碍情况分布

为了更深入了解男女大学生在创业障碍中存在的差异，本章将男女大学生创业存在的障碍差异进行描述性统计分析。数据结果显示（图3-35），资金不充足是大学生创业障碍的最主要因素，性别差异极小。女大学生受没有好的创业方向、创业—学习难以平衡、缺乏社会关系、难以寻找可靠的合伙人、缺乏创业知识与技能、缺少先进的数字基础设施障碍因素的影响略大于男大学生；男大学生受政府扶持力度不够、缺乏家人支持、缺乏创业榜样和其他障碍因素的影响略大于女大学生。总体来看，男女大学生创业障碍影响因素的前三个均是缺乏社会关系、没有好的创业方向、缺乏创业知识与技能。不同的是，对女大学生来说，创业面临的最大障碍是缺乏社会关系，占比70.7%；其次是没有好的创业方向，占比68.30%；然后是缺乏创业知识与技能，占比61%。对男大学生来说，创业面临的最大障碍是没有好的创业方向，占比67.6%；其次是缺乏社会关系，占比64.9%；然后是缺乏创业知识与技能，占比54.1%。

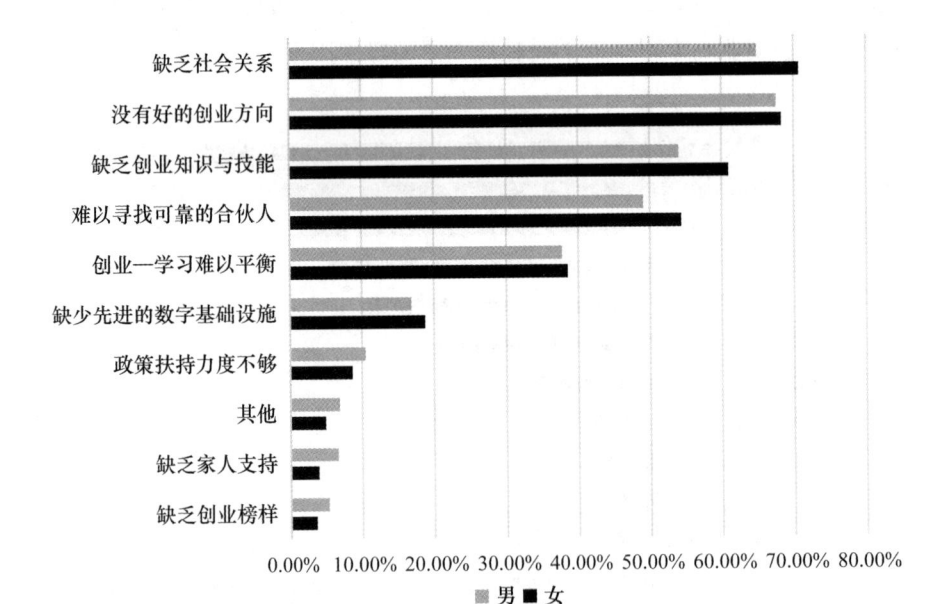

图3-35 大学生样本面临创业障碍类型性别对比情况

为了对男女大学生创业所受障碍情况作进一步分析，得出更清晰的结论，本章将男女大学生两组数据所面临的创业障碍进行独立样本 T 检验，结果如表 3-13 所示。创业障碍显著性小于 0.05，则男女大学生创业障碍面临显著的差异，且从图 3-36 可以看出，女大学生面临的创业障碍高于男大学生。

表 3-13　　　　　　大学生样本创业障碍独立样本检验

	t	自由度	显著性（双尾）	平均值差值	标准误差差值	差值95%置信区间 下限	差值95%置信区间 上限
创业障碍	-7.244	8464	0	-0.01535	0.00212	-0.01951	-0.0112

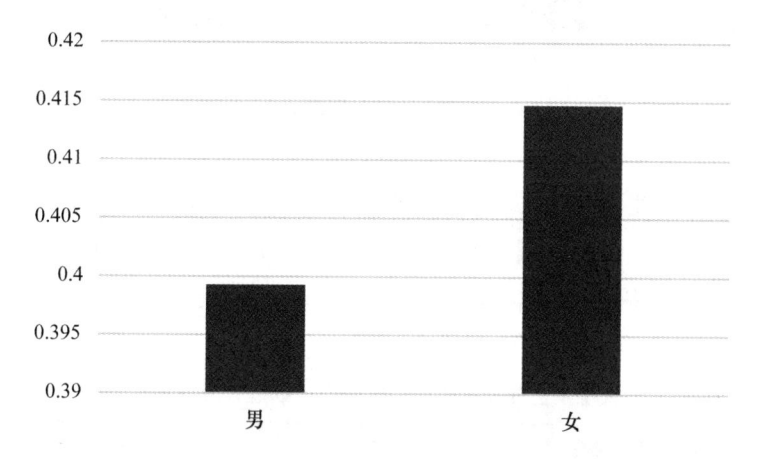

图 3-36　大学生样本创业障碍性别差异

（五）男女大学生创业动机对比

对大学生创业动机进行独立样本 T 检验，结果如表 3-14 所示。创业动机显著性小于 0.05，说明两组数据具有显著的差异，即男女大学生创业动机具有显著性差异。从图 3-37 中可知，男大学生的创业动机大于女大学生。

表 3 – 14　　大学生全样本创业动机独立样本检验

	t	自由度	显著性（双尾）	平均值差值	标准误差差值	差值95%置信区间 下限	差值95%置信区间 上限
创业动机	9.932	5720.469	0	0.16831	0.01695	0.13509	0.20153

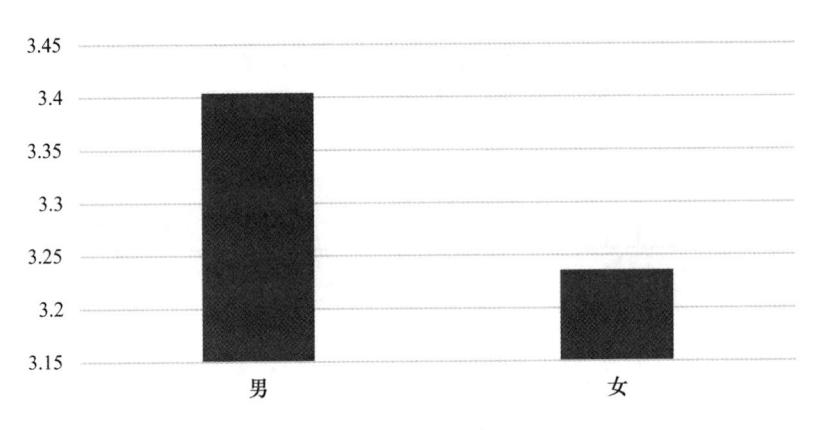

图 3 – 37　大学生全样本创业动机性别差异

四　大学生创业动机、创业技能、创业特质性别对比分析

为了进一步描绘大学生画像，本书又从男女大学生的创业动机、创业技能、创业特质三个方面进行比较（表 3 – 15）。

表 3 – 15　　大学生全样本各指标均值和中位数值（分性别）

		创业动机 成就型	创业动机 价值型	创业动机 生存型	创业技能 数字能力	创业技能 机会识别	创业技能 机会开发	创业技能 创业学习	创业技能 关系能力	创业特质 成就动机	创业特质 创新导向	创业特质 风险承担	创业特质 模糊容忍	控制源
男	平均值	3.2	3.7	3.3	3.5	3.2	3.1	3.5	3.4	3.4	3.4	3.4	3.4	3.0
男	中位数	3.3	3.7	3.3	3.3	3.0	3.0	3.3	3.3	3.3	3.3	3.3	3.3	3.0
女	平均值	3.0	3.5	3.2	3.3	3.0	2.8	3.3	3.2	3.2	3.1	3.3	3.3	2.8
女	中位数	3.0	3.7	3.0	3.3	3.0	3.0	3.0	3.3	3.0	3.0	3.0	3.0	3.0

创业动机在一定程度上展现了创业者的创业意图。图 3-38 和图 3-39 显示，男大学生创业动机各维度评分为 3 的占比分别为成就型 75%、价值型 89%、生存型 79%，女大学生创业动机各维度评分为 3 的占比分别为成就型 67%、价值型 86%、生存型 75%。总体来看，男女大学生的价值型创业动机四分位间距框都分别高于成就型动机和生存型动机，且女大学生更为明显。从成就型动机看，女大学生该动机四分位间距框低于男大学生，且中位值为 3，基本处于四分位间距框中部，数值总体对称分布；男大学生成就型动机中位值大于 3，处于四分位间距框的下部，评分值总体偏大。从价值型动机来看，女大学生价值型动机的四分位间距框低于男大学生，且更窄，中位值为 3，位置基本位于四分位间距框的上部；男大学生该动机中位值大于 3，基本处于四分位间距框中部，数值总体对称分布。从生存型动机来看，男女大学生该动机四分位间距框高度基本一致，男大学生该动机中位值大于 3，女大学生该动机中位值为 3，位置都位于四分位间距框的下部。上述分析表明，与男大学生相比，女大学生成就型动机和生存型动机略低于男大学生，女大学生更倾向于掌握自己的人生方向，实现个人价值。

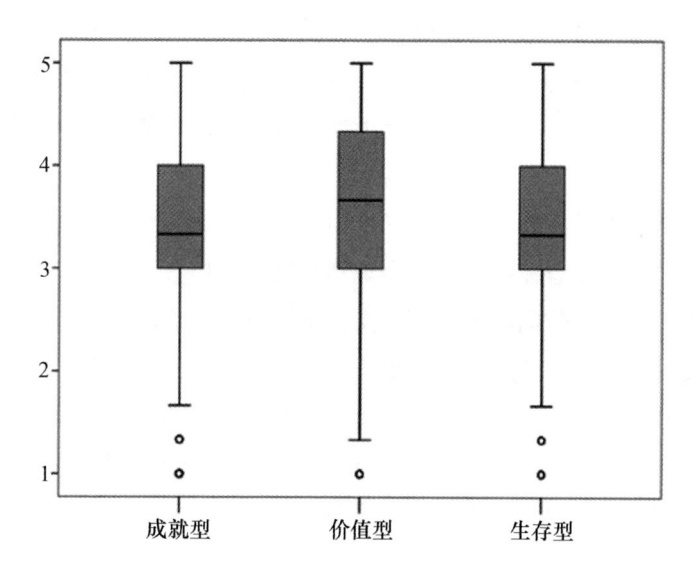

图 3-38　男大学生创业动机

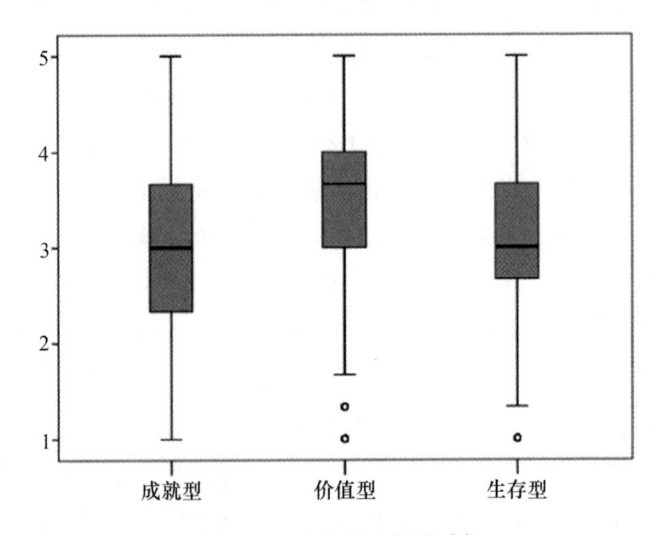

图 3-39　女大学生创业动机

从图 3-40 和图 3-41 可以看出，男大学生创业技能各维度评分大于 3 的占比分别为数字能力 86%、机会识别 77%、机会开发 76%、创业学习 88%、关系能力 88%，女大学生创业技能各维度评分大于 3 的占比分别为数字能力 85%、机会识别 67%、机会开发 63%、创业学习 84%、关系能力 84%。总体来看，男大学生和女大学生机会识别与机会开发四分位间距框上线低于其他维度，且女大学生机会开发均值小于 3，中位数值为 3，位于四分位间距框上线，说明女大学生机会开发能力总体满意度低。从数字能力维度看，男女大学生中位数值均大于 3，都位于四分位间距框下部，满意度总体一致。机会识别维度，中位数均为 3，男大学生中位数基本位于四分位间距框底部，女大学生中位数基本位于四分位间距框中部，说明女大学生机会识别维度满意度评分低于男大学生。从创业学习和关系能力维度看，女大学生中位数值均为 3，中位数位于四分位间距框底线，男大学生中位数值均大于 3，中位数基本位于四分位间距框下部，可以看出女大学生创业学习维度和关系能力维度满意度评分低于男大学生。

从图 3-42 和图 3-43 可以看出，男大学生创业特质各维度评分高于 3 的占比分别为成就动机 88%、创新导向 87%、风险承担 88%、模糊容忍 90%、控制源 71%；女大学生创业特质各维度评分高于 3 的占比分别

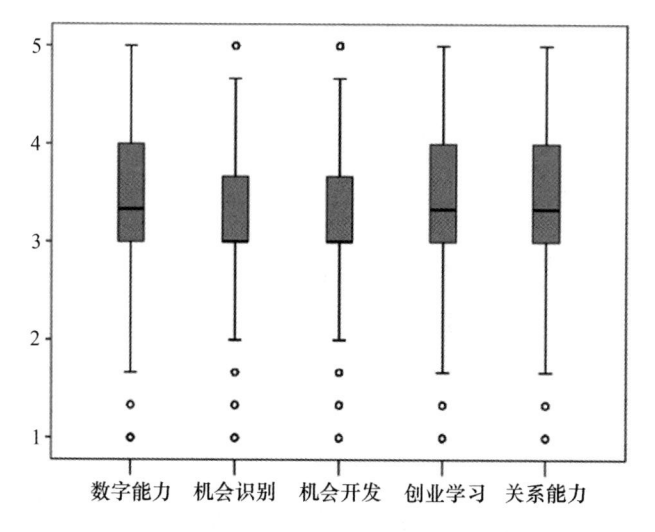

图 3-40　男大学生创业技能

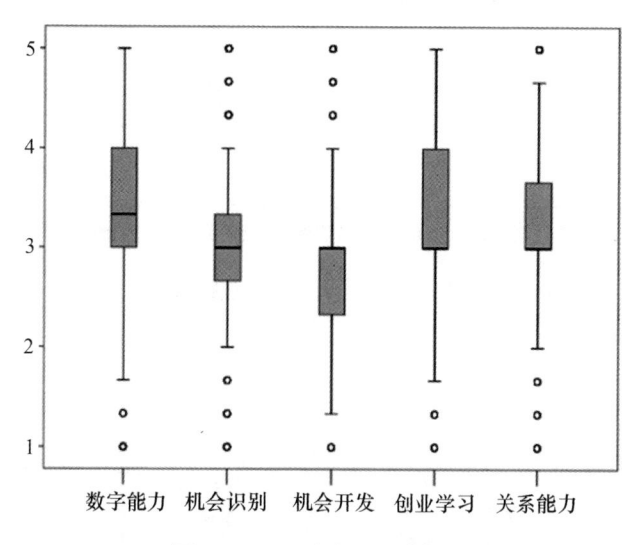

图 3-41　女大学生创业技能

为成就动机 81%、创新导向 80%、风险承担 86%、模糊容忍 89%、控制源 60%。总体来看，男女大学生在控制源维度的四分位间距框低于其他各维度，且女大学生控制源均值低于 3，中位数居于四分位间距框上线，男大学生控制源中位值为 3，中位数基本居于四分位间距框中部，数据基本呈对称分布，说明女大学生控制源维度的满意度略低于男大学生。除控制源维度外，女大学生在成就动机、创新导向、风险承担、模糊容忍各维度的四分位间距框比男大学生各维度（控制源除外）四分位间距框矮，中位数都为3，且位于四分位间距框的下线，说明满意度评分总体偏低。而男大学生中位值大于3，均基本位于四分位间距框的下部，说明满意度总体评分偏高。由此可见，创业特质各维度满意度评价女大学生整体低于男大学生，且大学生的控制源满意度评分总体偏低，未来想要或已经创业的女大学生应注重自身心理素质的培养。

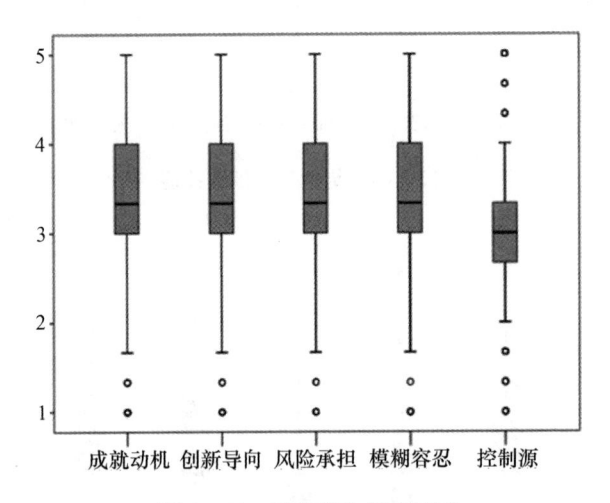

图3-42 男大学生创业特质

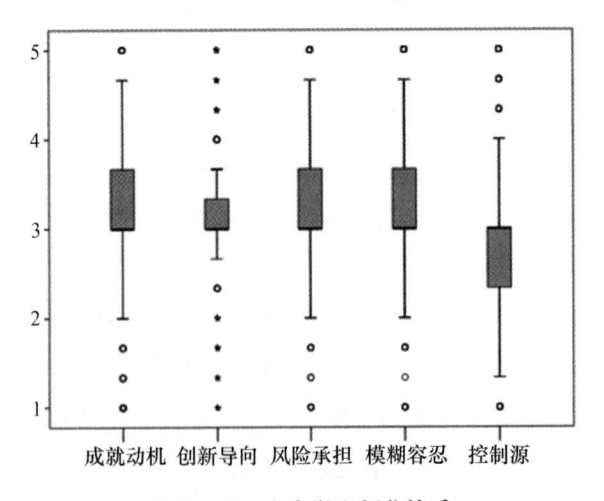

图3-43 女大学生创业特质

第三节 本章小结

本章对调研样本情况进行分析说明。在女性创业者和全国女大学生的帮助下，以回收的有效问卷为样本，对问卷数据进行了描述统计分析。以下是对女性创业者数据及女大学生数据分析情况的总结。

一 女性创业者（已真实创业）数据

女性创业者数据来自全国 3 类地区 10 个省份，共回收有效问卷 558 份。本章节对女性创业者数据进行人口统计学分析、基本信息介绍及创业障碍分析。结果显示：首先，女性青年创业者是主力军，且学历多集中于本科，创业者多为已婚已育状态。其次，女性创业者更多属于"创一代"，即个人或家庭均无创业经历，并更多地在非户籍地进行个体创业，其中更多地集中于数字化企业。行业更多集中在消费生活和教育培训等易进入的行业，且企业多为初创期、生存期和成长期。最后，女性创业者创业障碍更多地集中在资金不充足、创业—家庭难以平衡、缺乏社会关系。未来女性创业者所需创业支持也多集中在资金支持、政策支持和知识培训。

二 女性创业者画像

（一）基本特征：青年女性创业者是主要创业群体；专科及以上学历女性创业者占比超过八成；已婚女性创业者占比超过一半。

（二）创业现状：近七成的女性创业者具有创业相关行业经验。

（三）行业分布：女性创业者创业企业所属行业集中于消费生活、教育培训、电子商务。

（四）创业驱动力：实现个人价值是女性创业者创业的最主要动机。

（五）创业障碍：资金不充足、创业—家庭难以平衡、缺乏社会关系是女性创业者创业过程中遇到的主要障碍。

三 大学生创业（未创业，潜在的创业者）数据

大学生数据来自全国各地，在各个高校调研员的帮助下，共回收有

效问卷8467份。本章节对大学生数据进行人口统计学分析、创业倾向对比和创业情况分析，并对部分维度或指标进行男女大学生对比，以分析性别原因给大学生创业带来的差异性。分析结果如下：第一，本次调研女大学生占据数量较多，学历多集中于本科，学科多为人文社科，院校类型中普通本科院校占比最多；第二，通过对男女大学生创业倾向分析发现，男大学生在创业意向、创业动机上都高于女大学生，且差异显著；第三，女大学生的创业意向落地情况不理想且更多倾向于传统型而非数字化创业；第四，大学生面临的最主要创业障碍是资金不充足、缺乏社会关系、没有好的创业方向，但女大学生面临的创业障碍要大于男大学生，二者创业障碍有显著的差异。

四 大学生创业者画像

（一）女大学生创业者基本特征：本科及以上女大学生创业者占比超七成。

（二）大学生创业倾向对比：女大学生创业倾向明显低于男大学生。

（三）创业现状：大学生创业实践人数极少，女大学生创业实践人数占比只有4%。

（四）创业驱动力：实现人生价值和获得成就是大学生创业的最主要动机。

（五）创业障碍：资金不充足、缺乏社会关系、没有好的创业方向是大学生创业过程中遇到的主要障碍，对女大学生来说，缺乏社会关系是创业过程中遇到的最主要障碍。

第四章

数字时代女性创业障碍的访谈研究

第一节 女性创业障碍的内涵与构成因素研究

一 女性创业障碍的内涵

随着社会经济和男女平等的发展，全世界范围内女性创业的比例在稳步增长（Brush et al.，2009）。女企业家在商业教育、企业经验和技术专长方面取得了实质性进展，越来越多的企业开始涉足快速发展的行业，包括金融服务、生物技术和软件行业。尽管如此，无论是从规模、雇员人数还是收入数额来衡量，女性拥有的企业往往比男性拥有的企业要小（Winn，2005）。在公众的认知中，优秀创业者的人格特质更倾向于男性主导的特征，即创业者应表现出男性的"能动性"特征（Hamilton，2013），如野心、控制欲、自恋或过度自信、独立、强势、果敢等（Malmström et al.，2017）。然而，这种由男性主导创业的刻板印象导致女性创业者面临诸多挑战（解学梅等，2021）。

相关研究从女性个人特征角度解释较低的创业率，包括心理因素、人口学特征、能力因素等，女性因具有较低的风险偏好、竞争意识、人力资本和社会资本而在创业活动中处于弱势地位（王乙杰、杨大利，2021）。王汉瑛等（2021）认为，女性创业者面临严重的资源约束是造成早期创业率偏低的主要原因之一。也有研究指出，创业性别差异来源于社会环境中的性别歧视，女性在创业融资、社会网络和创业团队等环节，都面临一定程度的性别歧视（王乙杰、杨大利，2021）。童馨乐等（2021）提出，女性是否创业与其受教育程度之间可能存在倒"U"形关系，即相较于学历中等的女性而言，学历较低和学历较高的女性创业率明显更低。年龄对女性劳动力创业的影响呈现倒"U"形，即伴随着年龄的增长，其创业的概率呈现先上升后下降的趋势（王卫东等，2022）。此外，金融约束对女性创业也有抑制作用。首先，就供给侧而言，女性创业规模较小，投资回报率较低（刘鹏程等，2013），女性创业者会面临金融机构更多的歧视，从而抑制其创业活动。其次，从需求侧来讲，当面临金融约束时，资金使用成本会急剧增加，厌恶风险的倾向削弱了女性创业者获取外部资本的可能性（Hechavarría & Ingram，2019），从而抑制女性创业。

生活中普遍存在一种现象，很多社会群体被认为与负面特质相关，例如无能、软弱、贪婪（Cuddy et al. , 2007）。这些负面刻板印象已经被证明是其"受害者"实现成就的阻碍（Bohnet et al. , 2016）。女性创业者也不例外，即当一位女性面对市场中某个创业机会，她们可能会担心周边的人以刻板印象看待她们，这样的担心无疑会对女性创业产生诸多负面影响（张慧等，2020）。

研究发现，男性和女性创业者在角色冲突关系上的表现有所不同，女性创业者面临更多的是工作角色给家庭角色造成的冲突（潘燕萍等，2021）。在社会活动领域，性别文化规范对于女性的规定和约束更为明显。创业这种与"养家糊口"有关的社会活动领域，更多地被视为男性的责任和义务（王乙杰、杨大利，2021）。性别角色观念塑造了两性行为模式差异，导致不平等结果，女性即便拥有与男性相同的客观创业条件，也可能因为传统性别角色观念的自我限制而无法充分发挥自身潜力（王乙杰、杨大利，2021）。创业过程中的不确定性、高风险性、多变性需要创业者全身心投入，也使得其工作—家庭角色边界模糊。因此，女性创业者的角色边界管理会遇到更大的挑战。在"巾帼不让须眉"与"女主内"双重角色期望的约束下，工作—家庭角色冲突会使女性创业者陷入合法性困境（李纪珍等，2019）。

二 女性创业的障碍构成因素研究

（一）国外女性创业的障碍因素：有内外部障碍4到25个不等

国外学者从内外部总结了女性创业面临的障碍。Naidu 和 Chand（2017）

全面总结了女性创业的 25 个障碍因素，包括缺乏行业经验、资金渠道、创业技能、创业教育等，并通过因子分析将其归纳为不平等壁垒、基础设施障碍、监管壁垒、民族文化四个维度。Wu（2019）在前者基础上，基于后结构女性主义视角，将女性创业的障碍总结为母性、创业认知、创业规范和资金，并通过 fsQCA 分析发现：初始资金需求是促进女性创业的关键因素，女性创业认知较差、创业初始资金要求高，构成了女性创业障碍；Tlaiss（2014）通过对 15 名女性创业者进行深度访谈，发现阿联酋创业女性面临的最主要障碍是缺乏资金、缺乏家庭支持、性别刻板印象和集体主义；Cavada（2017）指出保守的传统态度、规避风险的倾向、家庭成员的不合作等因素，是墨西哥女性不敢创业的主要原因。

（二）国内女性创业的障碍因素研究：从不同创业主体总结女性创业障碍

国内学者也对女性创业障碍进行了总结。贾志科等（2012）从内外两大方面总结了女性创业者面临的障碍：内部障碍包括女性自身因素和家庭因素，外部障碍有社会环境、文化传统、政策制度。有学者进一步识别了不同女性群体的创业障碍：如女大学生创业障碍主要有社会观念的束缚、创业教育的缺失、创业环境欠佳等（徐杰玲、徐朝亮，2007）；海归女性创业不充分、发展不平衡（江树革，2018）；青年返乡创业遇到的困难主要包括融资难、创业环境不佳、技术瓶颈、创业经验不足（史苏、王天楠，2020）。但关注数字时代女性创业障碍的相关研究甚少。

三 研究评述

综上可见，国外学术界对女性创业研究非常重视，并且已经成为一个界定明确的学术研究领域，通过跨国研究全面识别女性创业障碍。而国内对女性创业的研究起步较晚，落后于国外，总体上处于探索阶段，与活跃的女性创业实践相比较而言，本土女性创业的理论基础较为薄弱，相关学术研究相对匮乏。具体表现在两个方面：一是从研究内容上看，本土化女性创业障碍识别不够，缺乏一个系统的研究框架。国内现有的研究大多是基于国外研究总结、延伸而来，如"5M"性别意识框架。但由于中国女性在家庭观念、社会地位等方面与国外女性存在显著差异，文化背景、经济发展程度也不同，导致中国创业女性面临的障碍也有所差别。二是从理论基础上看，理论视角亟待更新。传统的创业研究框架多基于男性创业规范来研究女性创业问题，忽视了女性特征及社会规范在创业中的作用，导致现有研究难以解释女性创业中的特殊现象（李纪珍等，2019）。随着数字时代的到来，对传统创业理论产生巨大冲击，将传统以男性为主的创业理论直接迁移到研究女性创业有诸多不适。因此，本书应用案例研究方法，系统识别数字时代女性创业的本土障碍，为中国女性创业的发展提供重要理论指导。

第二节　数字时代女性创业障碍识别的访谈研究

一　问题提出

习近平总书记在党的十九大报告中强调要坚持中国特色社会主义妇女发展道路，依法依规为妇女全面发展营造环境、扫清障碍。国务院2018年《关于推动创新创业高质量发展打造"双创"升级版的意见》提出"鼓励支持更多女性投身创新创业实践"。近年来，随着数字经济的发展，数字时代催生了更多的创业就业机会，数字平台为女性创业就业提供了更多路径。社会正在面临着一场加强女性企业家精神的重大革命，让女性有更多机会发展成为企业家（Cavada et al.，2017）。

在全球范围内，女性创业者的数量逐年递增，在整个创业者中所占比例不断提升。目前全球59个经济体有2.31亿女性创办或经营企业，与2017年相比，创业率增加了1%；在中国，一大批女性创业者在商业浪潮中崭露头角、大放异彩。在2021年3月发布的《2020胡润全球白手起家女富豪榜》中，中国以61位上榜女企业家，位列全球第一。蓬勃开展的女性创业实践也引起了学术界的关注（Brecht et al.，2023）。与快速发展的女性创业实践相比，女性创业相关理论研究相对滞后，主要体现在两个方面：一是从研究内容上看，女性创业研究与主流创业领域缺少对话，导致本土化女性创业障碍识别不够，缺乏一个系统的研究框架。二是理论基础较为薄弱。现有的创业研究框架多基于男性创业规范来研究女性创业问题，从而导致对于女性创业者遇到的特殊问题缺乏解释力度

(Ahl, 2006)。

鉴于此,本章研究聚焦于女性创业者这一特定的研究对象,主要回答"数字时代中国女性在创业过程中主要面临哪些障碍"这一根本性问题。具体而言,本章将在回顾有关女性创业以及女性创业障碍文献的基础上,基于"5M"性别意识框架,运用多案例研究方法,借鉴扎根理论中对于数据编码的思路,通过对典型女性创业者面临的挑战开展探索性研究,系统识别数字时代下本土化女性创业障碍,并以"5M"性别意识框架为研究基础展开理论对话,构建了具有中国特色的女性创业障碍"7M"理论框架,以期丰富和拓展女性创业理论研究,为指导女性创业实践提供相应启示。

二 理论基础

市场、资金和管理是创业者启动和发展企业必不可少的要素,因此使用"3Ms"框架以解释市场、资金和管理三个基本结构。Bates（2007）应用了"3Ms"框架,对创业活动进行了研究。而 Brush（2009）认为创业是社会性活动,不仅受市场、资金和管理这些微观环境的影响,也受家庭、社会和文化规范等中观、宏观因素的影响,并且家庭因素和社会文化因素对女性的影响可能大于男性。因此,Brush（2009）通过借鉴制度理论,扩展了原有的"3Ms"模型,引入了"母性"和"中观/宏观环境"两个新维度,从而形成了一个"5M"框架。这一框架旨在更全面地理解女性创业现象,提供了一个更为深入的研究视角。该框架由市场、资金、管理、中观环境和宏观环境五个要素组成。如图 4-1 所示,在该框架下,"母性"位于中心地位;市场包含了机会,是所有创业者的源泉;资金和管理是进入市场不可缺少的因素,可视为机会利用的推动者。"母性"不仅指女性本身的自然角色和社会角色,她更多代表的是创业者家庭和家庭环境的隐喻,这和不平等的家庭权力关系与女性的社会规范界定和社会角色期望密切相关。因此,该框架下的"母性"不是市场、管理和资金的接口,而是宏观环境的组成部分。宏观环境指的是国家层面的经济、政策、法律和文化规范;中观环境则反映了区域扶持政策、服务和举措,也可以包括行业、商业协会等（Brush et al., 2009）。

因此，本章在 Brush（2009）"5M"性别意识框架的基础上，对中国本土化女性创业障碍展开探索，打开中国女性创业障碍的理论"黑箱"。

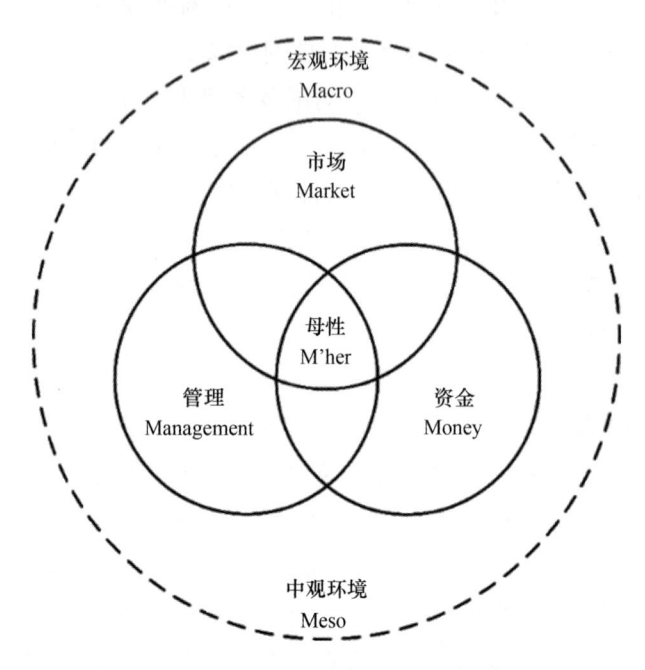

图 4-1 Brush（2009）"5M"性别意识框架

三 研究设计

（一）研究方法

现实中，女性创业者除了要应对企业生存和发展问题，还要面临社会上对女性创业者传统偏见的障碍（李纪珍等，2019），且女性创业障碍属于较新的研究领域，不能直接借鉴现有的基于男性创业规范的理论框架，属于探索性研究，另外，本章旨在回答"数字时代中国女性在创业过程中主要面临哪些障碍"及"这些障碍是怎么样的"，属于"是什么"和"怎么样"的问题，适宜采用案例研究方法。本章采用多案例研究方法，因为与单案例研究相比，多案例研究所得结论具有更高的外部效度，产生比单案例研究更精确和概化的理论，更有助于增加研究对经验世界多样性的理解（Eisenhardt，1989）。

(二) 访谈样本

根据本章的研究目标，按照以下标准筛选访谈（案例）对象：(1) 该女性必须是创业者（可以是独立创业，也可以是创业团队中的核心高管成员）并且已经注册公司；(2) 为了全面识别创业女性的障碍，尽可能选择不同人口特征（如年龄、教育程度、婚姻状况等）、分布在不同行业的访谈样本；(3) 为了提炼女性创业障碍概念模型，选取资料信息更易获取、更为全面的案例进行分析，以保证研究结果的真实性和准确性。基于以上筛选标准，本书中笔者从目前长期跟踪的创业人群中选取15位作为研究对象，其中包括：13名女性创业者、1名上海市女性创业服务机构理事长兼创业导师、1名女性创业者兼创业导师。研究对象基本情况如表4-1所示，考虑到保密性，此处省略研究对象具体姓名。

表4-1 访谈对象基本资料总结

序号	被访者	职位	行业	创业阶段	教育程度	婚育状况
1	杨先生	理事长、创业导师	民非服务	成熟期	硕士	已婚已育
2	凌女士	CEO、创业导师	咨询服务	成长期	硕士	已婚已育
3	邹女士	联合创始人	教育培训	生存期	本科	已婚已育
4	刘女士	总经理	冷链物流	初创期	本科	已婚已育
5	任女士	CEO	文化传媒	生存期	大专	未婚
6	王女士A	总经理	医疗	成长期	本科	已婚已育
7	王女士B	创始人	教育培训	成长期	本科	已婚已育
8	巩女士	联合创始人	文化传媒	成长期	本科	已婚已育
9	付女士	创始人	咨询服务	初创期	硕士	已婚已育
10	潘女士	副总经理	旅游康养	成长期	硕士	已婚已育
11	姚女士	店长	母婴代理	初创期	本科	已婚已育
12	王女士C	副总经理	文创产品	初创期	硕士	未婚
13	周女士	总经理	化工	成长期	本科	未婚
14	唐女士	总经理	消费生活	初创期	硕士	已婚已育
15	崔女士	CEO	医疗健康	初创期	硕士	已婚已育

(三) 资料搜集

为尽可能保证研究的信度与效度，本书研究方法的设计、访谈对象的选取、资料的搜集与整理以及整理后的分析等一系列环节，均严格按照访谈研究的范式进行。在开展实地调研前，制定详细的调研计划，设计可行的研究方案，提前了解受访对象及其企业的大致情况，并对访谈成员进行相关技巧的培训。在实地调研过程中，采用多渠道收集数据资料，具体包括访谈资料、现场观察、新闻报道以及内部资料，通过多方资料进行补充、对比，形成"三角验证"以完善证据链；访谈过程中，为避免重要信息遗漏，在获得对方允许的情况下，利用录音设备对访谈内容进行全面记录。每次访谈结束后，对访谈资料进行及时归纳与整理。

本章以实地访谈获取一手资料为主，以二手资料作为补充。笔者在前期阅读大量文献的基础上，根据所研究目标，设计访谈提纲与结构化问卷，经过团队成员多轮讨论与修改，于2021年3月初完成初稿；再结合预调研经验和调研员的培训，不断对提纲进行修订与完善，最终于3月中旬完成提纲和问卷定型；并于2021年3—7月赴数字经济发达的上海、温州、杭州、深圳四个城市开展深入调研，以每位女性创业者的创业经历为主线进行访谈，每次访谈时间不少于1小时，共访谈61人，访谈内容主要包括：创业经历、各阶段的创业障碍及克服策略、创业支持需求等。根据理论饱和原则，本章选取了其中1名专业从事女性创业服务且经验丰富的理事长和14名创业女性的访谈资料纳入分析。

四 资料分析策略

在确定研究样本后，采用Nvivo12 Plus软件对资料进行编码分析。在初步分析资料的过程中，本章主要借鉴扎根理论中对资料进行编码的思路，依次进行了初级编码和聚焦编码：根据每句或每段的原意用词语或短语进行概括从而完成初级编码；聚焦编码是在初级编码的基础上进行归类处理，分析各个类属的从属关系（蔡莉等，2011；马鸿佳等，2021）。为保证研究的信效度，在严格遵循扎根理论的相关分析步骤的情况下，由本章的两位作者分别对文本材料进行编码，再对存在争议、难以达成一致的编码内容参考相关领域专家的意见进行修改，以避免编码的主观性，保证其客观性和准确性。通过编码识别女性创业障碍后，对案例进行具体分析。

五 访谈研究发现

本章借鉴了扎根理论方法中对数据编码的思路（蔡莉等，2011），对15份访谈材料进行逐步编码分析与提炼。首先，通过"贴标签"形式细致分析访谈者在创业过程中所遇障碍问题，并形成"概念化"语句，对"概念化"语句进行比较与归纳，形成36个副范畴；其次，对副范畴进行理性的概括和抽象化整合，把表述含义属于同一类别并且意思相似的归纳在一起，得出11个主范畴；最后，探索各主范畴之间的动态关系和相互影响过程，与原有理论基础展开理论对话，诠释并进一步完善理论模型。编码过程如表4-2所示。

在材料编码的基础上，首先对主范畴的内涵进行分析。对所有访谈材料进行编码，总共归纳出11个女性创业障碍主范畴："市场障碍""资源障碍""知识技能障碍""创业—家庭冲突""人格特质""生理障碍""认知障碍""行业障碍""社会规范""政策障碍""突发事件"。

主范畴"市场障碍"指企业生存发展中面临的整个营商环境和客源环境阻碍。"市场障碍"包含三个副范畴："缺乏市场""市场竞争大"与"市场开发难"。"缺乏市场"即所经营行业受众范围小、普适性低，导致市场需求量小，缺乏大容量客源环境。"市场竞争大"即同类行业过多且产品同质性强、可替代性强，导致行业竞争激烈，难以抢夺客户资源以获得持续性盈利和扩充性发展。"市场开发难"即所涉及行业有较多诸如政策环境、地理环境等的限制与要求，导致场地安排不易、项目推广和项目落地困难，无法开拓市场促进企业运营。

主范畴"资源障碍"指企业内外部人力、物力、财力等资源的欠缺。"资源障碍"包含五个副范畴："资金障碍""人力资源障碍""社会资源障碍""客源障碍"和"物力资源障碍"。"资金障碍"主要包括初期企业启动资金不足、中期企业运营成本占有量大从而产生资金缺口、后期企业扩大发展面临融资困难三大方面。"人力资源障碍"包括自身工作经验不足导致的自身人力资本欠缺、企业专业人才的缺乏、创业团队的缺失，以及专业指导老师的匮乏等四大方面。"社会资源障碍"一方面来自自身家庭资源不足、人际关系稀疏导致的狭窄社会网络状态；另一方面来自异地创业，原有社会网络无法嵌入现有创业过程导致的势单力薄现状。"客源障碍"包括客户获取量不足以及客户获取难度大两方面。"物力资源障碍"主要体现在运营场地缺失、运营基础设施不足等方面。

表 4-2　　　　　　　　　　　编码过程（示例）

案例材料	编码过程		
	初始范畴	副范畴	主范畴
资金需求挺大的，我本来不缺资金，然后这么弄下来，我的日子过得紧巴巴的，我现在最缺的是资金（a1）……如果当时资金比较充足，我们可以发展得很快，但就因为没有资金，发展比较慢（a2）……我现在课程全部是我自己编写的，还没有得到市场的验证，所以我也不可能在没有一个成熟的课程体系时去广泛地推广，所以它需要一定时间去调整课程内容。（a3）……对我来说可能就是设计的产品上专业的人比较多，那其他方面如商业方面、销售方面都没有专业人才。（a4）……主要面临的问题是目前都是我一个人在弄（a5）……之前工作的老板是老外，然后他没有时间来辅导我；现在自己创业时非常需要经验丰富的人的指导（a6）……在上海创业的，比如说有些人他们是上海本地人，人家在这边有很多学校的资源，可以去学校做讲座，那我们就没有，有些人有公司里面的一些资源，然而我们也没有。（a7）……因为刚开始创业的话可能就是生源，生源是面临的最直白的障碍（a8）……场地的安排给我带来了不少挑战（a9）	a1、a2 缺乏资金 a3 缺乏专业课程设计人才 a4 缺乏专业销售人才 a5 缺乏创业团队 a6 缺乏专业指导老师 a7 缺乏社会网络 a8 缺乏生源 a9 缺乏场地	A1 资金障碍（a1、a2） A2 人力资源障碍（a3、a4、a5、a6） A3 社会资源障碍（a7） A4 客源障碍（a8） A5 物力资源障碍（a9）	AA1 资源障碍

主范畴"知识技能障碍"指创办和运营企业的个人所需创业知识与创业能力的不足。"知识技能障碍"包含九个副范畴:"知识障碍""融资能力""员工管理能力""运营能力""人际关系能力""信息获取能力""市场开发能力""数字化能力""财务技能"。"知识障碍"主要指在开展创业活动过程中,创业者自身未对诸如产品创新、财务管理、企业融资、公司运营等方面的创业知识进行系统的学习和摄取,导致创业过程中专业知识的严重欠缺,进而阻碍创业活动的有效开展。"融资能力"即能够进行多渠道、低成本融资并持续获取长期优质资本的能力。缺乏融资能力将面临资金无法周转、企业无法持续性运营的问题。"员工管理能力"即能对员工进行合适的任务分工、制定合理的奖惩激励制度、与员工进行良好的沟通与协调,以建立良好团队的能力。缺乏员工管理能力会产生员工流失率高、企业内部管理混乱、团队氛围不佳等问题,导致创业活动无法顺利进行。"运营能力"指企业在外部市场环境的约束下,通过内部人力资源和生产资料的配置组合而实现财务目标的能力。运营能力将影响到企业的劳动效率和资金周转速度,劳动效率低下和资金周转速度过慢,对企业整体发展不利。"人际关系能力"是人际感受能力和人际反应能力的结合,包括有效察觉他人感情、思想、动机的能力,与他人建立稳定社会关系的能力,与他人沟通协作的能力等。人际关系能力作为构建个人社会网络的关键要素,其缺失将影响个人社会资源的积累,进而使企业缺少更多发展机会。"信息获取能力"即对信息拥有强烈的获取意愿,并能从多种渠道收集所需信息,有一定的信息敏感度且擅长利用各种信息工具。在数字时代,缺乏信息获取能力将导致信息了解的封闭性和滞后性,不利于市场机会的捕捉与发掘,从而在信息不对称的弱势情况下错失较多发展机会。"市场开发能力"是企业寻找并开拓新市场的能力,如何预测市场需求、做足营销策略、提高市场竞争力是市场开发能力的主要内容,缺乏此种核心能力将限制企业营销渠道的开拓和更多潜在市场的挖掘,不利于企业长足发展。"数字化能力"是数字化时代所具备的熟练运用数字技术,如大数据、人工智能等进行学习、创新、创造财富的一定技能。随着全球化4.0与数字经济时代的到来,学习数字化知识并促使企业数字化转型,才能使企业的运营达到事半功倍的效果,获取收益的同时增加市场竞争力。"财务技能"即进行经费预算、财务核算、制作财务报表以及制定财务规划的能力。缺乏财务技能容易导致企业资金流通不畅、管理薄弱,造成企业资金流失。

主范畴"创业—家庭冲突"作为工作—家庭冲突在创业环境中的具体体现,指的是个体在创业活动和家庭生活中的角色扮演之间难以实现有效平衡,从而导致的角色冲突现象。"创业—家庭冲突"源于"工作—家庭"冲突的相关研究,最初 Netemeyer(1996)将"工作—家庭冲突"划分为两个维度,即"工作干扰家庭"和"家庭干扰工作"。以此作为基础,之后的研究具体细化到对创业者"创业—家庭冲突"的研究,同样将其分为"创业干扰家庭"和"家庭干扰创业"两个维度。因此,主范畴"创业—家庭冲突"包含两个副范畴:"创业干扰家庭"和"家庭干扰创业"。"创业干扰家庭"即与创业有关的活动对家庭事务产生影响,导致因创业无法开展家庭活动或履行家庭职责。"家庭干扰创业"即与家庭有关的活动对创业产生影响,导致因家庭事务无法开展创业活动,耽误事业进度。两个副范畴诠释了创业者在创业和家庭间二者角色的冲突,而角色间冲突主要体现在时间上的冲突、压力上的冲突以及行为上的冲突三大方面。对女性创业者而言,其身为女性的特殊性和母职的天性意味着"创业—家庭冲突"将是其面临的主要创业障碍之一。

主范畴"人格特质"指个体以生理为基础所表现出的相对稳定不变的性格特征。在调研访谈中,大多女性创业者所提到的感性与情绪化的个人特质成为她们创业过程中的一大阻碍。因此,根据文本材料提炼,"人格特质"包含两个副范畴:"情绪型创业"和"感性创业"。"情绪型创业"包括创业者缺乏明确创业目标、创业随意性强、创业态度不坚决三方面。在没有确切创业目标和创业方向的情况下,盲目根据自身现存需求或狂热追随"风口"而开展创业活动,导致企业夭折或连续性转行的情况时有出现。"感性创业"包括过于注重情怀、易于轻信他人、决策不理性三方面。女性创业者在创业过程中过于强调情怀和社会价值,而忽视企业的营利性和可持续发展需求。同时,女性创业者过于注重情感,较难在理性思考后做出决策,在创业过程中易于受骗,徒增创业失败风险。

主范畴"生理障碍"指身体机能受损或健康水平受到影响的不良身

体状态。"生理障碍"包含两个副范畴："身体健康水平下降"和"生理期情绪化"。"身体健康水平下降"主要体现在女性完成生育后产生的身体变化，如体态臃肿，肤色发黄、妊娠纹，腰酸背痛等身体机能下降的不良影响，身体上的虚弱和体力不支很难支撑其以往长时间的工作活动和工作强度，身体负荷程度的下降对创业活动有一定影响。而"生理期情绪化"主要体现在女性生理期由于激素分泌导致的经期腹痛、疲惫嗜睡以及情绪不稳等现象，这种周期性不适感造成身体状态欠缺，从而在一定程度上影响当时的创业行为。

主范畴"认知障碍"指在全面自我认知或有效社会感知方面存在不足。"认知障碍"包含两个副范畴："自我认知障碍"和"创业政策感知障碍"。"自我认知障碍"主要指个人在对自我进行洞察和理解时，无法客观地认识和评价自我，产生一种认知偏差，活在自我的世界里，进而影响自己和社会环境的匹配程度，可能导致无法拥抱环境改变、时代发展等问题出现。"创业政策感知障碍"则是对现有创业扶持政策的敏锐度弱，不去主动了解现有的创业政策，从而错失有效资源的获取和企业发展的机会。

主范畴"行业障碍"指囿于行业自身特性或行业规范程度等对创业造成的不利阻碍。"行业障碍"包含三个副范畴："行业特性""行业氛围"和"行业壁垒"。"行业特性"即所属行业的本质属性带来的不可控影响，如心理咨询行业自身就存在时间成本高、服务对象有限、行业规范性弱、品牌效应慢等特性，导致行业发展见效慢，相较于其他行业而言不能在短期获取较高收益。"行业氛围"即所属行业受整个市场环境和社会观念的影响，导致行业整体内外部氛围不强烈或变味。如由于社会背景和文化理念发展的不一致，相比较发达国家，发展中国家对服务咨询类行业不甚了解且付费意识薄弱，使得行业整体外部氛围并不浓烈。"行业壁垒"则是针对大多数创业女性而言，其在技术类行业涉猎狭窄，大多集中于美妆、护肤、教育、服装等传统行业，而大数据、人工智能、工业化等技术性领域，女性占比过少，导致女性创业者可选择性少、行业壁垒明显。

主范畴"社会规范"指特定国家个体所持有的价值观、信念等，也是个体社会行为的价值标准（郑馨、周先波，2018）。"社会规范"

包含三个副范畴："刻板印象""性别歧视"和"传统观念"。在传统社会制度安排和社会经济文化长期积淀过程中产生了既定的性别角色定位和性别角色期望，即"男主外女主内""男性是独立的、刚强的、理性的，女性是从属的、柔弱的、感性的""男人以社会为中心，女人以家庭为中心"。根深蒂固的传统性别观念一直影响着当下人们的思想，导致对女性刻板印象的产生，更多体现在"负面刻板印象"方面，因"女性"二字为女性烙上"娇柔、胆小、过于感性、能力不足"等负面标签。同时，存在来自领导、同事、合作者甚至家人、朋友对女性创业者的"性别歧视"，认为女性天生柔弱，没有承担风险的能力、没有远见卓识、更没有做出一番事业的能力，导致女性在工作和生活中遭受并不公正平等的待遇。在这样的社会规范影响下，女性自身也内化了传统性别角色对自己的定位，并对"女性始终应以家庭为中心"产生认同感，将自己禁锢在"传统观念"的角色中，限制其创新能力的发挥。

主范畴"政策障碍"指国家创业扶持政策的欠缺和不足。"政策障碍"包含两个副范畴："政策门槛高"和"政策支持力度不够"。"政策门槛高"主要体现于对中小企业相应政策的支持上，由于申领条件无法达到规定要求、申请难度大，导致空有政策也无法得到实际支持。"政策支持力度不够"主要体现在诸如信用贷款上，进行信用贷款申请时，贷款利率过高，政策支持力度不够，将会把少数暂时无偿还能力的企业拒之门外，达不到政策支持效果。

主范畴"突发事件"指突然发生的、可能会造成严重社会危害，需要采取紧急措施予以应对的自然灾害、公共卫生事件或社会安全事件等。此次访谈中，"突发事件"主要指"突发公共卫生事件"这一副范畴，即突如其来的新冠疫情。这一突发事件危及全国经济的整体流通与运转。全国产业链、供应链等受到影响，尤其是传统服务业、酒店旅游业等实体经济体更是受到严重冲击，多数企业营收呈直线式下降，直接导致少数企业破产、多数企业重大亏损，至今仍处于艰难运营状态，营业收入大不如前。将所有障碍进行归纳整理，如表4-3所示。

表 4-3 女性创业障碍汇总

聚焦编码	所属主题
资金障碍；人力资源障碍；社会资源障碍；客源障碍；物力资源障碍	资源障碍
缺乏市场；市场竞争大；市场开发难	市场障碍
知识障碍；融资能力；员工管理能力；运营能力；人际关系能力；信息获取能力；市场开发能力；数字化能力；财务技能	知识技能障碍
创业干扰家庭；家庭干扰创业	创业—家庭冲突
情绪型创业；感性创业	人格特质
身体健康水平下降；生理期情绪化	生理障碍
自我认知障碍；创业政策感知障碍	认知障碍
行业特性；行业氛围；行业壁垒	行业障碍
性别歧视；刻板印象；传统观念	社会规范
政策门槛高；政策支持力度不够	政策障碍
突发公共卫生事件	突发事件

六 基于访谈案例的 7M 模型的构建

本章基于"5M"创业性别意识框架理论，在对访谈案例进行分析的基础上，结合中国情境全面探究数字时代女性创业障碍，通过理论对话，进一步对"5M"模型做出详细诠释和理论创新，并构建了关于女性创业障碍的"7M"模型。

根据访谈文本材料分析，女性创业最核心障碍仍源于"母性"角色，这与"5M"模型的内核"母性"相吻合，即"母性"是女性企业家家庭和家庭背景的隐喻，对女性的影响往往大于男性。本章在"5M"基础上，深入探寻由"母性"角色带来的"母职"责任，以更具体和贴合实际的概念定义女性创业者核心障碍——"母职文化"。而主范畴"创业—家庭冲突"和"生理障碍"完全符合"母职文化"的女性创业障碍范畴，因此，两个主范畴从属"7M"模型内核——"母职文化"。市场障碍、资金障碍以及管理能力障碍是经过文本分析和专家论证得出的创业三大障碍，这与"5M"模型中女性创业三大要素相吻合，即"市场""资金"和"管理"。而本书发现"融资能力、数字化能力、人际关系能力、信息获取能力、管理知识基础"等仍属于女性开展创业活动的重要能力障碍。因此,"7M"模型中,女性创业三大主流障碍应是"市场""资金"和"知识与技能"。中观环境是指区域性的,支持服务、倡议创业的机构、组织或协会,可以包括行业。本书将主范畴"资源障碍"和"行业障碍"归于"7M"模型的中观环境。中观环境将在女性获得金融资本、社会资本等方面发挥重要作用,所属行业类型和特性也会对其产生有利或不利的创业影响。由于"资金障碍"是三大主障碍之一,虽然其属于"社会资源"范畴,但仍将其独立出来,显示其障碍关键性。"5M"模型对宏观环境的定义是指国家层面的政策、文化、法律和经济,本书参照"5M"对宏观环境的定义,将主范畴"政策障碍""社会规范"以及"突发事件"归于"7M"模型中的宏观环境。除此之外,本章调研结果持续探索出"人格特质"与"认知障碍"对女性创业的不利影响,两者属于个人层面的微观范畴,因此,"7M"模型提出了微观环境这一层面对女性创业活动产生的影响。

综上所述,本章将11种女性创业障碍同"5M"理论模型展开理论对话,在此基础上对障碍进行合并归纳,构建出新的"女性创业障碍7M"框架,即"母职、市场、资金、知识与技能、微观、中观、宏观"七大女性创业障碍,如图4-2所示。

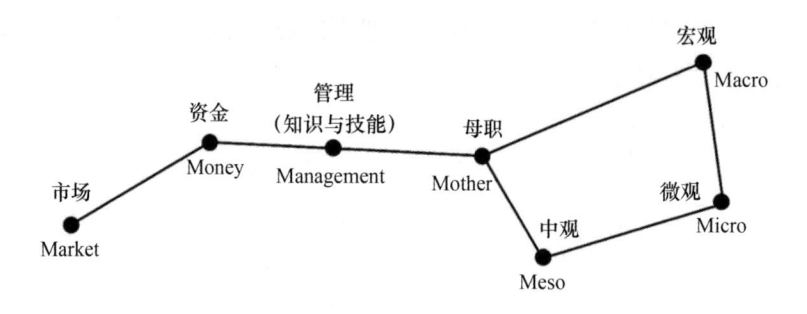

图4-2 女性创业障碍7M理论模型

七 访谈具体举例分析

(一)中国特色的母职文化

早在1996年,美国女性社会学家便提出"密集型母职"概念,她指出母爱与母亲对家庭的付出这种人类最伟大的感情,在以金钱衡量一切的资本主义社会中,无法获得应有的社会地位。这种无私的付出与爱在社会的进程中被忽视和边缘化,最终内化成女性应该承担的"天职"。

而母职是在社会制度和文化环境双重作用影响下形成的社会建构的概念,其深层含义具有鲜明的本土特性和动态性。纵观中国进入现代化社会的近一百年,每次的重大转型阶段无不伴随着对女性母职的社会建构过程。从儒家社会向现代化社会过渡的初始阶段谈起,一方面保留了"女主内"的家庭职责分配,另一方面赋予了女性受教育权和独有的"带薪休假"等劳动保护制度。从此,母职模式的雏形——"无酬家庭劳动为主,有酬生产劳动为辅"逐渐形成(王向贤,2017)。计划经济时期,女性在外的生产劳动得到国家与社会的支持,从而取得一定的自我价值和成就感,但随之而来的家庭内部事务劳动,如缝衣、做饭等无酬家务持续增多,女性成为家庭内部责任主要承担者(金一虹,2013)。正如宋少鹏学者而言:"这是国家为快速实现工业化而有意识将性别化分工编织进大生产体制的结果"(宋少鹏,2011),这导致女性职责的双重加码,成为"工作母亲"。直至市场化经济时期,女性不仅成为家庭内部的"廉价劳动力",在市场中也被赋予"次级劳动力"标签。尤其改革开放后,社会不仅提高对母亲抚养孩子的要求,在教育领域也向母亲施加巨大压力,母亲在抚育孩子过程中遭受主流媒体与专家话语的持续挤压(陶艳兰,2016)。整个父权制体系以各种间接形式对"工作母亲"全方面施压。职场中,性别—婚姻—生育成为潜在的用人标准,女性交上了"性别税"、母亲交上了"母职税",女性遭到就业歧视、工作中断、薪酬不平等以及"玻璃天花板效应"等"母职惩罚"(杨菊华,2019)。在家庭生活中,不平等的性别分工加剧了职场母亲的身心负担。她们在家庭与工作角色之间的频繁切换,使得家庭与工作之间的冲突日益加剧,特别是在创业领域,女性对此的体验尤为深刻。因此,国家制度政策的转变、私领域和公领域的相互嵌套导致中国母职加码,"经纪人式"的母职便是"密集母职"的中国化本土表现(杨可,2018)。

在努力符合传统性别角色期望——即女性应主要负责家庭内部事务的同时,女性还必须履行现代社会对她们的职业角色要求。这种双重角色的承担,使得她们面临来自工作和家庭的更大压力,进而导致她们经历的工作与家庭冲突比男性更为严重（刘三明等，2013）。工作与家庭之间的冲突不仅影响了女性对工作的看法和工作表现，而且对她们的身心健康也产生了负面影响（邓子鹃、林仲华，2012）。访谈中的小美提到："女性一旦成了家庭，有了孩子以后，重心肯定会发生偏移的，那肯定就是鱼和熊掌不能兼得，总归要放弃一些东西"。小巩也提到："因为创业的事情导致投入家庭的精力也比较少一点，确实会有失衡的地方"，因此，大多数女性创业者一直面临着创业与家庭间的角色冲突，她们仍在努力寻找能使两者间达到平衡的那杆"天秤"。同时，成为母亲带来的不仅是照顾孩子的辛苦职责，更存在对健康产生影响的生理问题，正如访谈中的小付所言："像健康这方面，生孩子以后，我身体就不如以前那么好了。以前可能随便加个班熬个夜都没啥，现在已经不太可能做到了。"母职的存在是女性创业者将面临的核心障碍，她们将一直在如何平衡事业与家庭间摸爬滚打，急需家人以及社会的帮助与支持。

（二）市场、资金与管理

市场、资金和管理是任何企业的核心基础，是商业可行性的三个基本构建块（Bates et al.，2007）。市场是前提，确定目标市场和市场需求，才能有目标客户群体作为企业收益来源；资金是地基，一切创业活动的开展均需要充足的资金进行人力、物力等的合理安排和配置；管理是保障，企业的运营离不开正规的、专业化的经营知识和程序化管理。这三大创业要素是获得企业效益的重要源头，缺一不可。然而，在实际创业活动过程中，女性创业者仍面临三大障碍。小邹提到自己的项目："对于国内来说还是一个新兴领域，而且受众范围非常小"，小张认为自己行业："虽然说利润比较大，但是竞争也比较激烈"。同时，大家反映强烈的都是资金问题，例如："障碍还是资金方面，因为我们做的项目它是需要一轮融资，二轮融资，资金需求挺大的，我本来不缺资金，然后这么弄下来，我就日子过得紧巴巴的，我现在最缺的是资金"。在知识技能方面，小王等创业者提到："我最大的问题就是人员管理""我自己在经营企业中有很多短板，涉及一个全盘操作的项目时，对我能力来说是个很大的考验"；尤其在数字化能力方面，大家都处于懵懂状态："现在我们有自己的公众号、小程序商城等，但我对这方面还是没有很通透，关于小程序运营使用这些都不是很清楚""我们有弄线上店，从线上买家变成了卖家，但对线上运营、平台的规矩，还有如何合理利用这个平台市场，这都是我的一个盲点。"虽然大多女性创业者拥有数字化平台，但缺乏足够的数字应用知识与能力，无法完全发挥数字化优势为企业赋能。基于此，女性在创业过程中仍面临着三大创业障碍，需要采取如市场调查、合理贷款、系统性学习等方式弥补弱势，使创业活动能顺利进行。

（三）微观层面障碍：个人特质与认知障碍

基于文献和访谈文本，本书的微观环境为影响女性创业活动的个体因素，"人格特质"与"认知障碍"是创业女性微观层面障碍。"人格特质"是个体稳定且不易改变的一种心理特征，而个体在不同时间或情境下表现出的这种心理特质将会决定个人不同的思考方式和行为方式（Zimbardo et al.，2000）。已有研究表明，不同人格特质对创业者学习过程会产生不同影响，从而显著影响其创业绩效（罗明忠、陈明，2014）。而个体的心理认知对激发创业意愿并有效开展创业活动同样起着不可或缺的作用。对女性创业者而言，由生理结构引起的偏情绪性、感性的个人特质成为其创业的一大阻碍。如：小邹过于注重情怀式创业，直言："投了大概 300 多万，也没有说一定要在一个明确的时间一定要回本，因为我们对这个项目有一种情怀"，而小凌懊恼地说："我当时脑子很发热，我和一个认知完全不和我同一水平上的人，我给了他 5% 的股份，没有收任何钱，因为我就想着朋友嘛"，在创业初期便惨遭"好友"欺骗，友情事业双重打击。在认知方面，小安提到自己："自我认识上存在不足，不会去拥抱改变"，存在自我认知障碍；小姚说道："对创业的政策方面了解不多，很多东西真的不清楚"，政策感知较弱。总的来说，女性创业者受制于自身过多感性特质和认知不足的影响，在创业的道路上会经历更多挫折并错失较多机会。

（四）中观层面障碍：资源障碍与行业障碍

中观环境是基于一定组织、机构、协会或职业网络，能够帮助女性建立个人庞大的社会网络，以促使其社会资本累积，带动企业可持续发展。资源障碍和行业障碍是女性创业过程中面临的中观层面障碍。依赖关系网络获取资源，集聚社会资源池，不仅能降低创业活动的不确定性，也能为持续创业提供有效保障（杨俊等，2014）。而在实际创业过程中，小司说道："对我来说就产品设计专业人士比较多，那其他方面如商业方面、销售方面都没有",缺乏专业人才资源;小刘提到:"主要面临的问题是都是我一个人在弄",缺乏团队资源;小付坦言:"在上海创业,比如有些人是上海本地人,他们在这边有很多学校的资源,可以去学校做讲座,那我们就没有……其实是比较势单力薄的",创业缺乏人脉。因此,大多女性创业者目前在专业人才、专业团队以及客户资源等人力物力的积累上都存在困难,无法扩充人脉关系,建构足以推动企业发展的社会网络体系。另外,隶属于中观环境的行业性质会根据形象和职业进行性别划分,使女性或多或少难以进入某些商业领域(Blau et al.,2017)。正如小凌所言:"女性创业障碍和行业很有关系,女性天生可能对一些非技术类行业是有优势的,但在技术类涉及信息化、大数据、人工智能等,她其实是很有劣势的",大多女性不适合技术性领域,受到专业限制,创业存在行业局限性。同时,某些行业的不良氛围和随意性也成为阻碍力量,小付提道:"咱们市场本身是比较良莠不齐的,也就是说这个行业其实它是比较不规范的",身为设计师的小司也感同身受:"在国内多数人不会为你的独创性买单,不注重原创性,所以独立设计师的发展也比较艰难。"

(五) 宏观层面障碍:社会规范、政策障碍与突发事件

宏观环境涵盖国家层级的政治制度、经济、文化、法律以及突发性危机事件等内容。社会规范、政策障碍与突发事件是女性创业过程中面临的宏观层面障碍。有学者基于制度理论,将宏观层面的制度环境分成正式制度与非正式制度,正式制度包括政治经济体系,非正式制度包括文化、社会规范等(Welter,2011),且正式制度因素与非正式制度环境均对创业活动产生显著性影响(Hoogendoorn,2016)。企业始终在整个社会大背景的影响下生存与发展,有时会享受制度优势带来的良好效益,有时会遭受制度劣势形成的强烈阻碍。从创业政策上看,小李提到:"对于落实的创业扶持政策,自己企业达不到政府的一些门槛……通过信用贷款,那么信用贷款利率是偏高的",政策上的门槛过高和支持力度不足阻碍了企业,尤其是亟待扶持的小微企业的生存与发展;社会规范方面,主要体现在父权制文化影响下整个社会对女性赋予的传统性别角色和性别歧视现象,在这一点上,小张记忆深刻:"我的家里,父母就是非常重男轻女的……我之前的丈夫也是传统观念,他要自己发展,明面上就说

家里总要牺牲一个,他要牺牲你",在得不到家人支持的情况下,担负着一人照顾孩子并独立累积资本创办企业的双重压力,小张举步维艰。小曾也直言:"一些客户资源上,有些人选合作方就不会选老板是女的,对方会觉得同样行业的,男的做事更可信。"即使社会经济不断向前发展,但传统性别观念仍将女性束缚于家庭,遏制其创新创业潜能的发挥,阻碍着女性创业活动的开展。除此之外,2020年突发的公共卫生危机事件——新冠疫情,对全国乃至全球经济造成了巨大冲击和影响。尤其做教育行业的小巩感同身受:"教育行业受疫情影响比较大,疫情之后,公司盈利比之前是差了很多",以及开实体店的小美也提到:"中期的时候因为疫情,其实在2020年的大半年时间基本上处于停业状态"。直至今日,仍有不少企业遭受重创,在尽最大努力弥补企业损失,艰难维持企业运营。

第三节 数字时代女性创业者创业障碍破除初探

一 数字时代下女性创业者创业背景

（一）数字时代中国创业现状

数字创业基于数字技术的传播和互联网基础设施的普遍存在创造了新的创业可能性和新的创业形势（Martinez et al., 2018）。中国数字创业活动呈指数级增长。如《中国互联网发展报告2020》显示,全国数字经济增加值规模达35.8万亿元,数字经济占GDP比重超过36%,中国成为全球第二大数字经济体,数字经济已经成为中国社会经济增长的新引擎。在国家"互联网+"政策背景下,创业已然成为女性追求经济独立和财务自由的重要路径。据《中国性别平等与妇女发展状况》白皮书数据,2005—2015年中国女性创业者比例从20%上升至25%。电商平台数据显示,目前新品牌女老板占比已达40%。中国女性企业家占据了目前全球女企业家总数量的1/4左右。中国制造业和互联网电商的发展大幅降低了创业门槛,缩小了男女性创业的鸿沟。以云计算、大数据、人工智能、物联网、5G移动互联为代表的新一轮信息技术正加速经济、社会及公共服务的数字化转型,不断冲击传统的创业理论,改变了女性创业过程中遇到的各种现实障碍。

(二) 数字化对创业的影响

数字化时代的到来，使中国以及世界范围内的经济蓬勃发展。它不但改变了人们的生活方式，也改变了企业传统的生产和经营方式。在数字化这样一个动态的背景下，创业是一项复杂的实践。虽然数字技术作为创业企业的基础越来越普遍，但在数字化、智能化快速发展的时代，数字技术在加快了社会变革步伐的同时，也导致许多行业发生重大变革（Ghezzi et al., 2015）。一方面，数字技术的范围和特征不断变化使得数字创业过程具有高度流动性，跨越了创业活动的时间和空间距离，提供了创业潜力（Nambisan，2017）；另一方面，数字创业的流动性带来的不可预测性和不确定性，使创业者面临更大的风险，需要根据新出现的机遇和不断变化的风险不断重新评估自己的模式（Ojala，2016）。数字时代中国创业方面发生的变化表现在：首先，关系运作的外部环境发生了根本性变化；其次，数字创业创造了不同的商业动力，创业相关的挑战过程和结果带有很大的不确定性；最后，数字时代的到来助长了国内激烈的竞争环境。因此，数字技术不仅是创业活动的推动者，也为创业活动带来新的威胁与障碍。

(三) 数字化对女性创业促进机制

前已述及，互联网的使用，使女性在人力资本、社会网络、性别平等意识、电子商务活动等方面得到有效提升，进而有利于促进女性创业行为。互联网所提供的高质量、高速度和低成本的通信和交易优势使得创业对于资源有限的个人成为可能（吴磊等，2021）。数字化的发展，使提升个人人力资本成为可能。人力资本是个人进行创业活动的关键资源，数字化时代为创业者提升知识和技能打破了时间和空间的限制。在过去，女性更多地处于家庭和社区网络里，数字化的发展为女性提供更多了解社会与接触社会的机会，拓宽了女性的社会网络和社会资源。社会资本是进行创业活动的关键，是创业资源和信息获得的重要因素（吴磊等，2021）。得益于数字技术的迅猛发展，数字资源、数字平台等基础设施推动着企业数字化的发展（程宣梅等，2022），这也意味着女性创业者有更多的资源可以整合利用、有更多的市场机遇可以抓取。个人所拥有的社会资本越多，就意味着能获取更多的创业资源，更容易通过网络识别创业机会。数字化时代知识具有易获得性，为创业者创业学习提供了丰富的渠道和资源，信息资源传播速度和广度也大幅提升。伴随着数字时代和知识经济时代的发展，社会观念也有很大的改观，性别平等意识增强，也大大增加了女性参与创业的机会与资源，打破了创业过程不同阶段之间的界限。

二　数字时代下女性创业者创业障碍破除初探

综合相关研究发现，数字经济时代在促进女性创业方面需要全社会共同努力。第一，政府要积极设立女性创业扶持项目和政策，为女性创业过程中遇到的资金和政策等障碍扫清道路。第二，家庭的支持是女性创业者最坚实的后盾，作为女性创业者的家人，应积极支持、理解、配合女性的创业活动，主动分担女性的家庭角色和事务，给予女性充分的创业空间。第三，在中国现有的社会背景下，支持并促进女性创业不仅有利于经济发展，也有助于社会稳定。社会层面应积极为女性创业者塑造创业环境，并给予理解和支持。拓宽女性创业市场，为女性创业者提供便利的创业平台。第四，女性创业者往往面临资金不足的情况，因此政府、银行、信贷等相关机构可以给予女性适当的融资政策倾斜以促进女性开展创业活动。女性创业者自身也应该积极加强企业实力，增加信贷机构的信任度，主动拓宽社会网络沟通。第五，女性创业者应主动构建个人的社会关系网络，行业协会也应积极组织企业家交流会，为女性创业者创造社会关系积累的机会。

第四节　本章小结

本章基于"5M"性别意识框架，运用访谈研究，遵循从原始材料中进行开放性编码与提炼的扎根思想，并通过饱和度检验，全面识别了中国女性创业面临的 11 种关键障碍，进而构建了"女性创业障碍 7M"本土理论模型。

本章的理论贡献主要体现在两个方面：首先，丰富了女性创业领域的研究成果。目前国内学者对女性创业障碍的研究还处于初步探索阶段，大多集中于研究女性创业某一障碍，或围绕某一障碍要素分析对女性创业行为的影响，缺乏本土化女性创业障碍系统识别。本章系统识别了数字时代中国女性创业障碍因素，在一定程度上为推动相关研究的体系化和纵深化提供理论基础，进而推动女性创业研究的进展。其次，丰富和补充了女性创业理论研究。现有文献对女性创业的研究主要基于传统的男性创业规范，相对缺乏以女性视角为主的创业理论。本书构建的"7M"本土化理论，充分考虑到女性创业者天生的"母性"角色和社会角色，丰富和拓展了国外"5M"理论的内容及应用范围。

本章的研究结论对如何缓解女性创业障碍，以激发中国广大创业女性活力，推动女性创业实践蓬勃发展具有重要的启示意义。综上所述，根据本书构建的女性创业障碍"7M"理论，需从微观、中观、宏观三个层面采取一定措施破除创业障碍。

第一，从微观层面来看，首先，女性创业者在创业过程中应充分挖掘和发挥女性善于沟通交流、共享信息、平易近人等正面特质，将这些"女性特质"嵌入其管理模式中，同时培养理性思维，尽量避免过于情绪化、感性等负面特质；其次，女性应理性化看待自身的母性角色，想要真正获得解放和平等的权利，需要女性挣脱传统观念的束缚和母职文化引起的苛刻自我要求，学会给身边的家人赋能，让其积极参与到培育孩子和照顾家庭的责任之中，减轻自身双重压力的同时构建平等和谐的性别关系；最后，随着数字化进程席卷社会各个领域，女性创业者应主动学习，不断提高其创业技能，积极融入数字化进程，提高自身及企业数字化能力，从而推动企业数字化转型。

第二，从中观层面来看，女性创业障碍与其所处行业密切相关。虽然有学者认为女性应该根据自身模糊容忍性低、风险承受力小（Powell & Ansic，1997）的特征选择相关行业创业，女性创业者本身也更倾向于进入较低门槛的行业（Danis & Smith，2012），但这些行业本身就缺乏创业前景，存在结构性障碍；因此，女性应该扩大行业选择范围，敢于选择前景好的新兴行业；同时，相关行业也应该降低其进入壁垒，营造公平竞争的氛围；另外，社会也应该完善对女性创业的支撑体系，建立区域性女性创业服务机构给予女性创业指导。

第三，从宏观层面来看，女性的母性和社会"双重角色"使女性创业者须承担"双重责任"，导致创业与家庭的冲突，二者难以平衡。创业者应该合理处理家庭和创业不同角色间的关系以减少角色间的冲突。另外,受"男主外,女主内"的传统观念影响,现有社会规范对女性的刻板印象让女性背负了太多角色压力,为支持更多女性创业,应该创造宽松平等的性别角色环境,大力宣传女性创业成功的案例,为女性树立创业榜样,减少对女性传统性别角色的过度渲染,以激发女性创业活力。

第 五 章

数字时代女性创业障碍构成要素的实证研究

在第四章访谈研究的基础上，本章继续基于问卷调查回收的数据，采用结构方程模型对数字时代女性创业障碍构成要素进行量化实证研究，定性和定量相结合进一步深入剖析女性创业障碍。

第一节　变量的定义和测量

一　数字技能的定义和测量

数字技能是知识社会中与数字技术发展和公民政治目标和期望相关的一个不断发展的概念。它是一个相对较新的术语，目前还没有明确的定义。它首先出现在与政策有关的文件和论文中。在先前的研究中，它已经被使用，并与数字读写技能相联系。本章参考Ilomäki（2014）对数字技能内涵的阐述，创新性地设计了数字技能的测量量表，包括"碎片化学习""快速学习"和"终身学习"3个题项。

二　心理资本的定义和测量

心理资本是指个人在成长和发展过程中形成的自我效能（Luthans et al., 2006），它体现为一种积极的心理特质，包括希望、自信、坚韧不拔和乐观主义（Avey et al., 2010）。故本书根据Luthans（2004）对积极心理资本内涵和维度的阐述，并借鉴Mao（2020）的测量量表设计，开发了包含四个条目的量表，如："我认为我能够获得成功"。

三 机会识别与开发的定义和测量

机会识别和机会开发是创业过程中的核心要素（Maran et al., 2021）。机会识别可以帮助创业者解决信息不对称问题，实现资源的充分利用以及创造性地满足市场需求的目标，进而提升企业绩效（Mostafiz & Goh, 2018）。机会开发能够使创业者有效地整合和利用企业内外的资源，以实现创业目标。这一过程有助于企业在竞争激烈的市场环境中维持其竞争优势，进而提升创业成果（Benitez et al., 2018）。

本书根据 Ardichvili（2003）对创业机会识别与开发的阐述，将创业机会识别、创业机会开发归为机会识别与开发。创业机会识别采用 Asante 和 Affum-Osei（2019）开发的量表；创业机会开发采用 Chen 和 Liu（2020）编制的量表，包括6个题项，如："我能够准确预测市场前景"。

四 创业团队异质性的定义和测量

创业团队是由一群志同道合的创业者组成的集体，他们共同追求创业目标，参与新企业的创立或管理过程。这个团队共同面对风险，分享成果，并为团队的整体表现和企业的长远发展承担责任（Harper, 2008）。创业团队的异质性指的是团队成员在诸如年龄、性别、教育背景、工作经历、认知理念、价值观念等多个维度上所展现的差异性（Pelled, 1996）。不同学者对创业团队异质性有不同分类，创业团队异质性可分为功能性异质性和社会性异质性（Jackson et al., 2003），也可分为表层异质性和深层异质性（Harrison et al., 1998）等。表层异质性较为直观，它主要体现在团队成员的年龄、性别、种族等显而易见的属性上；而深层异质性则更为内在，它涉及团队成员的工作经验、专业技能、教育背景等认知层面的差异。

根据 Hambrick 和 Mason（1984）高阶理论，高层管理团队异质性可以直接对创业者进行测量，故本书借鉴 Zimmerman（2008）高层管理团队异质性的量表测量创业团队异质性，具体包括"技能异质性""教育异质性"和"职业经验异质性"。

五 创业—家庭冲突的定义和测量

本书借鉴 Netemeyer 等（1996）开发的量表，并在此基础上进一步细化，形成了包含六个条目的量表，如："我的创业要求干扰了我的家庭和家庭生活"。

六 性别刻板印象的定义和测量

性别刻板印象是社会普遍对男性和女性应具备的典型特征和行为的一种固定看法，这种观念可能会影响人们对个体职业表现的评价（Broverman et al., 1972）。性别刻板印象指的是社会对男性和女性应具备特质和行为的固定信念和期望（Gupta et al., 2013），这些信念描绘了对男性和女性角色在社会中的不同期望和形象（Wood & Eagly, 2002）。女性通常被描述为关心、支持、善良或富有表现力，而男性则通常被视为独立、勇敢、好斗或自主（Gupta et al., 2009）。

本书根据 Gupta（2013）和 Liñán（2020）对性别刻板印象内涵的阐述，我们改编了 GEM 的测量量表，包括3个题项，例如："由于是女性，人们认为我的能力较差"。

第二节 研究方法

一 数据搜集

前已述及，此调查根据国家统计局对中国经济区域（东部、中部、西部、东北）的划分，基于便利性原则，在四大区域内抽取女性创业者（企业创始人或联合创始人）。由于受疫情的影响，调研人员通过各地女企业家协会、女性创业机构以及被调研者介绍"滚雪球"抽样方式，采用线上、线下相结合方法开展问卷调研。

调研时间为 2021 年 5—12 月，同时为了寻求可靠的信息，问卷明确保证保密。此次调研共发放 600 份调查问卷，回收问卷 580 份，回收率为 96.67%。剔除废卷 22 份，剔除废卷的标准为：（1）没有选择设置的指定选项；（2）回答时间过短；（3）90% 以上选了同一个答案；（4）1/3 以上题目没有填答。最后剩余 558 份有效问卷，有效回收率为 96.21%。

二 问卷的整理与统计

对于收集的数据,本书将在检验信度与效度的基础上,进行探索性因子分析、验证性因子分析、相关性分析及方差分析。本章所使用的统计分析软件为 SPSS26.0、AMOS24.0。具体方法如下:

(一)探索性因子分析

因子分析的方法有两类:一类是探索性因子分析,另一类是验证性因子分析。探索性因子分析是研究从变量群中提取共性因子的统计技术,最早由英国心理学家 C. E. 斯皮尔曼提出。因子分析可在许多变量中找出隐藏的具有代表性的因子。将相同本质的变量归入一个因子,可减少变量的数目,还可检验变量间关系的假设(黄扬杰,2014)。探索性因子分析不事先假定因子与测度项之间的关系,而让数据"自己说话"。但探索性因子分析既可用于在未知理论构思的情况下探讨测量的理论结构,又可在理论构思驱动下优化测量。

(二)验证性因子分析

验证性因子分析假定因子与测度项的关系是部分知道的,即哪个测度项对应于哪个因子,虽然我们尚且不知道具体的系数(吴明隆,2010)。验证性因子分析模型被归类于一般结构方程模型或共变结构模型之中,允许反映与解释潜在变量,它和一系列的线性方程相连接。与探索性因子分析相比,验证性因子分析模型较为复杂,但两种模型的基本目标是相似的,皆在解释观察变量间的相关或共变关系,但验证性因子偏重检验假定的观察变量与假定的潜在变量间的关系。

第三节 实证分析结果

一 量表信度和效度检验

(一)信度检验

Churchill 于 1979 年发表了有关信度如何验证的文章后,其方法被广泛应用,后来又有学者对他的方法作了进一步的讨论,对使用中应注意的事项作出说明(范柏乃、蓝志勇,2018;Churchill,1979)。信度检验的方法是,计算各测量项的校正的项总计相关性,即 CITC,其值若小于

0.5 则删去指标；同时计算克朗巴哈 α 系数，若 α 系数≥0.7，说明指标可靠性是可以接受的。但不同的学者对 α 系数的界限值有不同的看法，有学者认为，在基础研究中克朗巴哈 α 系数要大于等于 0.8 才能接受，在探索研究中克朗巴哈 α 系数则至少应达到 0.7 才能接受，而在实务研究中，克朗巴哈 α 系数只需超过 0.6 即可。对于本书的整体量表，一般经验上，如果克朗巴哈系数 α≥0.9，则认为量表的内在信度很高；如果 0.9＞α≥0.8，则认为内在信度是可以接受的；如果 0.8＞α≥0.7，则认为量表设计存在一定问题，但仍有一定的参考价值；如果 α＜0.7，则认为量表设计存在很大的问题，应考虑重新设计量表。

经 SPSS 分析，本书正式问卷总问卷表的信度 α=0.865，其中数字能力的 α 值为 0.772、机会识别与开发的 α 值为 0.897、心理资本的 α 值为 0.893、创业团队异质性的 α 值为 0.820、创业—家庭冲突的 α 值为 0.922、性别刻板印象的 α 值为 0.869。可见，所有的 α 值均大于 0.7，说明该量表的内在信度是可以接受的。

（二）效度检验

测验或量表所能正确测量的特质程度，就是效度。效度可以分为三种：内容效度，指测验或量表内容或题目的适切性与代表性，也称为逻辑效度；效标关联效度，指测验与外在效标间关系的程度；建构效度，是指能够测量出理论的特质或概念的程度（吴明隆，2010）。

其中，建构效度由于以理论的逻辑分析为基础，同时又根据实际所得的资料来检验理论的正确性，因此是一种相当严谨的检验方法，而因子分析可以求得量表的建构效度，它可以抽取变量间的共同因素，以较少的构念代替原来较复杂的数据结构（吴明隆，2010）。

二 女性创业障碍构成因素探索性因子分析

范柏乃（2018）指出，当 KMO 的值大于 0.7，并且各题项的负荷系数大于 0.5 时，可以利用因子分析将同一变量的各测量题项合并为一个因子。为了判断处于同一变量的不同测度项能否准确反映被测度变量的特性，本书采用 SPSS26.0 软件对所有潜变量的题项进行因子分析，并将这些题项合并为一个因子。采用因子分析（取特征根＞1），对女性创业障碍的构成要素所包含的 27 个题项进行分析，首先进行 KMO 和

Bartlett 检验，结果如表 5-1 所示。KMO 为 0.884，表明很适合做因子分析；Bartlett 球体检验的显著性概率为 0.000，表明数据具有相关性，适宜做因子分析。

表 5-1　女性创业障碍 27 个指标的 KMO 和 Bartlett 的检验结果

取样足够度的 Kaiser-Meyer-Olkin 度量		0.884
Bartlett 的球形度检验	近似卡方	8802.692
	自由度（df）	300
	显著性（Sig.）	0.000

如表 5-2 所示，提取的六个因子的累计方差贡献率为 73.158%，说明这六个因子较好地反映了原来指标的信息。从旋转后的因子载荷矩阵（表 5-3）中可以看出，25 个题项的标准因子载荷系数都在 0.5 以上，且每一个题项在其他的因子载荷较小，没有跨因子现象，故初步考虑可全部保留，待用验证性因子分析进一步确定。这六个公因子可以代表数字时代女性创业障碍的某一个方面，分别命名为数字技能（F1）、机会识别与开发（F2）、心理资本（F3）、创业团队异质性（F4）、创业—家庭冲突（F5）、性别刻板印象（F6）。可见，最后得到六个因子，与本章的理论假设完全吻合。

表 5-2　女性创业障碍构成指标体系因子分析解释的总方差

成分	初始特征值			提取平方和载入			旋转平方和载入		
	合计	方差的 %	累积 %	合计	方差的 %	累积 %	合计	方差的 %	累积 %
1	6.928	27.711	27.711	6.928	27.711	27.711	4.362	17.448	17.448
2	5.099	20.398	48.108	5.099	20.398	48.108	4.086	16.346	33.794
3	1.958	7.832	55.940	1.958	7.832	55.940	3.154	12.617	46.410
4	1.705	6.818	62.759	1.705	6.818	62.759	2.388	9.553	55.964
5	1.577	6.309	69.067	1.577	6.309	69.067	2.229	8.918	64.881
6	1.023	4.091	73.158	1.023	4.091	73.158	2.069	8.277	73.158
7	0.687	2.747	75.905						
8	0.647	2.590	78.495						

续表

成分	初始特征值			提取平方和载入			旋转平方和载入		
	合计	方差的 %	累积 %	合计	方差的 %	累积 %	合计	方差的 %	累积 %
9	0.510	2.040	80.534						
10	0.471	1.883	82.418						
11	0.435	1.740	84.157						
12	0.421	1.683	85.841						
13	0.384	1.538	87.379						
14	0.355	1.422	88.801						
15	0.349	1.397	90.197						
16	0.331	1.324	91.522						
17	0.330	1.322	92.844						
18	0.286	1.143	93.987						
19	0.274	1.096	95.082						
20	0.250	1.001	96.083						

注：提取方法：主成分分析。

表5-3　　女性创业障碍构成指标体系探索性因子分析结果

指标体系	旋转成分矩阵					
	成分					
	1	2	3	4	5	6
DA1 我能够利用碎片化的时间学习	-0.013	0.192	0.169	0.005	0.168	**0.779**
DA2 我能够快速学习新知识（新方法、新技术）	0.031	0.391	0.295	0.062	0.097	**0.650**
DA3 我能够利用数字平台持续学习	0.037	0.402	0.098	-0.079	0.096	**0.710**
ORD1 我有快速搜集创业机会信息的渠道	-0.060	**0.633**	0.111	-0.028	0.035	0.457
ORD2 我能够准确识别新信息可能带来的变化	-0.036	**0.711**	0.100	0.005	0.112	0.373
ORD3 我能够准确预测市场前景	-0.028	**0.808**	0.194	0.012	0.091	0.165
ORD4 我能将新的商机快速融入创业活动中	-0.051	**0.848**	0.156	-0.032	0.096	0.055
ORD5 我能够开辟新市场	-0.048	**0.789**	0.225	0.012	0.138	0.111

续表

指标体系	旋转成分矩阵 成分 1	2	3	4	5	6
ORD6 我能够快速吸收、整合新的市场机遇	-0.020	**0.745**	0.181	-0.049	0.191	0.142
PC1 在充满挑战性的工作面前，我有信心通过努力来获得成功	0.020	0.204	**0.806**	0.020	0.149	0.125
PC2 我认为我能够获得成功	0.044	0.187	**0.854**	0.007	0.103	0.094
PC3 我对目标锲而不舍，为取得成功能调整实现目标的途径	0.019	0.254	**0.819**	0.003	0.104	0.138
PC4 当身处逆境和被问题困扰时，我能克服困难	0.070	0.167	**0.808**	0.093	0.172	0.138
ETH1 我的高管团队中每位成员的教育背景都不相同	-0.006	0.140	0.082	0.010	**0.873**	0.136
ETH2 我的创业团队中每位成员的职业经历都不相同	-0.015	0.140	0.174	0.015	**0.882**	0.036
ETH3 每位创业团队成员都有自己的专长或专门知识	0.018	0.238	0.254	-0.005	**0.675**	0.159
EFC1 我的创业要求干扰了我的家庭和家庭生活	**0.862**	-0.067	-0.031	0.056	0.057	-0.015
EFC2 由于创业对我的要求，我想在家里做的事情没有完成	**0.847**	-0.009	-0.050	0.043	0.009	0.028
EFC3 我的创业产生了压力，很难履行家庭职责	**0.874**	-0.008	-0.063	0.067	0.027	-0.010
EFC4 我的家人或配偶/伴侣的要求干扰了与创业有关的活动	**0.837**	-0.045	0.099	0.198	-0.043	0.038
EFC5 由于家人或配偶/伴侣的要求，我想在创业中做的事情无法完成	**0.805**	-0.059	0.165	0.256	-0.055	-0.011
EFC6 与家庭有关的压力干扰了我履行与创业有关的职责的能力	**0.776**	-0.008	0.084	0.251	-0.017	-0.017
GS1 由于是女性，人们认为我的能力较差	0.267	-0.040	0.038	**0.863**	0.072	0.054

续表

指标体系	旋转成分矩阵 成分					
	1	2	3	4	5	6
GS2 由于是女性，人们认为我在创业方面有较差的表现	0.252	-0.045	0.073	**0.880**	0.055	0.031
GS3 女性经常在创业中碰壁	0.182	0.026	-0.007	**0.817**	-0.091	-0.098

注：提取方法：主成分分析；旋转法：具有 Kaiser 标准化的正交旋转法。

三 女性创业障碍构成因素验证性因子分析

通过探索性因子分析将 25 个变量分到了数字技能（F1）、机会识别与开发（F2）、心理资本（F3）、创业团队异质性（F4）、创业—家庭冲突（F5）、性别刻板印象（F6）六个公因子中，即六大维度。下面采用验证性因子分析进一步探究。

首先，利用 Amos24.0 软件分别做从单因子到六因子的验证性因子分析模型，结果如表 5-4 所示。对各模型的拟合情况进行考察，六因子模型拟合优度 $\chi^2/df = 3.578$，RMSEA = 0.068，GFI = 0.87，AGFI = 0.838，TLI = 0.911，CFI = 0.923，RMR = 0.043；可以发现，六因子模型效果最佳，并且六因子模型所有指标基本符合要求，说明模型整体适配度指标符合标准，模型效果较优（Bentler，1990）。

表 5-4　　　　　　　　不同因素模型的拟合比较

模型	χ^2	df	χ^2/df	RMSEA	GFI	AGFI	TLI	CFI	RMR
参考标准			1—5	<0.08	>0.90	>0.90	>0.90	>0.90	<0.05
六因子	930.36	260	3.578	0.068	0.87	0.838	0.911	0.923	0.043
五因子	1667.655	265	6.293	0.097	0.799	0.753	0.816	0.838	0.069
四因子	1860.203	269	6.915	0.103	0.757	0.707	0.795	0.816	0.073
三因子	2433.185	272	8.946	0.119	0.689	0.628	0.724	0.75	0.067
二因子	4766.001	274	17.394	0.172	0.5	0.407	0.431	0.481	0.192

续表

模型	χ2	df	χ2/df	RMSEA	GFI	AGFI	TLI	CFI	RMR
单因子	5683.169	275	20.666	0.188	0.454	0.355	0.318	0.375	0.205

注：N=558。五因子模型：将创业—家庭冲突和性别刻板印象结合为潜在因子；四因子模型：将心理资本、数字技能、创业团队异质性结合为潜在因子；三因子模型：将数字技能、机会识别与开发、心理资本、创业团队异质性结合为潜在因子；二因子模型：数字技能、机会识别与开发、心理资本、创业—团队异质性、创业家庭冲突结合为潜在因子；六因子模型：将所有变量结合为潜在因子。

其次，验证性因子分析的结果（见表5-5）显示，所有标准化因素载荷值——潜变量与观察变量的路径系数——在0.649—0.921，均大于0.5；非标准化因素载荷值均为正值且显著（$p<0.001$），说明测量项与各因素之间存在较好的测量关系，效度较好。然后，为了评价指标的内部一致性，我们估计了每个潜在变量的组合信度（CR）和平均方差提取（AVE）值。其中，数字技能的CR值为0.779，AVE值为0.541；机会识别与开发的CR值为0.898，AVE值为0.596；心理资本的CR值为0.893，AVE值为0.677；创业团队异质性的CR值为0.831，AVE值为0.625；创业—家庭冲突的CR值为0.922，AVE值为0.663；性别刻板印象的CR值为0.875，AVE值为0.703；所有变量CR值范围在0.779—0.922，均在0.6以上，AVE值范围在0.541—0.703，均大于0.5，符合要求（Fornell & Larcker，1981）。

表5-5　　　　　　　　　验证性因子分析

公因子	题项	标准化	非标准化	标准误	T值	标准化系数平方（SMC）	组合信度（CR）	平均方差提取值（AVE）
数字技能	DA1	0.700	1			0.490	0.779	0.541
	DA2	0.816	1.041***	0.072	14.469	0.666		
	DA3	0.684	1.089***	0.081	13.473	0.468		

续表

公因子	题项	标准化	非标准化	标准误	T值	标准化系数平方（SMC）	组合信度（CR）	收敛效度（AVE）
机会识别与开发	ORD1	0.695	1			0.483	0.898	0.596
	ORD2	0.755	1.009 ***	0.062	16.359	0.570		
	ORD3	0.821	1.109 ***	0.063	17.636	0.674		
	ORD4	0.818	1.094 ***	0.062	17.585	0.669		
	ORD5	0.792	1.122 ***	0.066	17.087	0.627		
	ORD6	0.744	0.986 ***	0.061	16.139	0.554		
心理资本	PC1	0.799	1			0.638	0.893	0.677
	PC2	0.840	1.063 ***	0.049	21.679	0.706		
	PC3	0.840	1.090 ***	0.050	21.668	0.706		
	PC4	0.810	1.050 ***	0.051	20.755	0.656		
创业团队异质性	ETH1	0.825	1			0.681	0.831	0.625
	ETH2	0.879	1.036 ***	0.054	19.206	0.773		
	ETH3	0.649	0.767 ***	0.050	15.479	0.421		
创业—家庭冲突	EFC1	0.809	1			0.654	0.922	0.663
	EFC2	0.780	0.971 ***	0.047	20.658	0.608		
	EFC3	0.823	1.034 ***	0.046	22.265	0.677		
	EFC4	0.849	1.047 ***	0.045	23.243	0.721		
	EFC5	0.833	1.024 ***	0.045	22.613	0.694		
	EFC6	0.788	0.973 ***	0.046	20.953	0.621		
性别刻板印象	GS1	0.884	1			0.781	0.875	0.703
	GS2	0.921	1.026 ***	0.040	25.713	0.848		
	GS3	0.692	0.737 ***	0.039	18.694	0.479		

注：*** 表示在1%的水平上显著。

此外，本章以平均方差提取法来评估各潜在变量的收敛效度，各个变量的相关系数均小于所对应的AVE的平方根，即说明各个潜变量之间具有一定的相关性，且彼此之间又具有一定的区分度，即说明量表数据的收敛效度理想。

四 相关性分析

所有被试变量的 Pearson 相关系数见表 5-6，数字技能和机会识别与开发（r=0.764，p<0.001）、创业团队异质性（r=0.401，p<0.001）呈显著的正相关；机会识别与开发和心理资本（r=0.514，p<0.001）、创业团队异质性（r=0.400，p<0.001）呈显著的正相关；创业—家庭冲突与性别刻板印象（r=0.468，p<0.001）呈显著的正相关。

表 5-6　　　　　　　　　　Pearson 相关性分析

因子	数字技能	机会识别与开发	心理资本	创业团队异质性	创业—家庭冲突	性别刻板印象
数字技能	**0.736**					
机会识别与开发	0.764***	**0.772**				
心理资本	0.543	0.514***	**0.823**			
创业团队异质性	0.401***	0.400***	0.410***	**0.791**		
创业—家庭冲突	0.027	-0.085	0.088	-0.009	**0.814**	
性别刻板印象	0.035	-0.039	0.113	0.056	0.468***	**0.838**

注：*** 表示在 1% 的水平上显著。

五 数字时代女性创业者创业障碍多维结构模型

经过探索性因子分析和验证性因子分析，对 25 个变量进行了筛选及分组，下面用二阶结构方程研究数字时代女性创业障碍模型。将"数字技能（F1）""机会识别与开发（F2）""心理资本（F3）""创业团队异质性（F4）""创业—家庭冲突（F5）""性别刻板印象（F6）"变为内因潜在变量，外因潜在变量为高阶因素构念"女性创业障碍"，建立创业障碍多维结构模型拟合度，结果如表 5-7 和图 5-1 所示。可知，各维度的标准化系数范围在 -0.015—0.885，模型内的各变量均显著，标准误也均在较低的水平。结构方程各拟合指标为 $\chi^2/df = 3.993$，RMSEA = 0.073，GFI = 0.856，AGFI = 0.826，TLI = 0.896，CFI = 0.907，RMR = 0.098，基本符合要求，说明模型的整体拟合效果较好。

表5-7　　　　　　　　　　　整体模型参数估计

结构方程路径			标准化系数	非标准化系数	标准误差	T值	P
数字技能	←	女性创业障碍	0.885	1			
机会识别与开发	←	女性创业障碍	0.849	1.013	0.094	10.777	***
心理资本	←	女性创业障碍	0.625	0.63	0.062	10.225	***
创业团队异质性	←	女性创业障碍	0.49	0.641	0.076	8.467	***
创业—家庭冲突	←	女性创业障碍	-0.015	-0.023	0.073	-0.308	0.758
性别刻板印象	←	女性创业障碍	0.023	0.037	0.081	0.461	0.644
DA1 我能够利用碎片化的时间学习	←	数字技能	0.679	1			
DA2 我能够快速学习新知识（新方法、新技术）	←	数字技能	0.809	1.064	0.07	15.285	***
DA3 我能够利用数字平台持续学习	←	数字技能	0.711	1.166	0.083	14.078	***
ORD1 我有快速搜集创业机会信息的渠道	←	机会识别与开发	0.71	1			
ORD2 我能够准确识别新信息可能带来的变化	←	机会识别与开发	0.767	1.002	0.059	17.128	***
ORD3 我能够准确预测市场前景	←	机会识别与开发	0.815	1.078	0.059	18.165	***
ORD4 我能将新的商机快速融入创业活动中	←	机会识别与开发	0.801	1.049	0.059	17.878	***

续表

结构方程路径			标准化系数	非标准化系数	标准误差	T值	P
ORD5 我能够开辟新市场	←	机会识别与开发	0.791	1.097	0.062	17.654	***
ORD6 我能够快速吸收、整合新的市场机遇	←	机会识别与开发	0.748	0.97	0.058	16.726	***
PC1 在充满挑战性的工作面前，我有信心通过努力来获得成功	←	心理资本	0.8	1			
PC2 我认为我能够获得成功	←	心理资本	0.839	1.06	0.049	21.669	***
PC3 我对目标锲而不舍，为取得成功能调整实现目标的途径	←	心理资本	0.844	1.094	0.05	21.805	***
PC4 当身处逆境和被问题困扰时，我能克服困难	←	心理资本	0.806	1.042	0.051	20.613	***
ETH1 我的高管团队中每位成员的教育背景都不相同	←	创业团队异质性	0.831	1			
ETH2 我的创业团队中每位成员的职业经历都不相同	←	创业团队异质性	0.872	1.021	0.054	18.96	***
ETH3 每位创业团队成员都有自己的专长或专门知识	←	创业团队异质性	0.65	0.763	0.049	15.466	***
EFC1 我的创业要求干扰了我的家庭和家庭生活	←	创业—家庭冲突	0.818	1			
EFC2 由于创业对我的要求，我想在家里做的事情没有完成	←	创业—家庭冲突	0.79	0.973	0.046	21.285	***
EFC3 我的创业产生了压力，很难履行家庭职责	←	创业—家庭冲突	0.831	1.032	0.045	22.882	***

续表

结构方程路径			标准化系数	非标准化系数	标准误差	T值	P
EFC4 我的家人或配偶/伴侣的要求干扰了与创业有关的活动	←	创业—家庭冲突	0.844	1.029	0.044	23.391	***
EFC5 由于家人或配偶/伴侣的要求，我想在创业中做的事情无法完成	←	创业—家庭冲突	0.822	1	0.044	22.502	***
EFC6 与家庭有关的压力干扰了我履行与创业有关的职责的能力	←	创业—家庭冲突	0.779	0.952	0.046	20.868	***
GS1 由于是女性，人们认为我的能力较差	←	性别刻板印象	0.878	1			
GS2 由于是女性，人们认为我在创业方面有较差的表现	←	性别刻板印象	0.927	1.04	0.043	23.996	***
GS3 女性经常在创业中碰壁	←	性别刻板印象	0.691	0.741	0.04	18.536	***

注：***，$p<0.001$。

本章将25个女性创业者创业障碍指标进行分析，最终设计建构了一个由二阶、六维度25个指标组成的创业障碍模型。数字时代女性创业者创业障碍对数字技能（F1）、机会识别与开发（F2）、心理资本（F3）、创业团队异质性（F4）、创业—家庭冲突（F5）、性别刻板印象（F6）的标准化系数分别为0.885、0.849、0.625、0.490、-0.015、0.023。

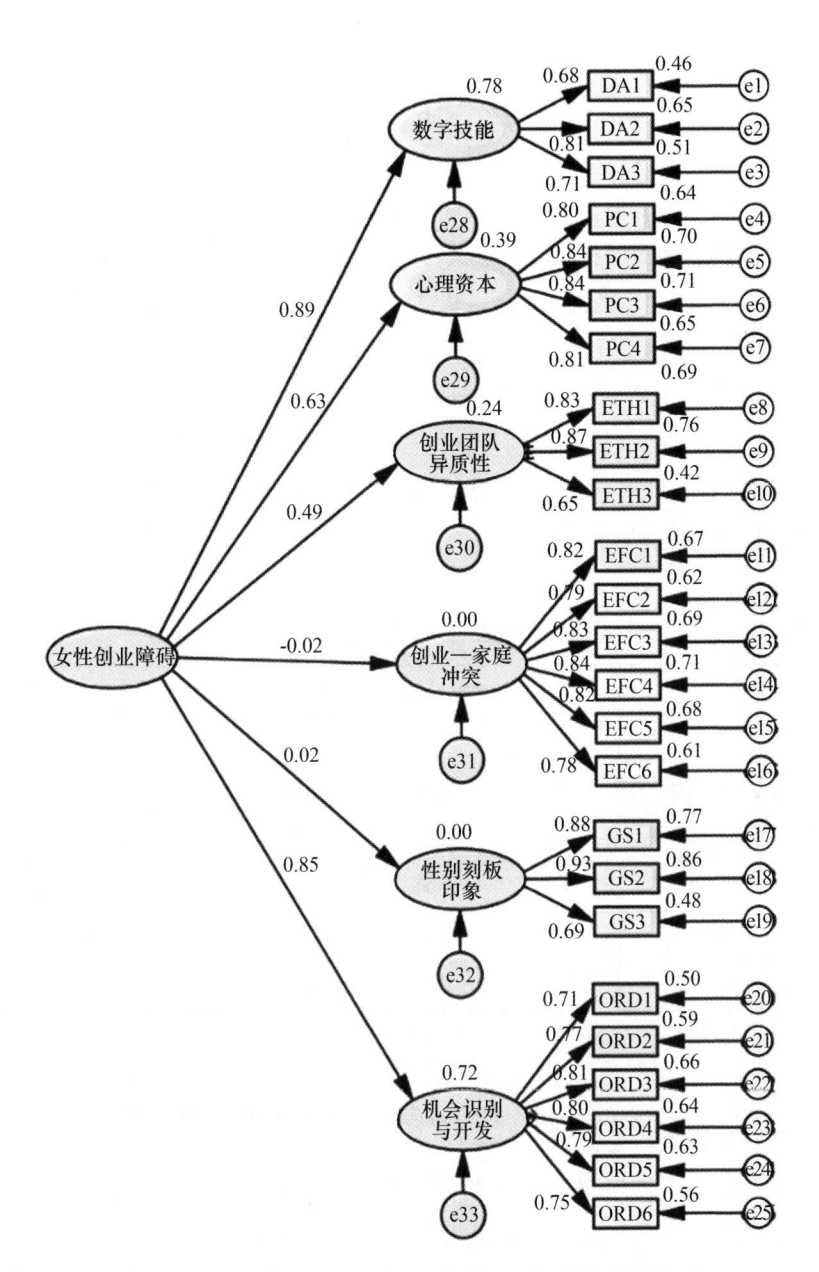

第五章 数字时代女性创业障碍构成要素的实证研究 / 141

图 5-1 数字时代女性创业者创业障碍标准化估计模型

第四节　女性创业者创业障碍的整体水平及差异分析

一　女性创业者创业障碍整体水平分析

女性创业者的创业障碍因素水平由高到低分别为心理资本（M = 3.96，SD = 0.64）、数字技能（M = 3.82，SD = 0.80）、创业团队异质性（M = 3.67，SD = 0.76）、机会识别与开发（M = 3.57，SD = 0.75）、创业—家庭冲突（M = 3.31，SD = 0.90）、性别刻板印象（M = 3.19，SD = 0.94）。数字技能、机会识别与开发、心理资本、创业团队异质性、性别刻板印象均超过中位数，说明女性创业者的创业障碍因素总体水平较强，具体数据见表5-8。

表5-8　　　　　　　　女性创业者创业障碍总体水平

维度	样本量	极小值	极大值	均值	标准差
数字技能	558	1.00	5.00	3.82	0.80
机会识别与开发	558	1.00	5.00	3.57	0.75
心理资本	558	2.00	5.00	3.96	0.64
创业团队异质性	558	1.00	5.00	3.67	0.76
创业—家庭冲突	558	1.00	5.00	3.31	0.90
性别刻板印象	558	1.00	5.00	3.19	0.94

二　单因素方差分析

本节对于不同变量下的女性创业障碍的差异分析是运用SPSS26.0，采用单因素方差分析法。方差分析有三个前提条件：

1. 分布正态性。方差分析与Z检验和T检验一样，需要样本必须来自正态分布的总体。但是，范柏乃（2018）指出多数变量是可以假定其总体分布是满足正态分布的基本要求的，因此方差分析不需去检验总体分布是否服从正态分布。

2. 效应可加性。即变异是可分解、可加的。该条件一般情况下也能够满足。

3. 方差齐性。在进行方差分析时，需先对方差齐性进行检验，对于方差为齐性的，采用 LSD 的两两 T 检验结果判断均值是否存在显著差异，用最小显著性差异方法的 T 统计量，两两检验各组均值是否有显著性差异。对于方差为非齐性的，采用 tamhane 的两两 T 检验结果判断均值是否存在显著差异（马庆国，2010）。

三 个人因素背景变量下女性创业者创业障碍各维度差异分析

（一）不同年龄女性创业者创业障碍差异分析

在单因素方差分析前进行方差齐性检验，如表 5-9 所示，各个因子之间都不显著，说明各个因子之间的方差相等，可以做单因素方差分析。

表 5-9　　　　　不同年龄创业者障碍因素方差齐性检验

因子	Levene 统计量	df1	df2	显著性
数字技能	2.711	4	553	0.029
机会识别与开发	2.559	4	553	0.038
心理资本	0.304	4	553	0.875
创业团队异质性	1.948	4	553	0.101
创业—家庭冲突	0.682	4	553	0.605
性别刻板印象	1.206	4	553	0.307

对不同年龄（20 周岁及以下、21—30 周岁、31—40 周岁、41—50 周岁、51 周岁及以上）的女性创业者创业障碍因素进行单因子方差分析，结果显示（见表 5-10），不同年龄水平在数字能力、性别刻板印象分维度上有显著的统计学差异，20 周岁及以下女性创业者的数字技能大于 21—30 周岁、31—40 周岁、41—50 周岁、51 周岁及以上的女性创业者；51 周岁及以上女性创业者的性别刻板印象水平高于 20 周岁及以下、21—30 周岁、31—40 周岁、41—50 周岁的女性创业者。

表 5 – 10　　　　　不同年龄创业者障碍因素单因素方差分析

年龄	数字技能 均值	数字技能 标准差	机会识别与开发 均值	机会识别与开发 标准差	心理资本 均值	心理资本 标准差	创业团队异质性 均值	创业团队异质性 标准差	创业—家庭冲突 均值	创业—家庭冲突 标准差	性别刻板印象 均值	性别刻板印象 标准差
20 周岁及以下（N=24）	4.208	0.643	3.778	0.813	4.000	0.621	3.736	0.715	3.229	0.996	3.056	1.057
21—30 周岁（N=182）	3.903	0.713	3.563	0.696	3.901	0.631	3.597	0.678	3.264	0.910	2.938	0.870
31—40 周岁（N=191）	3.876	0.773	3.556	0.709	3.957	0.656	3.724	0.798	3.337	0.915	3.316	0.925
41—50 周岁（N=121）	3.683	0.911	3.605	0.824	3.998	0.672	3.691	0.794	3.273	0.814	3.220	0.918
51 周岁及以上（N=40）	3.475	0.777	3.388	0.858	4.113	0.557	3.592	0.910	3.492	0.950	3.683	1.00
F	5.326**		1.143		1.072		0.824		0.669		7.391**	
LSD 检验	1>2>3>4>5										5>3>4>1>2	

注：**，$p<0.001$。

（二）不同学历女性创业者创业障碍差异分析

在单因素方差分析前进行方差齐性检验，如表 5 – 11 所示，各个因子之间都不显著，说明各个因子之间的方差相等，可以做单因素方差分析。

表 5 – 11　　　　　不同学历创业者障碍因素方差齐性检验

因子	Levene 统计量	df1	df2	显著性
数字能力	1.835	4	553	0.121
机会识别与开发	0.686	4	553	0.602
心理资本	0.954	4	553	0.432
创业团队异质性	1.432	4	553	0.222
创业—家庭冲突	0.435	4	553	0.783
性别刻板印象	0.571	4	553	0.684

对不同学历（高中及以下、大专、本科、硕士、博士）的女性创业者的创业障碍因素进行单因子方差分析，结果显示（见表 5 – 12），不同学历水平的女性创业者在数字能力、机会识别与开发、创业团队异质性分维度上有显著的统计学差异，其中具有博士学位的女性创业者的数字能力显著大于硕士、本科、大专、高中及以下学历的女性创业者；具有

表5-12 不同学历创业者障碍因素单因素方差分析

学历	数字技能 均值	数字技能 标准差	机会识别与开发 均值	机会识别与开发 标准差	心理资本 均值	心理资本 标准差	创业团队异质性 均值	创业团队异质性 标准差	创业—家庭冲突 均值	创业—家庭冲突 标准差	性别刻板印象 均值	性别刻板印象 标准差
高中及以下（N=108）	3.315	0.867	3.184	0.808	3.780	0.597	3.361	0.845	3.276	0.901	3.105	1.003
大专（N=127）	3.832	0.758	3.636	0.698	3.931	0.679	3.803	0.761	3.325	0.877	3.307	0.909
本科（N=236）	3.960	0.695	3.626	0.692	4.041	0.635	3.726	0.695	3.308	0.909	3.147	0.948
硕士（N=82）	4.073	0.757	3.785	0.735	4.015	0.617	3.671	0.764	3.356	0.900	3.236	0.874
博士（N=5）	4.133	1.043	3.633	0.803	3.900	0.945	3.933	0.683	2.500	0.589	3.000	0.745
F	16.559***		10.113***		3.332		6.040***		1.117		0.939	
LSD检验	5>4>3>2>1		4>2>5>3>1				5>2>3>4>1					

注：***，p<0.001。

硕士学位的女性创业者的机会识别与开发显著大于博士、本科、大专、高中及以下学历的女性创业者；具有博士学位的女性创业者的创业团队异质性显著大于大专、本科、硕士、高中及以下学历的女性创业者。

（三）不同婚姻状况女性创业者创业障碍差异分析

在单因素方差分析前进行方差齐性检验，如表5-13所示，各个因子之间都不显著，说明各个因子之间的方差相等，可以做单因素方差分析。

表5-13　　　　不同婚姻状况创业者障碍因素方差齐性检验

因子	Levene 统计量	df1	df2	显著性
数字能力	1.287	2	555	0.277
机会识别与开发	0.390	2	555	0.677
心理资本	0.071	2	555	0.932
创业团队异质性	0.322	2	555	0.725
创业—家庭冲突	1.078	2	555	0.341
性别刻板印象	0.604	2	555	0.547

对不同婚姻状况（未婚、已婚、其他）的女性创业者的创业障碍因素进行单因子方差分析，结果显示（见表5-14），不同婚姻状况的女性创业者在数字能力分维度上有显著的统计学差异，其中未婚的女性创业者的数字能力显著高于已婚和其他的女性创业者。

四　企业背景因素下女性创业者创业障碍各维度差异分析

（一）不同企业成立年限女性创业者创业障碍差异分析

对不同企业成立年限（1年以下、1—5年、6—10年、10年以上）的女性创业者的创业障碍因素进行单因子方差分析，结果显示（见表5-15），不同企业成立年限的女性创业者经营的企业在数字能力和性别刻板印象分维度上有显著的统计学差异，其中在数字能力分维度上，企业成立1年以下的女性创业者显著高于企业成立1—5年、6—10年、10年以上的女性创业者；在性别刻板印象分维度上，企业成立1年以下的女性创业者显著低于企业成立6—10年、1—5年、10年以上的女性创业者。

（二）不同企业发展阶段女性创业者创业障碍差异分析

对不同企业发展阶段（初创期、生存期、成长期、成熟期、衰退期）的女性创业者的创业障碍因素进行单因子方差分析，结果显示（见表5-16），

表 5-14　不同婚姻状况创业者障碍因素单因素方差分析

婚姻状况	数字技能 均值	数字技能 标准差	机会识别与开发 均值	机会识别与开发 标准差	心理资本 均值	心理资本 标准差	创业团队异质性 均值	创业团队异质性 标准差	创业—家庭冲突 均值	创业—家庭冲突 标准差	性别刻板印象 均值	性别刻板印象 标准差
未婚 (N=217)	3.960	0.748	3.665	0.749	3.984	0.646	3.665	0.718	3.334	0.944	3.052	0.930
已婚 (N=296)	3.714	0.815	3.477	0.725	3.925	0.638	3.622	0.782	3.262	0.853	3.242	0.928
其他 (N=45)	3.896	0.828	3.674	0.826	4.083	0.666	3.970	0.813	3.456	0.950	3.474	0.963
F 值	6.264***		4.509		1.419		4.107		1.090		4.924	
LSD 检验	1>3>2											

注：***，p<0.001。

表5-15　不同企业成立年限创业者障碍因素单因素方差分析

企业成立年限	数字技能 均值	数字技能 标准差	机会识别与开发 均值	机会识别与开发 标准差	心理资本 均值	心理资本 标准差	创业团队异质性 均值	创业团队异质性 标准差	创业—家庭冲突 均值	创业—家庭冲突 标准差	性别刻板印象 均值	性别刻板印象 标准差
1年以下 (N=117)	3.946	0.741	3.557	0.757	3.951	0.626	3.638	0.737	3.313	0.978	3.031	0.923
1—5年 (N=263)	3.885	0.711	3.613	0.682	3.971	0.636	3.660	0.748	3.279	0.848	3.156	0.890
6—10年 (N=80)	3.763	0.931	3.604	0.747	3.922	0.703	3.813	0.759	3.338	0.942	3.154	1.050
10年以上 (N=98)	3.568	0.912	3.422	0.887	3.977	0.642	3.599	0.840	3.342	0.900	3.483	0.936
F	5.039**		1.640		0.147		1.290		0.167		4.538**	
LSD检验	1>2>3>4										1<3<2<4	

注:**,$p<0.005$。

第五章 数字时代女性创业障碍构成要素的实证研究 / 149

表5-16 不同企业发展阶段创业者障碍因素单因素方差分析

企业发展阶段	数字技能 均值	数字技能 标准差	机会识别与开发 均值	机会识别与开发 标准差	心理资本 均值	心理资本 标准差	创业团队异质性 均值	创业团队异质性 标准差	创业—家庭冲突 均值	创业—家庭冲突 标准差	性别刻板印象 均值	性别刻板印象 标准差
初创期（N=184）	3.966	0.701	3.620	0.717	4.027	0.616	3.656	0.759	3.398	0.909	3.143	0.950
生存期（N=138）	3.838	0.734	3.494	0.716	3.891	0.657	3.681	0.730	3.245	0.892	3.164	0.919
成长期（N=150）	3.840	0.817	3.706	0.685	3.973	0.649	3.727	0.793	3.233	0.898	3.176	0.914
成熟期（N=72）	3.509	0.919	3.352	0.867	3.938	0.664	3.569	0.786	3.382	0.866	3.398	1.003
衰退期（N=14）	3.286	1.139	3.190	1.042	3.750	0.679	3.524	0.792	3.071	0.910	3.024	0.862
F	6.075***		4.324**		1.307		0.664		1.254		1.145	
LSD检验	1>3>2>4>5		3>1>2>4>5									

注：***，p<0.001；**，p<0.005。

不同企业发展阶段的女性创业者经营的企业在数字能力和机会识别与开发分维度上有显著的统计学差异，其中在数字能力分维度上，处于初创期的女性创业者拥有的企业显著高于处于生存期、成长期、成熟期、衰退期的女性创业者；在机会识别与开发分维度上，处于成长期的女性创业者拥有的企业显著高于处于初创期、生存期、成熟期、衰退期的女性创业者。

第五节　本章小结

女性创业障碍是女性创业者在创业过程中遇到的障碍总和。经过探索性分析，本章将 25 个测量题项降维为 6 个因子；再经过验证性因子分析，运用结构方程构建了二阶、六维女性创业者创业障碍模型；将数字技能、机会识别与开发、心理资本、创业团队异质性、创业—家庭冲突、性别刻板印象构建成"数字时代女性创业者创业障碍多维结构模型"。

另外，本章还深入细致地分析了个人背景因素下（不同年龄、不同学历、不同婚姻状况）和企业背景因素下（不同企业成立年限、不同企业发展阶段）女性创业者创业障碍各维度差异，全方位剖析女性创业障碍，以便后续更好地、更精准地进行创业政策支持和高质量的创新创业教育。

第六章

数字时代女大学生创业意愿和行为研究

第一节 数字时代女大学生创业的内涵与特征

女大学生是女性创业的主力军。创业,这一概念有着非常丰富的内涵和特征。国外学者 Low 和 Macmillan(1988)认为创业就是创办一家新企业。Shane 和 Venkataraman(2000)提出了更广泛的定义,他们指出创业是致力于理解创造新事物(新产品,新市场,新生产过程或原材料,组织现有技术的新方法)的机会,如何出现并被特定个体发现或创造,这些人如何运用各种方法去利用和开发它们,然后产生各种成果。本书认为,创业是创业者整合优化他们现有的资源,通过创造新事物从而产生更大的经济价值和社会价值的过程。创业需要创业者组织经营管理,运用服务、技术等进行思考和推断。创业包括领导者创业、企业家创业、大学生创业。近年来,大学生创业备受关注。面对日渐严峻的就业环境,不少大学生选择开拓自己的事业,而不是在公司中就职。作为大学生群体中重要的部分,女大学生对创业的推动起重要的作用。

女大学生创业,即在校的女大学生或者女性毕业生进行创业活动。女大学生创业逐渐受到国家关注,近年来,各级相关部门都积极出台多项措施支持和帮助女大学生群体创业。2010年11月,全国妇联妇女发展部、教育部高校学生司、人力资源和社会保障部就业促进司以及中国女企业家协会决定,在共同组织实施"女大学生创业导师行动"的基础上,开展"女大学生创业扶持行动",充分调动政府、知名企业、媒体和社会等多方资源,"以创业带动就业",激励女大学生的创新创业精神,帮助她们实现创业梦想。2021年,全国妇联、教育部、人力资源和社会保障部联合印发《关于做好女性高校毕业生就业创业工作的通知》,要求共同推进女性高校毕业生就业创业工作,完善对女性高校毕业生就业创业的支持举措,促进女性高校毕业生更加充分更高质量就业。此外,各地区政府也致力于出台相关政策保障女大学生创业。可见,女大学生创业受到多方重视。

在国家的大力支持下,不少大学生投身于创业大军中,虽然其中不乏女大学生进行创业,但是她们的创业特征与男大学生有明显的差异。首先,在创业范围上,女大学生的创业范围集中在第三产业。创业范围是指进行自主创业的女大学生的创业项目所属的产业范围。研究表明,女大学生创业项目的选择大部分集中在第三产业,表明她们对第三产业创业更有兴趣(刘佳,2016)。作为一种项目多、成本低、产业易介入的产业,第三产业受到女大学生的青睐。此外,随着数字时代的发展,逐渐完善的互联网技术为女大学生创业注入新的活力(汤敏、刘玉邦、曾川,2017)。简而言之,第三产业在中国国民经济中的占比逐渐上升,发展前景良好,对于女大学生来说是较好的创业选择。其次,女大学生的创业规模较小(李亚员,2017)。虽然女大学生自主创业的模式和项目各不相同,但是多数女大学生自主创业采用小规模的经营模式。这主要是因为女大学生在创业条件上具备一定的特殊性。创业条件可分为硬性条件和软性条件,硬性条件主要是创业所需的资金、技术和人力资源等等,而软性条件主要包括创业者的身心素质、经营经验等等。在硬性条件上,相较于男大学生,女大学生可能更难获得来自社会或家庭的创业启动资金,而小规模经营较其他经营模式成本更低,所需创业资金少。在软性条件上,两性在心理因素上有一定的差异,与男性相比,女性更具有耐性和韧性。因此,女大学生更可能以小规模经营的模式进行创业。

虽然女大学生在创业条件上具备一定的劣势,但她们具备一定的优胜之处(卓泽林等,2022)。首先,她们具备时间优势。相比于社会人士,女大学生需要处理的事情较简单,她们拥有更多的时间进行接受创新创业教育,参加创业准备活动,了解创业、进行创业。其次,女大学生拥有较低的创业机会成本。对于"打工一族"来说，创业意味着放弃原有的职位和薪水，放下现有的工作，投身未知的市场，意味着相当大的机会成本（李翠妮等，2020）；对于女大学生来说，刚离开校园的她们普遍能接受较低的薪资，因此她们的心理负担和经济负担比拥有工作经验后进行创业的社会人士更低。最后，女大学生拥有创新的优势。在校女大学生有机会接受系统的创业课程、广泛地参与创业实践和创业竞赛，提升创业知识和技能（郭璐等，2022）。而且她们处于生命当中精力和创造力最旺盛的阶段，在创业活动中能产生创新的想法，打破固有的惯性思维，受到社会文化的约束较少，当遇到创业难题时，她们能用全新的方式解决问题，开辟属于她们的道路。

第二节　数字时代女大学生创业意愿研究

创新创业对于中国构建新发展格局，实现高质量发展至关重要。大学生作为大众创业万众创新的生力军，是未来中国创新创业的主要来源。2022年2月11日，国家发改委等联合印发《关于深入实施创业带动就业示范行动　力促高校毕业生创业就业的通知》提到要落实落地普惠政策，强化专门政策支持以及疏通政策落地堵点等，着重帮助有强烈创业意愿、有良好项目基础的高校毕业生实现创业梦想。研究指出，创业意愿是创业行为的最佳预测指标（Gartner，1985；Krueger & Brazeal，1994）。因此，具备创业意愿是创业时需要具备的创业行为的第一步（Adel，2017），促进大学生创业，首先要增强大学生的创业意愿。

然而，"创业意愿"这一概念具有多面性（Wu & Wu，2008），受多类因素影响，仅靠政策支持来促进大学生创业是远远不够的。近年来，国内外许多学者对影响大学生创业意愿的潜在因素进行了大量的研究。这些研究侧重于考察政策制度（Karimi et al.，2016）、高校教育（Lyons & Zhang，2018）、社会网络（Molino et al.，2018）、个体特质（Cao & Wang，2018）等分别对大学生创业意愿的影响。然而，创业意愿的影响因素是多方面的，因此需要以整体视角，系统地考察影响创业意愿的成因，以期深化对创业现象的理解。制度理论与资源禀赋理论为进一步分析提供了一个适切的切入口。

一 制度理论视角下的女大学生创业意愿

制度理论视角包括关注规制制度、规范制度和认知制度三要素，从多维的角度，囊括个体因素、家庭因素、学校以及社会因素，能够系统分析影响大学生创业意愿的因素。

Scott（2005）将制度定义为"为社会行为提供稳定性和意义的规制性、规范性和认同性结构和活动"，包括法律、规定、习俗、社会和职业规范、文化、伦理等。在North（1990）、Williamson（1994）以及Powell和DiMaggio（1991）的基础上，Scott（2005）修改了制度方法并提出了制度环境的三个维度（规制、规范和文化认知）。规制性要素强调外在的制度，包括政策、法律、规章等；规范性要素主要包括社会内部共享的传统、惯例，与价值观、社会规范有关，这一维度不像规制性要素那样正式；文化认知要素强调个人感知，主要包括内化于个体内心的共享的系列符号体系，并为行动提供意义框架（Scott，2013）。

制度环境研究的前提是创业创造不是在真空中发生的，它涉及创业个体与创业环境之间的联系。规制、规范和文化认知环境共同影响创业活动的出现。继续同样的逻辑，本章通过这三个要素来研究大学生的创业意愿：即规制与政府支持有关，规范与学校教育和社会网络有关，文化认知与自身素质有关。

（一）规制制度环境

规制制度环境被认为是三个要素中最正式的一个要素，具体而言，当政府政策和其他支持机制为新企业创建提供支持和有利环境时，个人创业意愿就会增强（Ogunsade et al.，2021）。在中国情境下，政府是创业不可或缺的环境因素（Li et al.，2021）。尤其如区域制度的完善，能够有效推动创新创业（张峰等，2017）；创业平台的规范，投资环境的优化以及各类创业服务的免费提供，可以帮助大学生把握机会，调动他们创业的积极性；同时调节税收等一系列优惠政策可以帮助个体减轻创业成本，降低创业风险，这也将增强大学生的创业意愿。政策支持力度越大，大学生创业的意愿就越强烈。因此，本书将规制制度环境主要界定为政策支持。

（二）规范制度环境

规范制度环境是指一个国家的居民对创业思维和创新活动的认可和感知程度（Busenitz et al.，2021）。它包括与创业相关的社会价值和规范，建立人们有意识遵守的基本规则（Scott，2008）。对于大学生来说，此类价值与规范主要来源于创业教育的学习。相对于政治经济政策等因素，高校教育对大学生创业意愿影响更显著（Lu et al.，2021），学校教育为塑造学生的创业意图提供了有利的环境（Haddad，2021）。众多研究分别从创业课程（Karimi et al.，2016）、师资力量（Urban & Kujinga，2017）以及创业竞赛（Duval-Couetil，2013）等方面实证探究了高校教育对大学生创业意愿的显著影响。此外，规范机制还来自社会结构，负责塑造感知的适当和预期的创业行为（Seelos et al.，2011）。这类社会网络是指在大学生创业者周围的非正式群体，根据实际情况可知，网络的构成既包括独立的个体，如家人、同学等，也包括各类社会资源。家人、朋友构成的社会网络的支持都会增强大学生的创业意愿（Saeed et al.，2015）。

（三）文化认知制度环境

创业者的个人资源、人格特征和心理素质决定了创业差异。这些都会影响创业者感知外界有利环境，并通过外部环境快速准确地找到有利的机会，产生创业意愿，开始创业活动（Yan et al.，2018）。创业需要具备相应的知识、技能和素质。研究发现，通过提高大学生的创业技能，促进其对创业可行性的感知从而增强个体的自我效能感，能够显著提升创业意愿（Liu et al.，2019）。自我效能感也是促进女性创业的主要因素（Peris-Delcampo et al.，2023）。因此，本书将文化认知制度环境主要界定为女大学生对自身素质的感知。

二 资源禀赋理论视角下的女大学生创业意愿

资源禀赋理论最早由瑞典经济学家赫克歇尔和俄林提出。其主要观点是不同国家的资源禀赋是不同的，然后将拥有的各种生产要素经过国际贸易获得最大福利（Patrick et al.，2001）。Patrick Firkin（2001）把资源禀赋的概念引入创业管理领域，认为创业企业家的资源禀赋包括金融资本、人力资本和社会资本三部分。Luthans（2007）等在此基础上进一步认为，个体创业资本主要包括金融资本、人力资本、社会资本和心理资本。现有研究多将资源禀赋与生态系统结合起来，强调其对整个地区的重要作用（Ibrahimova & Moog，2023）。基于资源的创业理论认为，人们成为企业家的可能性受到获得的资源的影响。初始资源禀赋会极大地影响创业者的预期收益，强烈影响其创业意向。大学生这一高端、年轻的创业群体，在创新创业的浪潮中受到的关注程度比其他任何社会群体都要显著，因此与社会上一般创业者相比，也具备拥有更多创业资源的可能。一般而言，如果大学生从环境中获取的创业资源越多，成功创业的可能性就会越大，其创业意向也往往越高（Hernández-Sánchez，2020）。

《中国青年创业发展报告（2022）》的数据显示，目前创业大学生的创业资金主要来源为父母亲属的资助、政府部门或社会机构的专项创业基金及金融机构贷款。对大学生来说，金融资本主要以家庭支持、友好贷款或金融机构贷款的形式提供。而这些表现形式可以纳入社会资本中，因此在既有研究基础上，可以把大学生创业资本划分为人力资本、社会资本、心理资本三种形式。

（一）人力资本

人力资本是指通过教育、工作经验和培训积累的各种知识、技能和能力（Castanias & Helfat，1992）。人力资本理论认为，个体拥有高水平的教育、技能与经验时，更可能获得较高的经济报酬（Becker，1964）。特别是与创业相关的人力资本，使个人能够成功发现、识别、利用创业机会，投身创业（Davidsson，2015）。大量的研究和理论都证实人力资本（教育和经验）对创业意向存在正向作用，能够帮助创业者更高效地投身创业活动（Marvel et al.，2016）。人力资本理论所说的教育提高个人能力，潜在内涵是教育带给个体的技能、经验和逻辑思维等多元知识，而正规的创业课程学习、非正式的经验学习等都能丰富个体在创业活动中所需的知识、技能和经验。各国政府通过开展创新创业教育，为大学生创新创业营造良好氛围。

（二）社会资本

社会资本是创业者个体从其拥有的关系网络中获得的，并从这些关系网络中衍生出来的现实和潜在的资源的总合。社会资本对职业选择有着强烈的影响，可以促进年青一代的创业意向。

首先，社会资本取决于环境，在教育背景下，学生社会资本是通过学校创新创业环境中的社会互动形成的（Salamzadeh et al.，2022）。根据Rogošić和Baranović（2016）的说法，社会资本与教育机构（如学校或大学）相关。大学的创新创业氛围增强了学生的想象力，并在学生和教师中培养了更多的创业意向。其次，法律规则和政府支持等社会环境因素在影响个人创业方面也发挥着至关重要的作用（Israr & Saleem，2018）。在特定制度背景下，稳定的社会环境增加了个人倾向于离开工作并走向创业机会的可能性。有经验证据表明，正规机构也就是政策支持可以为风险投资活动创建适当的激励结构，以抵消不利选择和风险问题。最后，家庭资本被认为是存在于家庭关系中的一种特殊类型的社会资本（Parcel & Mcnaghan，1993）。由于发展中国家的大学生要么兼职赚钱来养活自己，要么完全依靠家人提供必要的支持，家庭在职业意向中的作用变得更加重要，尤其是在将创业作为职业选择时。家庭被视为在许多方面为创业提供支持，它有助于提供独特的技能和信息库、人力资源和物质资源。

（三）心理资本

心理资本是一种积极的个人心理发展状况，其特征是四种心理属性：自我效能、乐观、希望和韧性（Avey et al.，2010；Mao et al.，2020）。研究发现，创业者的积极心理资本与创业意向密切相关（Porfírio et al.，2023），是成功创业的有力预测因素（Luthans & Youssef，2004）。创业意向的先行结构通常受到个人和情境因素的影响（Altinay et al.，2012），而心理资本是个体核心积极状态的集中反映（Peláez Zuberbühler et al.，2021）。

第三节　数字时代女大学生创业的障碍因素研究

"青年是国家和民族的希望，创新是社会进步的灵魂，创业是推动经济社会发展、改善民生的重要途径"，习近平总书记多次强调创新创业的重要性，寄望青年要勇于创业、敢闯敢干，努力在改革开放中闯新路、创新业，号召全社会都要重视和支持青年创新创业。在国家的号召下，大学生创业迎来了一波热潮。大学生接受新鲜事物快，创新能力强，适宜创新创业。当然，他们尝试创业并非一帆风顺。大学生创业面临着资金、技术、经验、机会等诸多难关，创业路上更是布满荆棘。在此背景下，本课题对中国大学生的创业现状进行调查，分析当下大学生创业的动机、行为、障碍等状况，以求破除制度性障碍、优化创新创业教育，激发双创活力。

本书对收集到的全国 31 个省份 5438 份女大学生（总体男女大学生的有效问卷是 8467 份）的问卷进行分析，调查对象是本科在校生、专科在校生和近五年毕业的本、专科毕业生。问卷的内容包括学生的基本情况、对创业的认知态度、创业障碍、学校创新创业教育的实施过程和结果，以及学生对学校创新创业教育满意度的评价。调查问卷共计 29 题，题目类型有单选题、多选题、5 分制量表评分题以及多选排序题。

本书的调查问卷询问了大学生创业相关内容，结果显示，资金不充足（86.65%）被认为重要的总频次最高，其次依次是缺乏社会关系（70.71%）、没有好的创业方向（68.30%）、缺乏创业知识与技能（60.98%）、难以寻找可靠的合伙人（54.36%）、创业—学习难以平衡（38.47%）、缺少先进的数字基础设施（18.85%）、政策扶持力度不够（8.73%）、其他（5.00%）、缺乏家人支持（3.97%）、缺乏创业榜样（3.68%）（见表 6-1）。根据调查结果，资金不充足被认为是女大学生创业的最大障碍，缺乏社会关系、没有好的创业方向次之，由此可以推测出，女大学生在这三方面受到较大阻碍。虽然国家出台了一系列创业帮扶政策帮助大学生创业，包括借贷优惠政策、税收优惠政策等，但是女大学生受惠度似乎不足，这或许与政策体系的宣传广度、健全程度和落实程度有关。可能受到创业扶持政策申请难度、申请程序、注册周期等现实问题的影响，女大学生接受创业资助以获得资金的情况并不普遍。此外，缺乏社会网络也是制约女大学生创业的重要因素。与社会人士相比，女大学生的社交范围更窄，社会资源较少，这可能是阻碍她们创业的原因。再者，缺乏社会经验和历练的女大学生对市场动向和创业方向的把握不足，在这种情况下，她们往往难以选择适合自己的创业方向。

表6-1　　　　　　　　女大学生创业障碍因素统计

变量	题项	频数	占比（%）
创业面临的困难障碍	资金不充足	4712	86.65
	没有好的创业方向	3714	68.30
	创业—学习难以平衡	2092	38.47
	缺乏社会关系	3845	70.71
	难以寻找可靠的合伙人	2956	54.36
	缺乏创业知识与技能	3316	60.98
	缺少先进的数字基础设施	1025	18.85
	政策扶持力度不够	475	8.73
	缺乏家人支持	216	3.97
	缺乏创业榜样	200	3.68
	其他	272	5.00

第四节　数字时代女大学生创业行为的影响因素研究

为深入了解中国女大学生创业行为的发展情况，在数字时代背景下，本书抽取了全国31省份的女大学生。通过在线问卷调查和访谈，收集到5438份女大学生的有效问卷。该调查是匿名的，自愿完成。

为确保量表的准确性，问卷由10位创业教育领域的专家，以及有创业经验的个人或组织进行多轮审核和修订。创业行为部分共有4个问题、创业教育部分有8个问题、创业环境部分有4个问题、扶持政策部分有4个问题、成果转化部分有2个问题、信息服务部分有2个问题，均采用5点李克特量表测量，范围从1＝"完全不同意"到5＝"完全同意"。

表 6-2　　　　　　　　　　　　问卷题项

变量	题项
创业行为	我撰写过创业计划书
	我试图获取过外部资金
	我试图开始产品/服务的开发
	我收集了相关市场和竞争对手的信息
创业教育	有完整的大学生创新创业教育培养计划
	创业教师具备创新创业教学素养与能力
	有高质多样的大学生创新创业培训
	创业教育与数字时代结合紧密
	有校内外联动的创新创业实践平台
	校企与校城间有带动性的双创示范基地
	各类大学生创业竞赛的组织实施与联动有保障
	大学生创业竞赛的内容形式丰富多样
创业环境	大学生创新创业有免费孵化空间或租金补贴
	大学生创新创业有科技创新资源开放共享平台
	大学生创新创业有创业失败或风险救助机制
	大学生创新创业有数字技术及基础设施支持
扶持政策	国家对大学生创新创业的财政资金支持力度大
	国家对大学生创业者的减税降费扶持效用大
	大学生创新创业的融资担保政策便利
	大学生创新创业与社会资本对接容易
成果转化	创新创业成果转化机制完善（设有成果转化机构、奖励及培训课程）
	多方支持大学生创新创业项目落地发展
信息服务	创业信息获取数字渠道丰富通畅
	高校创新创业宣传引导及时有效

一　信效度检验

本书使用 SPSS 25.0 进行分析（见表 6-3）。此外，验证性因素分析用于评估研究变量的测量模型。结构的复合信度（CR）超过 0.70，证实了内部一致性信度（Fornell & Larcker, 1981）。构造的平均方差提取值（AVE）超过了建议的 0.50 基准，并证明具有合理的收敛效度（Segars,

1997),表明可以作进一步分析。

表6-3 研究模型的可靠性和有效性(N=5438)

潜变量	测量项(显变量)	标准载荷系数	p	AVE	CR
创业行为	我撰写过创业计划书	0.719	***	0.733	0.916
	我试图获取过外部资金	0.868			
	我试图开始产品/服务的开发	0.923			
	我收集了相关市场和竞争对手的信息	0.899			
创业教育	有完整的大学生创新创业教育培养计划	0.891	***	0.810	0.971
	创业教师具备创新创业教学素养与能力	0.899			
	有高质多样的大学生创新创业培训	0.910			
	创业教育与数字时代结合紧密	0.911			
	有校内外联动的创新创业实践平台	0.902			
	校企与校城间有带动性的双创示范基地	0.896			
	各类大学生创业竞赛的组织实施与联动有保障	0.904			
	大学生创业竞赛的内容形式丰富多样	0.885			
创业环境	大学生创新创业有免费孵化空间或租金补贴	0.903	***	0.843	0.955
	大学生创新创业有科技创新资源开放共享平台	0.925			
	大学生创新创业有创业失败或风险救助机制	0.912			
	大学生创新创业有数字技术及基础设施支持	0.932			
扶持政策	国家对大学生创新创业的财政资金支持力度大	0.923	***	0.821	0.948
	国家对大学生创业者的减税降费扶持效用大	0.914			
	大学生创新创业的融资担保政策便利	0.925			
	大学生创新创业与社会资本对接容易	0.861			
成果转化	创新创业成果转化机制完善(设有成果转化机构、奖励及培训课程)	0.919	***	0.858	0.923
	多方支持大学生创新创业项目落地发展	0.933			
信息服务	创业信息获取数字渠道丰富通畅	0.923	***	0.856	0.922
	高校创新创业宣传引导及时有效	0.927			

注:CR=复合可靠性;AVE=提取的平均方差;*** p<0.001。

二 描述性统计和相关性分析

所有变量的均值、标准差和相关系数见表6-4。创业行为与创业教育（r=0115，p<0.001）、创业环境（r=0.104，p<0.001）、扶持政策（r=0.068，p<0.001）、成果转化（r=0.093，p<0.001）、信息服务（r=0.093，p<0.001）呈显著正相关。相关性分析与我们的预期一致，并为假设提供了初步的支持。

表6-4　　　　　变量均数、标准差和相关系数的矩阵

变量	均值	标准差	创业行为	创业教育	创业环境	扶持政策	成果转化	信息服务
创业行为	2.480	0.903	**1.000**					
创业教育	3.495	0.719	0.115***	**1.000**				
创业环境	3.470	0.716	0.104***	0.774***	**1.000**			
扶持政策	3.498	0.694	0.068***	0.725***	0.789***	**1.000**		
成果转化	3.482	0.725	0.093***	0.689***	0.737***	0.793***	**1.000**	
信息服务	3.476	0.727	0.093***	0.679***	0.714***	0.754***	0.821***	**1.000**

注：***，$p<0.001$。

三 回归分析

从表6-5可知，将创业教育、创业环境、扶持政策、成果转化、信息服务作为自变量，而将创业行为作为因变量进行线性回归分析，结果显示模型公式为：女大学生创业行为=1.963+0.120×创业教育+0.077×创业环境-0.134×扶持政策+0.048×成果转化+0.038×信息服务，模型R^2值为0.017，意味着创业教育、创业环境、扶持政策、成果转化、信息服务可以解释创业行为的1.7%变化原因。对模型进行F检验时发现模型通过F检验（F=18.524，p=0.000<0.05），即说明创业教育、创业环境、扶持政策、成果转化、信息服务中至少有一项会对创业行为产生影响关系。另外，针对模型的多重共线性进行检验发现，模型中VIF值均小于5，意味着不存在共线性问题；并且D-W值在数值2附近，因而说明模型不存在自相关性，样本数据之间并没有关联关系，模型较好。最终具体分析可知：创业教育的回归系数值为0.120（t=4.228，p=0.000<

0.01),意味着创业教育会对创业行为产生显著的正向影响关系;创业环境的回归系数值为 0.077(t = 2.377,p = 0.017 < 0.05),意味着创业环境会对创业行为产生显著的正向影响关系;扶持政策的回归系数值为 -0.134(t = -3.931,p = 0.000 < 0.01),意味着扶持政策会对创业行为产生显著的负向影响关系;成果转化的回归系数值为 0.048(t = 1.439,p = 0.150 > 0.05),意味着成果转化并不会对创业行为产生影响关系;信息服务的回归系数值为 0.038(t = 1.201,p = 0.230 > 0.05),意味着信息服务并不会对创业行为产生影响关系。综上所述,创业教育和创业环境会对创业行为产生显著的正向影响关系,但扶持政策会对创业行为产生显著的负向影响关系,成果转化、信息服务并不会对创业行为产生影响关系。

表 6-5　　　　　　　　　　　　　线性回归分析

	非标准化系数 B	非标准化系数 标准误	标准化系数 Beta	t	p	VIF	R^2	调整后 R^2	F
常数	1.963	0.068	—	29.080	0.000**	—	0.017	0.016	$F_{(5, 5432)}$ = 18.524 p = 0.000
创业教育	0.120	0.028	0.096	4.228	0.000**	2.838			
创业环境	0.077	0.032	0.061	2.377	0.017*	3.606			
扶持政策	-0.134	0.034	-0.103	-3.931	0.000**	3.810			
成果转化	0.048	0.034	0.039	1.439	0.150	4.043			
信息服务	0.038	0.031	0.030	1.201	0.230	3.511			

注:因变量:女大学生创业行为;D-W 值:1.905;* p < 0.05,** p < 0.01。

四 结论与建议

样本数据分析结果表明,创业教育和创业环境对女大学生创业行为具有正向影响。本书从创业教育管理的新视角拓展了相关学者(Zhao et al., 2021;Westhead,2021)的研究。此外,基于现有文献和前人分析,我们推测扶持政策、成果转化和信息服务表现不佳的原因可能包括:(1)性别差异:鉴于与性别差异相关的心理和生理因素,女性不太可能选择创业或进行创业行为;(2)政策实施差异:受到多方面因素影响,扶持政策、成果转化和信息服务在各个省份的实施程度不同，导致这三个因素对女大学生创业行为效果不佳。综上，政府和高校应重视这方面的改革。基于此，本书提出以下建议。

（一）发展针对女性的高质量创业教育

创业教育改革是一项系统工程。创业课程、创业实践、师资力量是创业教育不可或缺的环节（Huang et al., 2020）。因此，高校应设计科学的创业系列课程，传授理论知识，分享创业的成功与失败。

研究表明，学生的认知学习受到非竞争性游戏和模拟的积极影响（Marriott et al., 2015）。因此，需提供科学的创业实践渠道，在校园内开发更多的实践平台，创造商业孵化园，鼓励和支持创业。同时，要加强校企合作，建立校企合作实践基地，让学生亲身体验营商环境，学习实际经营企业的技能。

完善创业课程设计，需要构建优秀的师资体系。Huang 和 Huang（2019）分析了1231所高等院校，指出师资短缺仍然是中国创业教育的局限。此外，最重要的问题之一是缺乏有专业精神的全职教师。这种创业教师的缺乏对教学效果产生了负面影响，中国创业教师的数量并不一致。因此，应加强师资培训（Huang et al., 2020），并采取相应的政策，引进有经验的企业家作为创业教师。研究表明，女性创业榜样可以激励其他女性做出创业选择（Rocha & Praag, 2020）。因此，在聘用教师传授创业知识和技能时，应注意男女教师比例适当，培养创业思想、创业思维和创业精神。

此外，还应该向女大学生提供"全校"的创业教育（Wang, 2015），重点是促进女企业家的创业教育。在不同的领域，男性和女性企业家的个性和动机不同（Sarri & Trihopoulou, 2005）。例如，女性企业家在生存和生活导向的企业中经营相对较好（Neumeyer et al., 2019）。而且，女性成员的参与更有利于创业团队内部的沟通和团队的稳定性（Neumeyer & Santos, 2020）。根据女性的个性优势和兴趣范围进行针对性教育，可以帮助女性更有效地从事创业，从而促进女性创业的发展。

（二）完善女性创业政策

现有研究表明，年龄与创业选择之间存在负相关（Bayon, 2020）。因此，为促进创业，应在学校对学生进行适当的指导和教育，并制定相应的扶持政策。女性在商界的地位不断提升，国家应更加重视她们的发展。虽然创业一直被视为男性的活动，但在创业初期，男女混合创业似乎有助于提高绩效（Mueller & Dato-On，2008）。因此，要加强对女性创业初期的政策支持，帮助她们创业，从而展示女性的创业能力，消除女性不能创业的刻板印象。

然而，仅靠教育和培训不足以在政策层面改善女性创业环境。更重要的是，从创业生态系统中的利益相关者和制度环境入手（Foss et al.，2019）。作为创业生态系统的主要组成部分之一，大学提供教育资源，其主要职责是教育和引导潜在的创业者。高校有能力和义务成为学生与外部商业实体之间的纽带。它可以帮助学生创业者联系商业创业沟通渠道，搭建有效的创业平台（Fetters et al.，2010）。

国家政策应相应地支持女大学生，为她们提供资金支持和保障。此外，优化和评估女性创业者的营商环境，了解和满足女性创业者的内在需求，营造社会整体创业氛围，加强妇女权益保护，减少对妇女创业的偏见。政府应建立女性包容性创业政策，以及专门针对女性特别是女大学生的孵化平台、创业教育平台、创业促进平台，采取多种方式增强女大学生创业信心，增强创业政策对女大学生创业的支持作用，提高政策对促进女大学生创业的有效性。加强税收政策宣传，通过数字政务平台进行宣传和推广，实现优惠政策精准到达每一名女大学生手中。持续加强纳税辅导，改进优化减税降费服务，有针对性地研究解决影响大学生创新创业项目发展的薄弱环节和堵点难点。同时，对于符合申请条件的女大学生给予一定的财政和税收支持，给予一次性创业补贴。

(三) 促进高校成果转化和信息服务升级

相关部门应积极支持高校科技成果转化，尤其是女大学生的科技成果转化，促进高校科技成果和女大学生创新创业项目落地。鼓励高校建设技术转移服务机构，重点加大对女大学生创新创业成果的推广力度。设立女大学生创新创业知识产权维权援助中心，组建专业维权志愿服务团队，加大对女大学生双创知识产权保护的研究和培训。此外，女大学生创业指导服务体系，为女大学生创业实行持续帮扶、全程指导、"一站式"服务。做好女大学生创业项目的跟踪、服务，积极举办女大学生创新创业项目需求与投融资对接会。

第五节　本章小结

女大学生是女性创业的生力军。本课题通过问卷调查，为数字时代女大学生创业提供了详细的证据，为其他创新创业教育研究者提供了一个新的视角。本章从女大学生的群体角色出发，分析了女大学生创业的内涵、特征、影响因素、障碍和创业意愿，从整体上把握中国女大学生创业的现状和特征。本章的问卷调查结果表明，制约女大学生创业的因素主要包括：资金不充足、缺乏社会关系、没有好的创业方向、缺乏创业知识与技能。这意味着政府可以从女大学生的创业启动资金、社会资源整合、创业方向指导、创业知识与技能普及的角度制定政策，完善女大学生创业政策体系，促进女大学生积极创业。此外，高校在创新创业教育上也应该进行一定的革新，针对女大学生的创业课程、创业实践、创业比赛和创业师资均需到位。早期的研究表明（魏国江，2020），资金是制约大学生创业的一个重要因素，本章印证了这一结论。对于女大学生而言，她们创业所需的启动资金可能源于亲人、朋友，这在一定程度上制约了她们创业的规模和方向。虽然国家开始出台政策帮扶女大学生创业，但由于受到创业扶持政策申请难度、申请程序、注册周期等现实问题的影响，女大学生接受创业资助以获得资金的情况并不普遍。较少接触社会的女大学生难以拥有广阔的社交网络和人脉资源，因此缺乏社会网络也成为一大制约因素。此外，创业知识和技能对大学生创业来说尤为重要，这些知识和技能可以通过创业教育掌握。传统的创新创业教育侧重于传授个人知识，而现在则侧重于行动和在实践中学习（黄兆信，2020）。随着女大学生在创业过程中的进步，她们从以知识为基础的、知识为导向的课程转向了更多的应用课程。创新创业教育要求教师具有广泛的理论知识和丰富的社会工作经验。在中国，大多数高校将创新创业课程作为管理课程的延伸，对创业实践缺少关注，因此高校的创新创业教育需要相应改革。

创新创业教育对社会经济的发展和学生个体的成长具有重要意义。研究女大学生的创业现状，剖析她们创业的障碍因素，才能进行进一步改革。此外，有学者指出，创新创业教育可以提高自我效能感（Mukesh et al. , 2020），即创业者在创业过程中能够合理控制消极情绪，将压力转化为动力，这对女大学生创业非常有利。因此，政府管理者应致力于完善创新创业政策保障体系，高校应着力完善创新创业教育，革新创业课程。在知识经济日益丰富的创新创业新时代，破除创业障碍是一个十分重要的命题。

第三篇

数字时代女性创业异质性研究

第七章

女性返乡创业者的决策逻辑与行动过程

第一节 研究背景与目的

在乡村振兴战略的大背景下，中国出台了一系列促进农村创业创新的政策，鼓励农村通过创业带动就业，从而推动经济的提升。返乡创业成为一种趋势，也成为中国当前乡村振兴战略中的重要内容。与此同时，近年来受新冠疫情影响，城市部分行业需求下降导致部分外出务工人员无法复工，促使了更多的农民工返乡创业。女性作为返乡创业人才中的一大主体，开始发挥出一股强大的"她力量"，甚至引起一股"女性创业"的时代热潮，当返乡创业成为创业研究领域的重要话题时，女性返乡创业研究也得到越来越多人的关注。

女性在乡村振兴中的独有力量应尽可能地得到发挥。然而，现实中女性在返乡创业的过程中面临着来自家庭、社会、农村发展程度、自身教育程度等多方面因素的阻碍。张敬伟等（2022）以43个农村女性创业案例为样本，采用扎根理论对中国农村女性创业者在身份构建过程中所遇到的问题进行了研究。刘霞（2014）从生命历程视角探讨女性农民工在"辍学（初中毕业）—打工—返乡—结婚"人生轨迹中所遇到的选择和规制。何晓斌和柳建坤（2021）基于资源依赖理论，探讨政府支持对返乡创业的影响。王转弟和马红玉（2020）借鉴人才生态系统理论，从创业环境与创业精神双重视角，探讨农村女性创业绩效的影响机理。聚多方力量，调动更多女性参与到返乡创业中是推进乡村振兴、缓解就业压力、促进经济发展的重要举措。

当前,在良好创业环境和"互联网+"的助推下,国家及相关部门在女性返乡创业上实施了一系列的政策,越来越多的女性愿意将返乡创业作为自己的未来选择。叶婷和陈丽琴(2021)提出助推农村女性创业不仅能够帮助农村女性实现经济以及精神上的双独立,更能够促进乡村振兴战略的长远发展。2021 年,全国妇联为引领广大妇女顺应"互联网+"的新趋势,在广大城乡妇女中开展"创新创业巾帼行动"。同年 9 月,国务院发布《中国妇女发展纲要》(2021—2030 年),其中提出要大力培养女性科技人才,女性高中阶段教育毛入学率要达到 92% 以上,促进女大学生和妇女就业创业。同时,各省也大力推进"她经济"下的女性返乡创业热潮,如浙江省妇联联合多个部门共同印发《2022 年浙江省巾帼科技创新工作要点》、四川省人民政府办公厅印发《促进返乡下乡创业 20 条措施》、海南省举办自贸港女性创新创业大赛、河北省妇联推进"乡村振兴巾帼行动"等。

当前,越来越多的学者关注到女性在返乡创业中的关键作用。本章认为,从已有的经验中进行总结提炼,研究女性返乡创业者的决策逻辑与行动过程,为未来更多的返乡创业女性提供可供参考的鲜活例证和经验总结,这将对返乡创业的女性实现其自身价值、带动农村经济提升和城镇一体化发展具有重要意义。

第二节 理论基础和文献综述

党的十九届五中全会提出到 2035 年"全体人民共同富裕取得更为明显的实质性进展"的目标。其中,农业、农村和农民的问题是关系国计民生的根本性问题,是全党工作的重中之重,更是实现这一目标的重要一环。现在,中国已经实现了农村贫困人口整体脱贫,"三农"工作重心转向了全面推进乡村振兴、加快农业农村现代化。2021 年 3 月 15 日,由农业农村部、退役军人事务部、全国妇联联合召开的全国推动返乡入乡人员创业就业工作视频会指出,2020 年返乡入乡创业创新人员累计达到 1010 万人。与此同时,他们所涉及的行业也不再像过去只是"种、养、加"模式,还融入乡村旅游、休闲农业、文体体验、健康养老、电子商务、人工智能、大数据等新产业、新业态（栗战书，2021），这为促进当地产业结构调整、经济社会大局稳定作出了积极贡献。在这一群体中，女性因为家庭需要、个人生存问题或者自我实现需要等因素也会选择返乡创业。但是，性别刻板印象威胁、"男耕女织"的社会观念、家庭—创业平衡等问题抑制了女性返乡创业的积极性，从而导致"高高兴兴开业—勉勉强强支撑—凄凄惨惨关张"的现象时有发生（曹宗平，2018）。尽管如此，相较于男性，女性具有亲和力的关怀型领导风格、应对高度不确定性的"变革心智"和独特的风险控制能力等天然优势（杨静、王重鸣，2013），在创业队伍中也可独树一帜。此外，与传统农村女性不同，女性返乡者通过在外务工、上学、经商等活动积累了一定的经验和人脉，她们在创业过程中往往会应用更加先进的思想和管理理念。这既为自己谋得经济利益奠定了基础，又为乡村振兴发展注入了活力。

在国内"返乡创业潮"的影响下，很多学者对返乡创业问题进行了研究，主要集中于内涵、动因、模式、绩效、障碍等方面。但是，国内返乡创业研究主要以农民工、大学生、青年等群体为主，针对返乡女性群体的研究较少，女性返乡创业的研究内容不够深入。与此同时，从定性角度挖掘女性返乡创业决策逻辑的理论构建有待加强。在现有的国内外研究中，对创业者决策逻辑的形成机制探索非常有限，更多的是探索其后端影响因素（Chetty et al.，2015），而且研究结论也存在不一致性。在中国情境下的创业决策逻辑研究更是基本为空白（邹欣、倪好、叶映华，2016），相关实证研究较少。因此，探寻女性返乡创业决策逻辑，把握她们的创业现状，是实施乡村振兴战略的重要课题。

本章从一个动态视角出发，基于创业决策理论，以央视《致富经》栏目中的30个女性返乡创业案例为样本，通过多案例研究探究不同阶段返乡创业女性的决策路径，挖掘女性返乡创业者的决策逻辑与行动过程，建立女性返乡创业者决策理论框架，并就女性返乡创业问题提出相关的政策对策和建议。需要说明的是，本章研究数据是从央视《致富经》栏目获得。CCTV具有权威性，能够保证所报道资料的真实性和完整性。此外，选择《致富经》及CCTV其他栏目用于学术研究已有先例，如潘安成等（2014）以20个农业创业故事作为研究样本，运用扎根理论方法探析创业者如何在创业实践中运用交情行为获取创业机会；刘伟等（2018）

选取央视《致富经》栏目中的 6 个农民创业实例作为样本，运用扎根理论方法探析从农民创业到农业创业的跃迁过程等；陈寒松等（2020）以央视《致富经》栏目中的 12 个农业创业案例为样本探讨农业创业者从失败到重启的内在机制。因此，本章对女性返乡创业的研究有着重要的理论意义和现实意义。

第三节　多案例研究法

一　多案例研究法的适用性

本章采取多案例研究方法。一方面，本章的研究对象是处于真实生活中正在发生和变化着的客观现象，涉及丰富的背景性条件、多重的证据来源以及"如何"和"为什么"的问题（曾亿武、郭红东，2016），而案例研究是探讨情境化较为恰当的研究方法（王扬眉、梁果、王海波，2021）。另一方面，多案例理论建构特别适用于新的研究领域或者那些现有理论似乎不足的研究领域，且具备新颖、可检验和实证效度的优势。与此同时，由于所研究的文本内容多而散，故本章还借鉴"实践—理论"的扎根式研究路径，通过三级编码将案例资料精简并转化为范畴，在高情境下提炼和发展概念研究"过程"类问题（陈晓萍等，2012），提炼出较有说服力的理论框架。

二　案例选择

鉴于研究创业活动通常需要挖掘创业者经历，识别重要且独特的组织或个体行为模式，而公开报道的案例通常聚焦于非常规决策（张敬伟、裴雪婷，2018）。故本章从由 CCTV 公开报道的《致富经》栏目中筛选样本、搜集数据。与此同时，为保证理论抽样的严谨性与数据的可得性，本章在案例选择过程中遵循以下原则：首先，以"女性"和"返乡创业"为关键词筛选《致富经》视频对应的文本数据（与视频报道完全对应），对《致富经》近一年的节目进行整理，共搜集到 45 个。其次，回顾案例，进一步筛选出重复、资料不完整以及非案例介绍资料。最后，详细阅读每一个案例，遵循理论抽样原则，在此选取适用于本章的样本，主要兼顾以下原则：①保证案例故事的返乡创业研究已经取得部分成果；

②为保证案例的外部效度，所选取案例需满足涉及多种产业和所在地区分布较广的特点；③为保证创业经历的完整性，所选案例创立时间均在3年以上。综上，共获得符合条件的女性返乡创业案例30个，并针对案例主人公对相关数据进行搜集，其基本信息如表7–1所示。

表7–1　　　　　　　　案例基本信息

序号	代码	返乡创业时间	地区	返乡创业行业	返乡创业前职业	创业结果
1	CGX	2017	海南	水产养殖、食品业	经商	共同富裕
2	WSY	2014	海南	食品业	经商	共同富裕
3	YLX	2015	贵州	养殖业、种植业	经商	共同富裕
4	ZJQ	2013	福建	种植业	经商	共同富裕
5	YYT	2015	贵州	种植业	在外务工	共同富裕
6	YHL	2010	河南	养殖业	外企职员	共同富裕
7	FSY	1993	重庆	养殖业	摆地摊	共同富裕
8	RXQ	2009	重庆	种植业	在外务工	共同富裕
9	LDP	2013	浙江	水产养殖业	国企职员	共同富裕
10	LY	2017	湖南	种植业	家庭主妇	共同富裕
11	XY	2009	北京	养殖业、种植业	企业职员	共同富裕
12	GQ	2011	辽宁	水产养殖业	企业职员	共同富裕
13	LHY	2009	湖南	养殖业	经商	共同富裕
14	LBH	2016	广东	种植业	家庭主妇	共同富裕
15	WXP	2016	广西	食品业	法院职员	共同富裕
16	ZSF	2010	江西	水产养殖业	集团经理	共同富裕
17	WYX	2012	江西	养殖业	餐厅服务员	共同富裕
18	MGQ	2015	云南	养殖业	在外务工	共同富裕
19	MJ	2017	甘肃	食品业	硕士研究生	共同富裕
20	RSN	2013	浙江	种植业	海外工作	共同富裕
21	HXJ	2003	陕西	种植业	经商	共同富裕
22	LJ	2006	湖北	种植业	经商	共同富裕

续表

序号	代码	返乡创业时间	地区	返乡创业行业	返乡创业前职业	创业结果
23	LAJ	2014	陕西	种植业	企业职员	共同富裕
24	SLJ	2014	浙江	种植业	企业职员	共同富裕
25	SH	2002	辽宁	种植业	家庭主妇	共同富裕
26	LSY	2012	云南	养殖业	在外务工	共同富裕
27	ZQQ	2014	山东	种植业	企业职员	共同富裕
28	LYY	2013	广西	种植业	外企职员	共同富裕
29	SZC	2008	云南	养殖业	在外务工	共同富裕
30	ZY	2008	上海	种植业	商场销售员	共同富裕

注：共同富裕意指女性返乡创业者既实现个人利益，也带动他人致富。

三 数据编码与数据分析

为保证研究的信度和效度，本章严格遵循扎根理论范畴归纳和模型构建步骤，将 Straussian 风格的一整套系统而具体的编码技术（毛基业、苏芳，2019），作为数据处理程序，具体包含问题界定、案例选择、数据库建设、多渠道数据收集、数据整理、三级编码、理论抽样、理论饱和、结论与发展 9 个步骤。对于存在争议的概念和范畴，在征询创业研究领域专家意见的基础上，进行修订和删减，以避免编码者的主观随意性，提高编码的客观性。

第一步，开放式编码。开放式编码主要包含以下三个步骤：贴标签—概念化—范畴化，即研究者首先以开放的态度对所收集的资料贴上标签后，对资料进行概括形成新的概念，最后再作进一步提炼和归类形成更完整的范畴。基于此，本章尽量排除个人预设和偏见后，首先梳理访谈资料中与返乡创业有关的现象并贴上标签，其次将反映同一类现象的标签总结成相应的概念，然后对每个概念进行归纳后形成相对应的范畴。首先，从原始语料中抽象出 94 个概念并提炼出 30 个核心概念，最后，将这些零散的概念进行比较和提炼，最终形成 12 个范畴，具体如图 7-1、表 7-2 所示。

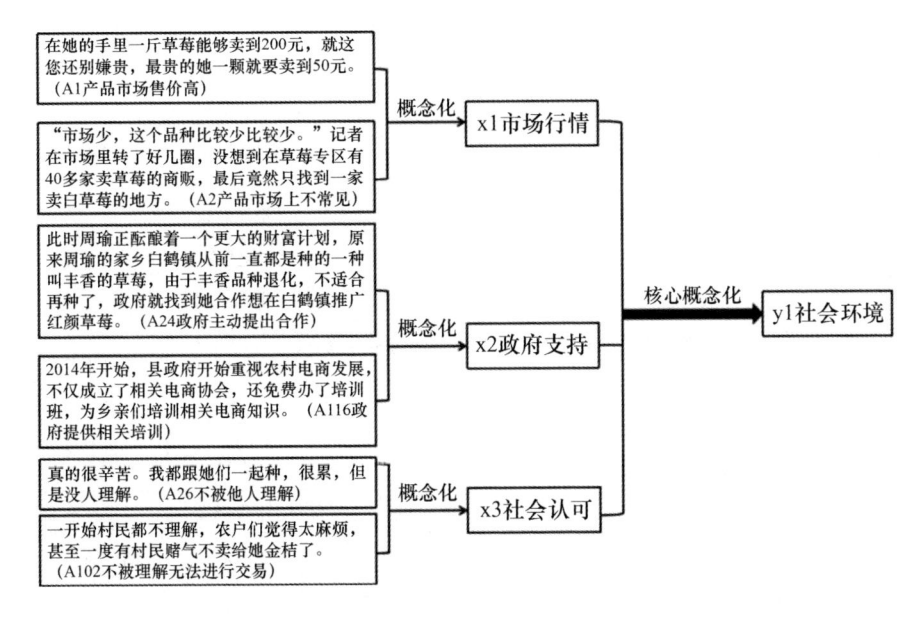

第七章 女性返乡创业者的决策逻辑与行动过程 / 177

图 7-1 开放式编码范畴化（示例）

表 7-2 变量简要释义一览

序号	初始概念	核心概念	范畴
1	返乡创业	返乡创业	返乡创业
2	家人需要照顾、需要继承家业	家庭需要	生活环境
	家庭发生变故、意外事件	突发事故	
3	维持生计	生存动机	创业动机
	抓住商机、自我实现	价值动机	
	改变家乡现状、改变产业现状、文化传承	使命动机	
4	自然地理优势、自然灾害	自然环境	创业环境
	市场行情、政策环境、政府支持、性别刻板印象、新旧观念的碰撞、支持度、社会认可、硬件设施、互联网发展	社会环境	
5	坚韧、顽强、刚柔、严厉、认真	性格	创业者特质
	有抱负、舍己为人、坚持创业	创业情怀	
	生活经历、童年经历	个人经历	
6	父母施压、被家人情绪影响	家人召唤	家人召唤

续表

序号	初始概念	核心概念	范畴
7	发现商机、洞悉市场环境、机会评价、机会搜索	机会识别	因果推理
	四处打探、向他人请教、技术引进、电视学习、网络学习	利用式学习	
	通过家人、朋友等熟人获取资源	资源获取	
8	自己钻研	探索式学习	效果推理
	通过商业伙伴、合作者、供货商搭建战略联盟	先前承诺	
	创造价值、提升产品价值理念、研发包装、技术升级、设备升级	创新	
	承担风险、风险倾向、冒险决策	风险承担	
	主导市场、主导消费者、积极采取措施	先导	
9	强关系、行为榜样	社会资本	创业资本
	创业前个人积蓄	金融资本	
	工作经验、个人能力、个人知识水平	人力资本	
10	农村合作社、创业孵化平台、绿色种植、资金补贴、跨区域扶持、打造扶贫车间、开启扶贫项目	扶贫模式	创业模式
	电商平台、线上销售、新媒体运营	数字化模式	
	质量控制、生产流程化、商业规范化、示范推广、客户引流、商业宣传、销售种类、对接终端市场、以顾客为中心	一般经营与管理模式	
11	生产成本、租金、运输成本、包装成本、销售成本	经营成本	创业成本
	辞职创业、舍近求远	机会成本	
12	个人经济利益、个人社会地位	个人利益	创业收益
	带动就业、实现增收、带动家乡脱贫致富	社会利益	

第二步，主轴编码。主轴编码是将被分割的代码重新恢复成连贯的整体。为厘清各范畴之间的逻辑关系，Strauss 提出在开放编码的基础上通过主轴编码形成类属、属性和维度，发展并检验各类属之间的关系。依据"条件—行动/互动—结果"的逻辑关系（王扬眉等，2021），通过编码范式模式分析开放式编码形成的 11 个初始范畴之间的内在联系，将其纳入一个更大的类属，并根据不同范畴之间的因果逻辑次序重新归类，共找出 3 个主范畴，如表 7-3、表 7-4 所示。

表 7-3　　　　　　　　　　　主轴编码结果

副范畴（逻辑主线）			主范畴
条件	行动/互动策略	结果	
创业环境、生活环境、创业特质（个人经历、创业情怀）、创业动机	因果推理（机会识别）、家人召唤	返乡创业	返乡创业抉择阶段
创业环境、生活环境（突发事故）、创业特质（性格、创业情怀）、创业资本、创业动机	效果推理（先前承诺、风险承担）、创业模式（一般经营与管理模式、数字化模式）、因果推理（利用式学习、资源获取）	创业收益（个人利益）、创业成本	返乡创业起步阶段
创业环境、生活环境（突发事故）、创业成本、创业资本、创业动机	效果推理、因果推理、创业模式	创业收益	返乡创业发展阶段

表 7-4　　　　　　　　　　　　轴心编码

主范畴	对应范畴	范畴内涵
返乡创业抉择阶段	创业环境	自然地理优势和市场行情构成创业环境的关键要素，是女性选择返乡创业的前提条件
	生活环境	返乡创业者所面临的照顾家人、家庭债务危机、继承家业、意外事件等生活环境，是女性选择返乡创业的前提条件
	创业特质（个人经历、创业情怀）	返乡创业者的创业情怀以及对个人的经历构成了创业者特质的关键要素，是女性选择返乡创业的前提条件
	创业动机	返乡创业者所形成的生存动机、价值动机、使命动机是构成创业动机的关键要素，是女性选择返乡创业的内驱动力
	因果推理（机会识别）	在创业动机的驱动下，创业者便会通过机会识别发现商机从而做出返乡创业的选择，是女性选择返乡创业的决策逻辑
	家人召唤	由于生活环境发生变故，家人施压或者被家人的举动所感动，女性选择返乡创业，是女性选择返乡的决策逻辑
	返乡创业	在内外因素的影响下，女性做出返乡创业的决定，是女性返乡创业抉择的最终结果

续表

主范畴	对应范畴	范畴内涵
返乡创业起步阶段	创业环境	自然灾害、市场行情、政策环境、性别观念、社会认可、硬件设施等构成创业环境的关键要素，是女性返乡创业起步阶段的前提条件
	生活环境（突发事故）	创业刚起步，女性返乡创业者有可能会面临种种意外事件，而阻碍了她们的创业进程，是女性创业返乡起步阶段的外部条件
	创业特质（性格、创业情怀）	返乡创业者的创业情怀和个人认知构成创业者个人特质的关键要素，是创业起步阶段的前提条件
	创业资本	返乡创业者所拥有的社会资本、金融资本和人力资本构成创业资本的关键要素，是返乡创业起步阶段的前提条件
	创业动机	返乡创业者所形成的生存动机、价值动机、使命动机是构成创业动机的关键要素，基于创业动机在起步阶段作出相应的决策，是女性返乡创业起步阶段的前提条件
	效果推理（先前承诺、风险承担）	当面对不利环境时，女性返乡创业者既承担风险、冒险决策，也通过商业伙伴、合作者、供货商搭建战略联盟，是返乡创业起步阶段的决策策略
	因果推理（利用式学习、资源获取）	返乡创业者通过利用式学习积累创业知识、经验，通过家人、亲戚、朋友等熟人获取资源，是创业起步阶段的决策策略
	创业模式（一般经营与管理模式、数字化模式）	返乡创业者面临的条件，通过因果推理或者效果推理获得创业资源后，开启一般经营与管理和数字化的创业模式创业活动，是创业起步阶段的行动
	创业收益（个人利益）	返乡创业者在形成阶段中主要以获得个人利益为主，是创业起步阶段的结果
	创业成本	随着创业过程的不断进行，产生的经营成本和机会成本也随之而来，是构成创业成本的关键要素，是创业起步阶段的结果

续表

主范畴	对应范畴	范畴内涵
返乡创业发展阶段	创业环境	自然环境、市场行情、政策环境、硬件设施等构成创业环境的关键要素,是创业发展阶段的外部条件
	生活环境（突发事故）	女性返乡创业者发展过程中可能会面临种种意外事件、家庭变故等事故,是女性创业者返乡发展阶段的外部条件
	创业成本	随着创业过程的不断进行,产生的经营成本和机会成本也随之而来,是构成创业成本的关键要素,影响着创业发展,是创业发展阶段的前提条件
	创业资本（社会资本）	返乡创业者所拥有的社会网络关系是构成创业资本的关键要素,是返乡创业发展阶段的前提条件
	创业动机	返乡创业者所形成的生存动机、价值动机、使命动机是构成创业动机的关键要素,基于创业动机在发展阶段作出相应的决策,是女性返乡创业发展阶段的前提条件
	效果推理	返乡创业者通过探索式学习、先前承诺、创新、风险承担、先导等获得创业知识、资源和技术等,是创业发展阶段采取的决策策略
	因果推理	返乡创业者通过利用式学习积累创业知识,通过家人、亲戚、朋友等熟人获取资源,是创业发展阶段采取的决策策略
	创业模式	受创业条件的影响,创业模式需要不断进行调整,在先前的创业模式基础上又产生了新的创业模式,是创业发展阶段的行动
	创业收益	随着创业过程的不断进行,返乡创业者除了获得个人利益外,还为社会带来了效益,是创业发展阶段的结果

第三步,选择式编码。选择式编码的步骤包括:明晰故事线、描述主次类属及其相关维度属性、建立核心和其他类属间的联系(刘忠宇、赵向豪、龙蔚,2020)。基于此,本书通过反复比对各个主范畴之间的关系,凝练出核心范畴"女性返乡创业决策逻辑与行动过程"以统括全部译码结果,具体分析见本章第四节。

第四节　研究发现与意义

本案例研究在扎根理论的指引下，对数据进行收集与整理，通过三级编码过程（表7-3），凝练出核心范畴"女性返乡创业决策逻辑与行动过程"，故事线如下：首先，如图7-2所示，阐释了女性为什么选择返乡创业。其次，通过图7-3描绘了女性返乡创业起步阶段的决策逻辑与行动过程。最后，展现了女性返乡创业者在创业发展阶段的决策逻辑与行动过程，如图7-4所示。

一　女性返乡创业抉择阶段

首先，女性是否选择返乡创业，既取决于外部环境，又取决于个人的创业动机和特质。由于家庭需要或家庭发生变故，为了更好照顾家人、维持生计，她们通过机会识别发现商机后选择返乡创业。例如，主人公LAJ因为父亲生病返乡，返乡后鉴于家里的果园没人打理，以及为了赚更多的钱给父亲治病而选择接手家里的果园，开始创业；此外，在这样的生活环境下，女性返乡创业可能没有涉及相关决策推理，而是在家人的施压或者被家人的举动所感动而选择返乡创业。"为了不让父母离婚，家庭破裂，她决定辞职回家养猪"（XY）；"看着躺在病床上的父亲再次请求（继承家业），她就想来一个缓兵之计，等过完年拍屁股走人"（LJ）；"眼看着公公岁数越来越大，经营也越来越力不从心，她决定与丈夫一起替公公还债"（GQ）；"一个老头家，爬高爬低，作为女儿来说，心里肯定是不舒服的，心里特别心疼，看到这一系列，下定决心了，我不忍心再看到我爸爸爬高爬低的样子"（YHL）。

其次，良好的创业环境让女性嗅到商业机会。为了追求财富、实现自我价值，她们通过对机会的识别、搜索和评价后而选择返乡创业。"这次回家让她有了新发现……她从这种家乡常见的产品中看到了机会，她想把家乡这种常见的鱼干做成大生意"（CGX）；"互联网其实是一个契机，所以我觉得自己不能再等了，一定要回来"（LYY）；"她却认为随着现代生活节奏加快，会炸花馃馃的年轻人越来越少，如果将花馃馃这种具有当地特色的小点心，进行标准化和规模化生产，应该很有前景"

(MJ);"当地很多农户都是小作坊生产传统土糖,她进行考察,并把全国各地传统土糖做了对比"(WSY)。与此同时,女性返乡创业者心怀抱负、舍己为人,不光为了追求个人财富,也希望通过自己的努力带动乡亲致富、推动家乡发展。所以,这样的使命动机也推动她们做出返乡创业的决定,"为了打破自己过去舒适安逸的生活,在了解到夫家有意向投资开办酸菜制品厂,她立即想到乡亲们还未打开致富大门,所以她想抓住这次商业机会"(LBH)。

最后,个人的经历也会影响女性做出返乡创业的抉择。她们的生活经历和童年经历让她们渴望改变自己的命运,过上幸福生活。"她心里憋着一股劲,想回老家做出点成绩,让大家看看,很快她辞掉工作,回了L县"(LSY);"就是圆自己年轻时的一个梦。因为我觉得好多少女可能都有这样的一个梦想和情结,也都想有一片果园是属于自己的,在自己的农场里面荡秋千,吃着自己农场里面产的水果那是不一样的"(HXJ);"传统的土法制糖在她的童年记忆中尤为深刻,她从小就和父亲学习传统制糖的手艺,她既不想让父亲的手艺失传,又在这传统土法制糖当中看到了商机"(WSY);"从小看着我爸养鱼,然后被台风打掉了,损失殆尽,家庭在起起落落过程当中,我当时就想我必须得改变这种状况"(LDP)。

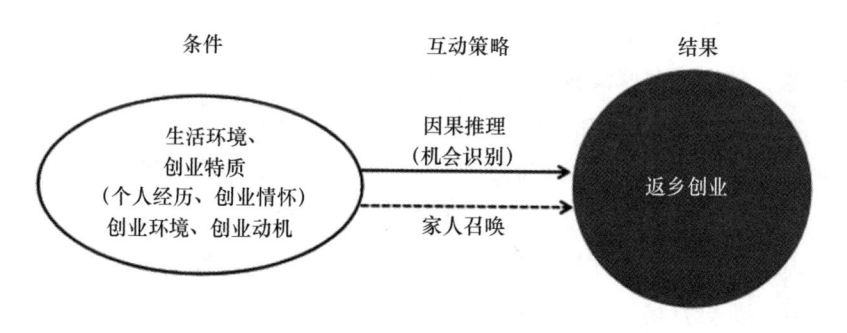

图 7-2 返乡创业抉择阶段

二 女性返乡创业起步阶段

返乡女性选择创业后,需要进一步考虑如何创业。首先,创业特质是她们坚持创业的基础。特别是处于不利环境时，如遇到突发事故、由于性别刻板印象和传统观念不被支持和认可，她们可以凭借坚韧、勇敢、好强的性格以及创业情怀，咬紧牙关继续坚持。"前脚刚遭遇父亲离世的打击，后脚养鸡不成又背上欠款。这时家人都劝她别再折腾回去上班，可没承想她非但没走，还决定留下来继续养鸡"（LSY）；"她非要回到老家的山沟沟里创业，辞职回家的第一天晚上，母女俩就大吵了一架。'我说你其实不用给我讲道理，道理我都懂，不用讲，如果说我要留（在大城市），我肯定留'"（LYY）。

其次，女性返乡创业者的经营范围为农业原始产品，行业发展较为成熟，有明确需求的稳定市场，产品标准、技术范式较为明确。在这样相对稳定的创业环境下，心怀创业情怀的返乡创业者可以遵循因果推理，以实现创业动机为导向积极地做出决策。她们利用人脉、积累的知识和个人储蓄，通过利用式学习获取创业知识，或者通过社会资本资源获取创业资源，推动创业进程。"2014年，她感觉到知识的重要性，报名函授及读夜校学习工商管理"（CGX）；"向亲戚朋友借了30多万元，进了2000只鸡苗，开始养殖七彩山鸡"（SZC）；"在大学的专业叫社会管理学，调研和分析统计都是她擅长的。回国之后，她对自家农场的经营进行了梳理统计"（RSN）；"拿出自己工作十几年来的积蓄流转土地建基地"（SLJ）。但是，"天有不测风云"，当遭遇自然灾害和突发事故的时候，她们可以通过求助家人、朋友等熟人获取资源。"厂房外面的山坡倾塌下来，整个鸡舍就没有了。她找了亲戚、朋友借钱，又重新投入建起了三座钢筋混凝土结构的新厂房"（LHY）；"合伙的朋友提出要撤资，这个时候撤资对于她来说简直就是一场灾难。父亲的鼎力相助让她重获信心，父女俩四处筹措，总共凑了500多万元"（SLJ）。

与此同时，创业环境中市场和资源的双重不确定性、社会的不支持与不认可都会打得女性返乡创业者一个措手不及。但是，她们可以基于效果推理，积极地通过熟人、商业伙伴、合作者、供货商搭建战略联盟。"村民们谁也不相信一个刚毕业的女娃娃，没人愿意跟做花楪楪，她就干脆以帮忙为由头，喊来了几位亲戚。为了表达谢意，还承诺一人一天给50元的报酬"（MJ）。"几天下来没卖出几筐葡萄，这个温柔少语的农家媳妇急中生智，想出了一个办法，她提着葡萄主动去找当地的两三个经销商,提出可以比市场价低1—1.5元钱一斤,把葡萄卖给他们,但有一个条件就是经销商必须到她的车前现场点货验货提货"(SH)。

最后,在一系列决策互动的基础上,女性返乡创业者陆续开展了不同模式的创业,从而带来不同的创业结果。基于马斯洛需要层次理论,在创业形成阶段,不论女性心怀何种创业初心,她们首先实现的是个人收益,保证最基本的需求得到满足。"她创业才一年,就把当时红颜草莓卖到了50多元,实现了年销售额上百万,还将基地扩大到了100多亩"(ZY);"2015年,她回乡踏上了蔬菜种植之路。经过不断努力,她先后投资500多万元打造高规格标准化大棚蔬菜基地,并在2017年成立了农业开发有限公司"(YYT)。但是,创业环境的不稳定、突发事故时有发生,这使得她们创业刚起步的结果总是不那么尽如人意,当产生的创业成本高于创业带来的经济收益时,女性返乡创业者就会陷入困境,甚至破产。"果跟果之间造成一个挤压,然后出现这个果的一个破损,给客户的体验感非常不好,顾客就暂时中断了跟她的一个合作。她赔光了积蓄,身无分文,一时间成为村里人笑话的对象"(LYY);"出栏的时候,她却蒙了,2000只鸡,只卖出了300只。七彩山鸡价格高,养殖时间短,养殖户们饲养4个月,一只就可以卖到60多元。她为了让鸡肉的口感更好,把养殖时间延长到了8个月,定价120元一只。可是,这场悬殊的价格战,打得她血本无归"(SZC)。

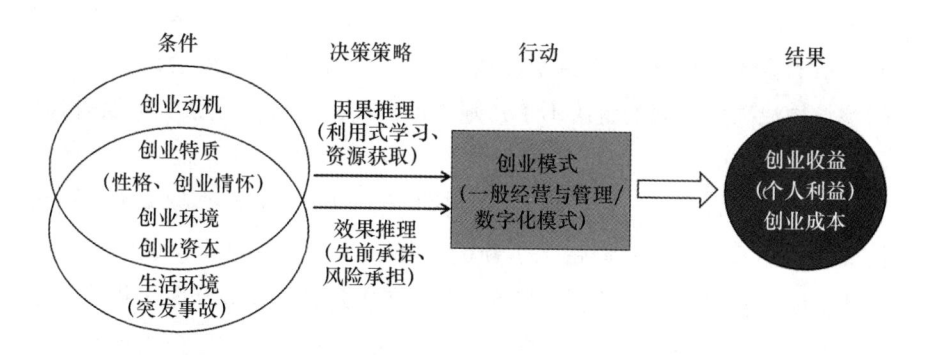

图7-3 返乡创业起步阶段

三 女性返乡创业发展阶段

随着创业进程不断推进,女性返乡创业者既有可能实现创收,也有可能面临巨额的亏损。她们该如何继续?是一切按部就班?还是寻求变革?

对于实现创收的女性,她们顺势而为,不断调整自己的创业模式,以谋求更好的发展。基于效果逻辑,她们探索式学习发掘新技术、抢占先机主导市场、担风险、不断创新,"她发现在市场上葡萄酒的品牌很多,作为一个全新的生产厂家,想要异军突起就要剑走偏锋,在细分领域做出特色才能脱颖而出。'因为在做葡萄酒的时候,国内比较知名的大品牌太多了,但如果你想做自己真正的品牌,做自己独特的东西,你一定要变革求新,做属于自己的东西'"(SH)。基于因果逻辑和利用式学习获取创业知识,"为了了解葡萄酒的制作工艺,她特意跑到山东住了一个月。请教专家关于葡萄酒酿造的技术,又去欧洲的酿酒厂参观学习"(SH)。

当面临巨额亏损、进退两难的时候,她们凭借坚韧、勇敢、乐观的心态,挺过难关,扭亏为盈。基于效果推理理论,创业者可以基于手段导向,将现有的资源和手段作为创业过程的输入,积极地与熟人和意外遇到的人联络,在可以承担损失的范围内,自主选择和构建战略联盟。"B区出台养殖行业的腾退政策,她要面临的就是不能养猪养羊,这样就会丢失一部分客户资源,她在内蒙古发现了新的肉类供应基地,逐渐打开了新的市场"(XY);"由于金橘皮薄,稍经剐蹭果皮就会破掉,包装问题与物流高成本问题解决不了,她主动和物流商建立联系、洽谈合作"(LYY)。在 2020 年新冠疫情暴发之际,许多实体店难以维持基本的运营。数字经济时代下,直播带货、社区团购、电子商务平台等线上销售模式给女性返乡创业者们带来了新的选择。基于因果逻辑,她们挖掘创业环境中的新机会,调整创业模式。"当许多菇农还在为仓库里积压的银耳发愁时,53 岁的她自学直播带货,把冻干银耳羹卖成了'网红'产品"(ZJQ);"疫情期间,她的一天是如何度过的呢?其实早在采摘的前一天晚上,她已经布置好了第二天的全部工作,统计好线上店铺的订单"(ZY)。

最终，随着创业渐入佳境、不断增收后，她们还会主动响应党的政策号召，涌现出一批创业孵化和扶贫平台。扶贫模式的应运而生既提高了个人的经济利益，又提升了当地就业率与创业率，带动家乡脱贫致富。"2016 年以来，她积极响应党中央打赢脱贫攻坚战的号召，发挥积累多年的技术、经验、管理和市场优势，采用'公司＋合作社＋贫困户'的运作模式，带动周边贫困户共同发展能繁母牛养殖产业，周边群众转移就业 60 余人，其中贫困户 34 人"（YHL）；"她在高竹村养殖场对口帮扶的贫困户就有 8 户，利益联结贫困户达 115 户，户均年增收 1000 余元。解决了当地老百姓长期就业 18 人，提供零散就业岗位 300 余人次"（YLX）。

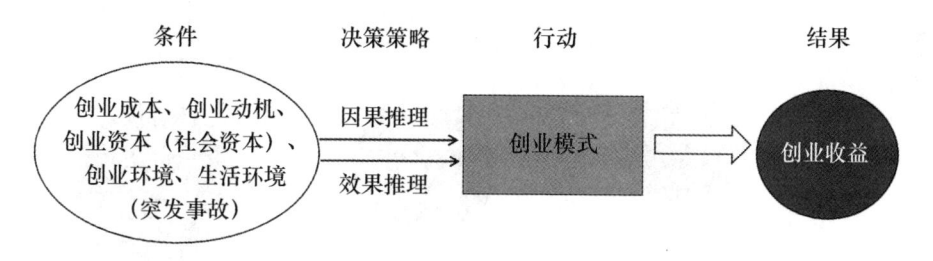

图 7-4　返乡创业发展阶段

四　女性返乡创业的研究结论

本章利用 CCTV《致富经》栏目的报道资料，通过多案例研究，借鉴扎根理论的数据处理方法，探究女性返乡创业的决策逻辑和行动过程。研究发现：女性返乡创业分为三个阶段，分别是创业抉择阶段、创业起步阶段和创业发展阶段，三个阶段循序渐进，且不同阶段的决策逻辑和行动过程有所差异。首先，女性由于生活环境发生变故，为了照顾家人、维持生计而选择返乡创业，也有的女性在挖掘到宝贵的商机后，追求经济利益而返乡创业。更重要的是，在创业过程中，她们既顾个人，又心怀社会使命，通过自己的努力改变家乡的面貌。其次，选择返乡创业后，女性既以目标为导向进行因果决策逻辑，也为了应对外部环境的不可预测性，以手段为导向进行效果逻辑决策。最后，在创业过程中，她们凭借个人的意志、品质，不断利用现代知识和先进理念拥抱多样的创业形式，在困境面前"夹缝中求生"、扭亏为盈，最终让"个人富裕"到

"全村致富"的景象蔚然成风。女性返乡创业决策逻辑和行动过程的理论模型详见图7-5。

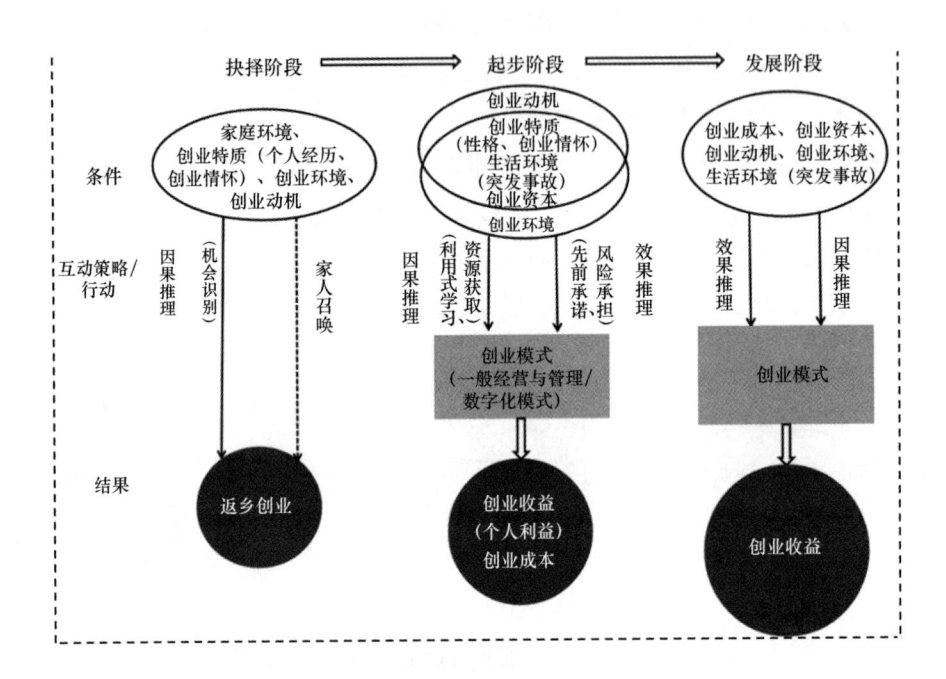

图7-5 女性返乡创业决策逻辑和行动过程

五 女性返乡创业的研究意义

(一)理论意义

在一步步地摸爬滚打中,女性返乡创业者综合考量内外部环境,做出一系列创业决策,挖掘出适合自己的创业之道,最终实现创业梦想。鉴于女性与男性、返乡女性和农村女性在生理、生活经历、个人能力等方面的差异导致创业活动存在差异,因此,本章以女性返乡创业者为研究对象,通过案例研究,借鉴扎根理论,构建了女性返乡创业者从"为什么创业"到"如何创业"的过程机制,填补了现有关于女性返乡创业研究的空白。

一方面,本书进一步深化了创业决策逻辑的相关研究结论。现有关于创业决策逻辑的结论,学界并未达成一致看法。Brettel(2012)认为两种推理逻辑是相互对立的,而Sarasvathy(2001)提出二者在不同情境下可以同时存在或者相互交织。本章发现，两种逻辑不是相互对立的，而是随创业情境的变化而变化。在创业形成阶段，创业者基于目标导向进行创业活动，获得现有市场份额。多变的创业环境，特别是当市场行情不景气、自然灾害的侵袭、政策环境的变化等给她们带来巨大的创业成本且造成创业举步维艰，就要求女性返乡创业者通过效果决策逻辑以手段为导向创造新市场。

另一方面，本章弥补了返乡创业研究对女性群体的欠缺，这既丰富了女性创业研究内容，又为构建返乡创业理论奠定了一定的基础。大部分学者将创业动机分为生存型动机和机会型动机，但本章发现，当拥有一定的个人财富和社会地位后，女性返乡创业者会为完成社会使命而选择创业。基于此，本章提出一个新的概念——使命型动机。与一般的创业活动不同，受到农村环境特殊性的影响，女性返乡创业中还衍生出一种新的创业模式，即创业扶贫模式，如与政府部门合作建立合作社、创业孵化和扶贫车间等平台，从而提升当地就业率与创业率，带动家乡脱贫致富。这一模式的提出为未来深入讨论中国乡村振兴战略研究提供了新的视角。

（二）实践意义

通过对30名女性返乡创业者的研究发现，女性在返乡创业的过程中既能实现个人利益，又能产生社会影响。

对于个人而言，顺应时代发展，创新创业模式。积极利用现代知识和先进理念拥抱如创业扶贫模式、数字化模式等更多元、灵活的创业形式，既可以为自己创收，也能为社会效力。在困境面前，"夹缝中求生"，扭亏为盈。她们应该保持积极乐观的心态，凭借自身优势，善于发现、利用外界存在的机会，转危为安。

对于政府部门而言，一方面，应该提出奖励性政策，呼吁更多的女性群体返乡创业；另一方面，女性返乡创业者由于在外有着丰富的实践经验，她们见多识广，学习能力较强，可以带来城市的先进创业理念和管理思想，改变当地经济的发展思维，调整单一化的产业结构，带动当地就业率，实现地区脱贫致富。而农村地区由于基础条件较差，导致对人才的吸引力不够，抑制了农村地区的发展。因此，应该多措并举吸引更多的女性返乡创业，提供政策上的"绿灯"，并吸引更多的专业技术、经营管理人才为女性返乡创业者提供更多的支持与服务。另外，完善风险保障机制，支持返乡女性可持续性创业。由于女性返乡创业过程中，受环境动态、不稳定的影响，创业过程既不可能一成不变，也不可能一帆风顺，意外事件频繁发生，既给她们带来经济损失，又给她们造成精神压力。所以，优化升级农业创业保险体系，减轻她们个人承担的风险，确保女性返乡创业者能够保证基本的生活需要，这对确保脱贫高质量和经济社会大局稳定具有重要作用。

对于全社会而言，应该弘扬创业正能量，培育宽容失败的文化氛围。特别是农村地区思想相对落后，对女性创业的认可度、支持率不高，所以农村地区要营造"尊重女性创业者、尊重女性返乡创业"的氛围。这样的创业文化既可以培养女性的创业意识，促使其加入创业队伍中来，也可以鼓励女性不断地学习创业知识、积累创业经验、提升创业能力，从而以创业带就业，推动农村地区整体经济发展，努力推动实现共同富裕。此外，促进共同富裕，最艰巨繁重的任务在农村。通过女性返乡创业者拉动全村共同富裕，应该循序渐进，先确保一部分女性返乡创业者能够顺利创业，实现个人创收，而后让先富起来的一帮女性创业者带动其他人民勤劳致富，逐步实现共同富裕。

第五节　本章小结

在扎实推动共同富裕的征程上，女性返乡创业者为推进乡村振兴、加快农业农村现代化注入不竭动力，而女性返乡创业背后的决策逻辑仍缺乏理论探讨。基于创业决策理论，本章以央视《致富经》栏目中的30位女性返乡创业者为研究对象，采用多案例研究，借鉴扎根理论的数据处理程序，识别出女性返乡创业的三个决策阶段，并提炼了不同阶段的决策条件（创业环境、家庭环境、创业动机、创业特质等）、决策策略（因果逻辑和效果逻辑）、行动（创业模式）和决策结果（个人利益和社会利益），构建女性返乡创业决策逻辑和行动过程的理论模型，探索其创业决策逻辑与行动过程。研究发现：女性返乡创业决策过程，既以目标为导向，也以手段为导向，循序渐进、分阶段进行。更重要的是，她们利用现代知识和先进理念拥抱时代发展，实现创业扶贫模式、数字化模式等更多元、灵活的创业形式，在实现经济独立的基础上，拉动更多村民勤劳致富。本章通过女性返乡创业案例填补了有关女性返乡创业决策理论与实证研究的空白，既为今后的研究提供了借鉴，也为相关部门提供了决策参考。

　　本章通过多案例研究，探究女性返乡者的创业决策过程机制，总结了女性返乡创业决策逻辑和行动过程，但尚存在一定的局限和不足。第一，本章的案例是基于二手资料的分析，案例信息的时效性不够高，未来研究可通过实地调研收集一手数据，提高研究结论的有效性。第二，创业过程是个很复杂的过程，不同创业者存在差异，本书以一个整体的视角去探讨女性返乡创业决策过程，不同创业者间的创业决策路径有待进一步进行跨案例研究。第三，本章的研究案例来源于CCTV《致富经》，且均为创业成功的案例，但并非所有女性返乡者都能成功创业。因此，未来研究可选择更多样的案例进行比较。

第八章

妈妈创业者如何实现高创业机会识别与开发

第一节 研究背景与目的

"母性"的传统概念意味着女性认同母亲的角色,并履行育儿和养育的责任,这是社会围绕育儿和养育构建的一系列活动和关系(Arendell,2000)。随着学术界对母性的不断重建,出现了一个将母性与创业并列的新词——妈妈创业者,指参与创业活动的母亲,为女性提供了一种新的创业身份(Nel et al., 2010)。研究表明,妈妈创业者认为创业精神和母性是相容的,并且同等重要(Lewis et al., 2022)。有年幼孩子的女性比没有孩子的女性更具创业精神(Van et al., 2019)。当前虽然有大量关于女性创业者的文献,但是关于妈妈创业者的文献还比较少(Rodrigues et al., 2022)。因此,本章考察了中国情境下母性和创业的话语框架,这对于确定"妈妈创业"的形式具有重要意义。

创业机会是创业研究的核心(Shane & Venkataraman, 2000),是连接创业者认知和行为互动的重要桥梁(Wood et al., 2014)。因此,个人能够准确确认新机会是在做出创业行动的决定之前的一个核心要求(Wang et al., 2020)。尽管妈妈创业者通过发现和利用新的商业机会使自己的生活发生了重大转变(Ekinsmyth, 2011),但是创业的性别社会建构还是会对女性产生负面影响(Ahl, 2006)。这种刻板印象导致男性创业的成功率明显优于女性(Nel et al., 2010)。为了提高妈妈创业者的创业成功率,本章主要探索妈妈创业者创业机会识别和开发的影响因素。

目前，关于创业机会识别与开发影响因素的研究还不够充分（Kuckertz，2017），更不用说对妈妈创业者的研究了。因此，本章在以往关于创业机会识别与开发影响因素的研究中确定了影响妈妈创业者创业机会识别和开发的关键因素。此外，由于创业是一种多层次现象（Bjørnskov & Foss，2016），本章基于班杜拉（1986）的三元交互决定理论开展研究。根据三元交互决定理论，个人、行为和环境形成了一个三角关系结构，侧重于个人层面的创新性和网络能力，背景层面视为嵌入性别角色态度的情境，以及个人行为层面的数字创业。综上，本章认为，创业机会识别与开发是三个层面相互作用的结果。因此，研究了它们对创业机会识别与开发的净效应和协同效应。

本部分研究致力于回答以下问题：

（1）哪些要素影响妈妈创业者的创业机会识别与开发？

（2）各要素对创业机会识别与开发是不是必要的？

（3）各要素如何组合有利于高创业机会识别与开发？

第二节　理论基础与文献综述

一　三元交互决定理论

尽管机会的概念化植根于个人，并由他们的感知形成（Lewis et al.，2016），但个人差异并不是决定机会识别过程的唯一因素。有人认为，机会的识别和开发受到个人和环境因素的综合影响（Shane & Venkataraman，2000）。然而，与经典的行为主义理论相反，班杜拉提出的三元交互决定理论认为，环境、个人和行为是相互因果和相互决定的，最重要的是，这三个方面可以相互作用并影响行为（Bandura & Cervone，1986）。此外，随着学者们意识到情境比环境的概念更广泛，并具有社会建构的特征（Nonaka et al.，2000），随后开始呼吁将创业情境纳入创业理论的研究（Bruton et al.，2018）。因此，本章将三元交互决定理论中的"环境"更新为"情境"。

基于三元交互决定理论，本书回顾了以往与创业机会识别与开发影响因素相关的研究，并从个人、情境和行为层面确定了影响妈妈创业者机会识别与开发的关键因素。接下来将详细说明每个层面。

二　文献综述

（一）个人层面

创业一般是基于个人的特征和能力来研究（Wagener et al., 2010）。一方面，创业活动本质是一种创新行为（Timmons, 2004）。根据创新扩散研究，具有高度创新性的个人是能够积极寻求新想法的信息，也更有能力处理不确定性，并发展出积极的接受意图。另一方面，在社交网络中与他人进行积极的互动和沟通，个人能够更有效地发现和培育创业机会（Corbett, 2007）。先前已经确定，企业家的网络能力可以有效地促进他们在这一过程中对创业机会的识别（Mort & Weerawardena, 2006）。因此，本章在个人层面同时考虑了创新性和网络能力。

1. 创新性

创新性是一个人的内在特征或特质（Bhagat et al., 2019），指一个人接受变革和尝试新的信息技术的意愿（Agarwal & Prasad, 1998），这会使他们改变和接纳新事物的行为。Idris（2010）最近的研究提倡在加深对女性创业和创新的理解方面的价值，逐渐有学者开始关注女性创新性的前因影响因素和与女性创业绩效的关系（Fuentes-Fuentes et al., 2017）。具有创新精神的创业者倾向于开发新产品、新服务或新流程，她们主动探索满足客户需求和解决现有问题的创新方法（Markman et al., 2016），从而激发新机会的出现（Jelonek, 2015）。Boden（1999）的研究表明，具有创新意识的个体更有可能发现商业机会。因此，本章认为拥有创新性的妈妈创业者更容易进行机会识别与开发，并提出以下假设：

H1：妈妈创业者的创新能力越高，她们就越容易进行创业机会识别与开发。

2. 网络能力（个人社交网络）

网络能力被认为是企业发起、发展和利用内部组织关系和外部组织间关系的能力（Zacca, 2015）。由于人们在主动和动态开发和管理创业网络的能力上普遍存在差异（Stuart & Sorenson, 2007），人为因素很有可能会影响网络的有效性（Zhao & Aram, 1995）。个人在社交网络中与他人互动和交流可以促进创业机会的识别和开发（Corbett, 2007）。此外，相对发达的关系网络可以缓解经济理性造成的资源瓶颈（Janssen et al.,

2018），使企业家及其企业能够收集市场信息和解决问题的想法等（Messersmith & Wales，2013）。企业家所接触的信息和机会的数量和质量越高，就越能有效地识别和开发机会。因此，本章提出以下假设：

H2：妈妈创业者的创新能力越高，她们就越容易进行创业机会识别与开发。

（二）嵌入性别角色观念的情境

角色理论指出，角色是社会规范对某一处于特定情境个体的行为期待（Biddle，1986）。社会文化中存在的性别刻板印象导致女性创业者对创业机会进行负面评价（Gupta et al.，2014）。性别角色观念，即企业家通常认为的男子气概，也会对女性创业者的进入和发展产生负面影响（Ahl，2006）。因此，妈妈创业者不可避免地面临性别刻板印象、平衡工作和生活等方面的挑战（Nel et al.，2010）。因此，本章选择了嵌入式性别角色观念的情境，来检验社会支持和家庭干预对"妈妈创业者"创业机会识别和开发的影响。

1. 社会支持

社会支持是指普通民众对于创业活动的适宜性、被接纳以及认可程度的感知。创业本质上是社会性的（Schott & Sedaghat，2014）。Stephan和Uhlaner（2010）认为创业者嵌入社会并依赖于他们所处的环境，并发现社会支持的国家文化与国家创业率呈正相关。女企业家在创业过程中，特别是发展中国家，更容易缺乏社会支持（Jamali，2009），因此，女性创业者很难在男性主导的企业中竞争（Maden，2015），从而不利于创业机会的识别与开发。因此，本章提出以下假设：

H3：社会支持度越高，妈妈创业者就越容易进行创业机会的识别开发。

2. 家庭对创业的干扰

由于创业所面临的复杂性和不确定性更大，创业者面临的时间投入和心理压力相对于其他职业人士往往更高（Aldrich et al.，2003）。此外，家庭角色与社会角色之间的协调转换也使得创业者所面临的工作—家庭冲突问题更为突出（Lumpkin et al.，1996）。特别是对于已婚已育的女性创业者而言，她们是家庭中的主要养育者和照顾者（Martins et al.，2002），家庭任务是妇女的主要责任（Brush，1992），因此，更容易产生家庭干扰创业的情况。张和周（2021）表示，对中国西部女性创业者进行研究发现,家庭需求对女性创业绩效有负面影响。而且女性因为照顾孩子的额外负担限制了她们的创业工作时间和成长愿望(Langevang et al.,2015)。因此,本章提出以下假设:

H4:家庭对创业的干预越多,妈妈创业者就越不容易进行创业机会的识别开发。

(三)数字创业

数字创业被认为是使用新的数字组件、平台和基础设施来跟踪创业机会或开发机会(Nambisan,2017),从而在数字平台系统中创造和分配价值(Nambisan & Baron,2021)。由于数字技术可以加速以市场和用户为导向的创业机会识别和评估(Huang et al.,2017),它有助于公司了解客户需求和不断变化的环境,以识别有价值的新机会。因此,将数字技术嵌入创业过程会增加对机会识别和开发的敏感性(Vial,2021)。

最重要的是,数字技术为有性别偏见的女性提供了解放的潜力(McAdam et al.,2020)。在创业机会领域,数字技术可以为妈妈创业者提供更多高质量、高速度和低成本的通信和其他资源,这使得她们在有限的资源下可以创业。先前在网络女权主义领域的研究考察了女性与数字技术之间的关系,认为互联网作为赋予女性权力和解放的论坛具有巨大潜力(Rosser,2005)。McAdam(2020)的研究指出,沙特阿拉伯的女性会利用数字创业改变她们具体化的自我和生活的现实。因此,本章提出以下假设:

H5:数字创业增加得越多,妈妈创业者就越容易进行创业机会的识别开发。

研究模型如图8-1所示。

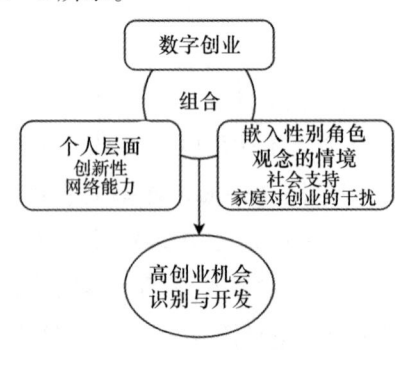

图8-1 研究模型

第三节 多元回归和定性比较混合法

一 数据和样本

数据来源于国家社科基金课题组，对调研区域内的女性创业者（企业创始人或联合创始人）进行"滚雪球"抽样调查。此次调研共发放了600份问卷，最终回收了558份有效问卷（93%）。课题组对收集到的问卷进行筛选和整合，在选择已婚并有孩子的女性后，最终使用267份有效问卷进行分析。

本章采用多元回归分析、模糊集定性比较分析和必要条件分析三种方法，同时分析前因条件与结果的充分关系与必要关系。选用这三种方法出于以下原因：首先，MRA是一种探索"净效应"估计的方法；但学者们认识到，平均值可能会产生误导性的结果，并呼吁进行超越MRA逻辑的研究（Woodside，2013），所以越来越多的研究侧重于fsQCA并使用这两种方法进行分析（Ho et al.，2016；Lewellyn & Muller-Kahle，2021）。其次，MRA和fsQCA仅证明先前条件足以产生结果。然而，结果产生是否能够推出前因条件出现，这一必要性需要验证。最后，尽管fsQCA可以识别必要关系，但它只是定性地陈述"一个条件对一个结果是必要的还是不必要的"，而不能定量地体现必要程度。因此，Fainshmidt（2020）倡议将NCA和QCA相结合以探讨因果复杂关系。

二 变量测量

在基于已有的成熟量表的情况下，本章变量均来自国家社科基金课题问卷，各题项如表8-1所示。在因变量的选择中，创业机会识别与开发通常是创业过程中的连续步骤（Kuckertz et al.，2017）。然而，它们的过程经常重叠和相互作用（Ardichvili et al.，2003）。例如，Kohlbacher（2015）认为，机会识别和开发的过程发生在两个相互关联和迭代的嵌套阶段，因为机会识别过程不仅代表识别，还代表感知、发现和创造。此外，基于企业生命周期理论，创业企业在机会开发过程中会受到环境不确定性的影响。因此，为了找到一个相对最优的模型来维持其业绩增长，这些公司需要同时认识到新的机会，及时调整机会开发的方向，以维持公司的生存和增长。因此，本章并没有人为地将创业机会的识别和开发划分开来，而是将其视为一个整体的维度。

此外，Sahut（2021）基于信息处理视角提出数字创业，认为价值创造可以通过数字创业过程中的数字信息生产来实现。与此同时，数字经济时代的数字知识和信息已成为中国的关键生产要素（Cyberspace Administration of China，2016）。因此，在数字创业测量方面，我们主要了解妈妈创业者是否以使用数字化的知识、信息作为企业经营的关键要素。

表 8-1　　　　　　　　　　变量各题项

维度	题项
创业机会识别与开发	我有快速搜集创业机会信息的渠道
	我能够准确识别新信息可能带来的变化
	我能够准确预测市场前景
	我能将新的商机快速融入创业活动中
	我能够开辟新市场
	我能够快速吸收、整合新的市场机遇
创新性	我能很快想出许多有创意的点子
	对于老生常谈的问题，我总能以崭新的观点看待
	我喜欢改变一些惯例或既定的规则
网络能力	我能够与潜在投资者建立并维持良好的关系
	我能够与拥有重要资源的关键人物建立关系
	我能够与员工建立良好的关系
社会支持	社会鼓励女性创业
	社会为女性创业提供了足够的社会服务
	与男性相比，女性有平等的创业机会
家庭对创业的干扰	我的家人或配偶/伴侣的要求干扰了与创业有关的活动
	由于家人或配偶/伴侣的要求，我想在创业中做的事情无法完成
	与家庭有关的压力干扰了我履行与创业有关的职责的能力
数字创业	您的企业是否以使用数字化的知识、信息作为企业经营的关键要素

三 信效度分析

在对数据进行回归分析之前，首先对问卷数据的信度和效度进行检验，计算结果如表 8-2 所示。信度检验中，各变量的 Cronbach's α 系数和 CR 值均大于门槛值，说明量表的信度在可接受的范围之内，结果是一致、稳定和可靠的。效度检验中，首先，从问卷内容效度来看，本章的测量题项均来自相关文献成熟量表，并在正式调查前经过预测试和多轮反馈修改，具有较好的内容效度。其次，对变量进行 KMO 和 Bartlett 球形检验。结果显示，KMO 值均大于 0.6，且 Bartlett 球形检验值显著不为 0，说明模型具有较好的建构效度。最后，通过验证性因子分析，结果如表 8-2 所示。拟合指标显示出令人满意的拟合效果（$\chi^2/df = 2.17$，RMSEA = 0.066，CFI = 0.935，TLI = 0.920，IFI = 0.935），且 AVE > 0.5，AVE 的平方根大于对应行和列的相关系数（Fornell & Larcker et al., 1981），说明本章采用的测量量表具有较好的区分效度。

表 8-2 信效度分析

变量	Cronbach's α	KMO	CR	AVE
创业机会识别与开发	0.884	0.862	0.885	0.564
创新性	0.791	0.683	0.797	0.568
网络能力	0.801	0.704	0.803	0.577
社会支持	0.756	0.688	0.758	0.513
家庭对创业的干扰	0.870	0.709	0.873	0.698

四 共同方法偏差检验

本章采用程序控制和统计控制的方法降低共同方法偏差问题。在程序控制方面，调研通过匿名调查，题项设置简洁易读且自变量和因变量放置在调查问卷的不同位置等方式，减少参与者在作答问卷时对调查目的和社会期许的考虑。在统计控制方面，采取 Harman 单因素检验，结果表明，第 1 个未旋转成分的累积方差解释率为 24.56%，低于 50% 的标准，表明本章存在共同方法偏差问题的可能性较小。

五 fsQCA 条件的校准

参考 Fiss（2011）的研究，本章对样本数据为连续型数值的结果条件和前因条件的 3 个锚点分别设定为样本数据的上 4 分位数、中位数和下 4 分位数（见表 8-3）。

表 8-3　　　　　　　结果条件和前因条件的校准值

变量	模糊集校准		
	完全隶属	交叉点	完全不隶属
创业机会识别与开发	4.00	3.33	3.00
创新性	4.00	3.33	3.00
网络能力	4.33	4.00	3.33
社会支持	3.33	2.67	2.00
家庭对创业的干扰	3.67	3.00	2.67

第四节　研究发现与意义

一　描述性统计和相关性分析

变量的描述性统计结果和相关系数如表 8-4 所示，包括均值、标准差和各变量之间的相关系数。结果表明，数字创业、创新性、网络能力、社会支持与创业机会识别与开发呈现显著的相关关系，而家庭对创业的干扰不存在显著的相关关系，故对数字创业、创新性、网络能力、社会支持作进一步的回归分析。

表 8-4　　　　　　各变量描述性统计与相关系数

	1	2	3	4	5	6	7	8	9
年龄	1								
创业年限	-0.25**	1							
创业行业	0.15*	0.19**	1						
数字创业	-0.09	0.29**	-0.01	1					

续表

	1	2	3	4	5	6	7	8	9
创新性	-0.019	0.29**	0.21**	0.02	**0.75**				
网络能力	0.069	-0.01	0.07	0.04	0.37**	**0.76**			
家庭对创业的干扰	-0.22**	0.02	0.02	0.04	0.01	-0.07	**0.84**		
社会支持	0.12	-0.18**	0.02	-0.01	0.26**	0.26**	-0.02	**0.72**	
创业机会识别与开发	-0.03	0.22**	0.19**	0.17**	0.62**	0.52**	0.05	0.28**	**0.75**
均值	3.50	2.27	2.79	0.53	3.57	3.92	2.58	3.18	3.47
标准差	0.81	1.10	1.41	0.50	0.71	0.68	0.93	0.85	0.73

注：* $p<0.05$，** $p<0.01$，*** $p<0.001$；$N=305$；对角线上的加粗数值为平均变异提取量的平方根。

二 多重回归分析

在进行回归分析之前，为避免多重共线性的影响，对进入模型的所有解释变量和控制变量进行方差膨胀因子（VIF）诊断，结果均小于1.5，表明不存在多重共线性问题。基于此，表8-5展示了各变量对机会识别与开发的回归结果。模型（1）是对2个控制变量的回归结果，方程调整后 R^2 值均小于0.1，说明研究中预设的控制变量对于结果变量并没有什么影响，模型（2）—模型（5）依次对4个维度进行回归，加入主要研究变量后模型的 R^2 值有所提升，也都通过了F检验，说明这回归方程模型的拟合程度可以接受。模型（5）结果显示，各变量对结果均有显著的影响。

表8-5　　　　　　　　多重回归分析结果

变量	因变量				
	(1)	(2)	(3)	(4)	(5)
创业年限	0.187***	0.151**	-0.016	0.035	0.060
创业行业	0.151**	0.159***	0.062	0.058	0.058
数字创业		0.122**	0.157***	0.133***	0.127***
创新性			0.612***	0.476***	0.451***

续表

变量	因变量				
	(1)	(2)	(3)	(4)	(5)
网络能力				0.334***	0.322***
社会支持					0.088*
R^2	0.068	0.082	0.415	0.510	0.516
调整后 R^2	0.061	0.072	0.406	0.500	0.505
F	9.693**	7.841***	46.517***	54.235***	46.204***

注：*** $p<0.01$，** $p<0.05$，* $p<0.1$（双尾检验）。

三 必要性分析

在进行 QCA 的标准分析前，研究人员应检查是否有任何条件对结果来说是必要的（Fiss，2011）。本章结合 NCA 和 fsQCA 的必要条件分析，来判断条件对结果的必要性。首先，NCA 包括采用 CR 和 CE 两种不同估计方法得出的效应量，需要同时满足两个条件：(1) 效应量（d）>0.1；(2) 蒙特卡洛仿真置换检验显示效应量是显著的（P 值 <0.05）。结果如表 8-6 所示，各前因条件均不能满足上述两个条件，故不构成创业机会识别与开发的必要条件。

表 8-6　　　　　NCA 的必要性分析结果

前因条件	方法	精准度	上限区域	范围	效应量（d）	P 值
数字创业	CR	100%	0.000	1	0.000	1.000
	CE	100%	0.000	1	0.000	1.000
创新性	CR	100%	0.004	1	0.004	0.000
	CE	100%	0.008	1	0.008	0.000
网络能力	CR	96.3%	0.024	1	0.024	0.000
	CE	100%	0.019	1	0.019	0.000
家庭对创业的干扰	CR	100%	0.000	1	0.000	1.000
	CE	100%	0.000	1	0.000	1.000
社会支持	CR	100%	0.000	1	0.000	1.000
	CE	100%	0.000	1	0.000	1.000

进一步，研究人员通过 fsQCA 软件进行必要条件分析。在此过程中，通常认定必要条件是需要达到 0.9 的一致性分数，并且具有足够的覆盖度（Douglas et al., 2020）。参考 Ragin（2008）的文献，本章将必要性分析的一致性阈值设为 0.9。由表 8-7 可见，每个条件的一致性都不大于 0.9，这表明单一的制度条件并不是造成机会识别与开发高低的原因，需要进一步分析多种条件对创业机会识别的协同影响。

表 8-7　　　　　　　　fsQCA 的必要性分析结果

前因条件	结果条件	
	高创业机会识别与开发	非高创业机会识别与开发
创新性	0.77	0.45
非创新性	0.35	0.67
数字创业	0.62	0.44
非数字创业	0.38	0.56
网络能力	0.66	0.40
非网络能力	0.47	0.73
家庭对创业的干扰	0.54	0.51
非家庭对创业的干扰	0.55	0.58
社会支持	0.63	0.53
非社会支持	0.46	0.57

四　充分性分析

本章使用 fsQCA 软件分析已婚已育女性创业机会识别与开发的水平，得出决定高创业机会识别与开发的组态。首先，遵循 Fiss（2011）的建议，将一致性阈值设定为 0.8。与此同时，参考 Greckhamer 等（2018）的研究，将 PRI 一致性的阈值设定为 0.65。其次，由于本章的样本规模较大，参考 Ragin（2008）建议需适当提高，参考 Lewellyn 和 Muller-Kahle（2021）的文献，将案例阈值设定为 2，并保留大于 80% 的案例可供分析。最后，应用 fsQCA 软件的处理分别得到的复杂解、简约解和中间解。通过中间解与简约解的嵌套关系对比，识别每个解的核心条件（Douglas et al., 2020)。

fsQCA 分析结果如表 8-8 所示,产生高创业机会识别与开发的组态有 3 个（M1、M2、M3）。3 个组态的一致性指标分别为 0.880、0.800、0.859,说明 3 个组态都是高创业机会识别与开发的充分条件。与此同时,解的一致性为 0.847,则说明覆盖绝大部分案例的 3 个组态也是高创业机会识别的充分条件。模型解的覆盖度为 0.463,说明 3 个组态解释了约 46.3% 的高创业机会识别与开发的原因。

表 8-8　　　　　产生高创业机会识别与开发的组态

前因条件	高创业机会识别与开发		
	M1	M2	M3
数字创业	●	●	
网络能力	●		●
家庭对创业的干扰		⊗	●
社会支持		⊗	◎
一致性	0.880	0.800	0.859
原始覆盖度	0.321	0.140	0.236
唯一覆盖度	0.115	0.037	0.105
解的一致性	0.847		
解的覆盖度	0.463		

注：●表示核心条件存在,⊗表示核心条件缺失,◎表示边缘条件存在,空白表示条件是否出现无关紧要。

首先,M1 的原始覆盖度得分相对较高,意味着有更重要的实证经验。该组态表明,当女性创业者具有高创新性和高网络能力,并高度开展数字创业就能产生高创业机会识别与开发。创新是深圳的 DNA,女性创客也是深圳最活跃的群体之一,她们非常有自己的想法。近年来,深圳数字创意产业依托数字技术发达和文化创意资源汇聚的优势快速发展,培育了腾讯、华强方特等一批数字创意领军企业,营造了良好的数字营商环境。例如,研究人员从一位深圳女性创业者处了解到,在疫情对线下平台的打击下,她摸透市场风向,快速组建团队,在创业过程中做一些新的业务尝试,并带领自己的团队线上转型。除此以外,她还通过社交平台，拓展人脉，借助别人的优势来推广自己的产品。

其次，M3 的原始覆盖度相对较低，该组态表明，当女性创业者家庭高度干扰创业时，创业者需要在高度的社会支持下，凭借自身高创新性和高网络能力来更好地进行机会识别与开发。很多女性在访谈过程中都向我们倾诉了家庭干扰创业的困境。一位受访者表示，自己作为女性，作为妈妈，家里还是要花较多的精力，或者还是需要比较操心的。但是，该受访者在与团队磨合、提升顾客满意度和维护自身资源方面的能力较强，且在创业不同的阶段，她善于尝试采用不同的方法，给企业引进了不同的项目。与此同时，受访者创业地段位于上海，一个包容性很强的城市。在上海，无女性歧视，整个女性创业环境较好，创业氛围浓烈。这也给女性创业者提供了很多契机。

最后，M2 是三组组态中原始覆盖度最低的，它表明尽管社会对于女性创业支持度不高，只要家庭不高度干扰创业，女性可以利用创新性，通过数字创业，也能实现高创业机会识别与开发。在中国一些发展相对落后的地区，可能女性创业意识不强，社会对女性创业的支持度也不高。在我们的访谈过程中，一位受访者表示，与大城市相比，自己家乡对她创业的支持还不够。但是，她有着"领会人生多种可能""创造出很多精彩"的创新意识。目前，她能够很好地平衡家庭和创业的关系，并且她的企业正在通过数字化转型来支持销售、管理等。

此外，对比各路径，研究发现创新性作为核心条件在三个路径中同时出现。而且通过统计高创业机会识别与开发路径中前因变量出现的频数（见表 8-9），创新性出现的频次最高（3 次）。正如访谈中所了解的那样，女性创业者在创业过程中有较强的创新意识，也希望通过培训来不断加强自己的创新能力。创新性在创业机会识别与开发过程中发挥着至关重要的作用。

表 8-9　创业机会识别与开发路径中各前因条件出现的频数统计

前因条件	数字创业	创新性	网络能力	家庭对创业的干扰	社会支持
频次	2	3	2	2	1

五 稳健性检验

通过调整校准依据和一致性门槛或者删除案例等再进行组态分析，通过比较组态的变化也可以评估结果的可靠性（Greckhamer et al.，2018）。本书先将一致性由0.80提高至0.85，再将PRI一致性由0.65提高至0.70，产生的组态并未发生实质性的变化。基于此，本书结果稳健。

六 研究意义

尽管近年来针对女性创业者的研究有了显著的增长，但对妈妈创业者的研究仍然有限，而且主要是在使用定性方法的概念文章中出现（Rodrigues et al.，2022）。因此，本章使用两种定量方法来更广泛地了解妈妈创业者的影响因素。由于创业的核心是识别和开发机会，在这方面，妈妈创业者经常会因为社会刻板印象、家庭创业平衡或能力不足而陷入困境，研究人员应重点关注妈妈创业者创业机会识别与开发的影响因素。

首先，本章提出了一个基于个人、情境和行为的新的三元交互决定理论，并选择研究创新性、网络能力、社会支持、家庭对创业的干扰和数字创业对妈妈创业者机会识别与开发的影响。研究人员的研究证实了创新性和网络能力在个体水平上对创业机会识别与开发的显著积极影响，这与目前对创新性和网络能力在机会识别或发展方面的研究观点一致（Jones & Barnir，2018；Cenamor et al.，2019）。

其次，与关注企业家个人层面的现有研究（Anwar et al.，2022）相比，本章考虑了嵌入性别角色态度的情境，表明社会支持对创业机会识别与开发的影响在统计上具有显著意义，证实了人们的行为是对其社会情境的显著特征做出反应的（Tett et al.，2021）。作为妈妈创业者，她们面临着性别刻板印象、工作和生活的平衡以及有限的社会机会等障碍（Nel et al.，2010）。

最后，考虑到人们对这种类型的女性创业越来越感兴趣，因此了解数字工具的影响至关重要（Rodrigues et al.，2022）。本章还考虑了数字创业对妈妈创业者的影响。结果表明，当妈妈创业者因传统刻板印象而获得的社会支持较少时，数字创业可以很好地帮助她们进行创业机会识别与开发，这与McAdam（2020）的观点一致，即数字技术对面临性别刻板印象的女性有很大的潜力。同时，这也弥补了在女性处于劣势的创业领域，她们在网上从事的各种创业活动往往被忽视的事实（Dy et al.，2017）。

（一）理论意义

本章考察了来自中国的证据中关于母性和创业的话语框架，这对如何认识和重视"妈妈创业者"的形式具有重要意义。本研究突破了以往学者的观点，即机会的识别与开发取决于个人和环境因素的组合（Shane & Venkataraman，2000），基于班杜拉的三元交互决定理论进行理论创新，证实了由个体、情境和行为组成的新的三元交互决定理论对创业机会识别与开发的影响具有理论意义。这不仅表明创业仍然是一种多层次的现象（Bjørnskov & Foss，2016），而且响应了将创业情境纳入创业理论研究的倡议（Bruton et al.，2018）。

首先，人们的行为是对其社会环境的显著特征做出反应的（Tett et al.，2021），尤其是对母亲而言，性别角色对其创业机会识别与开发的影响不容忽视。虽然在生育后，由于弹性工作制不足以支持职场母亲的事业发展（Brown，2010），越来越多的女性选择从事创业项目，以便更好地平衡家庭责任和职业生活；然而，想法总是与现实相反。调查发现，一些妈妈创业者往往被赋予更多的育儿和家庭责任，无法实现家庭与创业之间的平衡。但在这种情况下，高数字创业可以补充高自主创业，帮助处于性别刻板印象情境下的女性释放潜力。这表明，在妈妈创业者创业的过程中，创业与家庭之间的平衡关系是无法完全避免的，因此未来的研究不应忽视妈妈创业者的这一问题，应积极寻求对策。

其次，与以往的研究相反，本章打破了以往只选择创业机会识别或创业机会开发作为研究变量的现状（Anwar et al.，2022）。本研究结果与Ardichvili（2003）、Kohlbacher（2015）和Kuckertz（2017）一致，观察到机会识别和开发的过程往往相互重叠和相互作用。因此，本章将创业机会识别与开发视为一个单一的维度。在测试创业机会识别与开发项目的可靠性和有效性时，结果表明每个项目都被分组到同一个因素中，证明了这一措施是可行的，并为创业机会识别与开发的测量提供了新的见解。

最后，在方法论方面，本章应用MRA、fsQCA和NCA软件同时分析了前因条件与结果的充分关系与必要关系。在 fsQCA 软件分析中，进行 MRA 分析这一步骤时发现，家庭对创业的干扰，尽管与创业机会识别与开发不直接相关，却可能与其他因素共同作用，对创业机会识别与开发产生影响。Woodside（2013）和 Ho（2016）的研究也出现了这种情况，因为 MRA 测试了包含一个和多个加权变量的因果陈述与结果之间关系的对称程度，而实际上通常包括多种条件的组合以获得高价值的结果。MRA、fsQCA 和 NCA 方法的结合既响应了超出 MRA 逻辑的研究（Woodside，2013），也响应了 Fainshmidt（2020）的倡议（将 NCA 与 QCA 相结合以探索因果复杂关系）。值得注意的是，结果证实，MRA 只测试了个体自变量对结果变量的直接和间接影响，而忽略了现实中先行组合的复杂性（Woodside，2013）。相比之下，fsQCA 则保持了案例的完整性，并在分析必要条件时和 NCA 确定了可能产生结果的条件组合，证明我们需要在未来的研究中注意方法的互补性。

（二）管理意义

首先，要提高妈妈创业者的创新性。研究结果表明，创新性出现次数最频繁（3 次），这表明创新性在妈妈创业者实现高创业机会识别与开发方面发挥着至关重要的作用。然后，相关机构需要为妈妈创业者提供支持服务，邀请创业导师和企业家在创业学院担任培训师，并对女性经营的企业进行线上和线下指导。如果可以的话，妈妈创业者还应该在机会识别与开发过程中重视与网络能力、嵌入性别角色观念的情境和数字创业的良性耦合，以有效促进其发展。

其次，要大力推进数字技术的应用。M1 和 M2 路径都表明，在某些情况下，高度发达的数字技术可以产生高创业机会识别与开发。具体而言，对于妈妈创业者来说，在创业过程缺乏社会支持的背景下，数字化降低了创业门槛，打破了妈妈创业者的时间和空间限制，为女性创业机会的识别与开发提供了可能性。根据阿里研究院和中国就业模式研究中心联合发布的《数字经济与中国妇女就业创业研究报告》（2022），数字经济为女性创造了 5700 万个就业岗位，并提高了女性在数字贸易、电子商务和直播等领域的劳动力参与率。

最后，如 M3 路径所示，若女性创业者严重面临家庭干扰创业的情况时，一方面，除了确保具有高创新性外，还要提升自身的网络能力。所以，女性创业者应积极加强与外部组织的联系以构建创新网络，提高管理网络关系和网络资源的能力。另一方面，社会的支持也是必不可少的。因此，对于政策制定者，应该通过地方立法的形式明确多部门以及行业协会在鼓励和扶持妇女创业方面的职责，以形成工作协同效应。对于管理者，应该努力构建全方位支持服务体系，在全社会应该营造支持、鼓励、帮扶女性创业的良好氛围，充分激发女性创新创业活力。

第五节 本章小结

本章运用三元交互决定理论，探讨了中国妈妈创业者创业机会识别与开发的影响因素。基于中国 267 份妈妈创业者（创始人兼 CEO）的调查问卷，本章应用 MRA、fsQCA 和 NCA 软件同时分析了前因条件与结果条件的充分关系与必要关系。首先，在统计分析过程中，由于家庭对创业的干扰与创业机会识别与开发不具有相关性，故没有进入 MRA 的分析。MRA 结果显示，其他各因素对创业机会识别与开发有显著影响。其次，在进行充分性分析前，本章进行了必要性分析，NCA 与 fsQCA 中必要性分析结果是一致的。最后，在充分性分析中，本章得到 3 条高创业机会识别与开发路径。而且对比 3 条路径，我们发现创新性作为核心条件在 3 个路径中同时出现，这表明创新性在创业机会识别与开发过程中扮演着核心角色。

第九章

女性创业者的创业团队异质性与创业绩效研究

第一节 研究背景与目的

创业活动有助于国家和地区的经济增长,并创造国家竞争优势(Urbano & Aparicio, 2016)。随着社会的发展,人们越来越重视性别对创业活动的影响(Marlow & Martinez Dy, 2018),并致力于减少社会中的性别不平等现象(Lee et al., 2021)。女性创业正在成为当前研究的热点(Marlow, 2020)。对于有能力的女性而言,创业是一种新的职业选择(Alsharif et al., 2021)。*Women's Entrepreneurship 2020/21: Thriving Through Crisis* 显示,女性的早期创业活动指数(TEA 指数)为 11%,同比上年增长了 0.8%,女性创业活动正在全球范围内不断增长。与男性创业者领导的公司相比,女性创业者领导的公司在生存率方面表现出色,而在业绩增长方面表现不佳(Civera & Meoli, 2023)。Kungwansupaphan 和 Leihaothabam(2019)指出,当前研究缺乏对发展中经济体与性别相关的创业问题的理解和研究,尤其是女性的创业绩效。中国作为最大的发展中经济体,探究中国女性创业者及其创业团队如何影响创业绩效将有助于为其他发展中国家女性创业绩效的提高提供参考。

如今的创业环境具有高不确定性和高风险性,大多数创业者在创业初期会形成互补的创业团队,利用团队知识、技能和价值观,最大限度地提高创业绩效(Huang et al., 2022a)。有研究表明,团队的创业绩效要显著高于个人的创业绩效(Townsend et al., 2018)。创业企业为了生存和发展，必须以更多元化的能力、战略、服务和培训参与竞争市场，这种多样化来自创业团队成员的异质性（Roberson et al.，2017）。创业团队异质性是指创业团队成员在年龄、性别、教育、工作经验、认知观念、价值观等方面表现出来的差异（Pelled，1996）。高异质性的管理团队能够为企业带来多方面信息，帮助企业在复杂的竞争环境下做出合理的决策，以提高创业绩效（Bjornali et al.，2016）。创业绩效是一个创业企业在特定时间内实现其商业目标的能力，是衡量创业活动的重要标准（Aboramadan，2020）。但是，在现有文献中，关于创业团队异质性与创业绩效的关系还未形成一致的结论：Chowdhury（2005）发现，团队成员性别、年龄、职能经验异质性与创业绩效之间不存在显著相关性，即团队异质性不影响创业企业绩效。更有学者发现，年龄异质性不利于团队沟通和开放式讨论，不利于创业绩效提升（Díaz-Fernández et al.，2015）。由于目前创业团队异质性对创业绩效的复杂影响机制尚不明晰，因此有必要进一步探索二者之间的关系。

社会认知理论认为，人的行为、个体认知以及外部环境三者之间构成动态的互惠决定关系（Bandura，1991）。任何认知和决策都会受到环境的影响，而良好的组织环境会有利于推动个体的有效认知和科学决策。女性创业者在异质性不同的创业团队环境中，自身的经验学习、机会识别与开发会随环境的变化而改变，影响其创业决策，进而最终影响创业绩效。回顾已有文献发现，关于中国创业团队异质性与创业绩效的研究大多基于高阶理论（Lu et al.，2023）、信息处理视角（Su et al.，2021）等，鲜少基于社会认知理论，从环境、行为、个体三个方面搭建理论框架。此外，之前的研究主要集中在创业者与创业绩效的关系（Guo et al.，2020），没有细分女性创业者，缺少针对性。

因此，本章基于社会认知理论，在创业团队异质性与创业绩效间引入女性创业者经验学习、女性创业者机会识别与开发这两个变量作为中介机制，尝试打开创业团队异质性与创业绩效两者之间关系的"黑箱"。本章解决的主要问题有：（1）创业团队异质性能否促进创业绩效？（2）女性创业者经验学习、女性创业者机会识别与开发这两个变量在创业团队异质性与创业绩效中是否起中介作用？若是，是否存在多重中介作用？以及两者的作用是否存在显著差异？

第二节 理论基础与假设提出

一 社会认知理论

社会认知理论由班杜拉提出,并被广泛地应用于心理学、教育学、商业和健康等其他领域的研究(Schunk & DiBenedetto,2020)。该理论认为,人是外在环境、内在主观因素以及过去与现在的行为三者之间动态交互的产物,并且强调人通过学习来掌握知识并培育能力(Bandura,1991)。研究发现,团队成员的知识、教育和职业经历异质性可以帮助团队成员发现自身不足,增强其学习意识与能力,使创业企业处于学习氛围中(Healey et al.,2021)。而创业者可以通过学习将先前经验转化为知识,从而影响创业者的机会识别与开发能力(Peng,2021),最终对创业绩效产生重要且积极的影响(Andersén,2019)。社会认知理论能够用于理解和预测个体以及群体行为特征,并识别哪些因素能够改变行为。例如,有学者发现,高管团队国际化能够促进企业数字化转型,而他们对数字化的关注在二者之间起到了积极中介作用(Chen et al.,2023)。因此,本章基于社会认知理论,探究创业团队异质性、女性创业者经验学习、女性创业者机会识别与开发和创业绩效之间的关系。

二 假设提出

(一)创业团队异质性与创业绩效

创业团队异质性是指创业团队成员在年龄、性别、教育、工作经验、认知观念、价值观等方面表现出来的差异(Pelled,1996),其可分为表层异质性和深层异质性(Harrison et al.,1998)。表层异质性更容易观察,主要反映的是团队成员在年龄、性别、种族等方面存在的差异;深层异质性更具认知性,主要反映的是团队成员在工作经验与背景、知识技能等方面所存在的差异。创业团队成员的不同认知基础、技能、价值观等因素会直接影响组织的战略选择与绩效(Abatecola & Cristofaro,2018)。不同类型的团队成员适合不同的创业任务(Barney et al.,2018),异质性高的创业团队使得团队成员能够专注于创业过程的不同方面（Foss & Lyngsie，2014）。

创业团队组成是企业绩效的重要决定因素（Ma et al.，2022）。有学者研究发现，创业团队成员的知识技能、教育背景、职能经验等异质性会对团队绩效产生显著正向影响（Jin et al.，2017）。其中，教育异质性越大的团队，其分析问题的视角越多样，能够有效地控制企业在市场竞争中的风险，规避不确定性，有利于促进企业成长（Garcia Martinez et al.，2017）。在技术型中小企业中，职能背景异质性大的团队，既能专注于探索性创新活动，又能专注于开发性创新活动，更有利于提高企业绩效（Lu et al.，2023）。较高的创业团队异质性意味着团队成员的认知基础不同，使得团队成员对问题有不同的见解，进而有利于为团队做出更高质量的决策，提高团队绩效（Garrone et al.，2017）。创业团队的异质性越强，资源的流动性就越强（Xing et al.，2020）。例如，在金融资源获取方面，创业团队较高的海外背景异质性可以显著降低股权质押的道德风险（Yuan，2022），显著增加企业财务绩效（Cui et al.，2019）。因此，本章提出假设1。

假设1：创业团队异质性对创业绩效有积极影响。

（二）女性创业者经验学习的中介作用

创业是团队成员共同承担的任务（Fuel et al.，2021）。创业团队异质性可以增强团队成员的学习能力，使其团队成员能力互补，使创业企业处于学习氛围中（Healey et al.，2021）。团队异质性较高的创业团队在沟通交流中能够吸收其他职能领域的新知识，有利于提高团队及创业者的经验学习能力（Chandrasekaran & Linderman，2015）。创业者与创业团队成员之间的交流，使得创业者在创业过程中学习自己的和他人的经验，从而做出正确决策（Peng，2021）。可见，在异质性程度较高的团队中，团队成员能够提供差异性的背景知识和多元化的观点视角，从而有利于提升女性创业者的经验学习。

经验学习是指创业者基于自身经验，持续地开发有关创建新企业及管理新企业所需知识的过程（Politis，2005）。经验学习能够帮助创业者有效整合过往经验中获取的各类知识（Lattacher et al.，2021），增强企业识别资源和创新的能力，最终获得卓越的创业绩效（Shen et al.，2021）。当今经济越来越全球化、信息化，中国企业经营发展面临前所未有的挑战，如整体经济环境波动带来的财务不确定性、资产流失严重等（Li et al.，2021）。研究表明，有创业经验的人在 COVID－19 大流行期间比那些经验很少或没有经验的人在不同的新创业孕育活动中表现得更好（Alshibani et al.，2023）。创业者通过早期创业经历获得的经验知识有助于新企业更加专注于创新（Ouldchikh & Peng，2022），从而帮助企业更好地应对外界环境的不确定性，以创造良好的企业绩效（Aarstad et al.，2016；Lane et al.，2018）。

综上，本章认为，高创业团队异质性能够提高女性创业者的经验学习，进而正向影响创业绩效。因此，本章提出假设2。

假设2：女性创业者经验学习在创业团队异质性与创业绩效之间起正向中介作用。

（三）女性创业者机会识别与开发的中介作用

创业机会的正确识别与开发有利于提高创业成功率（Huang et al.，2022a）。机会识别与开发被认为是创业者最重要的能力之一（Tajpour et al.，2018），是创业过程中的核心要素（Maran et al.，2021）。它是指企业家能够积极感知外部环境的变化，获取不同来源信息，识别满足市场需求的机会并将其充分利用，从而实现更高的企业绩效（Huang et al.，2022b）。信息是机会识别与开发的重要基础（Félix González et al.，2017）。多元化的创业团队能通过不同来源、途径和方式获取并掌握有关环境变化的信息，帮助创业者在复杂的竞争环境下进行机会识别与开发，并做出合理的资源分配（Huang et al.，2022a）。提高创业团队异质性可以在现有团队的基础上带来新的想法和经验，并帮助创业者进行新一轮的机会识别和开发（Rovelli et al.，2020）。

由于市场环境的快速变化，企业越来越依赖于新的创业机会来生存和发展（Vincent et al.，2015）。创业者通过识别出竞争对手尚未发现的、潜在的、有利可图的商业机会，能够采取创新行动并探索出新的商业模式，有助于提高企业绩效（Maran et al.，2021）。有研究发现，与男性创业者相比，女性创业者面临的获取信息的障碍要更高（Rashid，2015；Chatterjee & Ramu，2017）。女性创业者的机会识别与开发可以帮助女性创业者解决信息不对称问题，有利于实现充分利用资源以及创造性满足市场需求，进而提升企业绩效（Huang et al.，2022b；Mostafiz & Goh，2018）。

综上，本章认为，提高创业团队异质性有助于提升女性创业者的机会识别与开发，从而正向影响创业绩效。因此，本章提出假设3。

假设3：女性创业者机会识别与开发在创业团队异质性与创业绩效之间起正向中介作用。

（四）女性创业者经验学习与女性创业者机会识别与开发的中介作用

经验学习是影响机会识别与开发的重要因素（Caiazza et al.，2020）。创业者的经验学习可以使其自身获取新知识，帮助其在不确定的环境中更好地识别和开发机会（Peng，2021；Taneja et al.，2023），这对公司业绩的提升起着至关重要的作用（Khurana，2021）。有研究指出，通过对先前经验的反思和学习，创业者能够获取与商业技能、社会网络和产品可得性等相关的隐性知识（Politis，2005）。这些隐性知识的获取和转化能够帮助创业者更好地识别与开发商业机会，进而提升企业竞争优势（Peterson & Wu，2021）。异质性较高的创业团队具有较强的学习能力和信息获取能力，他们能从不同视角总结先前创业过程中的经验和教训，提升团队及创业者的经验学习能力（Garcia Martinez et al.，2017）。潜在创业者受到创新创业教育之后，自身创业兴趣、创业技能和创业实践能力会得到大幅提高（Cao，2022）。经验学习能够帮助创业者快速了解市场行情和行业趋势，推出满足顾客需求的产品和服务，促进企业可持续发展（Hand et al.，2020）。因此，本章认为，高创业团队异质性能够提高女性创业者的经验学习能力，进而促进女性创业者的机会识别与开发能力，最终提高企业绩效。因此，本章提出假设4。

假设4：女性创业者经验学习与女性创业者机会识别与开发在创业团队异质性与创业绩效之间起连续中介作用。

因此，基于以上假设，本书构建了女性创业者经验学习和女性创业者机会识别与开发在创业团队异质性和创业绩效之间的链式多重中介作用理论模型，如图9-1所示。

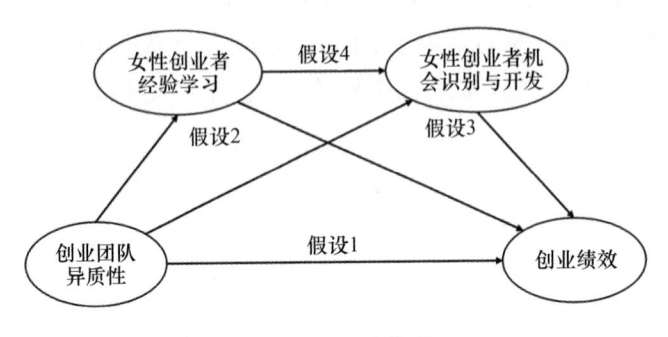

图 9-1　理论模型

第三节　链式中介模型的实证探索

一　研究方法

（一）数据收集与样本

由于新冠疫情的影响，调研数据收集采用线上和线下相结合的方式。对调研区域内的女性创业者（企业创始人或联合创始人）进行"滚雪球"抽样调查。"滚雪球"抽样是抽样的基本方法之一，往往用于对稀少群体的调查。在"滚雪球"抽样中，课题组首先选择一组调查单位，对其实施调查之后，再请她们提供另外一些属于研究总体的调查对象。调查人员根据所提供的线索，进行此后的调查。如在调查上海市女性创业者时，课题组首先与上海海蕴女性创业就业指导服务中心取得联系。通过其推荐，课题组对上海市的女性创业者开展"滚雪球"抽样调查。

此调查在中国范围内抽取数字经济发达、较发达和欠发达 3 类地区（北京、上海、广东、浙江、四川、江苏、河南、江西、山西、陕西）作为调研区域。调研时间为 2021 年 5—12 月，同时为了寻求可靠的信息，问卷明确保证保密。此次调研共发放 600 份调查问卷，回收问卷 580 份，回收率为 96.67%。剔除废卷 22 份，剩余 558 份有效问卷，有效回收率为 96.21%。被调查者的年龄集中在 21—40 周岁，占比 88.53%；学历以本科为主，占比 42.29%；婚姻状况以已婚为主，占比 53.05%；生育状况以未生育为主，占比 43.19%；企业成立年限以 1—5 年为主，占比

46.95%；企业行业以消费生活居多，占比21.16%；企业地区以东部地区居多，占比55.2%。

（二）变量测量

本书采用李克特5分量表测量关键变量，范围从"非常不同意"（1）到"非常同意"（5），所有变量都采用了之前验证过的量表，以确保信度和效度。

1. 创业团队异质性

根据Hambrick和Mason（1984）的高阶理论，高层管理团队的异质性可以由创业者自己直接衡量。故本书借鉴Zimmerman（2008）高层管理团队异质性的量表测量创业团队异质性，包括3个题项，如"我的创业团队中每位成员的教育背景都不相同"，"我的创业团队中每位成员的职业经历都不相同"，"我的创业团队中每位成员都有自己的专长"。KMO值为0.679，巴特利特球形检验的近似卡方值为659.815（df=3，p=0.000）。Cronbach's α值为0.820，信度良好。

2. 女性创业者经验学习

根据Politis（2005）和Tseng（2013）对创业学习内涵和测量方法的诠释，研究者发展了女性创业者经验学习量表，包括3个题项，如"我能在创业过程中积累各种经验"，"我能从失败的经验中吸取教训"，"我经常总结已发生的创业行为"。KMO值为0.729，巴特利特球形检验的近似卡方值为824.099（df=3，p=0.000）。Cronbach's α值为0.867，信度良好。

3. 女性创业者机会识别与开发

根据Ardichvili（2003）对机会识别与机会开发的阐述，本书将机会识别、机会开发归为机会识别与开发。女性创业者机会识别与开发参考Asante和Affum-Osei（2019）与Chen和Liu（2020）编制的量表，共包括6个题项，如"我有快速搜集创业机会信息的渠道"，"我能准确识别新信息可能带来的变化"，"我能够准确预测市场前景"，"我能将新的商机快速融入创业活动中"，"我能够开辟新市场"，"我能够快速吸收、整合新的市场机遇"。KMO值为0.883，巴特利特球形检验的近似卡方值为1884.414（df=15，p=0.000）。Cronbach's α值为0.897，信度较好。

4. 创业绩效

本书改编自 Gao（2018）的量表，采用 4 个指标来衡量创业绩效，包括"公司在同行内市场占有率高"，"公司销售增长率高"，"公司的利润高"，"公司创造了许多工作岗位"。KMO 值为 0.758，巴特利特球形检验的近似卡方值为 794.511（df = 6，p = 0.000）。Cronbach's α 值为 0.807，信度较好。

（三）共同方法偏差检验

由于各变量的数据都由女性创业者自己报告，来源单一，有可能存在共同方法变异的风险。为控制共同方法偏差，本章采用两种方法来检验共同方法变异的严重性。首先，采用单因素检验法，通过对研究所涉及的所有题项进行未旋转的主成分分析，发现因子分析抽取的第一主成分只解释了 39.96% 的方差变异，低于 50% 临界点，表明绝大部分变异不能由单一因子解释。其次，对所提出的模型和将所有变量加载到单一因子上的模型进行对比（Podsakoff et al., 2003），结果显示，与基准模型相比（见表 9-1），单因子的拟合指数（$\chi^2/df = 18.252$，RMSEA = 0.176，SRMR = 0.125，AGFI = 0.560，CFI = 0.620，IFI = 0.621，TLI = 0.561）都不理想，说明本书的共同方法变异并不严重。

（四）统计方法

本书采用 SPSS 26.0 和 Amos 24.0 软件，对研究模型进行检验。首先，采用 SPSS 26.0 对创业团队异质性、女性创业者经验学习、女性创业者机会识别与开发和创业绩效的量表进行信效度检验。其次，采用 Amos 24.0 结构方程模型的测量模型和结构模型进行评估。其中，采用两步结构方程模型程序。首先，通过验证性因子分析验证创业团队异质性、女性创业者经验学习、女性创业者机会识别与开发和创业绩效的构成维度的效度；其次，检验创业团队异质性、女性创业者经验学习、女性创业者机会识别与开发和创业绩效的路径系数，并采用偏差纠正的 Bootstrap 方法来检验中介效应。

二 研究结果

（一）测量模型

本章采用 Amos 24.0 对创业团队异质性、女性创业者经验学习、女性创业者机会识别与开发、创业绩效这四个潜在变量的测量模型进行验证性因子分析。结果表明，该测量模型满足所有通用要求。

首先，所有潜在变量均达到构念效度。指标结果显示（表9-1）：$\chi^2/df = 3.571$，RMSEA = 0.068，SRMR = 0.054，AGFI = 0.898，CFI = 0.947，IFI = 0.947，TLI = 0.935，所有指标基本符合要求，模型效果较优（Bentler，1990）。将研究模型与备选模型进行对比，本章的研究模型拟合指标优于其他3个备选模型（模型A、模型B、模型C），充分证明创业团队异质性、女性创业者经验学习、女性创业者机会识别与开发、创业绩效属于不同的构念，研究量表具有良好的构念效度。

表9-1　　　　　　　　　　　不同因素模型的拟合比较

	χ^2	df	χ^2/df	RMSEA	SRMR	AGFI	CFI	IFI	TLI
建议值	—	—	1—3	<0.08	<0.05	>0.90	>0.90	>0.90	>0.90
基准模型	349.963	98.000	3.571	0.068	0.054	0.898	0.947	0.947	0.935
主效应	58.180	13.000	4.475	0.079	0.054	0.939	0.971	0.971	0.953
模型A	799.398	101.000	7.915	0.111	0.073	0.772	0.852	0.853	0.824
模型B	1428.612	103.000	13.870	0.152	0.115	0.635	0.719	0.720	0.673
模型C	1898.219	104.000	18.252	0.176	0.125	0.560	0.620	0.621	0.561

注：N=558；模型A：将女性创业者经验学习和女性创业者机会识别与开发结合为潜在因子的三因子模型；模型B：将女性创业者经验学习、女性创业者机会识别与开发、创业绩效结合为潜在因子的二因子模型；模型C：将所有变量结合为一个潜在因子。

其次，所有潜变量都具有收敛效度。表9-2显示，所有标准化因子载荷值（潜变量与观察变量的路径系数）均在0.573—0.892，且具有显著性（p<0.001），说明测量项与各因素之间存在较好的测量关系，效度较好。然后，为了评价指标的内部一致性，我们估计了每个潜在变量的组合信度（CR）和平均提取方差（AVE）值。所有变量的CR值范围在0.820—0.898，均在0.6以上，AVE值范围在0.539—0.689，均大于0.5，符合要求（Fornell & Larcker，1981）。

表9-2　　　　　　　　因子载荷和收敛效度（N=558）

潜变量	观察变量	标准化因子载荷	CR	AVE
创业团队异质性	创业团队中每位成员都有自己的专长	0.649	0.831	0.624
	创业团队中每位成员的职业经历都不相同	0.882		
	创业团队中每位成员的教育背景都不相同	0.821		
女性创业者经验学习	我能在创业过程中积累各种经验	0.821	0.869	0.689
	我能从失败的经验中吸取教训	0.874		
	我经常总结已发生的创业行为	0.794		
女性创业者机会识别与开发	我能够准确预测市场前景	0.810	0.898	0.596
	我能准确识别新信息可能带来的变化	0.747		
	我有快速搜集创业机会信息的渠道	0.689		
	我能将新的商机快速融入创业活动中	0.814		
	我能够开辟新市场	0.803		
	我能够快速吸收、整合新的市场机遇	0.762		
创业绩效	公司在同行内市场占有率高	0.716	0.820	0.539
	公司销售增长率高	0.892		
	公司的利润高	0.719		
	公司创造了许多工作岗位	0.573		

最后，所有潜变量均达到区分效度。结果如表9-3所示。各个变量的相关系数均小于所对应的AVE的平方根，即说明各个潜变量之间具有一定的相关性，且彼此之间又具有一定的区分度，说明量表数据的区分效度理想。

表9-3　　　　　　变量的均值、标准差及相关性分析

潜变量	M	SD	创业团队异质性	女性创业者经验学习	女性创业者机会识别与开发	创业绩效
创业团队异质性	3.667	0.765	**0.790**			
女性创业者经验学习	3.973	0.697	0.371**	**0.830**		

续表

潜变量	M	SD	创业团队异质性	女性创业者经验学习	女性创业者机会识别与开发	创业绩效
女性创业者机会识别与开发	3.566	0.748	0.399**	0.646**	**0.772**	
创业绩效	3.188	0.664	0.421**	0.285**	0.429**	**0.734**

注：N=558；M 是均值；SD 是标准差；** p<0.01（双尾检验）；斜对角线的粗体数字是每个变量的 AVE 的平方根，非对角线的数字是各个变量的皮尔逊相关系数。

（二）结构模型

1. 主效应检验

使用极大似然函数来估计参数并检验变量之间假设的关系（Bagozzi & Yi，1988）。首先检验第一个假设，即创业团队异质性对创业绩效的主效应（假设1）。创业团队异质性到创业绩效的非标准化路径系数显著且大于零（β=0.437，p<0.001）。表9-1显示了主效应的结构方程模型各拟合指数，χ^2/df = 4.475（<5），AGFI = 0.939，CFI = 0.971，IFI = 0.971，TLI = 0.953，都超过0.9的理想水平；RMSEA = 0.079（<0.08），SRMR = 0.054，整个模型拟合基本理想。主效应检验结果为假设1提供支持。

2. 中介效应检验

运用结构方程进行路径检验，结果显示（表9-4、图9-2a），创业团队异质性对女性创业者经验学习、女性创业者机会识别与开发都有显著的正向影响（a1：β=0.411，p<0.001；a2：β=0.238，p<0.001），女性创业者机会识别与开发对创业绩效有显著的正向影响（b2：β=0.269，p<0.001）；创业团队异质性通过女性创业者经验学习、女性创业者机会识别与开发对创业绩效有显著的正向影响（a3：β=0.667，p<0.001）；另外，创业团队异质性对创业绩效的直接影响显著（c'：β=0.311，p<0.001），假设1得到支持，说明该模型是一个部分中介模型。这些结果为假设2、假设3、假设4提供了支持。

表9-4　　　　　　　　　　路径检验

路径	β	B	T值	P	标签
创业团队异质性→女性创业者经验学习	0.411	0.371	7.246	***	a1
创业团队异质性→女性创业者机会识别与开发	0.238	0.186	4.241	***	a2
创业团队异质性→女性创业者经验学习→女性创业者机会识别与开发→创业绩效	0.667	0.577	11.912	***	a3
女性创业者经验学习→创业绩效	-0.042	-0.045	-0.722	0.47	b1
女性创业者机会识别与开发→创业绩效	0.269	0.336	5.194	***	b2
创业团队异质性→创业绩效	0.311	0.304	5.668	***	c'

注：N=558；β是非标准化系数；B是标准化系数。

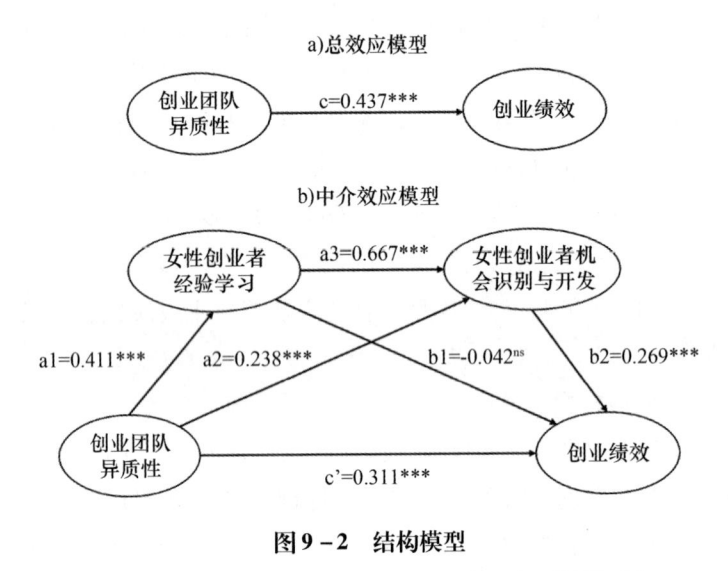

a) 总效应模型

创业团队异质性 —— c=0.437*** —→ 创业绩效

b) 中介效应模型

a1=0.411***　a2=0.238***　a3=0.667***　b1=-0.042ns　b2=0.269***　c'=0.311***

图9-2　结构模型

注：***p<0.001；ns是不显著［基于bootstrap (5000)，单尾检验］。

本书遵循 Hayes（2009）的建议，使用 Bootstrap 法对多重中介进行分析，本书的多重中介效应分为三个方面（见表9-5、图9-2）：（1）女性创业者经验学习、女性创业者机会识别与开发的个别和连续中介效应，M1=a1b1、M2=a2b2 及 M3=a1a3b2；（2）总的中介效应，即 M1+M2+M3；（3）对比中介效应，如 DM=M3-M1，M3-M2 和 M1-M2。本书将 Bootstrap 再抽样设定为5000次来运行中介效应检验的 Amos 24.0

软件。结果如表9-5所示,创业团队异质性→女性创业者经验学习→创业绩效的中介效应 M1 为 -0.017（置信区间为 [-0.067, 0.024]，包含0），说明假设2不成立。创业团队异质性→女性创业者机会识别与开发→创业绩效的中介效应 M2 为 0.064，置信区间为 [0.035, 0.117]；创业团队异质性→女性创业者经验学习→女性创业者机会识别与开发→创业绩效的中介效应 M3 为 0.074，置信区间为 [0.042, 0.117]。M2、M3 的置信区间都不包含0，说明这两个中介效应都是显著的，因此，假设3、假设4成立。总体而言，创业团队异质性通过两个中介变量产生的总中介效应为 0.121，置信区间为 [0.072, 0.180]，也不包含0。因此，创业团队异质性不仅直接影响创业绩效，还经由女性创业者经验学习、女性创业者机会识别与开发的中介作用。就对比中介效应而言，M3 和 M2 两个特定中介效应之间的差异 DM2 不显著（置信区间为 [-0.031, 0.066]，包含0），表明女性创业者经验学习、女性创业者机会识别与开发的连续中介效应和女性创业者机会识别与开发的个别中介效应无差异；M3 和 M1 之间的差异 DM1 显著（置信区间为 [0.032, 0.175]，不包含0），即女性创业者经验学习和女性创业者机会识别与开发的连续中介效应显著强于女性创业者经验学习的个别中介效应；M1 和 M2 之间的差异 DM3 显著（置信区间为 [-0.145, -0.017]，不包含0），说明女性创业者经验学习的作用显著弱于女性创业者机会识别与开发的中介效应。

表9-5　　　　　　　非标准化中介效应 Bootstrap 检验

路径	点估计值	系数的乘积		95%置信区间	
		标准误	Z值	下限	上限
总中介效应	0.121	0.026	4.654	0.072	0.180
M1：创业团队异质性→女性创业者经验学习→创业绩效	-0.017	0.023	-0.739	-0.067	0.024
M2：创业团队异质性→女性创业者机会识别与开发→创业绩效	0.064	0.020	3.200	0.035	0.117
M3：创业团队异质性→女性创业者经验学习→女性创业者机会识别与开发→创业绩效	0.074	0.019	3.895	0.042	0.117

续表

路径	点估计值	系数的乘积		95%置信区间	
		标准误	Z值	下限	上限
DM1 = M3 - M1	0.091	0.037	2.459	0.032	0.175
DM2 = M3 - M2	0.010	0.024	0.417	-0.031	0.066
DM3 = M1 - M2	-0.081	0.034	-2.382	-0.145	-0.017

第四节　研究发现与意义

一　研究发现

本章基于社会认知理论，通过对558名中国女性创业者进行实证调查，探究创业团队异质性对创业绩效的影响机制，构建了一个将创业团队异质性、女性创业者经验学习、女性创业者机会识别与开发和创业绩效联系起来的链式中介模型。

本章发现创业团队异质性与创业绩效呈正相关，这与以往研究结论一致（Bjornali et al., 2016; Jin et al., 2017; Xing et al., 2020），但与部分其他学者的研究相悖（Chowdhury, 2005; Díaz-Fernández et al., 2015）。这可能是由于创业团队的社会文化环境不同、创业行业不同或内部企业文化不同等因素导致，还需要学者们做进一步研究。本章发现女性创业者的机会识别与开发可以直接促进创业绩效，与先前研究一致（Mostafiz & Goh, 2018）。然而，值得注意的是，女性创业者的经验学习并不能直接促进创业绩效，还需要通过女性创业者的机会识别与开发才能间接促进创业绩效。这可能是因为女性创业者的经验学习对创业绩效的影响是潜在的，而女性创业者的机会识别与开发有较强的外部性。因此，女性创业者的经验学习需要借助女性创业者的机会识别与开发对创业绩效产生影响。

由于对创业风险认知不同以及存在性别刻板印象，通常男性被认为更适合创业（Adamus et al., 2021）。然而，拥有适当技能、知识、学习和支持的妇女也可以在创业活动中蓬勃发展（Mostafiz & Goh, 2018）。同时，女性创业者的机会识别与开发对创业绩效呈显著正影响。在创业领域中，有研究发现，与男性创业者相比，女性创业者领导的企业具有更高的创新环境和更好的生存前景（Ughetto et al., 2020）。女性创业者在与他人沟通和介绍新事物方面更灵活，在多任务处理方面更胜一筹（Setyaningrum et al., 2023）。可见，女性在创业时也具有独特的性别优势。

二　研究意义

（一）理论意义

第一，本章实证验证了创业团队异质性与创业绩效之间存在一种积极的影响机制（Healey et al., 2021）。团队通过将不同知识技能和社会关系的成员聚集在一起，可以为团队决策提供多元的信息和全面的决策视角，以提高决策质量和创新性（Barney et al., 2018）。他们还能够在竞争激烈的市场中更有效地控制企业风险，规避不确定性，有利于企业获取竞争优势，推出成功的创业计划，并实现业绩增长（Garcia Martinez et al., 2017）。因此，创业团队异质性可以正向影响创业绩效。

第二，本章探索了创业团队异质性与创业绩效之间的复杂中介作用机制，丰富了创业团队异质性与创业绩效之间的实证研究。尽管创业团队异质性对创业绩效的成果已经非常丰富，但是先前研究对二者之间的关系都未得出一致结论。因此，本书以女性创业者为切入点，探索女性创业者经验学习和女性创业者机会识别与开发作为中介变量在创业团队异质性与创业绩效之间的作用机制。本书的研究结果表明：女性创业者经验学习可以通过女性创业者机会识别与开发，在创业团队异质性和创业绩效之间起连续中介作用。

第三，本章以女性创业者为创新点，研究中国情境下的创业团队异质性对创业绩效的影响机制具有重大意义。性别之间创业的不平衡会影响整体经济，并限制新收入的产生、创新以及新产品和服务的引入（Franczak et al., 2023）。女性创业活动有助于提高女性的社会地位，减少失业率，提高整体社会生活质量（Xie et al., 2021；Véras, 2015）。众所周知，创业活动是各国经济增长的重要动力（Urbano & Aparicio, 2016），而中国作为全球最大的发展中国家，其经济发展已经取得了良好的成就，因此本书研究中国的女性创业活动很有意义。

(二) 现实意义

第一，注重提高创业团队异质性是提升创业绩效的关键。本章发现高创业团队异质性不仅能促进女性创业者进行经验学习，而且能帮助女性创业者更好地识别和开发机会，最终提升创业绩效。因此，女性创始人或管理者应该意识到创业团队异质性的重要性，并在创业团队组建过程中尽可能选择具有不同技能、教育背景和职业经历的成员，提高创业团队异质性，以获得更具多元化的观点、信息和知识，提高创业绩效。

第二，提高女性创业者的机会识别与开发是提升企业创业绩效的重要路径。本章发现女性创业者经验学习并不能直接促进创业绩效，还需要通过女性创业者机会识别与开发才能间接促进创业绩效；而提高女性创业者的机会识别与开发则能直接促进创业绩效。因此，女性创业者除了从经验中学习知识外，还要着重加强机会识别与开发能力，将学习到的经验知识转化为自己的决策依据。

第五节 本章小结

通过对中国 558 名女性创业者的实证研究，本章探讨了创业团队异质性与创业绩效的作用机制。本书具体分析创业团队异质性与创业绩效在女性创业者经验学习、女性创业者机会识别与开发中介作用下的关系，以及女性创业者经验学习、女性创业者机会识别与开发的中介效应。结果表明，创业团队异质性对创业绩效有显著的正向影响，女性创业者机会识别与开发在创业团队异质性和创业绩效的关系中起部分中介作用，女性创业者经验学习在创业团队异质性和创业绩效之间不存在中介作用，女性创业者经验学习和机会识别与开发在创业团队异质性和创业绩效之间起连续中介作用。另外，中介效应对比结果表明，创业团队异质性和创业绩效的中介效应主要是在于女性创业者机会识别与开发的个别中介效应以及女性创业者经验学习和女性创业者机会识别与开发的连续中介效应。

第 十 章

女性创业者创新性与创业绩效研究

第一节 研究背景与目的

与发达国家相比,发展中国家的初创企业失败率较高(Anwar et al.,2021)。作为世界上最大的发展中国家,中国企业在第一年的失败率为67%,而在前十年中失败率为85%(Parnell et al.,2015)。公司的生存和绩效问题备受关注(Anwar & Ali,2018;Guo et al.,2019)。Kungwansu-paphan 和 Leihaothabam(2019)指出,目前缺乏对发展中经济体关于创业性别相关问题的理解和研究,尤其是发展中经济体中女性企业家的创业绩效问题。因此,有必要进一步探索影响女性企业家创业绩效的关键因素。

创新性是创业导向的维度之一,它反映了一个公司参与和支持新想法、支持创造性过程的倾向(Lumpkin & Dess,1996),这会使企业获得更多的商业机会,从而更容易获取利润,提高创业绩效。在以往探究创业绩效影响因素的研究中,Lumpkin 和 Dess(2001)主要关注一个或两个维度对创业绩效的影响差异。Hughes 和 Morgan(2007)研究组织层面的 EO 单个维度在特定行业(高科技)背景下的影响。Kreiser(2013)研究表明,每个创业导向维度都可能与企业绩效呈现非线性关系。然而,只有较少的文献研究 EO 中的单一维度在驱动企业绩效方面如何发挥独特的作用(Putniņš & Sauka,2019),特别是创新性。同时,以往对创业导向的研究通常是组织层面,但创业导向在个体层面的应用,即企业家的创业导向可以为创业者和其组织发展提供有价值的参考(Gartner,1985)。因此,本书着重研究创业导向在个体层面的应用,同时考察创业者单一创业导向维度对创业绩效的复杂影响机制,即企业家的创新性对创业绩效的独特影响，填补了现有研究的文献空白。

此外，Gundry（2014）研究表明女性企业家的心理资本对公司后续的创新和可持续性发展有着重要影响。Vaghely 和 Julien（2010）指出，创新性与机会识别、机会开发是密切相关的，创新性是评估机会所必需的认知属性。社会认知理论认为，行为随人与环境这两个因素的变化而变化（Bandura，1985），女性在追求创业事业时面临着社会文化环境的障碍（Bullough et al.，2014）。这可能导致女性创业率和创业绩效相较于男性较低（Santos et al.，2016）。性别刻板印象通常被认为是女性创业失败重要的环境因素（Liñán et al.，2020），尤其是在深受传统儒家思想的中国。

总之，本章研究基于调节的双中介模型，利用机会识别和开发、心理资本作为中介变量，以及性别刻板印象作为调节变量，探索创新性与创业绩效之间的独特作用机制。本书考察了中国女性创业者的创新性如何影响创业绩效的机制。本书试图回答以下问题：（1）女性创业者的创新性是否对创业绩效有直接影响？（2）女性创业者的创新性通过何种机制影响创业绩效？具体而言，创新性对创业绩效的影响有哪些中介变量？（3）性别刻板印象是否对女性创业者的创业绩效产生调节作用？或者说，性别刻板印象是不是调节影响创业绩效的中介机制？

第二节 文献综述与假设提出

一 创新性与创业绩效

创新性是指创业者在多大程度上倾向于支持变革从而使企业获得竞争优势（Kreiser et al.，2010），包括通过支持引进新产品或新服务以及支持研发新技术（Fan，Qalati et al.，2021）。创新性能够推动社会和经济结构的变革与发展（Piñeiro-Chousa et al.，2020）。一方面，创业者的创新性能够使企业不断推出新产品和新服务，新产品或新服务能够更加适应新兴市场的需求，使企业迅速进入新市场（Covin & Wales，2019）。在动荡的市场中，创新产品或服务可以帮助中小企业改善绩效（Rhee et al.，2010）。另一方面，创业者的创新性能够促进企业对新技术的研发（Linton，2019），这有助于企业增长和创造具有更高利润潜力的产品或服务（Rauch et al.，2009），并获得更大的市场份额，从而提升创业绩效（Parida et al.，2017）。基于此，Nair（2020）认为创新性对女性创业者的成功有积极影响。Gundry（2014）发现女性创业者的创新性不仅增加了企业的市场价值，而且对企业发展的可持续性有着重要影响。因此，我们提出假设1。

假设1：女性创业者的创新性对创业绩效有积极影响。

二　机会识别与开发的中介作用

机会识别与开发是指企业家能够认识到通过创造性地组合资源来满足市场需求的机会并能够将其加以充分利用，从而为企业提供更高的利润（Ardichvili et al.，2003）。研究表明，机会识别与开发是新兴经济体中中小企业成功和可持续发展的重要预测因素（Guo et al.，2017）。

在中小企业中，相比于员工，企业所有者和管理者发挥着更大的作用（Anwar et al.，2021）。这是因为企业家采取的行动会对企业提供的产品和服务、区域社会经济发展产生广泛的影响（Valliere，2013）。创业者的创新性有助于企业通过在当前市场上提供新产品或者新服务来抓住新的机会并开发新的机会（Berry et al.，2010）。创业者识别和开发新机会的能力可以显著提高创业绩效（Wasdani & Mathew，2014）。正如创新维度所指的那样，企业可以利用技术或产品市场的高创新率来追求新的机会（Wiklund & Shepherd，2005）。因此，企业家的创新性在一定程度上可以增强企业家识别和开发机会的能力。企业家的机会识别与开发能力有助于企业家更多地关注市场和客户需求，并帮助解决问题，从而使公司成功（Shrader & Hills，2003）。所以，本书认为女性创业者的创新性增强了她们识别和开发机会的能力，进而对创业绩效产生积极影响。由此，我们提出假设2。

假设2：在女性创业者的创新性和创业绩效之间存在机会识别和开发的中介作用。

三　心理资本的中介作用

心理资本是指个体在成长和发展过程中的自我效能（Luthans et al.，2006），是一种以希望、自我效能、韧性和乐观为特征的积极心理状态

(Avey et al.，2010)。Le 和 Lei（2018）认为心理资本"是企业的一种无形的、有价值的资产"，有助于提升组织的效率和成功水平。

创新是个体自我效能感的主要来源之一（Bacq & Alt，2018），而增加自我效能感有助于提高心理资本的水平（Douglas & Prentice，2019）。Luthans 和 Youssef（2004）研究表明，培养个体心理资本的最有效的方法是让他们体验成功。企业取得的实际绩效会增强创业者的信心，从而形成高水平的心理资本（Luthans & Youssef，2004）。而企业家的创新性通常被认为是创业绩效的积极驱动力（Putniņš & Sauka，2019）。因此，女性创业者的创新性对心理资本的水平具有重要影响。

心理资本被视为企业家管理企业并确保其成功的关键个人资源（Luthans & Youssef，2004）。Envick（2005）强调，管理者需要展现高水平的心理资本以实现创业成功。根据资源保护理论（COR），个体倾向于积极获取、维护、保护并培养他们所重视的资源，同时避免资源的损失（Lee & Ok，2014）。作为一种积极的心理素质资源，人们有动力去维护它（Luthans et al.，2006），这有助于提升创业绩效。同时，Huang（2022）的一项研究得出结论，心理资本是影响女性创业的核心因素。因此，我们提出假设3。

假设3：心理资本在女性创业者的创新性和创业绩效之间存在中介作用。

四 性别刻板印象的调节作用

性别刻板印象是指社会对女性和男性的典型特征所共有的认识，它会对人们的职业评价产生影响（Broverman et al.，1972）。性别刻板印象涉及对男性和女性应具备的特质和行为的一系列信念和规范（Gupta et al.，2013），这些信念和规范在社会中形成了对男性和女性角色的差异化看法（Wood & Eagly，2002）。

企业家特征一般被归因于男性特征（Schein，2001）。因此，女性比男性在创业过程中会受到更多的与生俱来的障碍。有研究表明，性别刻板印象是女性创业所需知识和技能水平较低的主要原因（Liñán et al.，2020），这会使女性企业家获得较少的资金和面临更多的风险，不利于她们识别和开发利用新的市场机会（Liñán et al.，2020）。

同时，在性别刻板印象的影响下，社会和文化被视为歧视女性（Liñán, et al., 2020），这会对女性企业家造成心理障碍，使女性企业家无法充分发挥其潜力（Martiarena，2020），使她们更难创新。根据刻板印象威胁理论（Steele，1997），当性别刻板印象阻碍负面刻板印象社会群体——即女性的行为时，女性会产生更大的压力和焦虑，会降低自己的自我效能感，从而削弱心理资本。因此，性别刻板印象对女性追求创业职业道路有负面影响。据此，本书提出以下假设：

假设4a：性别刻板印象在女性创业者创新性和机会识别与开发之间发挥负面调节作用。

假设4b：性别刻板印象在女性创业者创新性和心理资本之间发挥负面调节作用。

基于以上假设，本书构建了女性创业者创新性与创业绩效之间的理论模型，如图10-1所示。

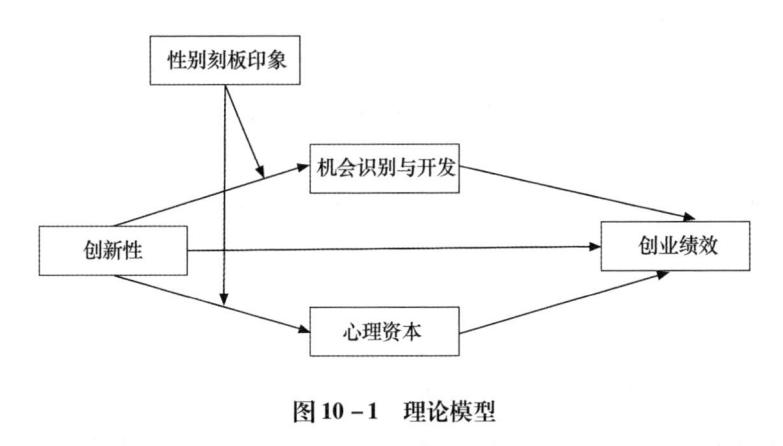

图10-1 理论模型

第三节 有调节的中介模型的实证探索

一 研究方法

（一）样本选取与数据收集

此调查在中国范围内抽取数字经济发达、较发达和欠发达3类地区（北京、上海、广东、浙江、四川、江苏、河南、江西、山西、陕西）的女性创业者（企业创始人或联合创始人）。通过各地女企业家协会、女性创业机构以及被调研者介绍的"滚雪球"方式，基于便利性原则，共发放 600 份调查问卷，回收 580 份有效问卷，回收率为 96.67%。剔除废卷 22 份，剔除废卷的标准为：(1) 没有选择设置的指定选项；(2) 回答时间过短；(3) 90% 以上选了同一个答案；(4) 1/3 以上题目没有填答。剩余 558 份有效问卷，有效回收率为 96.21%。具有本科学历的被调查者占 42.29%，研究生及以上占 15.6%，大专占 22.76%，中专及以下占 19.35%；被调查者的年龄集中在 21—40 周岁，占 66.85%；已婚的被调查者占 53.05%，未婚的占 38.89%，其他占 8.06%；已生育的被调查者占 56.81%，未生育的占 43.19%。

(二) 变量测量

本书采用李克特 5 分量表测量关键变量，范围从"非常不同意"(1) 到"非常同意"(5)，所有变量都采用了之前验证过的量表，以确保信度和效度。

1. 创新性

由于很少有学者研究女性企业家个人层面的创新性，因此，根据 Lumpkin 和 Dess (1996) 对创新性内涵的阐述，本章借鉴 Anwar 等 (2021) 和 Dai 等 (2014) 对组织层面创新性的测量，设定个人层面的创新性题项 3 个，如："我能很快想出许多有创意的点子"。Cronbach's α 系数为 0.818。

2. 机会识别与开发

根据 Ardichvili (2003) 对创业机会识别与开发的阐述，本章将创业机会识别、机会开发归为机会识别与开发。创业机会识别采用 Asante 和 Affum-Osei (2019) 开发的量表；创业机会开发采用 Chen 和 Liu (2020) 编制的量表，包括 6 个题项，如："我能够准确预测市场前景"。Cronbach's α 系数为 0.897。

3. 心理资本

根据 Luthans (2004) 对积极心理资本内涵和维度的阐述，本章借鉴了 Mao (2020) 的测量量表，包括四个问答题项，例如："我认为我能够取得成功"。Cronbach's α 系数为 0.893。

4. 性别刻板印象

根据 Gupta (2013) 对性别刻板印象内涵的阐述，本章改编了 GEM

的测量量表，包括 3 个题项，例如："由于是女性，人们认为我的能力较差"。Cronbach's α 系数为 0.869。

5. 创业绩效

采用主观测量指标对创业绩效进行测量（Gao et al., 2018），包括市场占有率、销售增长率等四个指标。Cronbach's α 系数为 0.807。

6. 控制变量

先前的研究表明，人口统计学变量和企业发展阶段变量会影响女性创业者的绩效。因此，根据先前的研究，年龄、教育水平、婚姻状况、生育状况和企业发展阶段被设定为控制变量。

（三）分析方法

在统计分析方面，采用 SPSS 和 Amos 进行统计分析。首先，通过探索性和验证性因子分析检验各变量的信效度。其次，采用两步结构方程模型程序，先是评估测量模型，然后通过结构方程模型比较基准模型与备选模型的拟合度，从而确定本书的最优模型（Anderson & Gerbing, 1988）。最后，采用偏差纠正的 Bootstrap 方法来检验中介效应和有调节的中介效应。

二 研究结果

（一）模型检验

为控制共同方法偏差，首先，本书采取 Harman（1976）单因素检验法，通过对研究所涉及的所有题项进行未旋转的主成分分析，发现因子分析抽取的第一主成分只解释了 17.89% 的方差变异，低于 Hair 等（1998）所建议的临界点 50%。另外，本章对所提出的模型和将所有变量加载到单一因子上的模型进行对比（Podsakoff et al., 2003），结果显示，与基准模型相比（表 10-1），单因子的拟合指数（$\chi^2/df = 17.807$, RMSEA = 0.174, GFI = 0.606, AGFI = 0.513, CFI = 0.537, IFI = 0.539, TLI = 0.483）都不理想。表明绝大部分变异不能由单一因子解释，因此，本书的共同方法变异并不严重。

其次，通过对比分析五因子基准模型（创新性、机会识别与开发、心理资本、性别刻板印象、创业绩效）、四因子、三因子及单因子备选模型，表 10-1 展示了所有模型的拟合度，五因子模型拟合较理想（$\chi^2 =$

417.28，df = 160，p < 0.00，χ^2/df = 2.608，RMSEA = 0.054，TLI = 0.951，CFI = 0.958，SRMR = 0.0383），并且优于其他竞争模型，如表 10-1 所示。

表 10-1　　　　　　　　　模型的拟合比较

Model	χ^2	df	χ^2/df	$\Delta\chi^2$（Δdf）	RMSEA	TLI	CFI	SRMR
Baseline Model	417.280	160	2.608	—	0.054	0.951	0.958	0.0383
Model A	1330.476	164	8.113	913.196***	0.113	0.781	0.811	0.819
Model B	1300.414	164	7.929	883.134***	0.112	0.787	0.816	0.1506
Model C	2214.020	167	13.258	1796.74***	0.148	0.623	0.668	0.17
Model D	2841.141	169	16.811	2423.861***	0.168	0.513	0.567	—
Model E	3026.175	170	17.801	2608.895***	0.174	0.483	0.537	—

注：N = 558；*** p < 0.001；Model A：将心理资本和机会识别与开发结合为潜在因子的四因子模型；Model B：将性别刻板印象和创业绩效结合为潜在因子的四因子模型；Model C：将心理资本、机会识别与开发和性别刻板印象、创业绩效结合为潜在因子的三因子模型；Model D：将心理资本、机会识别与开发、性别刻板印象、创业绩效结合为潜在因子的二因子模型；Model E：将所有变量结合为一个潜在因子。

表 10-2 显示了所有被试的变量的均值、标准差和相关系数，创新性与机会识别与开发（r = 0.618，p < 0.01）、心理资本（r = 0.531，p < 0.01）、创业绩效（r = 0.331，p < 0.01）显著正相关；创业绩效和机会识别与开发（r = 0.389，p < 0.01）、心理资本（r = 0.281，p < 0.01）显著正相关；机会识别与开发和心理资本（r = 0.461，p < 0.01）显著正相关；性别刻板印象和心理资本（r = 0.085，p < 0.05）显著正相关。此相关分析符合本章的理论预期，为本章的假设提供了初步支持。

表 10-2　　　　　　变量的均值、标准差及相关性分析

因子	M	SD	创新性	机会识别与开发	心理资本	性别刻板印象	创业绩效
创新性	3.668	0.718	**0.778**				
机会识别与开发	3.566	0.748	0.618**	**0.772**			

续表

因子	M	SD	创新性	机会识别与开发	心理资本	性别刻板印象	创业绩效
心理资本	3.961	0.644	0.531**	0.461**	**0.822**		
性别刻板印象	3.187	0.938	0.071	-0.042	0.085*	**0.838**	
创业绩效	3.188	0.664	0.331**	0.389**	0.281**	-0.072	**0.732**

注：$N=558$；M 是均值；SD 是标准差；** $p<0.01$（双尾检验）；斜对角线的粗体数字是每个变量的 AVE 的平方根，非对角线的数字是各个变量的皮尔逊相关系数。

（二）假设检验

1. 中介效应检验

表 10-3 总结了中介和调节中介模型中的估计系数。研究发现，创新性（Model 1a：$\beta=0.110$，$p<0.05$）对创业绩效有显著的正向影响，H1 成立。机会识别与开发（Model 1a：$\beta=0.249$，$p<0.001$）、心理资本（Model 1a：$\beta=0.112$，$p<0.05$）对创业绩效也有显著的正向影响。创新性对机会识别与开发的正向预测作用显著（Model 1b：$\beta=0.631$，$p<0.001$）；创新性对心理资本的正向预测作用显著（Model 1c：$\beta=0.470$，$p<0.001$），这些结果初步支持了中介效应的假设。

表 10-3 假设的调节中介效应的结果（系数和标准误差）

	创业绩效		机会识别与开发		心理资本	
	Model 1a	Model 2a	Model 1b	Model 2b	Model 1c	Model 2c
constant	1.614*** (0.207)	3.295*** (0.138)	1.125*** (0.174)	-0.148 (0.132)	2.112*** (0.161)	-0.105 (0.124)
控制变量						
年龄	-0.061 (0.035)	-0.049 (0.036)	0.003 (0.034)	0.013 (0.034)	0.103** (0.032)	0.099** (0.032)
学历	-0.036 (0.029)	-0.031 (0.029)	0.058* (0.028)	0.056 (0.028)	0.005 (0.026)	0.003 (0.026)
婚姻状况	0.001 (0.059)	0.009 (0.059)	-0.102 (0.057)	-0.098 (0.057)	-0.043 (0.053)	-0.046 (0.053)

续表

	创业绩效		机会识别与开发		心理资本	
	Model 1a	Model 2a	Model 1b	Model 2b	Model 1c	Model 2c
生育状况	-0.009 (0.041)	-0.017 (0.042)	0.08* (0.04)	0.079 (0.04)	-0.025 (0.037)	-0.023 (0.037)
企业发展阶段	0.056* (0.024)	0.057 (0.024)	-0.002 (0.023)	-0.008 (0.023)	-0.032 (0.022)	-0.033 (0.022)
自变量							
创新性	0.110* (0.049)	0.111* (0.05)	0.631*** (0.036)	0.647*** (0.036)	0.470*** (0.033)	0.471*** (0.034)
机会识别与开发	0.249*** (0.045)	0.248*** (0.045)				
心理资本	0.112* (0.048)	0.112* (0.048)				
调节变量							
性别刻板印象		-0.040 (0.029)		-0.081** (0.027)		0.017 (0.025)
IO * GS		-0.040 (0.049)		-0.099** (0.033)		0.026 (0.031)
R2	0.185	0.197	0.392	0.409	0.296	0.298
F	15.595***	11.122***	59.307***	47.501***	38.632***	29.116***

注：N=558；*** $p<0.001$，** $p<0.01$，* $p<0.05$（双尾检验），性别刻板印象和机会识别与开发全都中心化。

此外，基于 Pai（2015）的研究，本章通过运行 Preacher-Hayes Bootstrapping 脚本来测试间接效应，进一步证实了中介效应。结果显示，创新性通过机会识别与开发对创业绩效有显著的正向影响（Indirect Effect = 0.237，95% CI = [0.154，0.322]），假设 H2 得到数据支持。另外，创新性通过心理资本对创业绩效的间接影响显著（Indirect Effect = 0.079，95% CI = [0.013，0.144]），假设 H3 得到数据支持。

2. 调节效应检验

为了检验假设 H4a 和 H4b，本章在中介模型中引入了性别刻板印象作为调节因子来预测机会识别与开发和心理资本。在检验调节变量之前，对自变量和调节变量进行中心化处理后计算交互项，以避免多重共线性。从表10-3中可以看出，创新性和性别刻板印象的交互项对机会识别与开发具有显著的负向影响（β = -0.099，p < 0.01），但创新性和性别刻板印象的交互项对心理资本的影响不显著。为了便于解释，对交互效应做简单斜率分析（Ma et al.，2020），分别以高于或低于均值一个标准差为基准（Dawson & Richter，2006），描绘不同性别刻板印象水平时，创新性对机会识别与开发影响的差异。由图10-2可以看出，当性别刻板印象水平低时（β = 0.532，p < 0.001），创新性和机会识别与开发的正向影响强于高性别刻板印象水平（β = 0.398，p < 0.001）。因此，H4a成立，H4b不成立。

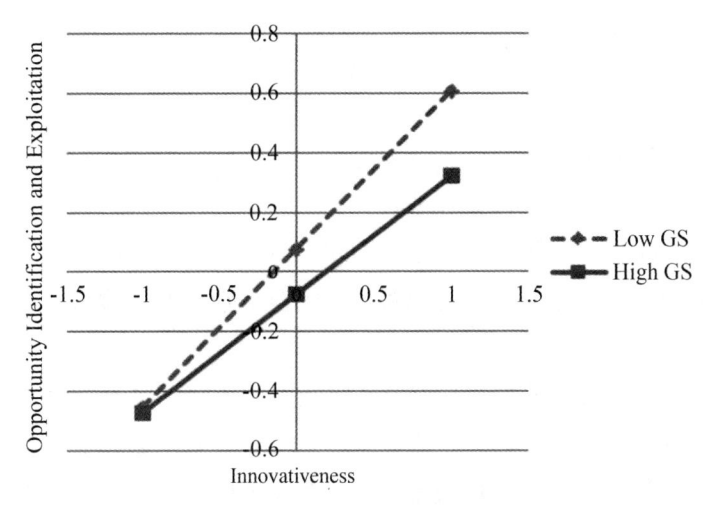

图10-2 简单斜率

此外，研究还考察了机会识别与开发的中介效应在多大程度上受到性别刻板印象的影响。为了检验这个有调节的中介模型，本章采用（Goel et al.，2022）的方法，以测试低水平和高水平调节因子下条件间接效应的差异。正如预期的那样（见表10-4），当性别刻板印象水平较低时（β = 0.133，p < 0.001），创新性通过机会识别与开发对创业绩效的正向影响强于高性别刻板印象水平（β = 0.099，p < 0.001），因此，假设H4a得到支持。

表10-4　　　　中介效应及有调节的中介效应分析结果

分组统计	间接效应	Boot SE	95%无偏置信区间	
			Boot CI 下限	Boot CI 上限
中介效应				
IO-PC-EP	0.079	0.033	0.013	0.144
IO-ORE-EP	0.237	0.043	0.154	0.322
调节中介效应				
低性别刻板印象（-1SD）	0.133	0.025	0.084	0.182
中性别刻板印象（0）	0.116	0.021	0.075	0.159
高性别刻板印象（+1SD）	0.099	0.020	0.061	0.140

第四节　研究发现与意义

一　研究发现

本书研究了中国女性创业者创新性与创业绩效间复杂的影响机理。基于中国558名女性创业者调查数据的实证结果支持了本书的理论假设，即女性企业家的创业绩效与其创新性、机会识别与开发能力和心理资本水平有关。

首先，本书回应了 Nair（2020）的观点，考察了创新能力的单一维度对创业绩效的非线性影响，结果显示女性企业家的创新能力对企业绩效有积极贡献。我们的研究表明，女性企业家的创新能力是影响她们机会识别和开发能力以及心理资本水平的重要因素，这也与Putniņš和Sauka（2019）的研究结果一致，即创新能力是创业绩效的积极推动因素，具有创新能力的企业家更容易发现机会并具有更高水平的心理资本，从而为可持续经营增长创造更好的业绩。其次，我们的研究结果表明，女性企业家的创新能力增强了她们的机会识别和开发能力，与Vaghely和Julien（2010）的研究结果一致。Luthans（2010）的研究表明，心理资本影响创业绩效，我们的研究也表明，在女性创业的背景下同样适用。此外，我们的研究结果显示，性别刻板印象对女性识别和开发机会的能力具有负面的调节效应，验证了Gupta（2014）的研究结果。但值得注意的是，性别刻板印象并不显著影响女性的心理资本水平，也并不调节心理资本在创新性与创业绩效间的中介效应，这与前人的研究相悖。以往研究通常认为性别刻板印象是影响女性创业水平的主要障碍（Martiarena，2020），这在一定程度上表明随着时代的发展和女性受教育水平的提高，女性的性别意识逐渐增强，女性的心理资本水平并不会受到性别刻板印象的影响。这为未来的研究人员以及政策制定者提供了启发，以调查何种因素会调节心理资本在女性创业者创新性与创业绩效之间的中介效应。

二 研究意义

（一）理论意义

第一，本书从女性创业者的视角构建了创新性与创业绩效的理论框架，从女性企业家的视角考察了个人层面的创新性对创业绩效的影响，丰富了女性创业领域的社会认知理论。

第二，机会识别与开发和心理资本的引入进一步丰富了创业理论。以往的研究侧重于对创业绩效问题的定性分析，目前还没有实证研究检验女性创业者的创新性与创业绩效之间的复杂机制。本书实证检验了创新性、机会识别与开发和心理资本在促进创业绩效方面的直接和间接作用，为未来的创业研究提供了一个更详细的理论框架，拓展了创业理论。

第三，提到女性创业，不难会想到性别刻板印象对女性创业的影响。本书考虑了性别刻板印象对创业绩效的直接和间接调节作用，扩展了社会认知理论的研究边界。我们的研究结果表明，女性创业绩效确实受到性别刻板印象的影响，进一步拓展了创业理论。

（二）现实意义

本研究对于女性创业实践具有重要的现实意义。首先，本书发现女性创业者的个人创新性是女性提高机会识别与开发能力和心理资本水平的重要影响因素，因此，女性创业者应该更加关注个人的创新。其次，女性企业家应该注重自身心理资本水平的提高，心理资本水平的提高会使女性较少受到性别刻板印象的影响，有效促进其创业企业的发展。最后，针对性别刻板印象对创业绩效的负向影响，我们提出以下建议。第一，社会大众要注重消除创业中的性别歧视，树立男女平等的社会文化观念，改变传统的性别差异观念，这是实现男女平等创业的根本。第二，作为女性创业者本人，要注重增强自身的性别意识，采取积极措施提高自身心理素质。第三，政府要在制定政策时重点考虑女性创业者面临的现实问题，为女性创业者提供政策支持。

第五节　本章小结

创业者的创新性是影响初创企业绩效的重要因素。基于社会认知理论，本书利用558名中国女性创业者样本，分析了女性创业者的创新性与创业绩效之间的关系，以机会识别和开发以及心理资本作为中介变量，以性别刻板印象作为调节变量。研究得出以下结论：首先，女性创业者的创新性与创业绩效显著正相关。其次，机会识别和开发以及心理资本在女性创业者的创新性与创业绩效之间具有显著的中介效应。最后，验证了性别刻板印象对女性机会识别和开发的负向调节效应。本书的结果为女性创业者在创业实践中如何提高企业绩效提供了理论和实践参考，并为创业理论研究提供了启示。

第四篇

数字时代女性创业政策和创业教育作用机制研究

第十一章

中国女性创业政策量化研究

创业活动是经济发展的重要引擎。女性创业已经成为创业经济的生力军（李纪珍等，2019），学者和政策制定者都对女性创业给予了高度重视（Xie et al.，2021）。女性创业活动有助于提高妇女社会地位，降低失业率，并提高整体社会生活质量（Huang et al.，2022c）。创业活动是一个环节复杂的系统，它从创业动机到创业行动、从创业初期到创业成功的每个环节均受到政府政策的支持（周翼翔，2022），因此以政策助力女性创业事业的发展成为解决这些问题的新思路。现有研究发现，良好的政策和制度条件会影响资源配置从而促进女性创业（Xie et al.，2021），因此研究女性创业政策很有必要。然而，当前中国对女性创业政策的研究还比较少，多集中在单一政策研究、局部政策评估和他国政策借鉴方面，如对女性财税支持政策的探讨（高凌江，2015），对成都市妇女创新创业政策效应的评估（徐宏玲、李双海，2018），对欧盟女性创业政策的借鉴（郭达、许艳丽，2015）等。因此，当前研究缺乏对中央层面女性创业政策的整体分析，使得中国女性创业政策的整体状况与演化规律难以从宏观视角得以全面掌握。

对政策文献进行综合量化研究，有助于我们理解政策文本价值，把握政策框架结构、政策发展历程、政府机构的合作等。因此，本章采用政策文献计量和政策内容分析法，从政策工具理论出发，将女性创业政策分为政策发布时间、政策颁布机构、政策关键词以及政策工具结构四个维度，对中国中央层级1998—2021年的52份女性创业政策文本进行时序分析、社会网络分析、共现网络分析和二维框架分析，从而了解政策发展阶段、识别政府机构合作关系、明确政策热点、把握政策工具结构，系统认识女性创业政策的发展现状，为女性创业政策的完善提供建议，这对于促进中国女性创业的发展具有一定价值。

政策是助推实践的指南和动力。本章的研究有利于丰富女性创业政策的研究内容及成果，拓展政策工具的应用范围，推动政府出台女性创业的倾斜性政策及更好地运用政策工具，推动女性自主创业。

第一节　创业政策的内涵与类型

政策是指政府、政党及其他组织在一定时间内为达到一定的政治、经济、文化和社会目标，由一系列谋略、法律、法令、措施、方法、规则等组成的政治活动或所规定的行为规范（黄萃，2016）。创业政策是国家治理体系的重要组成部分，事关国家和社会的发展与稳定。本节将主要探讨创业政策的内涵、类型、研究方法和评估。

一　关于创业政策的内涵

Lundstrom 和 Stevenson（2005）认为创业政策旨在鼓励更多人去选择创业并及时创业，强调在创业前、中、后三个阶段内对创业者创业动机、创业机会和创业能力的关注。Collins（2003）对于创业政策的理解简单明了，他认为创业政策就是政府所制定的鼓励小企业创立、成长的政策和支持措施。Hart（2003）认为创业政策全方位体现了政府的经济管理能力，能够为熊彼特式企业家创造良好的创业环境，减少初创企业的不确定性。高建和盖罗它（2007）认为创业政策就是政府通过地区、产业及国家促进创业活动的政策。夏清华（2009）认为政府制定政策的目的在于：一是为了增强创业型企业获取及整合资源的能力，提高创业成功的预期；二是为了降低创业型企业的经营成本，推动新创企业成长。周劲波和陈丽超（2011）认为创业政策是一种制度安排，它可以降低创业风险、增加创业机会、提高创业能力，最终创造一个有利于创业的良好环境，进而提高创业活动的质量。周翼翔（2022）认为创业政策是政府为鼓励本国或区域内经济主体的创业精神，提高创业活动水平而采取的一系列政策措施，其核心是支持企业活动的创建。

创业政策包含女性创业政策。本书认为女性创业政策是通过一系列政策措施来鼓励潜在女性创业者进行创业，帮助正在创业的女性创业者解决问题，对已经创业的女性创业者提供支持，从而提高女性创业者的整体创业水平。

二 关于创业政策的类型

目前，仅有很少的学者研究创业政策的类型。

Lundstrom 和 Stevenson（2005）根据十个国家和地区的经济结构、发展层级阶段、政府角色、创业发展动态以及自身的经济、政治和社会状况等一系列因素，以及制定创业政策过程中遵循的政策结构和过程、目标策略和计划、促进创业阶段和鼓励人们成为创业者等要素组合，提出 4 种类型的创业政策，分别是中小企业政策的推广、新企业创业政策、细分创业政策和全面的创业政策。

高建和盖罗它（2007）总结了维尔休尔和阿奇·佐尔坦两位学者对创业政策的分类，提出了五种类型的创业政策，包括创业需求、创业供给、创业的风险—奖励机制、资源和知识的可用性以及社会的创业价值。

周劲波和陈丽超（2011）根据 2008 年 9 月中国人力资源和社会保障部等部门出台的《关于促进创业带动就业工作的指导意见》，将中国创业政策分为三类，分别是改善创业环境型、提高创业能力型和减少创业风险型。改善创业环境型包括降低市场准入门槛、改善行政管理和强化政策扶持；提高创业能力型包括加强创业培训、提高创业培训质量和建立创业孵化基地；减少创业风险型包括完善创业服务组织、完善服务内容、健全社会保障制度和创造良好的创业氛围。

三 关于创业政策的研究方法

刘忠艳（2016）运用政策内容分析方法，构建大学生创客创业政策分析框架，对 1998—2015 年 33 份大学生创业政策进行了系统分析，揭示了大学生创业政策的基本特征。白彬和张再生（2016）运用内容分析法和定量分析法，对 2008—2015 年 33 项关于"创业拉动就业"的政策文本进行了分析，提出优化和完善创业拉动就业政策体系的路径和方法。廖中举（2017）采取共词矩阵分析法，借助 Ucinet6.0 软件，对 1999—2015 年国家部门出台的 68 项大学生创业政策进行了系统分析。戚涌和王静（2017）利用 NetDraw 工具，在社会网络分析方法的基础上绘制江苏省"双创"政策图谱，图谱显示江苏省出台的创业支持、企业技术创新政策措施较多，而在促进科技成果转化等方面的政策文件较少。张超和官建成（2020）以 1978—2017 年共 693 份创新创业政策文件为例，运用自然语言处理技术和社会网络分析法对政策之间的相互作用进行描述，对政策主题的演进进行剖析，量化政策力度，识别核心政策。李鹏利等（2021）采用政策文本内容分析法，从政策非均衡性、冗余性、缺失性、矛盾性和错位性等方面对中国 2006—2020 年国家层面发布的科技创业政策进行了系统梳理。可见，创业政策量化研究方法多种多样，既有包含共词矩阵分析、社会网络分析的政策文献计量法，又有包含文本分析的政策内容分析法，还有同时使用政策文献计量法和政策内容分析法的综合研究方法。

四　关于创业政策的评估

政策评估是一个涉及多方面交互的复杂体系，它综合了对政策效率、政策效果和政策满意的普遍关注。它的重点是目标实现的程度、政策工具的适用性、替代方案的可行性（刘春华等，2015）。胡俊波（2014）从政策"知晓度、利用度、难易度、满意度、重要度"五个方面构建了政策各环节（宣传、推广、落实）的绩效评估框架，并用来评估四川省扶持农民工返乡创业的政策文件。研究发现，尽管政策的宣传、落实都存在问题，但只要创业者利用过政策，他们的满意程度都比较高。刘春华（2015）以混合多目标决策为基础，综合 DEMATEL、ANP、ZOGP 方法构建了创业政策评估模型，这项科学与技术的方式应用于创业政策评估，帮助决策者在相互依赖的策略和有限的资源之间做出科学决策。张再生（2016）通过对天津市 25 家企业数据进行实证研究，并在采用数据包络分析法（DEA 模型）的基础上构建创新创业政策绩效评价的理论模型，分析了政策因素对企业孵化器创新效率的影响。徐宏玲和李双海（2018）从政策效应过程以及初创企业成长历程出发，并制定了创新创业政策效应评估框架，包括人才发展、创业理念、创业服务、创业载体、创业产出和资本支撑六项政策产出一级指标，对成都市妇女创新创业政策效应进行检验。结果显示：现有人才发展、创业理念、创业服务、创业载体、资本支撑、创业产出等政策产出对妇女创新创业支持作用不是很明显。周翼翔（2022）从供需匹配理论和感知价值理论双重视角出发，构建了"认知—利用"落差情境下的创业政策效果评估模型，以评估供需匹配度、感知价值等因素对企业政策绩效的影响。研究发现，"供—需"匹配和感知价值是现阶段中国创业政策"认知—利用"落差产生的直接根源，对中国创业政策实施效果也有重要影响。

第二节　政策工具理论

政策工具理论经常被用来分析和解释政策，受到各界学者的广泛关注（时颖惠、薛翔，2022）。政策工具理论的研究内容主要包括政策工具的概念、政策工具的分类、政策工具的应用，并以此为基础建立了较为系统和规范的理论体系（黄红华，2010）。

一　政策工具的概念

政策工具，又被称为治理工具或政府工具。不同学者对政策工具的概念有着不同的定义，总体上呈现出三种理解视角。

第一类是从实现政府行为的机制来理解政策工具。《公共管理导论》中指出政策工具是指政府的行为方式以及通过某种方式监管调节政府行为的机制（欧文·E. 休斯，2015）。Howlett 和 Michael（1991）认为，政策工具是实现公共目标的支配机制或技术。张成福和党秀云（2001）在其合著的《公共管理学》一书中指出，政策工具是政府将其实质目标转化为具体行动的路径和机制。陈庆云（2006）在其著作《公共政策分析》中指出，政策工具是连接目标与结果的桥梁，是将政策目标转化为具体行动的路径和机制。

第二类是从政府推行政策的手段来理解政策工具。Howlett 和 Ramesh（2003）认为，政策工具是政府在部署和贯彻政策时采取的实际方法和手段。陈振明（2004）认为，政策工具是国家权力机关在特殊时期，针对特定政策目标对社会政治、经济、文化进行干预的方式手段，这一方式手段是包括法令、方法、谋略、条例等的总称。陶学荣和崔运武（2008）在《公共政策分析》中指出，政策工具是公共部门或社会组织为解决某一社会问题或达成一定政策目标而采用的具体手段和方式的总称。

第三类是从实现政策目标的过程来理解政策工具。工具是致力于影响和支配社会进步的具有共同特征的政策活动的集合。Hood（1986）在其著作《政府的工具》一书中指出，政策工具是政府在不同情境下，使用多种不同组合的政策工具以实现政策目标的过程。Schneider 和 Ingram（1990）认为，政策工具是一套可以实现政策目标的蓝图，同时也是目标导向，会朝着问题解决的方向去发展。

综上，政策工具有三大特征，分别是手段性、动态性和多样性。（1）手段性。政策工具是政府为了实现一定的目标而使用的手段与途径。（2）动态性。政策工具为满足不同的时代需求，会根据时代变化进行适时调整。（3）多样性。政策工具多种多样，政府会依据不同环境、目标和对象的实际情况来选择不同的政策工具执行政策。

二 政策工具的分类

政策工具是政策过程分析在工具理性层面的发展和深化（黄萃等，2011）。政策工具的类型多种多样，不同学者从不同角度对政策工具进行了分类研究。

Krischen（1964）最早对政策工具分类进行研究并提出了64种一般化工具，但并未对这些工具进行系统分类，也未对这些工具的起源和影响加以探讨。

Rothwell（1985）以政策工具产生的影响力为标准，将政策工具分为三类，分别是供给型工具、环境型工具和需求型工具。

Hood（1986）根据政府所拥有的资源类型，将政策工具分为四类，分别是组织工具、财政工具、权威工具与信息工具。

McDonnell 和 Elmore（1986）根据政府要实现的政策目标，将政策工具分为四类，分别是命令型工具、劝导型工具、能力建设型工具和制度变迁型工具。

Howlett 和 Ramesh（2003）根据政府对公共物品和服务的介入程度，将政策工具分为三类，分别是自愿性工具、混合性工具和强制性工具。

Schneider 和 Ingram（1990）将政策工具分为五类，分别是权威型工具、能力型工具、激励型工具、象征和劝说型工具及学习型工具。

陈振明（2004）借鉴新公共管理的理论方法，将政策工具分为三类，分别是市场化工具、工商管理技术和社会化手段。

顾建光和吴明华（2007）依据政策工具使用方式的不同，将政策工具分为三类，分别是管制类工具、激励类工具和信息传递类工具。

湛中林（2015）从交易成本视角出发，将政策工具分为三类，分别是离散交易型政策工具、混合交易型政策工具和公共交易型政策工具。

谢小芹和姜敏（2021）根据社会治理现代化的发展要求，将政策工具分为四类，分别是基础型工具、创新型工具、协同型工具和激励型工具。

任彬彬和周建国（2021）根据政策文本的目标导向，将政策工具分为四类，分别是实质性工具、执行性工具、赋能性工具和引导性工具。

综上，政策工具分类研究的时间悠久且内容丰富，不同学者对政策工具的分类有不同见解，有利于政策工具分类方式的创新。

三 政策工具的应用

政策工具曾长期应用于经济学领域，如货币、财政、税收等是该领域经常使用的政策工具（黄红华，2010）。此后，随着政策工具理论的不断发展，其强大的解释力和广泛的应用性使得它在创业就业、环境保护、土地规划、河道治理、教育、科技、健康等领域也都得到了广泛应用。

韩国学者考虑了废物产生和废物处理趋势的现状，并介绍了在韩国经济活动的每个阶段（即生产、分配和消费）都采用的各种政策工具，以尽量减少废物。在每个阶段，韩国政府都实行了直接法规和经济激励措施的混合政策，这些政策工具为减少废物产生和提高回收率作出了明确的贡献（Kim，2002）。

黄萃（2011）采用罗斯威尔的政策工具分类法，对中国中央政府颁布的风能政策文本进行计量和分析，深入剖析了中国风能政策存在的过剩、缺失与冲突问题，并给出了未来风能政策优化的政策建议与技术手段。

白彬和张再生（2016）基于政策工具、创业周期和政策客体三个维度，对创业拉动就业的政策样本进行合理性和有效性分析，并提出优化和完善创业拉动就业政策体系的路径和方法。

任彬彬和周建国（2021）对全国省级河长制政策文本进行扎根分析，构建了地方政府河长制政策工具选择模型，进而描绘河长制的政策工具谱系。研究发现，地方政府要进一步动态调整实质性政策工具，完善执行性政策工具程序化建设，丰富赋能性政策工具的内容形式，重视引导性政策工具的规范引领，从而推动河长制的长效运行。

Huang（2021）从全球角度对建筑设备排放减排政策工具的发展进行了全面审查和分析，确定了三组政策工具，包括强制性行政政策工具、经济激励政策工具和自愿参与政策工具。结果表明，发达国家和发展中国家绝大多数都更愿意采用强制性行政政策工具，发展中国家没有足够的资源来实施经济激励政策工具和自愿参与政策工具，发达国家在努力开发经济激励政策工具和自愿参与政策工具。

刘雪华和孙大鹏（2022）从政策工具类型和城镇化任务两个维度对城镇化政策文本进行量化研究，发现注重政策工具在城镇化任务中的均衡应用，推动政策工具和城镇化任务之间的二维融合是完善中国城镇化政策的重要路径。

张宏如和邓敏（2022）针对政府在中医药健康服务领域发布的国家级政策文本，构建了政策工具—服务体系二维分析框架，确定了政策工具在不同服务体系内的使用情况，总结了中医药健康服务政策工具的分布特征；运用文本分析对政策文本进行关键词提取和关键词聚类分析，构建了中医药健康服务高频关键词的内在关系网络，分析了中医药健康服务的建设重点和建设力量。

四　女性创业政策工具的分类

本章主要对女性创业政策文本进行研究，通过了解政策工具的概念、分类及应用情况，认为罗斯威尔的政策工具分类方法更加契合本章的研究对象和研究思路。因此，本章借鉴罗斯威尔分类方法，结合中国女性创业实际情况来划分政策工具，共包含3大类政策工具和12小类子政策工具。

供给型政策工具是指政府通过直接提供女性创业所需的要素来推动

女性创业发展，具体可分为人才培养、基础设施建设、资金投入、公共服务、技术及信息支持。人才培养指的是政府为女性创业者及相关工作者开展教育培训、人才培养、创业指导等。基础设施建设指的是政府通过建立和完善基础设施，为女性创业活动提供便利，包括建立女性创业实践基地、提供创业场地等。资金投入指的是政府直接对女性创业提供财力支持，包括提供创业资金、资金补贴、创业基金、设立专项资金等。公共服务指的是政府部门为推动女性创业发展而提供的配套服务机制，包括制定目标规划、完善法规制度、探索创业培训模式、完善创业工作协调机制、完善女大学生创业导师制度、建立专项服务模块等。技术及信息支持指的是政府通过建设信息网络、数字资源平台等信息基础设施，使用各类新技术来推动女性创业活动开展。

环境型政策工具则是政府通过优化创新创业环境而间接推进女性创业活动，具体可分为金融税收、法规管制、策略性措施、目标规划。金融税收指的是政府通过放宽女性创业者的贷款、投融资限制来支持女性创业，并对其创办的企业进行税务减免或优惠。法规管制指的是政府通过法规对女性创业相关工作进行监督和管制，维护女性创业权益。策略性措施指的是政府为推动女性创业发展而在创业的各个阶段制定可行的、多样化的策略性措施，对政策进行宣传和落实，如鼓励女性创业，宣传女性创业榜样，举办女性创业主题活动，因地制宜落实女性创业政策，简化行政审批手续，提供政策咨询、法律援助，为女性创业发展搭建平台、提供服务等。目标规划指的是政府制定女性创业工作的具体目标和规划。

需求型政策工具是指政府通过对女性创业活动持续支持和关注，从市场需求角度进行干预进而拉动女性创业发展，具体可分为政府采购、考核认证、示范工程。政府采购指的是政府自身或委托其他组织利用采购工程推动女性创业。考核认证指的是政府将女性创业事业纳入考评指标，对推动女性创业发展的机构或个体颁发证书或授予称号。示范工程指的是政府通过建立示范基地或示范培训来推广女性创业的成功经验从而推动女性创业。

第三节　中国女性创业政策综合量化研究

一　政策文本选择及内容编码

（一）政策文本选择

首先，为保证政策数据的全面性，在北大法宝数据库分别以"女性创业"和"妇女创业"为检索词，并在北大法宝数据库进行补充检索。

其次，为保证政策内容与女性创业主题契合，按照以下标准进行政策筛选：第一，选择中央层级的政策文本，包括全国人民代表大会、全国人大常委会、国务院、国务院各部委及直属机构发布的政策文本；第二，所选政策主要是相关法律法规、通知、意见、决定等各类决策文件，不包括函、答复、案例等非正式决策文件；第三，政策文本内容需要与女性创业直接相关，需要直接体现激励女性创业的手段和措施；第四，在汇总结果的基础上，删除某一部委或多部委的历年常规工作文件，仅保留最近年份的政策文件。

最后，按照以上方法，截至2021年12月31日，筛选出52份国家层面现行有效的女性创业政策文件作为样本，按照时间顺序进行编号，如表11-1所示。

表11-1　　　　女性创业政策文件示例（部分）

序号	标题	发文字号	发布日期
1	劳动和社会保障部办公厅关于印发中国妇女发展纲要目标职责分解书实施计划的通知	劳社厅发〔1998〕16号	1998.10.22
2	全国妇女联合会、民政部、劳动和社会保障部等关于实施"巾帼社区服务工程"推动社区建设和下岗女工就业工作的意见	妇字〔1999〕19号	1999.11.18
3	全国妇联、民政部、劳动和社会保障部等关于进一步做好下岗失业妇女再就业工作的通知	妇字〔2003〕4号	2003.02.14
4	全国妇联、劳动保障部联合发出关于进一步推进妇女创业与再就业工作的通知	妇字〔2004〕14号	2004.04.26

续表

序号	标题	发文字号	发布日期
5	劳动保障部、发展改革委、教育部等关于贯彻落实国务院进一步加强就业再就业工作通知若干问题的意见	劳社部发〔2006〕6号	2006.01.20
6	国务院办公厅关于印发人口发展"十一五"和2020年规划的通知	国办发〔2006〕107号	2006.12.29
7	全国妇联、劳动和社会保障部关于宣传贯彻《中华人民共和国就业促进法》深入开展"春风送岗位"活动的通知	妇字〔2008〕7号	2008.02.04
8	国家发展改革委、旅游局、人力资源和社会保障部等关于印发关于大力发展旅游业促进就业的指导意见的通知	发改就业〔2008〕2215号	2008.08.21
9	中共中央宣传部、中央文明办、教育部等关于认真贯彻党的十七届三中全会精神深入开展文化科技卫生"三下乡"活动的通知	中宣发〔2008〕33号	2008.12.19
10	全国妇联、农业部关于开展百万新型女农民教育培训工作的意见	妇字〔2009〕12号	2009.03.10
……	……	……	……
51	国务院关于印发"十四五"就业促进规划的通知	国发〔2021〕14号	2021.08.23
52	国务院关于印发中国妇女发展纲要和中国儿童发展纲要的通知（2021）	国发〔2021〕16号	2021.09.08

（二）政策文本内容编码

NVivo 是一款目前学界应用广泛、功能强大的质性分析软件，其可对来自内部或外部文本、视频、音频、图片等不同格式的数据进行识别、分类和整理。借助 NVivo11 Plus 对收集的女性创业政策文本进行分析，将 52 份政策文本导入后，使用 NVivo11 Plus 对文本中所有有关"女性创业"或"妇女创业"的政策文本进行检索，以政策条款作为文本分析单元，按照"政策文件编号—政策条款编号—政策工具编号"进行编码，如"1-2-1"就代表第一个政策文件中第二个女性创业相关政策条款中的第一个政策工具。之后按照政策工具理论的子政策工具进行归类，编码示例如表 11-2 所示，共获得 163 个参考点。

为保证政策文本分析的客观性和准确性，女性创业政策编码工作由两名了解 NVivo11 Plus 软件且熟悉女性创业政策工具的社会学博士生分别进行，完成后通过计算编码一致性系数（黄萃，2016）来对编码进行信度检验：

$$编码一致性系数 = 2 \times M / (N1 + N2)$$

其中，M 表示两位编码者完全一致的编码数；N1、N2 分别表示两位编码者各自的编码数。结果显示，编码一致性系数为 0.81，在 [0.8, 0.9] 区间内，表示编码信度良好，可以接受。

表 11-2　　　　　　　　　女性创业政策文本编码示例

序号	政策名称	文本分析单元	编码	政策工具
1	劳动和社会保障部办公厅关于印发中国妇女发展纲要目标职责分解书实施计划的通知	2. 开展对妇女的职业指导。各级劳动和社会保障部门职业介绍机构要针对女性失业人员、下岗职工的特点和具体情况进行职业指导，可以进行个别指导，也可以进行集体指导，组织她们交流求职和创业经验，介绍当地就业形势、劳动力市场职业供求状况和趋势，介绍当地适合妇女就业的工作岗位以及求职方法和技巧，对她们进行职业能力测试和评估，提出培训的建议等。对就业困难的妇女，指导帮助其制定求职计划	1-1-1	人才培养
		5. 开展宣传活动，促进女性失业人员、下岗职工转变就业观念。广泛利用报纸、广播、电视等新闻媒体，大张旗鼓地宣传再就业工程，宣传下岗妇女职工不等不靠，自己组织起来就业和自谋职业的先进典型。同时，为下岗女职工再就业提供政策咨询，通过举办下岗女职工自主创业先进典型报告会等多种形式，帮助下岗女职工树立正确的择业观念，鼓励和引导她们依靠自己的努力实现就业	1-2-1	策略性措施
……	……	……	……	……

续表

序号	政策名称	文本分析单元	编码	政策工具
3	全国妇联、民政部、劳动和社会保障部等关于进一步做好下岗失业妇女再就业工作的通知	二、加强教育与培训，增强妇女在劳动力市场的竞争能力。各地妇联要积极协助、配合劳动保障等部门组织下岗失业妇女参加再就业培训，充分发挥再就业信息指导中心、培训基地、妇女学校等阵地在职业教育和就业培训中的作用，根据劳动力市场需求和妇女从业人员的特点，开展有针对性、实效性的职业培训，提高妇女的就业能力和适应职业变化的能力。对有意自行创办小企业、社区服务实体的下岗失业妇女，有针对性地开展生产、经营、管理、销售、财务等方面的创业培训指导，帮助妇女提高职业技能，掌握创业方法，实现自主创业和自主就业。要动员、整合社会力量和多方资源，开展对下岗失业妇女的技能培训，鼓励企业投资和社会力量、团体、个人投资，促进再就业培训主体多元化、机制市场化、成果社会化	3-1-1	人才培养
		五、因地制宜，积极探索城市小额信贷等多种形式扶助下岗失业妇女的工作模式。要按照中国人民银行、财政部、国家经贸委、劳动和社会保障部联合下发的银发〔2002〕394号《下岗失业人员担保贷款管理办法》的规定，积极稳妥地发展城市妇女小额信贷项目，对符合条件的下岗失业妇女及时提供小额信贷担保支持。鼓励有创业意愿和能力的妇女开办小型企业，对其小企业的设立进行可行性分析和指导，以小额信贷等形式提供启动资金，简化审批手续，给予一定的投资优惠，提供各项社会保险和劳动保障事务委托代理服务	3-2-1 3-2-2	策略性措施 金融税收
……	……	……	……	……

二 政策发布时间的时序分析

时序分析是政策文献研究中的常用方法,通过观察政策文献发布的时间序列,可以推测出相关部门在不同阶段对女性创业的关注重点和治理强度,并揭示其背后的发展规律(顾洁、朱咏玲,2022)。52 项女性创业政策发布时间的年度统计如图 11-1 所示,根据政策数量的变化趋势及重大事件的时间节点,将女性创业政策的发展分为 3 个阶段。

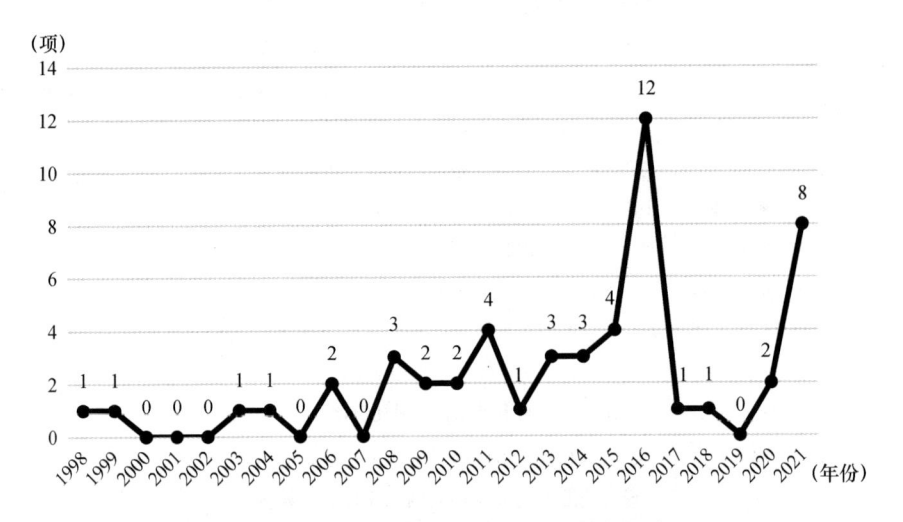

图 11-1 女性创业政策发布时间年度统计

第一阶段:1998—2005 年为萌芽期。该阶段内颁布的女性创业相关政策数量较少,仅有 4 项,占总政策数量的 7.7%,整体发展态势平稳。1995 年北京召开了第四次世界妇女大会,改变了人们看待女性和性别的方式(吴小英,2018),促进了男女平等的社会文化氛围,为女性创业政策的出台奠定了精神基础。1997 年 9 月,党的十五大宣布中国经济体制改革的目标是建立社会主义市场经济体制,乡镇集体企业改制,迎来了私营企业的历史性大发展(宋林飞,2019),为女性创业政策的出台奠定了物质基础。1998 年,中国出台了第一部女性创业政策《劳动和社会保障部办公厅关于印发中国妇女发展纲要目标职责分解书实施计划的通知》。2000 年,中国人均 GDP 超过 800 美元,人民生活总体上达到小康水平（李培林，2019）；2001年12月11日，中国正式加入世界贸易组织，此后国内经济愈发活跃，各种创业机会层出不穷，这都促进了女性创业政策的出台。这阶段的政策主要表现为对妇女开展创业宣传活动，引导和鼓励有意愿和条件的妇女积极创业；对妇女有针对性地开展创业培训指导，帮助她们掌握创业方法，实现自主创业。

第二阶段：2006—2013年为探索期。该阶段内颁布的女性创业政策数量相对上升，有17项，占总政策数量的32.7%，整体发展态势呈小幅波动。自2006年以来，中国对世界经济增长的贡献率稳居世界第一位（宋林飞，2019）。经济全球化使国与国之间的经贸关系越来越紧密，此阶段中国受2008年金融危机的影响，市场用工需求下降，以创业促进就业愈加成为国家明确的政策信号，促进妇女转变就业观念迫在眉睫，因此教育部、财政部等各部委联合颁布女性创业政策文本，并且尽可能覆盖到女性创业的各个方面，包括为妇女提供创业资金，派送妇女创业小额贷款；建立女性创业示范基地，为促进女性创业的机构或个体颁发证书或称号；搭建女大学生创业就业的信息平台，积极推进女性创业实践基地；把妇女创业就业纳入就业工作总体部署，加强督促检查工作，维护妇女权益；开展女企业家SYB导师行动，引导、扶持女性创业等。

第三阶段：2014—2021年为发展期。此阶段内颁布的女性创业政策数量大幅增加，有31项，占总政策数量的59.6%。整体来看，政策文本数量在2016年达到峰值，2016年之后开始骤降，2019年降到谷底，之后到2021年又逐步上升，整体发展态势呈现大幅波动。2015年，"大众创业，万众创新"被写入政府工作报告，在全国范围内掀起了创新创业热潮，同时也顺势推动了女性创业的发展，因此女性创业政策在2016年实现了大幅增长。虽然2016年之后女性政策发布数量骤减，但由于2019年末2020年初，新冠疫情开始席卷全球，全球经济遭受大幅创伤，为了恢复经济增长和社会发展，在2021年中国女性创业政策发布数量又再次攀升，整体趋于上升态势，因此预测未来几年的政策文本数量仍以上升为主要发展趋势。

三 政策颁布机构的发文数量及社会网络分析

(一) 政策颁布机构的发文数量分析

国家层面的政策颁布机构主要有全国人民代表大会、全国人大常委会、国务院及国务院各机构，图11-2展示了政策颁布机构的发文数量情况，全国妇女联合会、教育部、国务院、人力资源和社会保障部、农业部、民政部、商务部、国家发展和改革委员会等共计36个机构参与女性创业相关政策的制定。总体上看，全国妇女联合会的发文数量遥遥领先，为14份，且均为联合发文，可见妇联在联合各机构合作颁布女性创业政策方面作出了巨大贡献；教育部的发文数量为9份，其中6份是联合发文，3份是独立发文；国务院的发文数量为8份，其中6份为独立发文，2份为联合发文，可见国务院在推动女性创业过程中起着领头作用；人力资源和社会保障部的发文数量为7份，且均为联合发文，可见人力资源和社会保障部在联合各机构合作颁布女性创业政策方面也作出了巨大贡献。

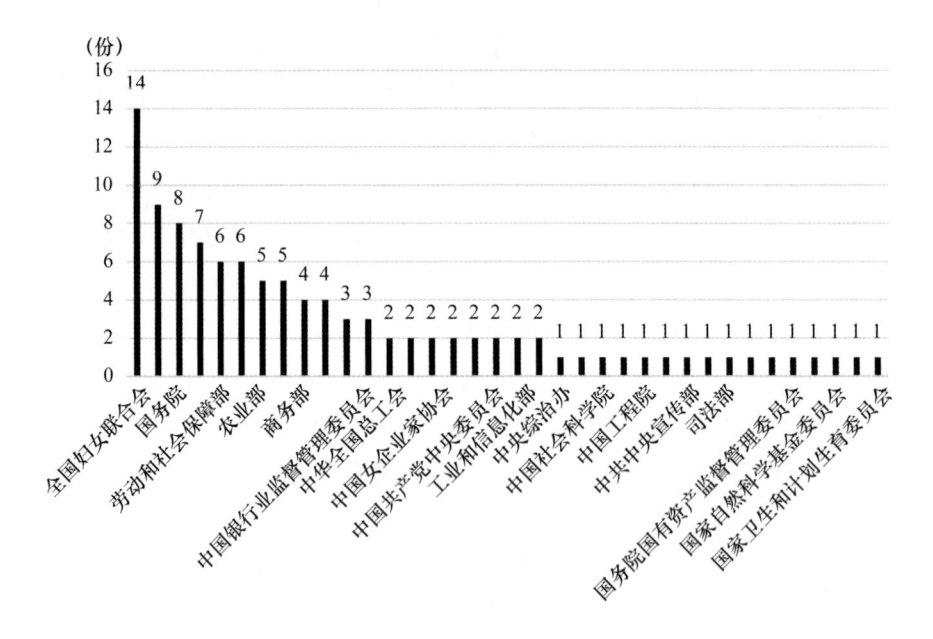

图11-2 政策颁布机构发文数量

(二) 政策颁布机构的社会网络分析

社会网络分析是社会学研究方法的一种，通过分析行动者（个人、组织）之间的社会网络可以发现他们的外部社会关系及内部属性（吴宾等，2017）。在政策文献计量研究中，社会网络分析常被用来揭示政策颁布机构之间的合作或竞争关系（顾洁、朱咏玲，2022）。在合作模式的研究过程中，通常将政策颁布机构之间的联合发文作为部门互动关系的观测指标（吴宾等，2017）。

使用 Gephi 0.9.4 软件转化政策颁布机构的共词矩阵生成政策颁布机构的合作网络图，如图 11-3 所示。节点表示政策颁布机构的度数，节点越大、颜色越深，该政策机构与其他政策机构之间联合发文的次数越多；连线表示政策颁布机构之间的联合发文关系，连线越粗，两政策机构之间联合发文的次数越多（曾刚、邓胜利，2021）。观察图 11-3 可以发现，全国妇女联合会、教育部、人力资源和社会保障部是联合发文数量

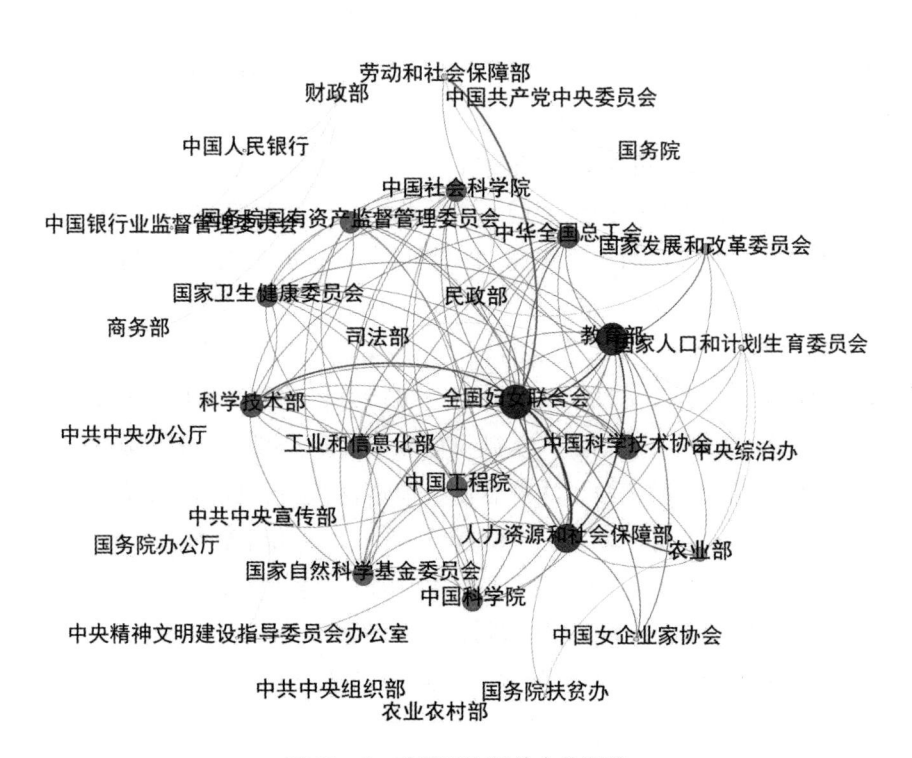

图 11-3 政策颁布机构合作网络

较多的三个机构。全国妇女联合会的联合发文次数最多，与教育部、人力资源和社会保障部、劳动和社会保障部、科学技术部、农业农村部、民政部、司法部都有联合发文，反映了国家对女性创业在各个方面的支持；其次为教育部，与国家发展和改革委员会、工业和信息化部、中国科学院、中共中央宣传部都有联合发文，反映了国家对女性创业教育的高度重视；同时，人力资源和社会保障部与中国总工会、中国女企业家协会、中国科学技术协会、中国工程院都有联合发文，说明培养女性创业人才、维护女性创业权益是推动女性创业的重要手段。

综上，女性创业政策颁布机构之间主要呈现出协作型和配合型合作关系（黄萃等，2015）。从量化数据和机构合作图中可以看出，全国妇女联合会、教育部、人力资源和社会保障部之间形成了女性创业政策颁布机构中的"铁三角"，三者在女性创业政策的制定上联合发文数量较高、联系最为紧密。除这三个核心机构外，中国科学技术协会、工业和信息化部、国家发展和改革委员会、民政部等在合作网络图中处于次级乃至边缘位置的机构也与核心机构之间形成了配合型合作网络关系。

四　政策关键词的共现网络分析

政策文献并未直接提供关键词，因此，在研究政策主题时，有必要为政策文献标注关键词（李江等，2015）。关键词能反映女性创业政策的内容核心，团队从52条中央层级的政策文献中人工提取出与"女性 创业"或"妇女 创业"相关的关键词，以政策工具为引导框架，参照罗斯威尔的政策工具分类方法（Rothwell, 1985），将政策文本中的原始关键词进行合并，得到人才培养、基础设施建设、资金投入、公共服务、技术及信息支持、金融税收、法规管制、策略性措施、目标规划、政府购买、考核认证、示范工程12个关键词。其中，策略性措施的频数为29，人才培养的频数为25，金融税收的频数为14，公共服务的频数为8，资金投入的频数为7，法规管制的频数为5，考核认证的频数为5，基础设施建设的频数为4，示范工程的频数为4，技术及信息支持的频数为3，目标规划的频数为3，政府购买的频数为1。

在政策文献中，大部分关键词都不是孤立存在的，一个关键词的出现很大程度上伴随着另外一词的出现，关键词共现网络即基于这种共现关系构成的知识图谱（吴宾等，2017）。关键词共现网络分析是通过对关键词之间的共现频率进行统计分析，根据词汇间的亲疏关系获得某一学科领域的研究热点与发展趋势，被广泛应用于文献计量、信息科学和图书馆学等领域（王婷、吴必虎，2020）。

（一）整体网络特征分析

整体网络特征指标主要包括网络密度、网络关联度、网络效率、平均最短路径等（王婷、吴必虎，2020；夏立新等，2019）。运用 Ucinet 6.560 软件来计算女性创业政策关键词的网络密度、网络关联度和平均最短路径进而刻画共现网络的整体网络特征，结果见表 11-3。

表 11-3　　　　　　关键词共现网络整体特征指标

节点数	边数	网络密度	网络关联度	平均最短路径
12	53	0.803	1.000	1.197

网络密度反映了网络中各节点之间关联关系的疏密程度，网络密度越大说明网络中节点之间的联系越紧密（刘华军等，2015）。该网络密度为 0.803，即女性创业政策关键词之间的关联关系较为紧密。网络关联度反映了网络自身的稳健性和脆弱性，关联度越小说明网络中的许多条线都通过其中某一个节点，整体网络对这个节点的依赖性就很高，网络的稳健性就越弱（王婷、吴必虎，2020）。该网络关联度为 1，即女性创业政策关键词的共现网络十分稳健。平均最短路径是指网络中某个节点与其他节点之间最短距离的平均值（夏立新等，2019），平均最短路径越小说明两个节点之间越容易建立起联系，网络的连通性越好。该网络的平均最短路径为 1.197，即政策的任意两个关键词之间建立联系的平均最短距离为 1.197，网络的连通性较好，具有小世界效应。

（二）共现网络中心性分析

中心性是共现网络分析的重要指标，它能够较为精准地反映某一关键词在整个网络中的地位与重要性（吴宾等，2017）。个体中心性越高，越处于群体的中心位置，得到各种资源的可能性就越大，对其他节点的影响力也越大（熊回香等，2021）。中心性包括点的中心度和图的中心势，中心度刻画的是单个行动者在网络中所处的核心位置，中心势刻画的则是一个网络所具有的中心趋势（刘军，2014）。常用的3个中心性分析指标分别是点度中心性、中介中心性和接近中心性（巫锡炜、刀玮皓，2022）。

1. 点度中心性及其网络图

点度中心性是一个点与其他节点直接连接的个数，个数越多说明与其他节点的联系越紧密，这个点在网络中所处的地位越靠中心（熊回香等，2021），其测量的是网络中节点自身的交易功能，并不考虑能否控制其他节点。基于政策关键词12×12的0—1矩阵，在Ucinet 6.560中执行"Netwok-Centrality and Power-Degree"操作，得到表11-4的点度中心度。策略性措施和人才培养的点度中心度最高，并列第一，皆为11，与所有的政策关键词都有联系；金融税收、公共服务、基础设施建设和考核认证并列第三，点度中心度为10，与10个政策关键词有联系；法规管制、目标规划、技术及信息支持并列第七，点度中心度为9；资金投入的点度中心度为8，示范工程的点度中心度为7，政府购买的点度中心度为2。

表11-4　　　　　　　　　政策关键词的点度中心度

政策关键词	点度中心度	相对点度中心度	比例
策略性措施	11	100	0.103773586
人才培养	11	100	0.103773586
金融税收	10	90.90908813	0.094339624
公共服务	10	90.90908813	0.094339624
基础设施建设	10	90.90908813	0.094339624
考核认证	10	90.90908813	0.094339624
法规管制	9	81.8181839	0.084905662
目标规划	9	81.8181839	0.084905662
技术及信息支持	9	81.8181839	0.084905662
资金投入	8	72.72727203	0.075471699
示范工程	7	63.63636398	0.066037737
政府购买	2	18.18181801	0.018867925

以点度中心度为优化网络的条件，使用 Ucinet 6.560 中的 NetDraw 2.148 软件将其可视化，如图 11-4 所示。我们可以看到人才培养和策略性措施的节点最大，说明人才培养和策略性措施处于整体网络的中心位置，与其他节点的联系最为紧密。政府购买的节点最小，说明政府购买处于整体网络的边缘位置，与其他节点的联系非常小。整体网络的点度中心势为 23.64%，即该网络具备一定的集中性，但集中程度比较小，网络的点度中心化趋势不明显。

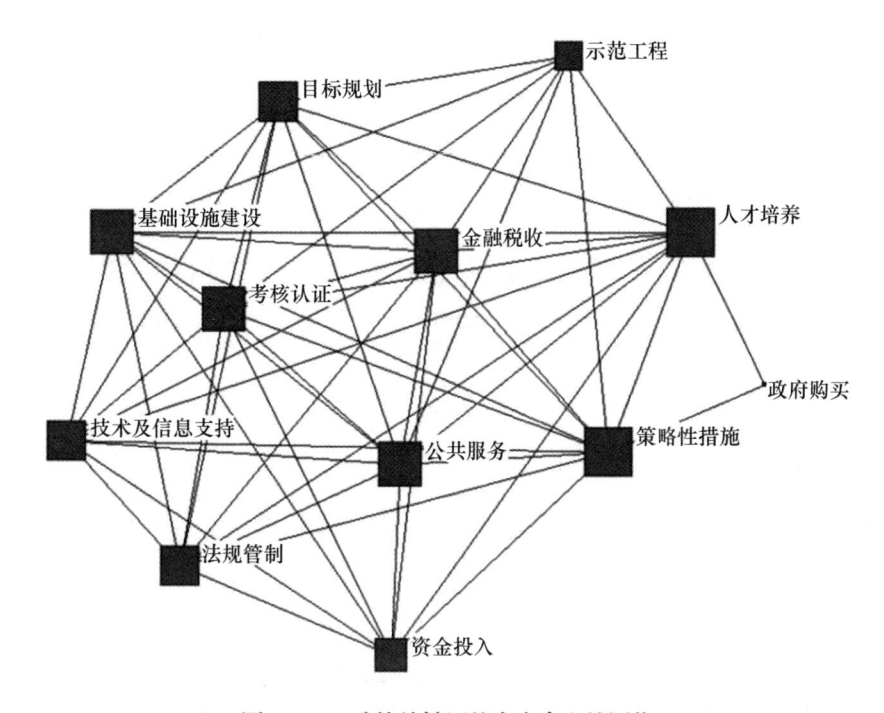

图 11-4　政策关键词的点度中心性网络

注：Network Centralization（点度中心势）= 23.64%。

2. 中介中心性及其网络图

中介中心性测量的是一个点在多大程度上位于图中其他节点的"中间"，即该节点在多大程度上是其他节点的"中介"，表征着某个节点对网络中资源控制的程度（熊回香等，2021）。在 Ucinet 6.560 中执行 "Netwok-Centrality and Power-Freeman Betweenness-Node Betweenness" 操作，得到表 11-5 的中介中心度。如表 11-5 所示，中介中心度最大的有两个，分别是策略性措施和人才培养，皆为5.077，且达到了第三个中介中心度的八倍，说明策略性措施和人才培养在网络中处于控制网络交互的核心枢纽地位。中介中心度排名前列的关键词与点度中心度排名前列的关键词有较多重合，说明政策中的热点关键词不仅处于整体网络的中心，而且也有较强的网络控制能力。值得一提的是，虽然目标规划的点度中心度与法规管制、技术及信息支持一致，但目标规划的中介中心度高于法规管制、技术及信息支持，说明目标规划控制其他节点的能力强于法规管制和技术及信息支持。

表 11-5　　　　　　　　政策关键词的中介中心度

政策关键词	中介中心度	相对中介中心度
策略性措施	5.077381134	9.231601715
人才培养	5.077381134	9.231601715
金融税收	0.577380955	1.049783587
公共服务	0.577380955	1.049783587
基础设施建设	0.577380955	1.049783587
考核认证	0.577380955	1.049783587
目标规划	0.285714298	0.519480526
法规管制	0.125	0.227272734
技术及信息支持	0.125	0.227272734
资金投入	0	0
示范工程	0	0
政府购买	0	0

使用 Ucinet 中的 NetDraw 软件将中介中心度可视化，如图 11-5 所示。中介中心度高的节点，如人才培养和策略性措施，在网络中十分突出，清晰地显示出这个关键词占据资源和信息流通的关键位置。在该网络中，有三个关键词的中介中心度为0，我们可以认为这三个关键词——资金投入、示范工程、政府购买处于政策关键词交互的边缘位置，交互通道闭塞。整体网络的中介中心势为7.92%，人才培养和策略性措施等纽带地位的关键词具备一定的掌控网络能力，但是整体网络的控制权还

处于低层次的水平，网络的交互权利并没有被高中介中心度的关键词所垄断，整体网络处于沟通良好但分散的状态。

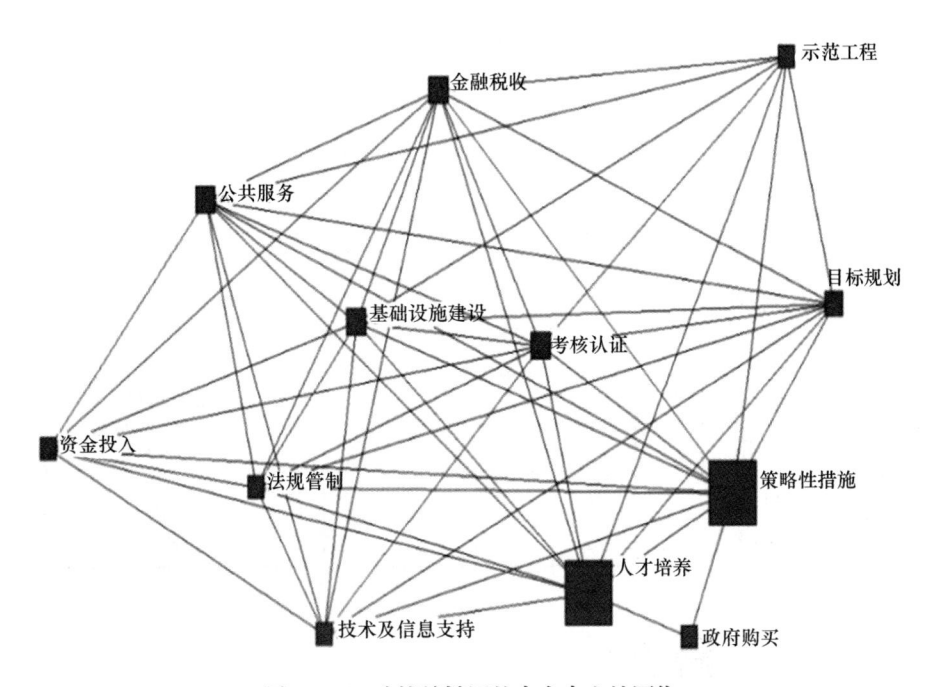

图 11-5　政策关键词的中介中心性网络

注：Network Centralization Index（中介中心势）=7.92%。

3. 接近中心性及其网络图

接近中心性是指某节点到其他节点的最短距离之和，最短距离之和越小，表示该节点不受其他节点控制的能力越强，该节点与其他节点的差异就越大（熊回香等，2021）。接近中心性考虑的是行动者在多大程度上不受其他行动者的控制。在 Ucinet 6.560 中执行"Network-Centrality and Power-Closeness"操作，得到表 11-6 的接近中心度。如表 11-6 所示，政府购买的接近中心度最大，为 20，说明该关键词不受网络控制的能力是最强的。而点度中心度和中介中心度排名皆为前列的人才培养和策略性措施，在接近中心度的排序却是最低的，皆为 11，说明在网络中处于中心位置和核心枢纽地位的人才培养和策略性措施不受网络控制的能力是最弱的。

表 11-6　　政策关键词的接近中心度

政策关键词	接近中心度	相对接近中心度
政府购买	20	55
示范工程	15	73.33333588
资金投入	14	78.57142639
法规管制	13	84.61538696
目标规划	13	84.61538696
技术及信息支持	13	84.61538696
金融税收	12	91.66666412
公共服务	12	91.66666412
基础设施建设	12	91.66666412
考核认证	12	91.66666412
策略性措施	11	100
人才培养	11	100

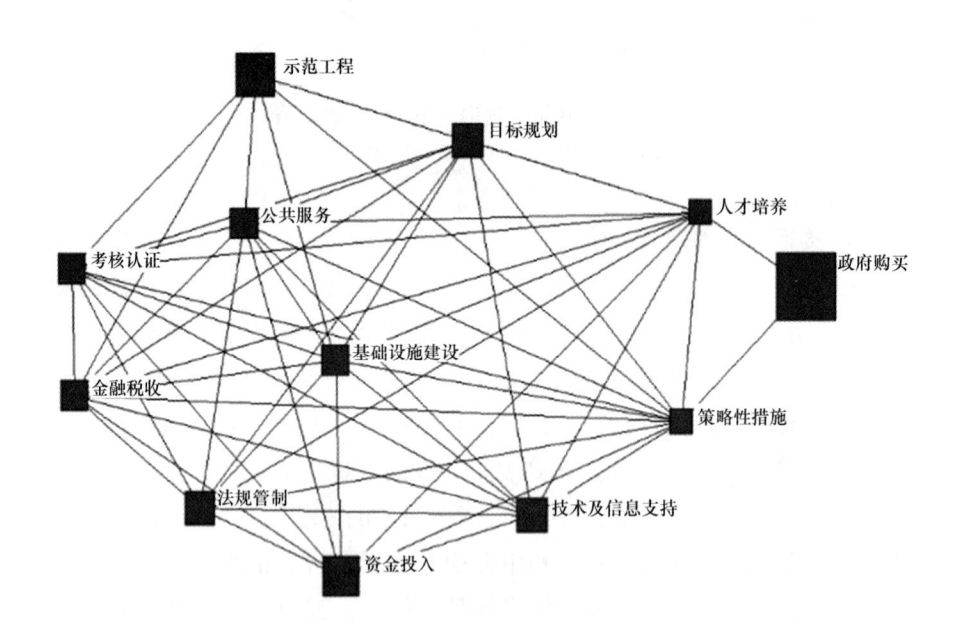

图 11-6　政策关键词的接近中心性网络

注：Network Centralization（接近中心势）= 32.95%。

使用 Ucinet 中的 NetDraw 软件将接近中心度可视化，如图 11-6 所示。节点越大的关键词，其到达其他节点的难度越大，代表的政策关键词受网络影响的难度越大，不受控制的能力更强。我们可以清晰地看到政府购买的节点最大，说明政府购买与其他政策关键词的差异最大，不受网络控制的能力最强，最能抵御网络所带来的影响。其次是示范工程、资金投入、法规管制、技术及信息支持和目标规划，与其他政策关键词的差异也较大，不受网络控制的能力也较强。整体网络的接近中心势为32.95%，表示该网络的关键词之间具有一定的差异性，但差异比较小。

五 政策工具结构的二维框架分析

内容分析法是探讨政策工具的重要方法（吴宾等，2017），通过构建一个基于政策工具的二维分析框架，能够了解政策中不同政策工具的使用情况。在 X 维度，将政策工具种类划分为供给型、环境型和需求型政策工具；在 Y 维度，将政策发展阶段划分为萌芽期、探索期和发展期。综合以上两个维度，形成女性创业政策的二维分析框架（如图 11-7 所示）。根据此二维分析框架，以政策文本中的具体条款作为内容分析单元，对 52 份女性创业政策样本进行编码，得到包含政策工具的单元编码 163 个，政策工具频数分布统计如表 11-7 所示。

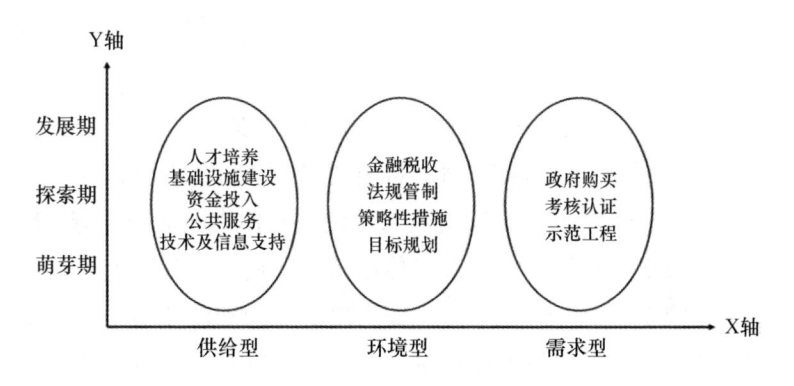

图 11-7 政策二维分析框架

表 11-7　　　　　　　　政策工具频数分布统计

政策工具	子政策工具	萌芽期	探索期	发展期	百分比（%）	合计（%）
供给型	人才培养	7	21	15	26.4	45
	基础设施建设	0	4	1	3.1	
	资金投入	0	7	3	6.1	
	公共服务	3	7	2	7.4	
	技术及信息支持	0	3	1	2.5	
环境型	金融税收	2	6	7	9.2	48
	法规管制	0	7	2	5.5	
	策略性措施	6	23	21	30.7	
	目标规划	1	2	1	2.5	
需求型	政府购买	0	0	1	0.6	7
	考核认证	1	3	2	3.7	
	示范工程	1	1	2	2.5	
	数量	21	84	58	100.0	
	百分比（%）	12.9	51.5	35.6		

（一）X 维度分析

在政策工具维度，环境型政策工具的使用频率最高，占比 48%；供给型次之，占比 45%；需求型较少，仅占 7%，远远低于环境型政策工具和需求型政策工具。

在环境型政策工具中，策略性措施是使用最多的政策工具，占比 30.7%，金融税收、法规管制、目标规划分别占比 9.2%、5.5%、2.5%。可见，首先，可行的、有针对性的策略性措施最受政府青睐，因为策略性措施注重政策的宣传及具体的落地实施，如鼓励女性创业、宣传女性创业榜样、为女性创业发展提供政策咨询和法律援助等，从而为女性创业营造一个良好的创业氛围。其次，政府对金融税收的运用也较多，主要靠降低女性创业贷款利率、对女性创业企业进行税收优惠等来实现。最后，政策对法规管制和目标规划的使用较少，法规管制主要是依靠法规对女性创业相关活动进行监督和管制，目标规划主要是政府制定的有关女性创业的具体规划。

在供给型政策工具中，人才培养是使用最多的政策工具，占比26.4%，公共服务、资金投入、基础设施建设、技术及信息支持分别占比7.4%、6.1%、3.1%、2.5%。可见，首先，政府对女性创业的人才培养十分重视，希望能通过女性创业培训、女性创业指导、女大学生创业导师行动等方式加强女性创业技能，提高女性创业人才的供给。其次，政府对公共服务和资金投入政策工具的运用也较多，通过提供配套服务和直接提供资金来帮助女性创业。最后，政府对基础设施建设、技术及信息支持政策工具的运用不够多，这可能是因为基础设施建设和技术及信息支持已经越来越普遍，女性创业者可以十分方便地使用这些日常的基础设施（如创业基地、光纤网络等）和技术及信息（如新的微贷技术、创业就业信息平台等），所以专门性的女性创业基地、女性创业信息平台这类政策工具会比较少。

在需求型政策工具中，考核认证是使用最多的政策工具，占比3.7%，示范工程、政府购买分别占比2.5%、0.6%。可见，政府对需求型政策工具的使用都不是很娴熟。首先，通过将女性创业事业作为考评指标，对相关机构颁发荣誉证书或荣誉称号，能较好地拉动女性创业市场，让女性创业者受到肯定。其次，政府通过建立示范基地或示范培训来推广女性创业的成功经验，能有效激发女性创业者的创业动机。最后，政府采购是通过自身或委托其他机构对女性创业的产品或服务进行购买，对女性创业具有很高的拉动力，但目前的使用情况过低。

（二）Y维度分析

在政策发展维度，探索期的政策工具数量最多，有84个，占总数量的51.5%；发展期的政策工具数量次之，有58个，占比35.6%；萌芽期的政策工具数量最少，有21个，占比12.9%。萌芽期的政策工具数量之所以最少，是因为这个阶段的政策数量本身就是最少的，相应的政策工具数量也不多。探索期的政策工具数量是最多的，虽然这个阶段政策的颁布数量不是最多的，但是因为处于一个摸索的阶段，所以各种政策工具在这个阶段都开始蓬勃涌现了出来，一个政策条款中通常涵盖着好几个政策工具，因而这个阶段的政策工具使用量反而是最大的。发展期的政策工具数量较多，虽然这个阶段政策的颁布数量是最多的，但是由于处在发展期，政策工具的使用与各个政策文件更加融合，政府颁布的政策内容更加详细和具有针对性，即一个政策条款中通常只涵盖一个政策工具，所以这个阶段的政策工具数量并不是最多的，预测未来几年内女性创业政策仍将处于发展期，因此发展期内总的政策工具数量还会上升。

（三）X-Y维度分析

萌芽期的政策工具数量最少，其中供给型政策工具（10，6.2%）高于环境型政策工具（9，5.5%）和需求型政策工具（2，1.2%）。由表11-7可见，这个阶段内政府出台的女性创业政策主要是以直接提供人才培养为主中心，以策略性措施落实女性创业政策营造创业环境为次中心，以公共服务、金融税收、目标规划、考核认证和示范工程为辅共同推进女性创业。

探索期的政策工具数量有了显著提升，其中供给型政策工具（42，25.8%）高于环境型政策工具（38，23.2%）和需求型政策工具（4，2.5%）。从表11-7中可以看出，在这一阶段，政府推出的女性创业政策主要集中在战略性措施上，其次是人才培养。同时，辅以基础设施建设、资金投入、公共服务、技术与信息支持、金融税收、法规管制、目标规划、考核认证和示范工程等多方面措施，共同促进女性创业。在这个阶段，除了政府采购之外，所有其他子政策工具在探索阶段都已得到了应用。从整体来看，该阶段的使用重点还是供给型政策工具，但策略性措施的使用情况已经略高于人才培养的使用，说明在探索期内已经有侧重环境型工具的趋势出现，为之后发展期政策工具使用比例的情况埋下了伏笔。

发展期的政策工具数量还比较少，由于预测未来几年内的女性创业政策仍将处于发展期，因此该阶段内的政策工具数量会逐步提升。其中环境型政策工具（31，19%）高于供给型政策工具（22，13.5%）和需求型政策工具（5，3.1%）。由表11-7可见，这个阶段内政府出台的女性创业政策主要是以策略性措施为主中心，以人才培养为次中心，以基础设施建设、资金投入、公共服务、技术及信息支持、金融税收、法规管制、目标规划、政府购买、考核认证、示范工程为辅共同推进女性创业，该阶段内所有的子政策工具都被覆盖到了。

可见，政策工具的使用具有动态性，会随外界环境的变化而变化。在政策发展的萌芽期、探索期和发展期，即在不同的政策发展阶段内，女性创业政策具有不同的主中心、次中心以及辅助性政策工具来共同推进女性创业事业。

第四节 政策工具视角下女性创业政策研究结论

一 女性创业政策发展历经三个时期

1998—2005 年为女性创业政策的萌芽期，该时期的政策总量较少，有 4 条，整体发展态势平稳，并且 1995 年世妇会的召开和 1997 年中国经济体制改革目标的确定都为女性创业政策的出台奠定了一定的精神和物质基础，女性创业政策初步显现。2006—2013 年为女性创业政策的探索期，该时期的政策总量相对上升，有 17 条，整体发展态势呈小幅波动，并且该阶段内中国受金融危机的影响，市场用工需求下降，女性逐渐转变就业观念，女性创业政策开始在各个领域慢慢探索。2014—2021 年为女性创业政策的发展期，该时期的政策总量大幅增加，有 31 条，整体发展态势呈大幅波动，并且于 2014 年提出了"大众创业，万众创新"的口号后，女性创业热潮也随之而来，2020 年初新冠疫情的出现对中国国内经济的打击也使女性创业政策得到进一步发展。

二 女性创业政策颁布部门之间呈现出协作型和配合型合作关系

黄萃将合作模式分为四种类型：协作型、协调型、跟随型和对立型（黄萃等，2015）。全国妇女联合会、教育部以及人力资源和社会保障部构成了一个明确的"铁三角"，这清楚地展示了三个职能各异的部门在合作中建立了紧密的协同关系。此外，工业和信息化部、国家发展和改革委员会、民政部等不同职能部门，为了实现国家的总体目标，积极与核心部门协作，共同推动女性创业问题的解决，形成了一种协调型的合作关系。从各个机构的发文情况来看，全国妇女联合会在促进各机构合作方面起到了巨大作用；国务院在推动女性创业过程中起着领头作用；教育部既能与其他部门进行良好合作，又能自己独立解决问题。

三 人才培养、策略性措施是女性创业政策的热点

通过对政策关键词的共现网络进行分析，发现人才培养和策略性措施的点度中心度和中介中心度都是最高的，位于网络中心位置且在网络中充当核心枢纽，说明这两个关键词在政策中很重要且对其他关键词有很强的控制能力，经常伴随其他关键词一同出现。但是人才培养和策略性措施的接近中心度却是最低的，说明这两个关键词与其他关键词的差异最小，不受网络控制的能力最弱。反之，我们观察到政府购买处于网络非常边缘的位置，控制资源的能力也是最弱的，不受网络影响的能力最大，说明政府购买是最不受关注的。从网络中心势来看，政策关键词共现网络呈现一定的集中趋势和差异性，有枢纽地位的关键词存在，但是整体呈现松散的状态。从整体网络特征来看，政策关键词共现网络十分稳健且各关键词之间联系紧密，具有小世界效应。

四 女性创业政策工具结构分布失衡，使用频率具有动态性

总体而言，环境型工具使用频次最高，供给型政策工具次之，需求型政策工具最少，整体结构分布失衡。在供给型政策工具的使用上，人才培养"一骑绝尘"，除此之外，政府对基础设施建设、技术及信息支持等的运用比较匮乏。在环境型政策工具的使用上，策略性措施"一枝独秀"，而目标规划仅占2.5%，具体的目标规划过少会使得政策之间缺乏层次性和统筹性，难以形成合力；此外，金融税收、法规管制的运用也比较缺乏。需求型政策工具比例过低，不足政策总量的十分之一，考核认证、示范工程的比例都偏低，而政府购买的使用最为匮乏，其仅在政策发展期出现了一次，在政策发展的萌芽期和探索期都缺失。同时，政策工具的使用情况具有动态性，会随外界环境的变化而变化，在政策发展的不同阶段有不同中心。

第五节 本章小结

女性创业正在全球蓬勃发展，国家陆续出台了多项政策，以支持和推动女性创业工作，这对于促进中国女性创业的发展具有一定的价值。

本章采用政策文献计量和政策内容分析相结合的方法，综合量化研究女性创业政策，以 1998—2021 年的 52 篇中央层级女性创业政策为研究样本，基于政策工具理论，从女性创业政策的政策发布时间、政策颁布机构、政策关键词以及政策工具结构四个维度展开时序分析、社会网络分析、共现网络分析及二维框架分析，系统认识女性创业政策的发展现状。研究发现，中国女性创业政策发展经历了三个时期，萌芽期、探索期和发展期；女性创业政策颁布部门之间呈协作型和配合型合作关系；人才培养、策略性措施是女性创业政策的热点；女性创业政策工具结构分布失衡，但使用频率具有动态性。

第十二章

数字时代女性创业教育作用机制研究

女性创业活动的稳健增长有助于提高妇女的社会地位（Datta & Gailey，2012）、降低失业率，并提高社会整体的生活质量。政策制定者将女性视为创业人才的来源、经济增长的引擎（Ahl，2006）和财富创造的来源（Brush & Cooper，2012）。然而，不同国家的女性创业活跃度存在较大差异，2021年全球创业观察报告显示，在被调查的42个国家中，仅有安哥拉、印度尼西亚、哈萨克斯坦、沙特阿拉伯、阿曼与多哥的女性创业活跃度高于男性。

虽然学者和社会各界对创业活动越发感兴趣，增加了大众对创业、职业选择的理解，但即使在性别相对平等的国家（Tonoyan et al.，2020），女性在新企业中的比例仍然很大程度上是不足的（Rocha & Praag，2020）。受到环境的影响（Welter，2011），女性在创业努力中面临一些挑战。性别成见可能会使一些妇女不太愿意创业，甚至可能剥夺部分妇女成为企业家所需的基本资源，并降低其企业的绩效。此外，根据性别刻板印象理论，性别刻板印象可能导致自我刻板印象，使个体符合大众的特征。这可能在某种程度上解释了为什么女性的创业意愿较低。这反过来又加重了全球女性作为企业家代表性不足的趋势。虽然人们对企业家的职业选择有了更多的了解和研究，但女性在创建新企业方面的代表性仍然不足（Rocha & Praag，2020）。研究表明，女性自主创业的一个关键动机是平衡家庭和工作，而男性的动机主要是自我实现的欲望和其他内在因素（Brush，1992）。此外，根据刻板印象威胁理论，社会对女性的刻板印象使得很少有女大学生选择创业。最后，目前的创业促进策略设计更多地采用了社会普遍认同的、以男性为导向的创业理念，很少适应女性企业家的具体需求（Wilson et al.，2007）。创业是基于情境和社会文化因素的相互作用而发生的，情境条件可以启动和驱动导致创业事件的社会、文化和经济条件。创业教育是一个关键的环境因素。解决创业中明显的性别失衡的一个方法是通过创业教育。因此，研究创业教育对女大学生创业选择的影响，对女性创业职业选择具有重要意义。

因此，本章将在调研数据的基础上，对当前女性创业者政策需求的总体情况进行分析和研究，了解女性创业者不同类型的政策需求状况，并根据研究分析寻找适合当前女性创业者创业能力发展的创业教育机制，助力女性创业者创业活动的开展，激发国家的创业活跃度。

第一节 女性创业者创业需求分析

一 女性创业者所需创业支持分析

本书对女性创业者的支持需求进行分析，由图 12-1 可知，女性创业者所需的创业支持类型比较多样化，涉及创业资金支持、创业政策支持、创业知识培训、创业导师指导、创业场地支持、数字基础设施支持以及其他支持。其中，女性创业者需求最大的是创业资金支持，这表明融资

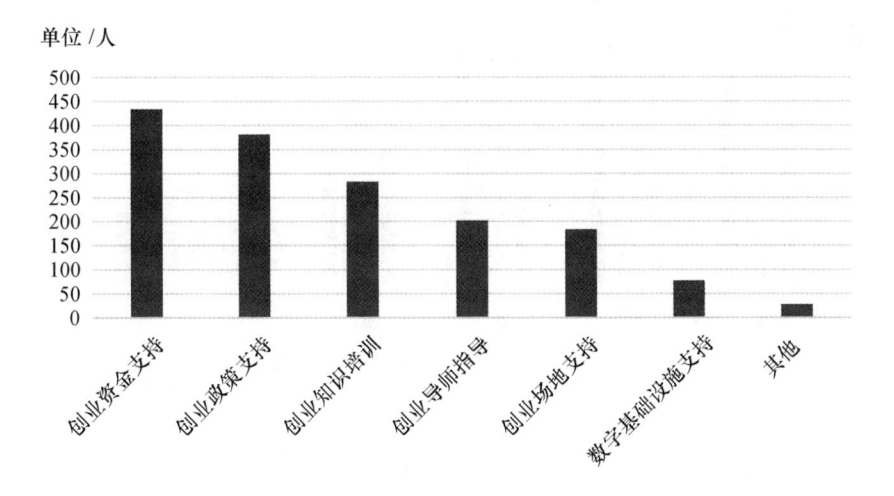

图 12-1 女性创业者创业支持需求

困难是女性创业者在创业过程中遇到的最普遍问题;其次,创业政策支持、创业知识培训、创业导师指导和创业场地支持也是女性创业者所普遍需要的创业支持;只有少数女性创业者需要数字基础设施的支持。

(二) 女性创业者不同发展阶段与创业支持分析

本书对女性创业者目前所处的创业阶段进行了调查分析,并且对处于不同创业阶段的女性创业者的支持需求进行了统计调查。如图12-2所示,尽管女性创业者目前处于不同的创业阶段,但是她们对于创业资金的支持需求都是最大的,有将近80%的女性创业者提出了对创业资金支持的需求,其次是70%的女性创业者提出了创业政策支持的需求,超过半数的女性创业者提出了创业知识培训的需求,也有不少女性创业者提出了创业导师指导支持和创业场地支持的需求,少数女性创业者提出了创业过程中需要数字基础设施支持,尤其是正处于衰退期的女性创业者表示更需要数字基础设施的支持。

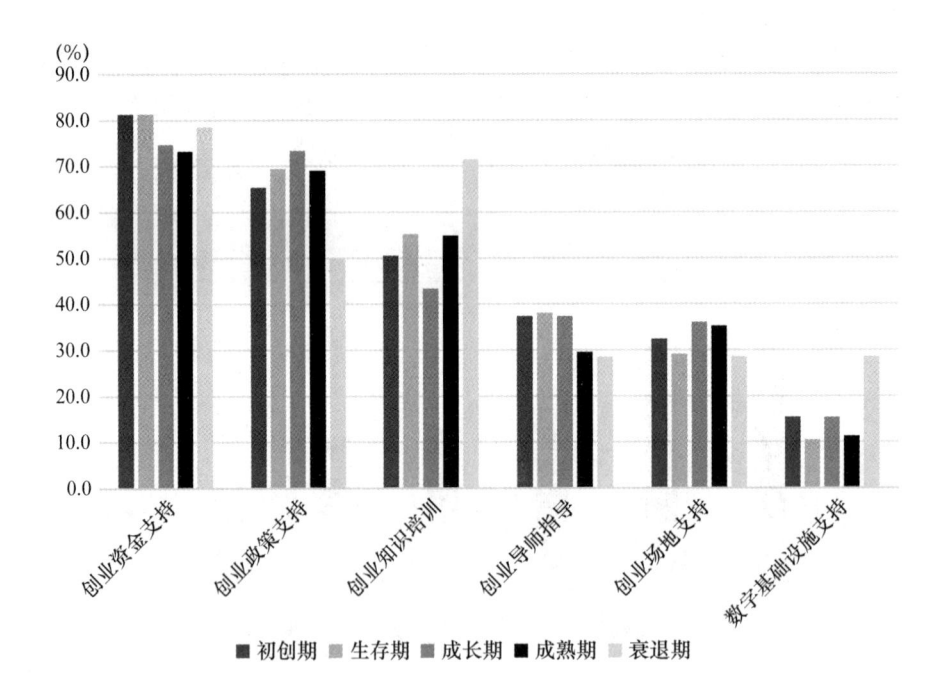

图 12-2 女性创业者不同发展阶段与创业支持分析

(三)女性创业者的企业数字化与创业支持

由图 12-3 可知,我们对女性创业者是否为数字化创业及所需创业支持进行了统计分析。结果表明,无论女性创业者是否为数字化创业,都有将近 80% 的女性创业者选择了创业资金支持;70% 左右的女性创业者选择了创业政策支持;50% 的女性创业者选择了创业知识培训;40% 左右的女性创业者选择了创业导师指导和创业场地支持;只有 10% 左右的女性创业者选择了数字基础设施支持。且数字化创业类型的女性创业者对于创业资金支持、创业政策支持、创业知识培训及数字基础设施支持的需求要高于非数字化创业类型的女性创业者;而对于创业导师指导和创业场地支持的需求低于非数字化创业类型的女性创业者。

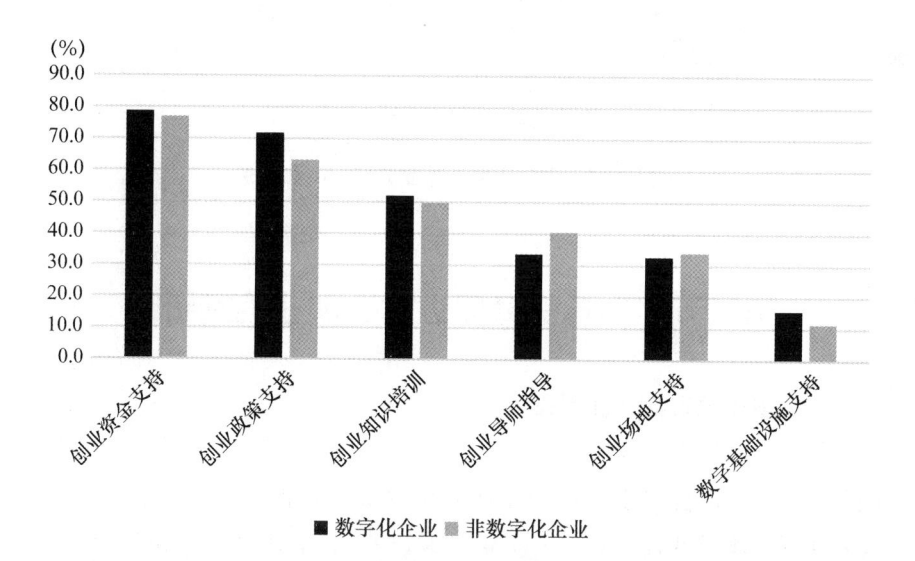

图 12-3 是否数字化创业与创业支持

(四)女性创业者企业类型与创业支持

由图 12-4 可知,本书对女性创业者的企业类型及其创业支持需求进行了统计分析。结果表明,个体创业的女性创业者对于创业资金支持的需求最大,其次是创业政策支持;而属于大公司衍生创业的女性创业者则是对创业政策支持的需求最大,其次是创业资金支持;对于创业知识培训及创业场地支持,大公司衍生创业的女性创业者需求高于个体创业的女性创业者;而个体创业的女性创业者对于创业导师指导和数字基础设施支持的需求高于大公司衍生创业的女性创业者。

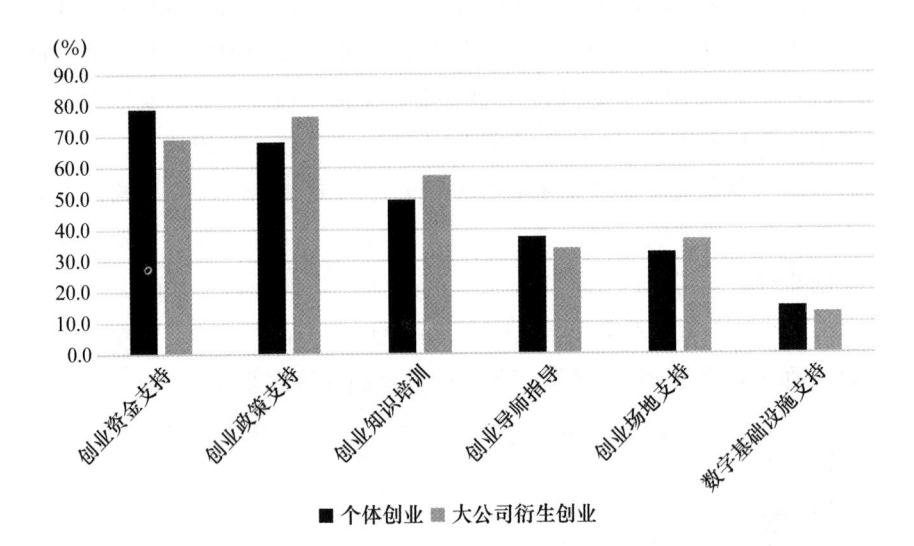

图 12-4　女性创业者企业类型与创业支持

第二节　创业教育促进女性创业机制研究

一　创业教育与女性创业

创业教育被定义为"解决创业态度和技能的任何教育项目或过程"。创业教育是指以提高学生的创业技能和激发其创业意愿为主要目标的一系列课程讲座或课程（Walter et al.，2013）。关于大学能否培养大学生的创业精神，许多学者认为教育和培训可以提高大学生的创业能力，并转化为企业家特有的人力资本，从而提高机会识别能力，促进其创业职业选择（Ucbasaran et al.，2007）。根据人力资本的动态观点（Martin et al.，2013），通过教育途径积累的人力资本能够赋予个体纪律性、积极性、自信心、专业技能和知识储备，使其能够适应新的和不断变化的情况。人力资本是企业成功的核心，而创业型公司往往严重依赖员工提供的人力资本。作为经济增长和创新的重要动力，而创业教育是人力资本的重要来源。创业教育对创业活动的积极影响已在文献中得到证实（Delmar & Davidson，2000；Adeel et al.，2023），而更多的大学生将创业作为个人职业规划的一个选项。

教育可以让学生意识到创业机会，让他们意识到自己对创业的承诺，从而有意识地规划自己的未来（Fernández et al.，2019）。个人创业的选择在很大程度上受到认知变量的影响，例如害怕失败和自我效能感，这些都可以通过创业教育来改变。对过去十年的创业文献的文本分析表明，创业教育可以显著增加学生的创业知识基础，从而提高他们的创业技能和决策能力，并使他们产生积极的自我效能感（Mukesh et al.，2020）。近年来，创业教育的各个方面都得到了深入的研究，创业教育与个人不断增长的创业知识、能力和态度直接相关，被认为是创业最重要的驱动力。创业教育旨在促进创业态度、精神和文化，并将其应用到生活的不同领域。研究表明，创新是影响创业意愿的重要因素，大学应该将创新纳入创业教育（Wathanakom et al.，2020）。一些研究也呼吁在创业教育的设计中纳入创业的负面方面（Ziemianski & Golik，2020）。也有研究强调，创业教育和行动学习对大学生的创业自我效能感和创业意愿具有显著的正向影响（Mukesh et al.，2020）。此外，创业教育可以激发学生的创业心态，使他们更有创业精神。

研究表明，在高等教育中，创业教育有了相当大的增长（Fretschner & Weber，2013），大学越来越被视为社会提供重要学习和资源的关键机构，可以增强学生的创业意愿，从而激励学生选择创业。一些研究表明，创业教育有助于提高学生对自主创业作为合法创业选择的意识（Walter et al.，2013）。创业板报告指出，增加毕业生的供应可能是走向更高水平创业活动的重要一步。根据2021年的创业板报告，参与创业的女性数量的增加可以创造数千家新企业，并显著增加女性的就业和收入，但由于女性失业率目前以惊人的速度增长，女性创业仍迫切需要更多关注。因此，关注创业教育对女大学生创业职业选择的影响，促使她们做出创业职业选择，是增加女性创业活动的第一步。

二 创业教育对女性创业行为的影响

创业活动在客观动荡环境的影响下受多种因素的影响，面临许多不确定性，其中创业教育是不可或缺的驱动因素。一方面，创业教育改变了市场结构，重建市场经济的发展进程。开展创业教育造就了大批具有创新精神和创造能力的人才，他们运用掌握的知识和技术创办企业，将科学技术转化为劳动生产力或物质生产力，极大地促进了高科技产业的发展（Plaschka & Welsch，1990）。另一方面，创业教育为平等的机会和不断发掘自我潜力的上进心（世界上尤其美国经济增长的最大力量来源）的共同发展提供了平台，为提高创业技能增加创业成功率打下了基础。而目前有关创业教育与创业活动之间的研究仍存在不足。有学者指出，创业教育还没有完全成熟，警示学者们不能陷入"成熟、自满、停滞的陷阱"之中，应该继续对其进行完善和更深入的研究。特别是先前的研究并没有提供确凿的证据证明创业的成功是参与实践的结果。目前，创业意愿到创业行为转变还存在一定距离。因此，如何真正通过创业教育提高个体创业能力，将创业意向转化为创业行为仍值得深究。

此前关于创业教育的大多数研究都考察了创业教育对创业意向的影响，创业意向是创业过程的基础，是创业教育的直接、可衡量的结果（Bae et al.，2014）。然而，根据现有的研究，并不是所有的创业意向最终都转化为实际的创业行为（Shirokova et al.，2016）。因此，创业教育应该瞄准实际行动，而不是创业意向。基于此，研究女大学生创业选择的创业教育是对以往研究的重要补充。此外，由于经济体系质量较低的国家内受教育程度较低的个人更可能出于生存需要而不是机会创业（Boudreaux & Nikolaev，2019），因此，当前经济体系的质量也决定了人力资本（即教育）与企业家精神之间的关系。作为世界上最大的发展中国家，在这种背景下研究创业教育如何影响女大学生的创业选择，可以为其他发展中国家女性创业活动的发展提供借鉴。

三　高校创业教育建设与机制保障对策

创业教育改革是一项系统工程。创业课程、创业实践、创业教师是创业教育中不可或缺的环节（Huang et al.，2020）。因此，要设计科学的创业课程系列，讲授创业理论知识，分享创业的成功与失败。研究表明，非竞争性游戏和模拟对学生的认知学习有积极影响（Marriott et al.，2015）。高校要提供科学的创业实践渠道，建设更多的校园实践平台，创建创业孵化园，鼓励和支持创业。同时，要加强校企合作，建立校企合作实践基地，让学生在实践中体验商业环境，学习经营企业的技能。完善创业课程设计，必须建立完善的师资体系。黄兆信和黄扬杰（2019）分析了1231所高等院校，指出教师短缺仍然是中国创业教育的一个限制。此外，最重要的问题之一是缺乏专业精神和专职教师。创业教师的缺乏对教学效果产生了负面影响，因此，应加强教师培训，并采取相应的政策，引入有经验的企业家作为创业教师。研究表明，女性企业家榜样可以激励其他女性做出创业选择（Rocha & Praag, 2020）。因此，在聘请男女教师讲授创业知识和技能，培养学生创业思想、创业思维和创业精神时，要注意男女教师比例的适宜。

（一）完善创业课程设计

大学水平的创业课程可以显著促进创业选择。由于数字时代的技术便利，在线获取创业知识是一个非常合适的选择（Al-Atabi & Deboer, 2014）。高校在进行创业教育的过程中，应该更加专业，而不是使用碎片化的网络教学资源。创业课程设计是教学的基础。研究发现，无论个人的个性如何，任何形式的教育都可以产生有益的结果，这意味着创业课程的设计和结构可以根据个人的学习偏好来塑造，而偏好可以嵌入更有针对性的课程中，将文化维度融入创业教育中。因此，有必要以课堂教学为主，根据不同学生的需求，构建分层、分类的创业教育课程体系。中国适合创业教育的课程很少，因此，要根据高校的实际情况，借鉴先进的经验进行设计。课程设计应因地制宜，与当地经济文化相结合。对于不同专业的学生，创业课程应该与专业课程相结合。针对不同年级的学生，创业教育应针对不同阶段的创业需求，提供符合各年级段学生创业需求的创业课程，从培养创业意识到提高创业能力，从传授详细的理论知识到积极鼓励创业实践。

（二）加强对创业竞赛的支持

研究表明，不同的创业教育组织方式对大学生创业意向的影响存在差异，实践性强的创业教育组织方式比灌输式教育更有效，以创业竞赛、商业计划等模式的实践方式将影响学生的创业学习过程，帮助学生感知企业创业的具体步骤和复杂过程，进而提高大学生创业的可能性。因此，需要在创业教育中加入某些创业实践，如创业竞赛。创业竞赛在创业实践中有着不可或缺的作用。美国麻省理工学院校园内创业竞赛类型多样，其中最有名的MIT 10万美元创业大赛就在传承MIT创新创业精神方面发挥着重要的作用。因此，需要在创业教育中加入某些创业实践，如创业竞赛。创业竞赛是大学生获得创业实践经验最简单的方式。比赛是学生练习技能和促进创业成功的平台。创业竞赛可以作为创业课程的一部分，根据具体情况，鼓励学生参与。要从政策上加强对创业竞赛的支持，协助学生竞赛项目落地。营造高校创业竞赛文化氛围，调动各方力量，为学生创业竞赛搭建平台。

（三）保障创业师资队伍建设

高校是创新创业教育的主战场，应从师资配置、打造特色课程、构建实践体系和意识培养等方面着手，其中师资是创新创业教育的核心和主角。师资队伍是创新创业教育的核心力量，教师对自身创业教育技能的认知与创业教育的实施密切相关。伦敦大学国王学院通过构建一支多样化的创业师资队伍定期为学生在创业知识和创业技能训练中进行指导，有效推动学生快速进入创新创业领域，得到了学生们的一致好评。教师作为创业教育的中坚力量，正处于一个十字路口，其在创业教育方面发挥着核心作用，但他们有时难以确定如何应对内在的挑战。现有研究也表明，缺乏专业的创新创业教师是创新创业教育开展的主要障碍（黄兆信、黄扬杰，2019）。因此，有关如何打造优质的师资队伍，将具备创业能力或者有创业想法的人转化为创新创业人才的问题值得深究，这对提高创业教育质量与推动社会经济发展有着至关重要的作用。

（四）统筹"三教"数字化改革

教师是"三教"（教师、教材、教学方法）改革的关键因素。目前，创业教育教师严重短缺，教师的教育能力普遍较弱。此外，教材和教学方法也比较落后。因此，如何利用信息技术更好、更快地促进情感表达质量的整体提高已迫在眉睫。第一个措施是提高教师的数字素养。建立和完善培训实践体系是十分重要的。建立高水平、结构化、宽领域的教学创新团队，帮助教师提高"双师"素质，培养情感表达能力，需要鼓励教师广泛参与情感表达和指导。第二个措施是加快教材信息化建设。鼓励一线教师编写学生喜欢的有效教材。校企要做"双主编"，结合学校和地区特点，共同开发适合不同学生的活页式和作业手册式新教材。建立高质量的视频课程和网络课程资源库，实现随时随地学习。第三个措施是促进教学方法的多元化发展。鼓励教师因材施教，实行启发式、讨论式、体验式教学。引入大数据、云计算、人工智能、VR/AR 等现代教育技术，打造数字化教学模式。

第三节 创业政策和区域创新促进女性创业机制研究

区域创新能力对女性创业具有重要影响。当一个区域具备较强的创新能力时，女性创业者将更有机会获得创新驱动的支持和资源，进而取得创业的成功。首先，区域创新生态系统的建设可以提供更多的支持和机会给女性创业者，这包括创业培训、指导、资金和网络资源等。一个具备良好创新生态系统的区域将为女性创业者提供更有利的创业环境，鼓励她们参与创新活动并开展自己的企业。其次，区域创新能力的提升可以促进女性创业者的创新思维和能力。当区域创新氛围浓厚、创新资源丰富时，女性创业者将受到激励，更有可能融入创新的思维方式并开发出具有竞争力的创新产品或服务。最后，区域创新能力的增强也意味着市场的拓展和多样化。一个具备较高创新能力的区域通常能够吸引更多的投资和创新项目，这为女性创业者提供了更广阔的市场机会。她们可以利用区域创新网络和合作伙伴关系，进入新兴领域或与其他企业进行合作，推动自身创业的发展。因此，本节主要从创业政策和区域创新能力视角切入分析促进女性创业的机制。

创新、创业和知识被认为是经济增长的主要基础（Piñeiro-Chousa et al.，2020）。知识密集型的创新与创业是上述三个概念的结合，被认为是现代知识经济中最重要的创业类型。它强调了"技术向创新的转变"在区域经济增长中的作用（Malerba & McKelvey，2020）。在区域经济中，初创企业在知识商业化过程中具有更高的创新绩效和更高的创业水平。换句话说，创业尤其是高科技创业，是推动创新的关键因素。然而，创业精神是政府主导的东亚区域创新体系中缺失的组成部分，在有关东亚区域创新的文献中也忽略了这一点。较弱的机构和组织是低区域创新能力的决定因素。在中国，政府承担着促进区域知识流动、提高企业创业精神、实现可持续创新的重要作用。创业政策为大学、企业和政府等区域创新体系的参与者提供了便利。此外，提供财政和税收金融服务与企业合作和鼓励人才创新也是创业政策的重要组成部分。因此，政府应修订区域政策，以确保有足够的知识吸收能力和人才，这对提高区域创新能力至关重要。

在分析创新在经济中的重要作用时，研究人员必须考虑到发展不平衡是全世界普遍存在的问题，中国并非例外。中国在科技创新方面的成就日益突出。2021年，中国在全球创新指数中排名第12，是前30名国家中的唯一一个中等收入经济体。根据《中国区域创新能力评价报告》（2021年），以环渤海经济区为例，该区域内的创新能力差异很大：北京市的综合得分为57.99，天津、河北和辽宁得分仅为26.94、26.48和25.26。此外，东部和西部之间，以及北方和南方地区之间的差距也很大。中国区域创新体系的发展也存在差异。通过创业政策促进区域创新能力是必要的，尤其是在东亚政府主导的区域创新体系的基础上，须发展成熟的区域创新体系。因此，有必要增加对创业政策的研究。

本书采用模糊集定性比较分析对创业政策进行分析，并将创业政策视为单一的先行条件，而事实上，创业政策体系是复杂的，政策之间的联系是复杂的，在各区域间的创业政策实施方面依然是如此。为了更好地理解中国区域创新能力的差异，有必要对其作进一步分析：创业政策组合对区域整体创新能力的总体影响。基于这一观点，本书提出的问题是"创业政策的结合如何激活区域创新能力？"为此，本书探讨了五种创业政策的配置（即科技成果转化政策、财政和税收政策、数字化转型政策、人才政策和政府创新管理政策），以及它们如何共同影响中国的区域创新能力。因此，它为研究创业政策在区域创新能力中的作用提供了一个复杂的动态视角。这些结果为发展中国家的决策者提供了重要的参考，尤其是正在经历经济转型的国家或地区。

一 创业区域创新体系与区域创新能力

创新是区域经济增长的重要手段，其核心在于区域间的知识流动（Huggins & Thompson，2015）。关于区域创新系统的文献讨论了参与者、创新网络和区域创新能力。此外，Cooke 和 Leydesdorff（2006）提出了创业型 RIS，这是一个专注于支持私营部门和发展创新技术的创新系统。与成熟的英美创业 RIS 相比，东亚创业 RIS 主要由政府主导，它仍然不成熟。然而，随着知识经济的出现，新兴的知识技术部门正在通过企业迅速扩张，这让人们意识到，创业精神是 RIS 创新的重要来源（Jacobides et al.，2018）。东亚的经济体正是如此，它试图改变政府主导的创新传统，向更成熟的西方创业 RIS 学习，振兴个人行动者的创业精神，加速系统中知识的可控流动和创新。

另外，考虑了区域层面的创新能力。区域创新能力是指将新知识转化为专业知识的能力，它通过整合现有的生产要素，实现经济发展（Chen et al.，2020）。它还反映了区域企业创新、基础研究的综合能力。它的核心在于区域之间的知识流动。一个区域创新主体之间的合作是 RIC 发展的关键驱动因素。

Lundstrom 和 Stevenson（2005）首先关注创业政策，认为其目的是促进个人创业，增加创业活力。人们普遍认为，创业精神对区域发展做出了重要贡献。在东亚经济体中，政府作为体制变革的主要主体，需要承担区域经济竞争力的主要责任，激活知识经济时代中小企业的创业精神（Yoon et al.，2015）。这一目标可以通过实施适当的政策来实现。中小企业创业的关键在于创新网络之间的知识流动。政府需要制定便利的政策为 RIS 的主要参与者提升每个创新主体的主动性，以吸收知识及提高转化这些知识的能力。许多学者考察了政策在刺激 RIC 中的作用。其中一些研究考察了政策制定者如何改善 RIC 区域创新的特定参与者，如大学、中小企业、初创企业和技术转让机构。

为了探讨政策对 RIC 的影响，本书将创业政策进行了分类，并将其视为 RIS 中最重要的组成部分。在制定创业政策时，应考虑 Etzkowitz（2002）提出的三螺旋模式，即大学、企业和政府的作用。东亚的企业依赖于政府提供的创业资本支持，且需要财政和税收投资。此外，人力资本是 RIC 发展的重要驱动因素之一（Asheim et al.，2011）。因此，本书探究了财政和税收政策以及人才政策两方面的创业保障政策，确定了五种类型的创业政策。

二 区域创新能力的影响因素

（一）科技成果转化政策对区域创新能力的影响

将科技成果转化为生产力的能力是区域创新水平的重要指标（Gong

et al., 2019)。在实践中，企业、大学和研究机构形成了战略性同盟，共同推动科技成果转化，对创新能力产生积极影响（Peng et al., 2020）。很多科学技术和技术成果的迅速完成，技术呈指数级增长，形成了大量的高新技术企业、产业集群推动 RIC 提升（Lin et al., 2020）。因此，本书提出了以下命题。

命题 1：科技成果转化政策的存在导致了高 RIC。

（二）财政和税收政策对区域创新能力的影响

财政和税收政策主要以财政补贴和税收优惠的形式促进创新和生产力（Aghion et al., 2015）。税收优惠与企业研发投资的相互作用有利于进一步提高企业创新绩效（Dai & Chapman, 2022）。企业融资政策也可以提高 RIC 水平，适当的财政和税收政策可以刺激企业生产发明，为自主创新提供良好的环境（Qi et al., 2020）。一般来说，财政和税收政策可以直接支持企业的创新活动。因此，本书提出了以下命题。

命题 2：财政和税收政策的存在会导致高 RIC。

（三）数字化转型政策对区域创新能力的影响

实体经济的转型，包括数字化转型政策，影响了企业的竞争力，这一转型涉及创业活动中资源需求的变化、网络构建过程的调整以及沟通机制的优化（Satalkina & Steiner, 2020）。企业的数字化转型已成为一种不可避免的发展趋势。然而，由于财政负担大、技术障碍、人才短缺等障碍，中小企业数字化转型面临着艰巨的任务（Gamache et al., 2019）。为此，政府应推出一系列数字化转型政策，帮助企业应对市场复杂性，实现信息、知识、数据和技术的共享，增强 RIS 的合作能力，有效提高 RIC 水平（Hao & Zhang, 2021）。因此，本书提出了以下命题。

命题 3：数字化转型政策的存在导致了高 RIC。

（四）人才政策对区域创新能力的影响

人才是创新活动的基础和核心（Bajwa et al., 2017）。由于面临人才短缺和引进困难，粤港澳大湾区出台了一系列高层次人才住房补贴等政策（Chen & Tao, 2020）。与经济增长强劲的城市相比，有充足就业机会和更方便的生活方式的城市可能会吸引更多的创新人才。因此，政府可以通过创造就业机会和良好的生活环境，吸引人才、促进创新。因此，本书提出了以下命题。

命题4：人才政策的存在导致了高RIC。

（五）政府创新管理政策对区域创新能力的影响

政府可以通过提高政府效率和提高区域创新管理政策来转变管理模式，提高RIC。一项研究发现，更少的创业程序和更广泛的文化意识可以增加创业成功的可能性（Urbano & Alvarez, 2014）。政府推出的电子政务服务可以简化创业所需的流程和步骤，减少企业家的时间和金钱成本，以促进创业活动（Das & Das, 2021）。此外，政府的创业活动和宣传可以有利于创业文化的建设，鼓励创业。因此，本书提出了以下命题。

命题5：政府创新管理政策的存在导致了高RIC。

三　创业政策和区域创新促进女性创业机制研究方法

（一）方法选择

本书采用fsQCA研究了中国31个省份的创业政策如何共同影响创新能力。QCA可以进行充分的比较和分析，它可以探索多个前因的相互作用对特定现象的联合效应（Ragin, 2008）。QCA通过使用人们所知道的信息了解未知的事实（Thomann & Maggetti, 2020）。本书遵循了这一逻辑。根据变量的类型，QCA可以分为三种类型：csQCA、mvQCA和fsQCA。本书选择fsQCA的原因如下。第一，与csQCA和mvQCA相比，它采用了更高的一致性标准。换言之，fsQCA可以更好地保存案例中原始数据的丰富性，使研究结果具有可重复性。第二，现有的研究（López-Cabarcos et al., 2016）表明，fsQCA在分析社会科学的复杂性因果时是可行的。这与本书的分析逻辑是一致的。第三，它适用于小样本书，特别是使用国家或地区作为分析单位时（Beynon et al., 2020），这同样适合本书的目的。fsQCA遵循以下步骤：校准、必要性分析和充分性分析。以往的研究采用fsQCA分析了创业政策对创新活动的影响（Xie et al., 2021），但将创业政策视为单一的变量。与以往的研究不同，本书关注的是各种创业政策的相互作用，并讨论了创业政策的结合如何影响RIC，这是一种创新的方法。

（二）数据来源

本书以中国31个省份为样本，采用数据采集软件Python3从省级政府网站上检索数据。本书收集了连续的2017年7月27日至2021年12月

11日（自文件发布之日起至获得结果变量数据之日止）实施有效的创业政策。变量来自"加强创新驱动的发展战略的实施，进一步促进大众创业和创新的深入发展"的文件。五个变量分别是五类创业政策：科技成果转化政策（TTP）、财政和税收政策（FTP）、数字化转型政策（DTP）、人才政策（TP）和政府创新管理政策（GIMP）。本书以具体的政策术语为基本分析单元，并根据五种创业政策对其进行编码。排除无效条款后，计算政策数量。本书采用的 RIC 指数来自《中国的区域发展评价报告》。在中国科技部的支持下，该报告由中国科技发展战略研究所编写。表 12-1 提供了关于结果和条件的细节。

表 12-1　　　　　　　　　结果和条件的描述

类型	命名	描述	形式
结果	RIC	中国区域创新能力	模糊集
变量	TTP	科技成果转化政策	模糊集
变量	FTP	财政和税收政策	模糊集
变量	DTP	数字化转型政策	模糊集
变量	TP	人才政策	模糊集
变量	GIMP	政府创新管理政策	模糊集

（三）校准和测量

在 fsQCA 下，校准是将集体成员分配给案例的过程，其中校准的集体成员在 0 到 1 之间（Ragin，2008）。通常所使用的校准方法可以是直接的或间接的（Pappas & Woodside，2021）。对于直接校准，恰好需要三个定性断点来定义隶属级别。对于间接校准，需要相应地重新调整测量范围。研究通常使用 0.95、0.5 和 0.05 的三个阈值进行直接校准（Ragin，2008）。然而，阈值的设置应根据情况进行调整，不应采用机械方式进行选择（Pappas & Woodside，2021）。本书中的数据并不完全遵循正态分布，且略有偏态，如果根据上述阈值进行校准，配置的有效性会降低。根据现有的研究（Fiss，2011；Romero-Castro et al.，2022），本书将五个变量和一个结果变量的完整隶属设为上层案例数据的四分位数（75%），交叉点为案例数据的中位数（50%），完全不隶属设为下四分位数

(25%)。校准情况详见表12-2。

表12-2　　　　　　　　　变量的校准

变量分类	变量名称	完全隶属	交叉点	完全不隶属
结果变量	RIC	31.955	26.750	23.640
前因条件	TTP	22.000	15.000	10.000
	FTP	19.500	14.000	8.000
	DTP	20.500	14.000	6.500
	TP	33.000	20.000	16.000
	GIMP	40.500	31.000	14.500

（四）结果必要性分析

采用fsQCA软件检测必要条件，结果见表12-3。必要的条件有利于事件的发生。根据文献（Amara et al., 2020），我们将必要性分析的一致性阈值设置为0.9。表12-3列出了必要性分析的结果，单个变量在高或低RIC上的必要一致性低于0.9。换句话说，单个创业政策对高RIC的解释力不足。因此，有必要进一步分析先决条件下的联合效应。

表12-3　　　　　　　　　必要性分析

前因条件	高RIC		低RIC	
	一致性	覆盖度	一致性	覆盖度
TTP	0.695	0.776	0.370	0.341
~TTP	0.410	0.440	0.757	0.673
FTP	0.710	0.761	0.408	0.361
~FTP	0.404	0.452	0.730	0.675
DTP	0.655	0.719	0.404	0.367
~DTP	0.423	0.462	0.691	0.624
TP	0.679	0.754	0.420	0.386
~TP	0.447	0.483	0.733	0.654
GIMP	0.700	0.759	0.354	0.318
~GIMP	0.371	0.410	0.731	0.668

(五) 充分性分析

在确定了单一先行条件不构成高 RIC 的必要条件后,本书进一步分析了五种创业政策的组合路径。本书采用了 Ragin (2006) 建立的 0.75—0.85 范围内的一致性阈值,或自然截断的一致性得分 (Crilly et al., 2012)。基于 Ragin (2006) 结果,本书将一致性阈值设置为 0.75,案例频率阈值设置为 1,得到真值表。覆盖度表明有多少案例在结果条件中具有较高的隶属度。覆盖度衡量子集覆盖目标集的程度,用于测量必要条件的经验相关性。覆盖范围包括原始覆盖度、唯一覆盖度和解决方案覆盖度 (Ragin, 2008)。结果表明,有三种配置(见表 12-4)可以产生高 RIC,即 H1、H2 和 H3。由于 H1a 和 H1b 的核心条件相同,它们构成了二阶等效构型。此外,该解决方案的覆盖度为 0.652,说明它涵盖了大多数具有高 RIC 的情况。

表 12-4　　　　　　　　　　高 RIC 的配置

	H1 H1a	H1 H1b	H2	H3
TTP	◎	◎		◎
FTP	●	●	●	▲
DTP	●		●	▲
TP		●	●	▲
GIMP	◎	◎	◎	▲
一致性	0.815	0.850	0.826	0.918
原始覆盖度	0.503	0.503	0.517	0.105
唯一覆盖度	0.036	0.040	0.054	0.055
解的一致性	0.822			
解的覆盖度	0.652			

注:●表示该条件为核心存在条件;◎表示该条件为边缘存在条件;▲表示该条件为核心缺失条件;△表示边缘缺失条件;空白单元格表示该条件在配置中不相关。

配置 H1a、H1b、H2 和 H3 是产生高 RIC 的组合。配置 H1a 和 H1b 是二阶等效配置。根据配置 H1a,50.3% 的案例表明,当一个区域有大量的 TTP、FTP、DTP 和 GIMP 时,RIC 值较高。其中,TTP 和 GIMP 是核心条件，它们发挥着最重要的作用。FTP 和 DTP 是外围条件，也会影响 RIC。在 H1a 配置中，TP 对结果没有影响。一致性得分为 81.5%。根据配置 H1b，50.3% 的案例表明，当存在大量的 TTP、FTP、TP 和 GIMP 时，就可以实现高 RIC。TTP 和 GIMP 是核心条件，它们对高 RIC 最为重要。FTP 和 TP 是外围条件。DTP 对结果没有影响。一致性得分是 85%。根据配置 H2，51.7% 的案例显示，当有大量的 FTP、DTP、TP 和 GIMP 时，能产生高 RIC。GIMP 是核心条件，它起着最重要的作用。FTP、DTP 和 TP 是外围条件，并不起主要作用。TTP 对结果不产生影响。一致性得分为 82.6%。根据配置 H3，10.5% 的案例表明，即使缺乏 FTP、DTP、TP 和 GIMP，只要有足够的 TTP 就能产生高 RIC。

（六）稳健性检验

有三种常见的稳健性检验：改变校准，改变一致性阈值，以及添加/删除案例。在这项研究中，我们将一致性阈值增加到 0.8，频率阈值仍为 1，分析得到的配置保持不变，说明分析结果是可靠的。

四　创业政策和区域创新促进女性创业

本章探讨了 TTP、FTP、DTP、TP、GIMP 等多种创业政策的复杂因果机制。单一的创业政策并不一定能产生高 RIC，但多种创业政策的结合可能导致高 RIC。本书结果显示，在五种创业政策中，TTP 和 GIMP 对 RIC 有更大的影响，在创业型 RIS 中发挥更重要的作用。这一观察结果有助于我们理解创业精神和创新概念之间的关系。有三条路径可实现高 RIC：（1）科技成果转化和政府服务驱动；（2）政府服务驱动；（3）科技成果转化驱动，这些路径的结果将帮助决策者更好地理解决策机制。在不同国家的背景下，IEK 是一个值得不断探索的话题。本章的结果大大有助于理解这一有价值的主题。

本章中引用的许多研究表明，科技成果转化和区域创新能力之间存在明显的正相关关系（Gong et al.，2019）。本章建立在这些研究的基础上，研究 TTP 对 RIC 的影响以及 TTP 与其他类型的创业政策如何相互作用。具体来说，TTP 促进了企业创新并将技术成果转化为实际生产力。这证实了以往的研究（Guan et al.，2006），认为技术转让是创新的关键因素。中国企业应注重技术吸收能力，政府应出台更多政策，提高企业的吸收能力。根据一些研究（Dai & Chapman，2022），针对高科技企业的税收优惠刺激了相关企业的研发，并帮助了新兴经济体实现创新主导的经济增长。本章结果还表明，FTP 与 RIC 有关，因为它刺激企业进行更积极和实质性的创新活动，特别是那些受到新冠疫情打击的中小企业。一些研究使用面板测量模型来检验数字化转型与企业绩效之间的关系（Peng & Tao，2022），指出数字化转型可以刺激商业创新。我们的研究结果与其结论一致。结果表明，DTP 与 TTP、FTP、GIMP 结合可产生高 RIC。因此，本书支持命题 1、命题 2 和命题 3。这些条件对 RIC 有积极的影响。

根据文献，人才在创新活动中起着重要的作用（Chen et al.，2020）。本书结果显示，TP 较多的省份 RIC 较高。此外，关于企业绿色创新的研究（Lian et al.，2022）表明，受人才等因素的限制，与大公司相比，小公司进行绿色创新更加困难。因此，政府可以通过创造就业机会和良好的生活环境，帮助中小企业聚集人才，提高区域创新能力。因此，本章支持命题 4。政府创新管理与 RIC 有关。有研究指出，数字政府的建设促进了企业的创新。本章也认同这一观点。结果表明，GIMP 数量较多的省份创新能力较强。政府通过简化政府审批程序和建立数字政府来促进企业创新。因此，本章同样支持命题 5。

本章的发现丰富了 RIC 的理论研究。具体而言，本章考察了创业政策的组合会影响中国 RIC。与之前的研究一致，创业政策可以推动创新（Guo & Niu，2021；Hao & Zhang，2021；Liu et al.，2021），这项研究明确指出了创业政策的组合配置。受东亚经济体 RIS 研究的启发（Yoon et al.，2015），本章探索了促进东亚 RIS 创业的企业家政策组合并使用数据确认了东亚 RIS 向成熟 RIS 的过渡，从而进一步完善了以往的研究成果。最后，本书证实了 TTP 和 GIMP 在 RIC 中的重要作用。总之，这项研究与之前的研究相呼应，与创新和创业概念的交叉相关，即进一步研究创新的交叉，创业和知识（IEK）将帮助决策者制定更有效的政策措施，促进区域增长。

本章的另一个重要贡献与研究方法和研究对象的范围有关。从方法论的角度来看，以前的研究将创业政策视为单一的变量，没有考虑不同政策的综合效应。本章采用 fsQCA 研究了五种类型创业政策的综合效应，揭示了不同的创业政策组合在促进知识流动、提高创新能力中的重要作用。作为对以往研究的延伸，它特别强调了 GIMP 的重要作用。就研究对象的范围而言，先前研究对中国区域创新能力的评价局限于部分地区（Li et al.，2020）。本章以中国 31 个省份的政策文本为研究对象，涵盖经济发达地区和不发达地区，因此结果更加全面。

本章对多个区域决策者具有实际的管理意义。第一，经济发达的省份（如广东和湖北）或欠发达的省份（如陕西和安徽）可以通过不同的路径实现高 RIC。在制定创业政策时，决策者应根据当地经济形势对政策进行调整，以缩小区域创新差距。第二，在经济欠发达地区，决策者应制定科技成果转化政策，包括成果转化、知识产权保护等，防止创新资源流失到其他地区。由于经济欠发达地区的市场需求和利益驱动不足，创新积累薄弱，TTP 可以缓解创新资源的损失，并促进新的创新。第三，政策制定者不应忽视 GIMP 的作用，尤其是在深受政府效率和决策影响的东亚经济体。这些国家应该努力简化政府流程，创造创新文化，这有利于创造一个有效、透明的创新环境。

第四节　女性创业绩效的影响因素研究

女性创业是女性参与劳动力市场的重要方式（Ennis，2019），女性创业的稳健增长是促进经济高质量发展、社会平等的重要力量（Kamberidou，2020）。近年来，随着数字经济的发展，一方面催生了更多的创业就业机会，为女性创业提供了新路径，使社会正在面临着一场加强女性企业家精神的重大革命，让女性有更多机会发展成为企业家。《2020/2021 全球女性创业报告》指出，在全球范围内，女性创业者的数量逐年递增，在整个创业者中所占比例不断提升，目前全球 59 个经济体中有 2.31 亿女性创办或经营企业，使女性创业者的生存和绩效问题被置于突出地位（Bruin et al.，2007）。另一方面，以云计算、大数据、人工智能等为代表的新一轮信息技术变革正在加速企业的数字化转型，不断冲击传统的创业理论，也改变了女性创业过程中遇到的各种现实障碍。如何破除女性创业者的创业障碍，促进女性创业者创业绩效的提升，是本书亟待解决的问题。

近年来，随着女性创业研究的不断深入，在很大程度上指出了女性在建立和经营企业方面面临的挑战，特别关注信息、金融和网络的获取。创业绩效用于描述创业的成果，是衡量创业活动的重要标准（Aboramadan，2020），受到很多学者的关注。Ramos 和 Casado-Molina（2021）发现，创业者及企业管理者通过使用社交媒体、大数据可视化和分析等数字能力，能够帮助企业建立数字声誉，从而提高企业绩效。Huang（2022b）发现，女性创业者的机会开发可以帮助企业创造性地组合资源，并利用这些资源为公司创造更高利润，进而对创业绩效产生积极影响。Xing（2020）发现高异质性的团队能够为企业带来多方面信息，帮助企业在复杂的竞争环境下做出合理的决策，进而产生良好绩效。与此同时，在高度竞争和动态变化的环境中，平衡工作—家庭冲突会影响创业者调整其创业意向，从而显著影响快速增长阶段的业务绩效（Chen et al.，2022）。Cowden 和 Karami（2023）发现，在性别角色不平等程度较低的国家，女性创业者的绩效将最高。可见，数字能力、机会开发、创业团队异质性、工作（创业）—家庭冲突、性别刻板印象这些因素都能对创业绩效产生影响。然而，这些影响因素还未被学者从组态视角系统研究过。

本书旨在填补这些空白，并将回答以下问题：在数字时代，女性创业绩效会受到哪些因素的影响？这些因素将如何影响女性创业绩效？为了回答上述问题，笔者使用性别意识框架理论作为理论透镜，从微观、中观、宏观三层次视角出发，构建女性创业者创业绩效研究模型。在微观层面，主要考察数字能力、机会开发两个变量的影响；在中观层面，考察团队异质性对女性创业绩效的影响；在宏观层面，引入工作（创业）—家庭冲突和性别刻板印象两个变量。

本书以女企业家为研究对象，通过偏最小二乘结构方程模型方法验证研究模型中假设是否成立，探究女性创业者创业绩效影响因素之间的内在作用机理，并通过模糊集定性比较分析法了解各影响因素之间的协同效应对女性创业绩效的影响。本书在理论上拓宽了女性创业领域的研究视角，更为全面地揭示了女性创业绩效的影响机理；在实践上，为女性创业者提升创业绩效提供了相关对策。

一 性别意识框架

市场、资金和管理是创业者启动和发展企业必不可少的要素。因此，以往解释创业的理论通常围绕市场、资金和管理三个基本结构，即"3Ms"框架，该框架包括市场机会的开发、资金的获取和人力资本、组织资本的管理。Brush（2009）认为创业是社会性活动，当研究创业生态系统中的某一特定群体时，研究人员需要将该群体视为一个（控制）变量。因此，Brush 借鉴制度理论，增加了"母性"和"中观/宏观环境"来延伸和调节"3Ms"，构建了"5M"性别意识框架，为进一步全面理解女性创业提供了一个研究框架。

该框架由市场、资金、管理、中观环境和宏观环境五个要素组成。在该框架下，"母性"位于中心地位；市场包含了机会，是所有创业者的源泉；资金和管理是市场准入的关键要素，它们充当着机会实现的催化剂。"母性"这一概念不仅涵盖了女性作为母亲和家庭成员的自然与社会身份，更深层地象征着创业者背后的家庭环境和家庭动态。这与家庭内部的权力不平等、女性的社会预期以及她们在社会中的角色定位紧密相连。

因此，本书借鉴 Brush（2009）的性别意识框架，探究中国女性创业者创业绩效的促进和阻碍因素。

二 文献综述及假设

（一）数字能力

数字能力是指数字专业知识的可用性，其本质是对信息及通信技术及智能设备的有效应用（Pan et al., 2022）。总的来说，数字能力可归纳为以下几点：公司内部已具备创新技术人才；有必要的远见/创新技能来定义正确的数字战略；具备执行战略的数字技能；且创业者及管理者能够根据个人的数字化转型知识水平为其分配等级。

当前，全球经济治理正通过数字化转型进入新时代。以数字技术为核心的创业行为正在改善当今社会的经济活动结构和商业模式（Pan et al., 2022）。数字技术是影响企业动态能力的一个重要因素，其广泛使用能够扩大公司的边界和交流，将公司置于日益信息密集型的数字生态系统的中心（Verdoliva & Schiavone，2021）。数字能力被认为是搜索、探索、获取、吸收和应用资源和机会知识的能力。创业者利用这些能力使企业能够创建、部署和保护无形资产，如知识，从而支持卓越和持久的企业绩效（Tortora et al.，2021）。不仅如此，创业者使用数字能力所建立的数字声誉对于其企业财务及非财务的绩效都有积极影响，创业者及企业管理者通过使用社交媒体（如 Twitter）、大数据可视化和分析等数字能力，增强了企业数字声誉，从而影响了企业绩效（Ramos & Casado-Molina，2021）。有学者指出，利用数字能力搜索、传输和复制信息的成本要远低于传统方式（Jesemann，2020）。

在创业的大环境下，女性比男性更加依赖获取公共资源（Maclaran & Chatzidakis，2019），而数字化转型提供了更多的数字公共领域，高绩效公司和低绩效公司在数字能力和技术资产方面存在最大差异。因此，当今竞争环境中的创业者必须认识并预测技术带来的变革，评估其潜在影响，增强自身及公司的数字能力并了解如何利用数字技术为公司创造和获取更多的价值。综上所述，本书提出假设如下：

H1：女性创业者的数字能力对创业绩效有正向影响。

（二）机会开发

机会来自环境的变化，例如不断变化的客户偏好、不断变化的资源可用性、不断变化的竞争条件以及先前的创新活动（Pryor et al.，2022）。创业机会决定了资源配置方式和创业成长模式，是创业过程中的关键要素之一（Clark & Ramachandran，2018）。机会开发是内部导向的能力，体现为创业者积极构建、组织和控制内外部资源，在这个过程中创业者试图使机会商业化。机会开发的特点是创业者根据感知到的创业机会开发产品或服务，获得适当的人力资源，收集财务资源并建立组织（Kuckertz et al.，2017）。

新企业面临高不确定性和高风险，往往需要长期的投入以达到收益，因此新企业的绩效在很大程度上依赖于创业者是否能够有效地开发机会。女性创业者的机会识别与开发可以帮助企业创造性地组合资源，并利用这些资源为公司创造更高利润，进而对创业绩效产生积极影响（Huang et al.，2022b）。有抱负的创业者必须能够对不断变化的条件做出快速反应，采取创新行动并探索新的途径，以便成功利用创业机会。这些活动可以提供新的商品或服务、新的或优化的组织过程或创新的原材料（Maran et al.，2021）。对于大多数创业者而言，机会开发可以帮助他们获得收入，最终获得创业成功。因此，本书提出假设：

H2：机会开发对创业绩效有正向影响。

（三）创业团队异质性

创业团队指一群具有相同目标的创业者，共同创办新企业或参与新企业管理，共同承担风险和共享收益，共同对团队和企业负责。创业团队异质性是指创业团队成员在年龄、性别、教育、工作经验、认知观念、价值观等方面表现出来的差异（Pelled，1996）。Jackson（2003）将团队异质性分为功能性异质性和社会性异质性。功能性异质性往往与团队工作任务有直接联系，主要反映的是团队成员在职业经历、行业经验、技能等方面所存在的差异；社会性异质性往往与团队工作任务无直接联系，主要反映的是团队成员在社会角色与地位等方面存在的差异。

团队成员异质性会对公司战略及公司结果产生影响（Mehrabi et al.，2020）。通过对团队成员受教育程度和工作经历的差异程度与团队工作效率的关系进行研究，有学者发现受教育程度和工作经历异质性与团队绩效存在正向相关关系。通过对创业团队与战略敏捷性进行研究，Xing（2020）发现高异质性的管理团队能够为企业带来多方面信息，帮助企业在复杂的竞争环境下做出合理的决策，进而产生良好绩效。Zhang 和 Zhu（2021）发现团队内不同成员具有不同知识、技能和思维方式，而高水平的团队异质性意味着团队将具有强大的认知和信息处理能力，能够帮助企业识别独特且新颖的信息，推进组织结构和流程的优化变革。综上，我们提出本书假设：

H3：女性创业者创业团队异质性对创业绩效有正向影响。

（四）工作（创业）—家庭冲突

由于文化规范和性别偏见，女性在平衡工作和家庭生活时面临重大挑战（Karkoulian et al.，2016）。创业被定义为一种职业选择（Edelman et al.，2016），在工作尤其是创业方面，女性比男性更受家庭的影响（Rosado-Cubero et al.，2022）。

工作（创业）—家庭冲突是女性企业家创业时经常遇到的问题（Hsu et al.，2016）。Kopelman（1983）将工作和家庭冲突理论化为一种角色间冲突的形式，而Greenhaus和Beutell（1985）的研究是最早将其概念化的研究之一。他们将工作和家庭冲突定义为一种角色间冲突的形式，其中来自工作和家庭领域的角色压力在某些方面互不相容。女性企业家面临的与工作—家庭冲突相关的典型问题包括工作—配偶冲突、工作—家庭责任和工作—父母义务。从本质上讲，尽管个人问题会扰乱任何企业家的商业和家庭生活，但对女性企业家的影响尤其明显。

女性企业家想要启动和发展自己的创业项目，家庭支持是必不可少的，除了财务支持，情感支持也是必不可少的（Kaciak & Welsh，2020）。家庭成员的情感支持可以是对女企业家处理商业问题的心理援助，或鼓励女企业家的创业选择，这种支持对于在困难时期保持业务绩效至关重要。有研究表明，女性创业者过度的育儿和家庭责任会影响她们的成就，一个疏远且商业理念不受欢迎的家庭冲突环境也是不利于女性企业家创业的，尤其是在高度竞争和动态的环境中，平衡工作—家庭冲突会使创业者调整其创业意向，从而显著影响快速增长阶段的业务绩效（Chen et al.，2022）。综上所述，本书提出以下假设：

H4：女性创业者创业—家庭冲突对创业绩效有负向影响。

（五）性别刻板印象

性别刻板印象作为一个社会构建的概念，它是特定人群对男性和女性应该如何行为的文化观点（Malmström et al.，2020）。性别刻板印象包含区分男性与女性的信念和规范的信息（Gupta et al.，2013），描述男人和女人的社会刻板印象是不同的。女性通常被描述为关心、支持、善良或富有表现力，而男性则通常被视为独立、勇敢、好斗或自主。先前的研究表明，男性企业家可能比女性企业家有更好的公司业绩（Robb & Watson，2012）。这是因为这些研究将创业概念化为一种男性现象，即竞争力、自信和英雄成就，使男性企业家比女性企业家处于优势地位。而这些对企业家的男性刻板印象也成为女性创业者越来越少的关键原因（Gupta et al.，2008）。这种性别角色的不对称在特定的文明和特定的环境中变得制度化。在创业背景下，制度化的性别不平等削弱了女性企业家的能力和优先权以及女性对工作的看法（Thébaud，2015）。

当女性视角不太受重视或不太重要时，如在性别不平等程度较高的国家，实施女性视角不会带来更好的企业绩效（Cowden et al.，2023）。正如《考夫曼创业政策文摘》所示：受到性别角色的文化背景的影响，女性创业者在进行股权融资时，创业资金几乎是男性创业者的一半，与男性同行相比，她们难以寻求财务资源。在性别角色不平等程度较低的国家，女性创业者的绩效将最高。综上所述，本书提出以下假设：

H5：性别刻板印象对创业绩效有负向影响。

（六）机会开发的中介作用

创业过程始于对机会的开发。机会是创业活动的一个基本要求：没有机会，就不可能创建公司（Ramos-Rodríguez et al.，2010）。因此，创业研究考察了对新的和现有机会的开发和利用，以及利用这些机会的认知过程、行为和行动模式。机会开发过程主要包括三个阶段：（1）感知市场需求或未充分利用的资源；（2）发现特定市场需求与特定资源之间的匹配；（3）在迄今分离的需求和资源之间创造新的契合点，以创造新的商业理念。因此，机会开发过程涉及三项活动（Miller，2007）：感知、发现和创造。

数字技术、平台及基础设施的出现，为创业者创建新业务以及现有业务分支机构从线下环境转向在线环境提供机会（Cenamor et al.，2019；Jafari et al.，2020）。个人通过数字网络获取外部知识对于发展识别新商机的能力至关重要。信息不对称使得善于利用数字能力捕捉信息的人能够认识到机会（Ramos-Rodríguez et al.，2010）。因此，我们有理由认为，数字技术及能力为创业活动提供了一系列机会。在机会开发过程中，潜在企业家寻求、识别和评估信息，以改进产品或服务，从而利用特定市场来提高企业绩效（Shu et al.，2018）。另外，行业的数字化成熟度会影响创业者感知到自己和行业内其他组织对数字化的反应。具体而言，数字化的成熟度提高了创业者感知机会的程度（Ostmeier & Strobel，2022）。创业者可以通过销售产品和与利益相关者互动，或通过电子监控、机器人、大数据分析和数字协作等新兴领域的工作机会促进此类机会（Cascio & Montealegre，2016）。

开发利用机会、技能和能力对公司绩效都至关重要（Sariol & Abebe，2017）。因为发现新的机会、获得重要的市场或技术知识、开发新的独特能力和扩大客户群，探索有时会带来积极的绩效结果（Lubatkin et al.，2006）。我们认为机会开发介导了女性创业者数字能力和创业绩效之间的关系，机会开发过程涉及下系统层面使用新的知识要素（Chen & Liu，2020）。女性创业过程中机会开发需要数字技能相结合，在机会开发的过程中，创业者持续提高自己的数字技能，从而提高企业绩效。综合以上观点，我们认为女性创业者的数字能力增强了其机会开发能力，进而正向影响创业绩效。综上，本书提出假设如下：

H6：机会开发在女性创业者数字能力和创业绩效之间存在中介作用。

在如今复杂多变的时代，成功的创业者需要具备高水平的机会开发能力（Ughetto et al.，2020）。物质、社会和文化背景塑造了女性的身份，并通过各种商业决策影响了她们获得资源的机会，包括产业选择、工作和家庭责任之间的妥协、风险规避和增长决策（Luo & Chan，2021）。由于性别刻板印象的存在，女性创业者在认识和寻求机会方面仍然存在困难（Xie et al.，2021）。有研究表明，女性创业者在创业阶段获得资本和社交网络的机会有限，而联合办公空间提供了开放的工作场所、协作机会和社区意识，为女性创业者建立新企业创造了机会（Luo & Chan，2021）。

多元化的创业团队能通过不同来源、途径和方式获取并掌握有关环境变化的信息，帮助创业者在复杂的竞争环境下进行机会开发，并做出合理的资源分配，有利于提高创业绩效（Huang et al.，2022b）。行业经验异质性高的团队更能洞察相关行业的变化和发展，快速识别出关键的资源支持者，从而帮助创业者整合相关创业资源，提高其机会开发能力和解决问题能力（Jin et al.，2017）。通过开发机会，创业者可以有效配置企业内外部资源以完成创业任务，能够帮助企业在激烈的竞争环境中保持竞争优势以提高创业绩效（Benitez et al.，2018）。可见，创业团队异质性越大，越能提高女性创业者的机会开发能力，进而促进创业绩效。综上，本书提出假设：

H7：机会开发在女性创业团队异质性和创业绩效之间存在中介作用。

三 女性创业绩效的促进及阻碍因素研究方法

（一）样本数据

此样本数据均来自本课题组问卷。由于受新冠疫情的影响，我们采用线上和线下相结合的方法,通过各地女企业家协会、女性创业扶持机构的合作,以及利用被调研者推荐的"滚雪球"抽样方法开展调研。数据收集于2021年。为了确保问卷的清晰度、可读性和适用性,在开展问卷调查前,通过女性创业者和学术专家对问卷进行初步测试。为了寻求可靠的信息,问卷明确保证保密。共发放600份调查问卷,回收580份,回收率为96.67%。剔除废卷22份,剔除废卷的标准为:(1)没有选择设置的指定选项;(2)回答时间过短;(3)90%以上选了同一个答案;(4)1/3以上题目没有填答。最终剩余558份有效问卷,有效回收率为96.21%。被调查者的年龄集中在21—40周岁;已婚的被调查者占53.05%,未婚的占38.89%,其他占8.06%;已生育的被调查者占56.81%,未生育的占43.19%。

(二) 变量测量

所有变量采用李克特5点量表进行测量,从1(非常不同意)到5(非常同意)。为了确保信度和效度,所有变量均采用或改编前人验证过的量表。

数字能力(DA)。本书参考Ilomäki(2014)对数字能力内涵的阐述,创新性地设计了数字能力的测量量表,包括"碎片化学习""快速学习"和"终身学习"3个题项。

机会开发(OD)。创业机会开发采用Chen和Liu(2020)编制的量表,包括3个题项,例:"我有快速搜集创业机会信息的渠道"。

团队异质性(ETH)。借鉴Zimmerman(2008)高层管理团队异质性的量表测量创业团队异质性,具体包括"技能异质性""教育异质性"和"职业经验异质性"。

工作(创业)—家庭冲突(EFC)。我们改编了Netemeyer(1996)关于工作—家庭冲突测量量表,包括6个题项,例:"工作—家庭能否平衡对我的情绪和心态影响非常大"。

性别刻板印象(GS)。根据Liñán(2020)对性别刻板印象内涵的阐述,我们改编了GEM的测量题项,包括3个问题,例如:"与男性相比,女性有平等的创业机会"。

创业绩效(EP)。采用主观测量指标对创业绩效进行测量(Gao et al.,2018),包括销售增长率、市场占有率等四个指标。

（三）方法选择

采用偏最小二乘结构方程模型对假设进行检验，PLS-SEM 被认为特别适合于本书（Hair et al.，2019），理由如下：就研究目标而言，本书以性别意识框架作为理论透镜，探索女性创业绩效的促进和阻碍因素，是现有结构理论的延伸；就样本量要求而言，（1）用于度量一个构面的最多十倍的形成指标和（2）结构模型中针对特定潜在构面的最多十倍的结构路径，我们收到的 558 份有效回复都符合这两项要求；此外，PLS 不需要数据符合正态分布的假设，并且是一种预测导向的方法，能给出最优预测精度。

为了确定 DA、OD、ETH、EFC、GS 对女性创业者获得高创业绩效的协同效应，我们使用模糊集定性比较分析法。fsQCA 分析遵循配置理论范式，它能够检查复杂和非线性性质的元素之间的整体相互作用（Fiss，2011）。因此，它适合于解开自变量和因变量之间发展的复杂联系。

（四）共同方法偏差

本研究采用两种方法以控制共同方法偏差。在调查时，受访者被保证收集的数据将保持匿名进行分析（Kaya et al.，2020）。此外，为了控制事后共同方法方差，进行了单因素检验，通过对研究所涉及的所有题项进行未旋转的主成分分析，发现因子分析抽取的第一主成分只解释了 25.53% 的方差变异，低于先前学者所建议的 50% 临界点，表明绝大部分变异不能由单一因子解释。这说明本书的共同方法变异并不严重。

四　偏最小二乘法及其结果分析

（一）测量模型

本章使用 PLS-SEM 技术测试了测量模型，通过内部一致性信度、收敛效度和判别效度来确定研究构念的维度。表 12-5 显示了信度和收敛效度相关指标，项目因子负荷均大于 0.5 且在 $p<0.05$ 水平上显著，说明各指标具有可靠性（Sarstedt et al.，2022）。Cronbach's alpha、Rho coefficient 和 composite reliability 的值均大于 0.7，average variance extracted 的值均大于 0.5，说明具有良好的收敛效度（Hair et al.，2019）。在表 12-6 中，各构面 AVE 的平方根均高于各相关系数（Fornell & Larcker，1981），且相关系数的异单性状比值小于阈值（<0.85），进一步支持了判别效度（Henseler et al.，2015）。

表12-5　　　　　　　　　　信度和收敛效度

维度	因子负荷	T值	α	Rho	CR	AVE
DA1	0.795	17.272***	0.778	0.790	0.870	0.691
DA2	0.862	48.809***				
DA3	0.836	44.961***				
OD1	0.863	52.493***	0.849	0.852	0.909	0.768
OD2	0.897	72.692***				
OD3	0.869	49.165***				
ETH1	0.858	37.895***	0.820	0.823	0.893	0.735
ETH2	0.886	63.482***				
ETH3	0.827	42.858***				
EFC1	0.856	17.759***	0.922	0.938	0.938	0.717
EFC2	0.805	12.692***				
EFC3	0.840	14.566***				
EFC4	0.880	21.014***				
EFC5	0.868	18.589***				
EFC6	0.828	17.772***				
GS1	0.892	5.200***	0.868	0.887	0.918	0.789
GS2	0.901	4.999***				
GS3	0.872	4.260***				
EP1	0.769	26.030***	0.811	0.823	0.876	0.640
EP2	0.880	65.095***				
EP3	0.815	32.366***				
EP4	0.728	24.212***				

注：***，$p<0.001$。

表12-6　　　　　　　　　　相关性和判别效度

	DA	OD	ETH	EFC	GS	EP
DA	**0.831**	0.562**	0.366**	0.014	-0.005	0.301**
OD	0.693	**0.876**	0.375**	-0.077	-0.044	0.374**
ETH	0.459	0.450	**0.857**	-0.002	0.022	0.403**
EFC	0.051	0.087	0.029	**0.847**	0.422**	-0.135**

续表

	DA	OD	ETH	EFC	GS	EP
GS	0.075	0.056	0.088	0.472	**0.888**	-0.072
EP	0.377	0.452	0.493	0.156	0.090	**0.800**

注：对角线以下的系数为异性状—单性状比值；对角线以上的系数是构造间相关性；加粗的系数是每个构造 AVE 的平方根值；**：在 0.01 水平（双侧）上显著相关，*：在 0.05 水平（双侧）上显著相关。

（二）结构模型

在 5000 个重样本 Bootstrap 运行的基础上，使用偏差校正 Bootstrap 技术评估结构模型并进行假设检验。根据学者建议，R^2 的可接受值必须是大于 0.1 或 0。根据决定系数 R^2，该结构模型能解释 24.7% 的数字能力、机会开发、创业团队异质性、创业—家庭冲突和性别刻板印象解释的女性创业绩效的差异，以及 36.6% 的数字能力和创业团队异质性解释的机会开发的差异。另外，Q2 的值必须大于 0，本书 R^2 和 Q^2 的值均达到标准（表 12-7），因此，该模型具有预测意义。

表 12-7　　　　　　　　　假设检测结果

效应	路径	Beta	T 值	结果
直接效应				
H1	DA→EP	0.077	1.701	不支持
H2	OD→EP	0.216	4.532***	支持
H3	ETH→EP	0.298	6.949***	支持
H4	EFC→EP	-0.119	2.804**	支持
H5	GS→EP	-0.018	0.391	不支持
中介效应				
H6	DA→OD→EP	0.107	4.096***	支持
H7	ETH→OD→EP	0.042	3.521***	支持
R^2_{EP} = 0.247				
R^2_{OD} = 0.366				
Q^2_{EP} = 0.149				
Q^2_{OD} = 0.149				

注：***，$p<0.001$；**，$p<0.01$；R^2，determination of coefficient；Q^2，predictive relevance。

PLS-SEM 结果显示（表12-7），数字能力对创业绩效产生了积极的影响，但影响并不显著（β=0.077；t=1.701；p>0.05），因此，H1 不成立。机会开发对创业绩效有显著的正向影响（β=0.216；t=4.532；p<0.001），支持了 H2 的结论。创业团队异质性对创业绩效有显著的正向影响（β=0.298；t=6.949；p<0.001），H3 得到支持。创业—家庭冲突对创业绩效有显著的负向影响（β=-0.119；t=2.804；p<0.01），H4 得到支持。性别刻板印象对创业绩效有负向的影响，但两者不存在显著性（β=-0.018；t=0.391；p>0.05），因此，H5 不成立。

此外，我们检验了机会开发在数字能力和创业绩效、创业团队异质性和创业绩效关系中的中介作用。如表12-7所示，DA→OD→EP 的中介效应为 0.107（t=4.096；p<0.001），这与预测一致，H6 得到了实证支持；ETH→OD→EP 的中介效应为 0.042（t=3.521；p<0.001），说明 H7 成立。

五 模糊集定性分析及其结果

模糊集定性比较分析的第一步是变量校准。校准是指赋予案例的特定条件集合隶属度的过程，校准后设置的隶属度范围在 0 到 1 之间（Huang et al., 2022c）。本书采用最常用的直接校准法（Ragin, 2008），用三个极限值对所有条件变量和结果变量进行校准：0.05 设定为完全不隶属，0.50 设定为交叉点，0.95 设定为完全隶属。各变量校准锚点及描述性统计见表12-8。

表12-8　　研究变量的校准和描述性统计

前因条件	校准锚点			描述性统计			
	完全隶属	交叉点	完全不隶属	均值	标准差	最小值	最大值
DA	5.00	4.00	2.67	3.82	0.80	1.00	5.00
OD	5.00	3.67	2.31	3.56	0.80	1.00	5.00
ETH	5.00	3.67	2.33	3.67	0.76	1.00	5.00
EFC	5.00	3.17	2.00	3.31	0.90	1.00	5.00
GS	5.00	3.00	1.67	3.19	0.94	1.00	5.00
EP	4.50	3.00	2.00	3.19	0.66	1.00	5.00

第二步是必要性分析。它表示在一个条件（在所有情况下）中小于或等于结果中相应分数的模糊集分数的比例（Amara et al., 2020）。当一致性得分在 0.9 以上时，一个条件被认为是必要的（Ragin, 2008）。表 12-9 中的结果表明，对于高水平的女性创业绩效而言，没有任何条件本身是必要的。

表 12-9　　　　　　　　　　单个条件的必要性检测

前因变量	创业绩效	
	一致性	覆盖度
ZDA	0.653	0.789
~ZDA	0.652	0.660
ZOD	0.679	0.811
~ZOD	0.642	0.657
ZETH	0.738	0.809
~ZETH	0.601	0.665
ZEFC	0.641	0.700
~ZEFC	0.689	0.767
ZGS	0.682	0.718
~ZGS	0.662	0.765

第三步是真值表算法。生成 2k 行真值表，其中 k 表示结果的个数，每一行表示因果条件之间的每一种可能组合（Kaya et al., 2020）。本书采用 fsQCA 3.0 软件分析导致高女性创业绩效的组态配置。

本书提供了复杂方案、简约方案和中间方案的输出。根据 Fiss（2011）的建议，我们只考虑比其他两种解更优越的中间解决方案，将原始一致性阈值设定为 0.8，并将 PRI 一致性阈值设置为 0.75，案例频数阈值设定为 2（Ragin, 2006）。fsQCA 能够计算一致性及原始和唯一的覆盖度得分，一致性是指在一个解决方案中，案例对应于集合理论关系的程度（Fiss, 2007），一般需大于 0.9。

原始覆盖度是指给定配置覆盖案例的比例；唯一覆盖度是指在排除与其他配置的重叠部分后，单个配置解释结果的程度（Ragin, 2008）。

模糊集分析结果表明（Table 6），女性创业绩效获得高分的组态有两个（S1、S2），解的一致性为 0.94，表明覆盖大多数情况的两种配置足以促进高女性创业绩效；解的覆盖度为 0.48，表明两种配置解释了 48% 的高女性创业绩效。根据组态 S1 有 17% 的案例显示，当 OD、ETH 两个促进因素同时存在，EFC、GS 两个障碍因素均不存在时，能够促使女性创业者的创业绩效获得高分。一致性指标为 0.95，符合充分性论断。根据组态 S2 有 12% 的案例显示，当 DA、OD、ETH 三个促进因素同时存在时，即使 EFC、GS 两个障碍存在，也能够促使女性创业者的创业绩效获得高分。一致性指标为 0.94，符合充分性论断（见表 12-10）。

表 12-10　　　　　　　　　实现高创业绩效的配置

组态路径	原始覆盖度	唯一覆盖度	一致性	总体覆盖度	总体一致性
S1：~f（OD * ETH * ~EFC * ~GS）	0.37	0.17	0.95	0.48	0.94
S2：~f（DA * OD * ETH * ~EFC * ~GS）	0.31	0.12	0.94		

六　影响女性创业绩效的综合因素分析

本书借鉴性别意识框架（Brush et al.，2009），探究影响女性创业者创业绩效的综合因素，并探究了机会开发在数字能力、创业团队异质性中的中介作用，以期有助于理解影响女性创业绩效的作用机制。除了 PLS-SEM 分析，我们还应用 fsQCA 分析了促进高女性创业者创业绩效的前因组合。

首先，在微观层面，我们将 OD 和 DA 作为 FEP 的预测因子。研究结果表明，OD 对 FEP 有显著的正向影响，说明 OD 是 FEP 的促进因素，这与先前的研究结论一致（Huang et al.，2022b），探究 DA 对 FEP 的影响作为对 Nambisan（2017）认为在数字创业生态系统中缺乏定量研究的回应。DA 对 FEP 有正向影响，但影响不显著，然而，OD 在 DA 和 FEP 中起部分中介作用。其次，在中观层面，我们将 ETH 作为 FEP 的预测因子，结果表明，ETH 对 FEP 有显著的正向影响，说明 ETH 是 FEP 的促进因素；此外，我们还探究了 OD 在 DA 和 ETH 中的中介作用，这与前人的研究相一致（Ostmeier & Strobel，2022）。最后，在宏观层面，我们将

EFC 和 GS 作为 FEP 的预测因子，结果表明，EFC 对 FEP 有显著的负向影响，说明 EFC 是 FEP 的阻碍因素；GS 对 FEP 有负向作用，但影响并不显著，这与前人的研究相悖，以往研究通常认为性别刻板印象是影响女性创业水平的主要障碍，这在一定程度上表明随着时代的发展和女性受教育水平的提高，女性的性别意识逐渐增强。

我们的研究对实践有几点有价值的启示。从微观视角看，女性创业者应该提高数字技能，以顺应全球经济数字化、企业数字化转型浪潮；与此同时，应该时刻关注市场和客户需求，准确预测市场前景，并能够不断革新，在动荡的市场中开发新的创业机会。从中观视角看，团队异质性是女性创业者获得高创业绩效的重要因素，因此，管理者应该意识到创业团队异质性的重要性，提高创业团队在性别、年龄、职业经验、教育背景等方面的异质性。从宏观视角看，女性的母性和社会"双重角色"使女性创业者须承担"双重责任"，女性创业者应该平衡家庭和创业不同角色间的关系以减少角色间的冲突。另外，社会应该营造宽松平等的性别角色环境，大力宣传女性创业成功的案例，为女性树立创业榜样，减少对女性传统性别角色的过度渲染，以激发女性创业活力。

第五节　本章小结

本章运用定性和定量的分析，对数字时代女性创业政策和创业教育的作用机制进行研究，分析女性创业绩效的综合影响因素，以期不断优化有利于女性创业的外部条件和环境。创业教育对女性创业有重大影响。高校可以完善创业课程设计、加强对创业竞赛的支持、保障创业师资队伍建设和统筹"三教"数字化改革等，增强其创业教育建设。区域创新能力对女性创业至关重要。一个具备较高创新能力的区域将为女性创业者提供更多的支持和机会，激发她们的创新思维和能力，并扩大她们的市场机会，这将有助于提升女性创业的成功率和对区域经济的贡献。

第十三章

社会组织对女性创业教育和支持的案例分析

为了深入了解社会组织是如何以精准创业教育和创业支持等方式促进女性创业，本课题组于2021年6月赴上海海蕴女性创业就业指导服务中心，2021年9月赴深圳市女性创业促进会均各进行了为期一周的实地观察、半结构访谈调研，获取了大量一手资料。本章以这两个社会组织在数字时代支持女性创业的优秀经验为案例，进行分析探讨。

第一节 上海海蕴对女性创业教育和支持的案例分析

一 上海海蕴简介

2016年2月，上海海蕴女性创业就业指导服务中心（以下简称"海蕴"）成为上海第一家由妇联主导建立的女性创业就业指导服务中心，以辅佐政府部门更好地履行帮助女性创业就业的社会职能。成立至今，海蕴面向全职妈妈、职场女性以及女性创业者提供系统性、创新性、实践性的创业就业知识技能指导咨询。成立六年多以来，海蕴依托系统、专业的培训指导服务体系已累计服务超过3万人次，累计影响超37万人次，帮助成千上万女性开启独立事业并获持续成长。

海蕴在发展过程中形成独特的价值体系。秉持着"激发爱与美的力量"的价值主张，海蕴将"为女性拥有独立视野和提升社会地位而努力"作为使命，目标是成为众多创业女性、职业女性温暖的"家"，整合资源、互助互爱,让女性变得更加自信、优秀、美丽,实现心灵自由和财务自由的梦想。在为女性服务的价值观念引领下,海蕴致力于成为整合资源、推广社会公益、服务于女性群体以及辅助政府部门更好地开展女性创业就业服务等活动的践行者。

目前,海蕴已经形成包括"创懿家""紫玉兰"女性创业培训课程体系、私董会、俪人创客大赛、@她创业计划、创业女性访谈、专家面对面和优秀企业参访游学等在内的核心产品和服务,是会聚了数千位优秀女性创业者的社群,积极践行社会服务组织的公益服务职能。

二 上海海蕴组织架构

上海海蕴接受上海市妇女联合会直接领导与管理,是辅助政府机构履行社会职能、开展女性创业就业服务、帮助女性实现全面发展的社会组织,主要业务范围是承接政府委托的相关业务,为创业者和企业提供管理咨询等服务。运营资金主要来源于政府及社会公益资助。

三 上海海蕴:构建"女性创业五步法"帮扶体系,强化创业精神支持

作为上海第一家由妇联主管的女性创业就业指导服务中心,海蕴创造性地构建了"女性创业五步法"创业女性帮扶体系。"女性创业五步法"由自我认知、系统学习、模式检验、问题管理和持续经营五个服务模块组成。

(一)"女性创业五步法"

1. 自我认知

近年来,社会心理研究不断深入创业领域,研究者们关注到创业认知在创业过程中的重要性(程建青等,2019;杨俊,2015)。有关创业认知研究表明,个体的认知结构和认知过程差异是导致创业者与非创业者差异的根本原因,通过分析创业者独特的思维和行为方式可以更好地理解创业者的创业行为过程(陈昀、贺远琼,2012)。早在1995年,Mitchell 和 Chesteen 在研究中展示了以认知为基础的创业教学方法如何优于传统的"仅商业计划"方法来教授创业专业知识。因此,海蕴自主研发"创业能力测评工具",帮助女性创业者建立创业认知系统,将赋能培训体系建立在以认知为基础的教学方法上。创业能力测评包括自我认知、团队认知以及创业认知。例如,受访者李女士在接受创业能力测评后表示:"海蕴提供的测评让我认识到自己在团队识别上可能有所欠缺。"对自我有正确、客观的认知有利于创业者选择擅长之处、取长补短;对团队有清晰的认知和选择有利于团队和企业的长远发展;除此以外,创业需要具备创业知识、能力与素质,对经营效益与运营方式有所认知。因此,海蕴组织的创业能力测评工具是女性根据自身优势、现实环境识别创业机会的前提。

2. 系统学习

创业教育对创业者来说至关重要(黄兆信、黄扬杰,2019)。创业教育包括向学生传授创业知识和创业技能,提高学生识别创业机会的能力,培养学生掌握创办企业的必要技能,树立自信心,以及培养学生将创新性观点转化为创业行为的技能和情意等要素(潘炳超、陆根书,2020)。参照《小企业财富》杂志的分类,美国的创业教育包括在校大学生学历教育、高层经理研修继续教育、少数民族创业教育、妇女创业教育等(周颂,2008)。

"系统学习"即海蕴为女性创业者提供的经过多年磨砺,通过课前调研、学员访谈、教师研讨形成的系统化女性创业培训课程,包括针对社区待业女性(全职妈妈)的"妈妈佳游计划"、针对非沪籍创业女性的"紫玉兰"女性企业成长计划、针对所有创业女性的"@她创业计划"。其中,面向数字时代下所有创业女性的各类需求,"@她创业计划"项目的成功实施为广大创业女性提供了更广阔和专业的舞台,最能体现海蕴对创业女性的创业技能培训的社会服务支持。2020年6月29日,由中国妇女发展基金会主办、玫琳凯(中国)有限公司支持、上海市静安区妇女联合会承办、上海海蕴实施的"@她创业计划——女性成长计划"(以下简称"@她创业计划")女性赋能培训项目在上海静安区正式开办。本次培训在深入了解创业女性需求的前提下,邀请上海资深创业指导及创业领域专业教师担任讲师,设置了包括"@时代""她智慧""创能量"三大主题共16门课程,从不同角度切入女性创业痛点并通过系统培训提升创业者的综合能力。

通过对五位参与"@她创业计划"的女性创业者进行访谈,以及访谈结果的案例分析得出海蕴通过"@她创业计划"为女性提供的社会支持举措主要通过提供系统课程培训。

本书的创业培训是指机构组织对女性创业者组织的关于创业相关技术和专业知识、经营管理、文化知识、法律法规等内容的培训。创业培训能够提升创业者的创业精神、社会资本水平（王轶、柏贵婷，2022），对创业者的重要性不言而喻。培训可以帮助创业者学习如何处理某些问题，了解某些规则和程序并节省时间和金钱，帮助他们以更少的困难完成工作（Ladzani & Van Vuuren，2002）。

海蕴对女性创业者的系统培训方式独具特色，每一期由专业的顾问导师准备不同的核心主题，从主题出发搭建创业系统和框架，丰富和完善创业者的创业认知与创业技能，为女性创业者提供方向指导，帮助其厘清思路。譬如"初创公司需要什么样的合伙人"主题培训中，导师在带领学员厘清如何针对目前"钻石"所运营的项目来搭建团队以及团队如何进行分工，该采取什么样的运营模式等问题后，引导学员总结四种不同的合伙人，分别是初始合伙人、战略合伙人、业务合伙人、专业合伙人，在熟练区分的前提下按自身的需求去匹配相应的合伙人。同时兼备深度、广度、系统性和实践性培训课程使所有受访者感到收获良多。比如，受访者C提道："通过一系列的课程，很系统地学习了一些以前从未去了解过的知识。因为之前一直深耕于自身手工技艺方面。对于其他领域了解得比较少。像是诸如领导力的发展，还有团队的以及社会创业的转型这类的课程，都是现在这些创业者很缺少的，对于新创业的这一代来说很有帮助。"

3. 模式检验

创业竞赛具有"以赛促教""以赛促创"的重要作用，有助于培养创业者创业素质、创业意识和学习创业知识（陈忠卫等，2022）。在对女性创业者进行创业课程培训后，海蕴会通过举办创业大赛，使女性在撰写商业计划书中逐渐建立商业逻辑这一服务被海蕴称为"模式检验"。2017—2020年，海蕴已连续举办四年"俪人创客"女性创新创业大赛。其中，2020年以"数字化时代女性领导力"为主题的新一届大赛吸引了100多个女性创业项目报名参加，设计涵盖教育、现代服务、文创、环保、互联网、工业、农业等多个领域，意味着大赛"以赛促创"的模式

第十三章 社会组织对女性创业教育和支持的案例分析

得到创业女性和社会各界的充分肯定与支持。

本次研究对 11 位参与 2020 届"俪人创客"女性创新创业大赛的女性创业项目负责人进行访谈。案例分析发现，在谈到大赛对自己创业的帮助时，几位受访者均提到导师指导、平台、资源、伙伴等关键信息。通过分析整理，本书将海蕴对参赛项目的支持举措概括为提供平台、给予专业指导建议和意见、拓宽眼界与资源。

作为创业实践平台之一，竞赛为创业者提供锻炼自我、展现自我的平台，创业竞赛能够激发创业者的创业能力和激情，帮助储备相关知识，锻炼相关才能，将所学理论知识和实践操作相结合，通过在创业竞赛中与赛友间的相互学习拓宽眼界和社会资本，为创业实战打基础（宫毅敏、林镇国，2019）。

案例分析发现，海蕴举办的"俪人创客"创新创业大赛为女性提供了展示与锻炼的平台，对她们的创业实践经历均有积极意义。11 位受访者都提到了创业竞赛的积极意义，其中受访者 A、D 和 J 的回答最具代表性。

受访者 A 表示："大赛可以更好地扶持女性和助力于女性群体的发声，因为现在身边的男企业家很多，所以对于女性在这个领域能有这样一个单独的绿色通道来提供帮助，我觉得是十分难能可贵的。而且每一次参加大赛，都是对自己现阶段的一个反思和梳理，尤其做 BP（商业计划书）其实就是一个提升自我的过程。在大赛筹备过程当中，会更全面地去考虑和分析商业模式、盈利模式、企业风险控制等。这能给我一个契机和动力从原来事务性的工作日常中暂时性跳脱出来，从更高层面审视和观察现在所做的事情，去思考一些更偏向顶层架构的事情。我觉得这个可能是大赛对我来说帮助很大的一个板块。"

受访者 D 表示："当今时代女性的社会地位不断提高，女性的创造能力、业务能力都逐渐走向更为成熟的阶段，同时更多的女性会选择去打破固有的舒适圈，去挑战更多不同的领域，在萌芽阶段也得到了更多的支持和关怀。做一个自立、自强、自信的女性，自己创造一份值得骄傲的事业，这是时代发展给女性的机会，愿意去突破，愿意去改变自我，越来越多的女性开始深层次地改造自己，获得更多的体验和生活的洗礼。'俪人创客'创业大赛就提供了这样的平台，更深刻地触动与激发女性潜在的动力和干劲,意义非凡。"

受访者 J 表示:"这次'俪人创客'大赛,专业老师的指导给了我和团队极大的鼓励,让我的项目得到更好的打磨,变得更加成熟,更加进步。本次比赛也成了更多女性创客展示自我、宣传创业精神、展现独立品格的新平台。"

除了为参赛项目提供更广阔的展示平台,创客比赛还为女性准备了专业的导师指导与针对性的培训服务。这一支持举措集中体现在受访者 C、E 和 H 的回答中。

受访者 C 表示:"感谢主办方的用心良苦,为棒杰克项目推荐的指导老师与整个项目的发展、我本人的专研方向都十分契合,指导老师无论是资源还是背景都是消费类的,这点让我和团队都十分激动与庆幸。"

受访者 E 表示:"作为获奖队伍,创业大赛对于女性创业是有着支持、鼓励作用的,同时深入的沟通和交流也让创业女性们在这条路上有更多坚持的动力,更坚挺的信念。"

受访者 H 表示:"令我感受最深刻的是活动中提供指导的老师们都十分资深,在行业中都是出类拔萃的翘楚,这些在以往没有机会接触到的老师们现在亲身参与到这些活动中,来为参赛的女性创业者们提供指导、提供意见,对我帮助非常大。"

同时,案例分析发现大赛还为参赛者之间提供了交流通道,拓宽了创业者的社会网络与资源。受访者 C 和 F 的回答具有重大意义。

受访者 C 表示:"我们需要在上海开一个比较大的门店,我之前也一直在找店面,但始终都没有合适的店面,很巧的是,指导老师正好有这方面的资源,所以我下午就可以对接上了。"资源对接为受访者 C 解了燃眉之急,并且拓展了其资源的领域和范围。

受访者 F 表示:"这次比赛不仅让我收获了很多有用的知识,也切切实实地让我感受到了自己在创业过程中不是一个人在孤军奋战,创业是得到了广大单位、政府支持的。我很感激得到了这样的支持与鼓励,也很感激这次比赛让我认识了更多其他领域的女性创业者,在大家身上还能学习经验、取长补短、共同合作。"

4. 问题管理和持续经营

女性创业过程中面临诸如融资困难、缺乏自信、家庭事业难以兼顾等诸多障碍，除了政府能够提供的政策支持与家庭提供的精神支持以外，社会各界为女性创业者提供的公益性服务支持对女性创业者而言必不可少。2020年5月15日，海蕴正式创办"创懿黄浦荟——创业女性成长计划"（以下简称"创懿黄浦荟"），组织创业领域的专家和创业女性开展深度交流，汇聚团队智慧，帮助女性创业者解决实际问题，以支持企业持续经营，更深入地贯彻公益性服务支持这一重要支持举措。

"创懿黄浦荟"以海蕴曾经面向女性社会组织负责人而成立的"私董会"为原型，帮助女性创业者发现问题、分析问题、解决问题，通过与女性创业者的深度对话，以"聚焦主题""找痛点""发散""提供可持续方案"凝聚群体智慧，解决实际问题。作为海蕴为女性创业者提供的经典服务品牌，"私董会"切实履行了社会组织作为政府行使职能的"好帮手"作用，为进一步提高女性社会组织内部管理和服务能力提供指导。而"创懿黄浦荟"则将直接为女性提供创业支持的社会职能与"私董会"优秀的运转模式有机结合，为疫情以来女性中小企业遭遇的诸多如现金断流、业务停滞、人员流失等问题寻找突破口，帮助有发展潜力的企业在疫情时代脱颖而出。

"创懿黄浦荟"将每位遇到困难的管理者或是女性创业者称为"钻石"。通过对"创懿黄浦荟"主题工作坊资料和九名参与计划的女性创业者访谈资料的综合分析，研究发现海蕴举办的"创懿黄浦荟"对女性的支持举措包括：一是以固定步骤和多元主题对女性创业者遭遇的实际问题的原因和解决办法进行深度剖析；二是打造女性创业社群。

（1）问题诊断

"创懿黄浦荟"每一期活动都围绕"精准对接需求—针对性提供服务—系统性整合信息资源"的步骤，对创业女性面临的问题和困难重点剖析，持续跟进。"创懿黄浦荟"每一期工作坊提供的问题诊断内容也极具专业性和实践性。譬如在主题"市场营销"中，工作坊与女性创业者共同推选出当期的"钻石"问题——"大健康主题空间如何进行引流和获客"，"钻石"作为大健康主题空间创始人面临一系列营销问题，如如何通过线上渠道推广空间等等。指导专家通过不断地提问引导学员透过问题看本质，结合数字时代利与弊剖析问题根源，训练所有参与者看待、分析、提出、定义、解决问题的能力。指导专家与女性创业者一致针对线上渠道推广空间问题进行分析,得出其原因在于"钻石"对新媒体运营和传播及流量转化模式不清晰,总结梳理出寻找自带流量的活动主办方并进行分时段运营,以及将空间打造成网红打卡地等富有针对性和可操作性的意见和建议。最后,全程参与的两位运营领域专家老师针对掌握的情况提出"像传统营销一样建立营销矩阵"更为专业的措施建议,包括"与自媒体、新媒体形成联动矩阵"与"让合作方的私域流量,也就是他的员工、合作方、学员的私域流量建立起一种机制,通过私域流量池持续生发、留存、转化、裂变"。

在参与这样主题实际、指导实用的工作坊活动后,女性创业者均表示收获良多。如,受访者 B 表示:"感谢两位老师,提供了价值 200 万的点子和课程,还顺带帮我梳理了我的定位和运营,还有我的品牌特性,我觉得非常非常受益。"

(2) 打造女性创业社群

案例分析发现,女性创业者认为"创懿黄浦荟"的创业支持模式即问题展开—问题剖析—提供建议和意见—系统整合信息资源启发的模式具有启发性,有利于开拓思维。例如,在参加主题为"团队建设"的"创懿黄浦荟"工作坊活动后,受访者 A 表示:"这么多女性创业者聚在一起集思广益解决问题的感觉很好";受访者 E 也表示:"多次参加工作坊活动自己也渐渐学会了用'私董会'的模式来思考问题,受益良多。"

此外,多名受访者表示通过与其他参与者共同思考问题与解决问题这一环节,她们找到了志同道合的朋友。如,受访者 E 表示:"感谢……组织女性平台,让我体会到了同样性别人群下同样的行业职能下我们共同的问题,我觉得这个圈子非常适合我。"

除了收获相同境遇的创业伙伴以外,受访者 H 表示:"希望未来我们能够参与形成一个大家资源共享的闭环吧。"

(二) 创业精神支持

除"女性创业五步法"为女性提供的系统培训指导体系外,海蕴对女性的社会支持还包括精神支持,使其在技能与知识水平提高的同时提升创业幸福感。

对创业幸福感的研究是有必要的,创业成败的理解角度不限于客观的绩效方面,也可以从创业者自身主观效用出发(魏江、权予衡,

2014）。创业幸福感是创业者在新创企业的规划、创立、成长和运营过程中感受到的关于满意度、情感平衡、心理功能和社会功能的体验（崔连广等，2022）。创业幸福感是创业者创业道路的力量源泉，对其至关重要。

在对参加海蕴赋能培训体系的二十五名女性创业者访谈资料整理分析后，研究者发现，海蕴作为社会组织对女性创业者提供了充足的情感支持，促使女性创业者在创业过程中产生积极感受和体验。情感支持所传递的社会接纳也能够满足创业者的安全感和归属感需求，这都会使得创业者产生更高水平的主观幸福感（李慧慧等，2022）。海蕴对女性创业幸福感的支持举措体现在两方面：一方面，满足女性创业者高层次心理需求，引导女性形成积极正面的自我评价，使其产生强烈的成就感和自豪感，从而提升创业幸福感。

例如，受访者杨女士表示："……在萌芽阶段也得到了更多的支持和关怀。我要做一个自立、自强、自信的女性，自己创造一份值得骄傲的事业，这是时代发展给女性的机会，愿意去突破，愿意去改变自我，越来越多的女性开始深层次地改造自己，获得更多的体验和生活的洗礼。'俪人创客'创业大赛就提供了这样的平台，更深刻地触动与激发女性潜在的动力和干劲，意义非凡。比赛中老师们……给了很多建议……为项目注入新的活力，这无形之中也给了参赛的成员们极大的鼓舞与激励，对未来的发展也会有更好的规划和准备。"

另一方面，通过给予其创业活动的积极看法和大力支持表达对信任、尊重、期望和认可，肯定其社会价值，使其感受到自身身份地位的正确性和合法性从而提升创业幸福感。

例如，受访者黄女士表示："大赛……拓展了女性创业者眼界的广度和深度，使女性创业者更明确地认识到自身价值所在。引导更多和我一样怀揣科学理想和创业梦想的女性更加充满自信地投身科研领域，利用科学知识和技术创造财富，充分地展现自身才能，为各行各业各领域讲述女性故事，贡献女性智慧和女性力量。在'她'时代做温柔而独特的灯盏，点亮女性自己的精彩人生。"

第二节 深圳女创促进会对女性创业教育和支持的案例分析

一 深圳女创促进会简介

2015年,经深圳市民政局批准,深圳市女性创业促进会(简称"女创会")以深圳市妇联作为指导单位,成为深圳首个扶持女性创业的非营利性社团组织。作为为女性创业者提供支持和帮助的组织,女创会成为联结政府和企业的纽带,旨在为女性搭建学习交流、创业政策、创业孵化、创业投融资等创业综合服务平台,以创业为"源头活水",助力女性圆创业梦想,成为女性除政府、家庭、朋友以外最可靠的支持组织。

女创会宗旨是"搭平台、促发展、树标杆",将"推动百万女性实现创业梦想"作为使命,期望达到"万名会员、千家企业、百名标杆"的愿景,以"创建美好家业、好女子兴三代"为核心价值观。

二 深圳女创促进会组织架构

女创会由有创业意愿女性、创业成功女性以及为女性创业提供帮助的机关、团体、企业、社会各界热心人士组成,所有会员自愿申请并缴纳一定会费后自动入会。

女创会财务独立,拥有自己财产,运营费用主要来源于企事业单位、社会团体、个人赞助及捐赠,政府资助,会费及开展活动收入,利息等渠道。

经营范围包括:1. 宣传女性创业相关政策法规,宣传和表彰创业就业的先进典型。2. 开展女性创业交流活动,为会员搭建与政府、高校、企业、服务机构广泛交流合作的平台。3. 加强同其他地区创业组织的交流,打造女性创业对外交流的窗口和平台。4. 会员咨询服务,开展会员创业培训和创业公益讲座,组织专家为创业者提供辅导,增强创业者的自主创业就业意识和能力。5. 开展与本会业务有关的交流、考察和合作,宣传推广国内外先进的创业经验。6. 维护会员合法权益,反映会员的困难、意见和要求,帮助会员排忧解难。7. 编辑女性创业内部刊物,加强会员交流合作。

三 深圳女创会特点

（一）与政府联系紧密，枢纽作用强

深圳女创会作为深圳妇联的下属单位，其重要职能之一是建立与政府沟通的桥梁。从成立动机来看，女创会的组织成立初衷来自政府政策规划，在社会服务的同时丰富与创新了政府公共服务形式和内容，与政府履行公共服务职能密切相关。从成立资金来源来看，女创会财务资源主要来源于政府财政资金帮扶、商业力量介入、收取会费等渠道，以此来扩大服务范围和受众人群，扩大组织规模，实现组织战略目标；而非财务资源则有赖于政府对社会组织提供的孵化基地培育的支持以及活动、办公场所等有形资源的帮助。会长张惠芬在接受访谈时提道：

> 我们建立女性创业促进会的初衷就是为女性创业者打造第二个家，我们的会员也都把这里当成家，日常吃的、用的都是各个会员拿过来的。另外，政府还给我们快递，比如网红柚子直播的一个办事处，给我们寄过来吃的，我们和各地政府有时候互动也比较多。

从履行社会职能来看，女创会积极承担女性创业者与政府的桥梁作用，一方面为女性创业者宣传、普及、解读政府优惠政策，另一方面将服务工作置于"共同富裕"社会建设大背景下，积极承担社会责任。正如会长所说：

> 女创会它不仅仅是支持女性，给你找个市场、帮你对接投资人、帮你了解政策，这只是一个方面。我们更大的是承担着社会的责任和使命。

不仅如此，女创会将服务女性创业者视作"与党一起创业"。

> 我们服务会员，所以我们倡导在创业的路上要携手前行，结伴同行，互帮互助，彼此成就。我们说创业的路上不再孤单，跟党一起快乐创业，也就是女创会很红很专。我天天讲我们女生既要仰望

星空，又要脚踏实地，仰望星空就要给点大的政策，我们就要听党话跟党走，这就要仰望星空，脚踏实地，我们要接地气，要做一些能够落地的事情。

（二）会员均为拥有成熟创业经验的创业者

女创会的服务对象与其他专门服务拥有创业意愿的女性初创者的社会组织略微不同，其成员与服务对象主要由成熟企业家及个人会员构成。调研发现，女创会会员结构构成丰富，包括各行各业的人才，上到500强企业上市公司的董事长或高管，下到工商个体户，会员企业或是创业者入会须有入会推荐人，提供营业执照复印件，加盖公章，入会程序正规且门槛相对较高。因此，女创会会员大部分由企业家构成，其次是个人会员。

（三）男性会员创办的女性产业

不同于由妇联主管的其他支持女性创业的社会组织，女创会拥有30%的男性企业家。女创会的男会员创办女性产业或为女性提供资助帮助女性创业，例如内衣、美容美发、月子中心的母婴产品等是由男性创办的女性产业。除此以外，部分男性会员会以公益慈善捐助贫困地区女性的方式帮助实现女性权益，推动女创会女性事业发展，以更广泛的形式履行妇联保护女性权益职能。女创会打破"女性"狭隘定义，将创业促进会的宗旨与服务扩大到男性创办的女性产业，是其亮点之一。

> 总之围绕女性创业，那些男性企业家都是为女性创业赋能来助力我们女性创业，所以女企业家是给我们女性创业投资。从商业模式来说，我们是给大家差异化经营的，这是我们的亮点。我们有男企业家，我们有男会员，就像我们的监事长是男企业家，他说我们是绿叶，你们是红花，我们愿意做知识女性背后创业的男人，所以说一个女人成功的背后要有男人的支持。咱们创业也一样，也有更多的这种优秀的男企业家在背后来推动支持助力我们实现创业的梦想。

四 深圳女创会：搭建数字化创业支持平台，推动项目落地与品牌推广

深圳市女性创业促进会是深圳女性创业社会支持中特殊的存在，它对女性创业者的支持举措能够满足她们的各项创业需求。通过对深圳女创会现任会长张惠芬及五名女性会员的深入访谈的案例分析，本书发现深圳女创会对会员的支持活动主要包括搭建数字化服务平台、开展女性创业交流活动、开展创业技能培训活动、举办创业竞赛和项目路演活动以及提供市场资源对接平台。

（一）搭建数字化女性服务平台

数字时代来临，女性创业活动已深受互联网构建的数字技术环境的影响，互联网所提供的高质量、高速度和低成本的资源获取与通信交流优势使得资源有限的个人创业变为可能；数字技术的应用有利于女性创业机会识别和资源获取，使创业知识和技能获得更加便利，提升个人资本的同时加强社会网络资本（吴磊等，2021）。2022年8月，为利用数字时代信息来源多样化和数字技术便捷性提高女性创业服务的效率和质量，女创会成立了深圳市女性创业促进会数字化服务中心。女创会数字化服务中心平台包括SaaS化会务平台和SaaS服务引擎两大部分，实现微信小程序、网站和数字大屏三端同步管理。其主要功能涉及协会简介、入会管理、活动管理、会员名片、协会相册、资讯管理、消息通知、会员商城、供需引擎、行业智库、人脉商圈、协会学堂、智慧党建等多个与会员服务息息相关的版块，是目前行业领先的社会组织数字化平台。该平台通过数字化不断提升女创会运营管理效率，同时亦帮助会员搭建互联互通资源共享网络，实现"数据+网络"双轮驱动，更好赋能会员单位实现更高维度和更优效率的合作共赢，从而促进女创会生态圈共生共荣。

（二）开展女性创业教育交流活动

1. 会员相互交流学习

女性创业者与其他创业者接触从而形成的创业社会网络被认为是一种有价值的社会支持资源（张军晓等，2016）。多项研究证明，有效的创业社会网络和特定创业文化与环境对女性创业至关重要（穆瑞章等，2017；倪云松，2022）。因此，女创会充分发挥会员交流平台功能，于每月9日举行会员活动开放日活动，活动内容形式丰富，包括交流恳谈会、专家讲座、参观学习、报告会、会员联谊等，具体如会员自我介绍，会员企业互相走访调研，共同参观学习纪念馆，加强会员之间的交流，开拓会员人际关系，拓宽会员的经营视野。例如2022年9月，女创会主要举办活动记录如表13-1所示。

表13-1　　深圳女创会2022年9月举办活动情况

日期	活动内容
9月22日	由深圳市女性创业促进会与平安银行私人银行联合主办的深圳湾一号跨行业企业家交流会在南山区平安银行举行，各位企业家在交流中学习相关专业知识，探讨一系列合作发展的思路，交流融通，携手并进，共创共赢。
9月23日	轮值会长林淑芬带队组织走访活动，参观副会长苏箭和展学荣单位深圳会邦科技有限公司及深圳众舒欣健康管理有限公司，南山工委会会长岳岚，理事吴虹亮，会员邓炳阳、乔森、黄捷仪等参与了此次走访。
9月26日	轮值会长林淑芬组织带队走访副会长肖薇单位万众文旅集团有限公司。

会员活动开放日以组织活动形式发挥凝聚作用，引导女性积极参与社会活动，促进会员形成社群间的创业网络联系，拓展会员的社会资本并提高女性企业家的组织化能力。谈到对女创会看法时，受访者A表示："女性会遇到来自家庭和创业的压力，这个时候你是需要有一群能够一起同频共振的，然后一起有这样一些能量的人和你去交流。譬如说，像今天这样的一个交流，会有一些新的小伙伴，我就可以从她们的身上获取一些能量，对不对？然后如果说，是我自己的话，也能够去影响一些其他的人，你在这个群体里面你就会觉得自己会比较乐观，心态就会很好。"

2. 心理健康讲座

除了会员日的走访交流活动，女创会还会为会员提供情感支持。为帮助女性创业者释放创业压力，排解负面情绪，深圳女性创业促进会邀请专业的心理导师为会员举办"女创客心理减压早知道"的女性创业大讲堂。内容主要是针对创业者在创业过程中，因经常会遇到一些困难从而导致心力交瘁、焦虑、情绪波动等心理问题，及生理方面可能出现的睡眠障碍、心慌心悸等生理现象提前做出知识性科普。受访者 C 曾经参加过女创会举办的心理健康讲座，她表示：

> 我经营的是培训机构，深圳培训机构行业竞争力很大，公司的人员流动也很大，我有很多压力，一方面来自工作，一方面来自家庭，有段时间还因为与员工发生矛盾心情很不好。后来我参加了深圳女性创业促进会举办的"女创客心理减压早知道"的女性创业大讲堂讲座，在本次讲座中，蒋镕檀老师的精彩演讲让我学会了许多减压的方式，在现场上我还和讲师互动，说出了我的困惑，老师很热心地为我解答。后来回到工作中，我也能灵活地运用在大讲堂上学到的减压方法，渐渐地，我也能自己处理工作与家庭、我和员工之间的关系了。深圳女性创业促进会组织这样的讲座还是十分符合女性创客们的需求的。

（三）创业技能培训

为创业女性提供创业培训与指导是完善对女性创业服务机制、保障创业女性成功创业的重要环节（贾志科等，2012）。创业女性中，有很大一部分女性因以往就业创业发展不顺利或刚毕业缺乏创业知识与经验，对各级妇联、工商、税务、劳动保障等部门联合形成的创业培训支持体系有迫切需求。女创会作为妇联领导下的非营利性社团组织，为帮助女性提升与创业相关的专业知识与技能，组织专家辅导活动为各类会员提供创业培训和创业公益讲座，为创业女性提供政策法律、科技培训、项目筛选、经营决策等方面的咨询服务，从而增强创业者的自主创业意识和能力。

针对不同行业的创业需求，女创会为创业女性提供知识和技能培训，如女创标杆商学院、女创训练营。女创标杆商学院为会员提供资金与人才资源获取、创业能力提升等方面的课程，内容包括制定企业发展战略、打造企业特色文化、发现商机等，帮助会员解决创业过程中资金、人才、市场资源等发展障碍。女创训练营中，活动以游戏化的训练方式，聚焦会员及企业变现能力的提高，旨在帮助企业解决现金流问题。参加训练营的会员可携带项目在培训现场进行变现方案设计及讲解训练。譬如首次训练营拟创建居家健康微创业项目"家庭疗愈师",为解决会员企业的产品和技术销售有难度的问题,拟将会员企业中的非药物产品或技术服务形成36个疾病解决方案,供家庭疗愈师自选学习,在产品或技术方面提供专业培训和后期指导,进一步提升创业者的经营管理能力。

为女创会会员提供的创业咨询服务不仅包括创业技能培训,还包括收集整理政策文件、归纳各行各业创业成功经验,针对各领域创业经验进行专业分析,最后以会议、宣传资料、新闻媒体报道的形式推介给会员和社会创业女性,帮助女性更及时、便利地获取有利的创业信息资源,有利于创业女性更好地整合外部信息资源,规避创业失败的风险。

(四)开办"女创之星"创新创业大赛、项目路演活动

1. "女创之星"创新创业大赛

创业竞赛是创业者借用风险投资运作模式进行的创业模拟或实践,是对产品(或服务)形成的一份完整、具体、深入的创业计划,主要包括企业概况、核心技术与产品、组织管理、财务分析、风险分析等方面内容,多项研究证明,创业竞赛对创业意愿及创业能力有正向影响(章曼娜等,2022;宫毅敏、林镇国,2019)。为赋能女性企业家,女创会于2022年成功举办了第二届粤港澳大湾区"女创之星"创新创业大赛,最终吸引多达156个优秀女性创新创业项目参与,覆盖时尚文化、数字创意、智慧教育、生命健康、生物医药、智能制造、生态农业等多领域。与第一届"女创之星"大赛相比,第二届大赛创新了评比方式,采用"线下路演"+"线上直播"两种形式,为参赛项目提供线上更广阔的招商平台。除此之外,大赛还邀请来自政府、媒体、各大商协会和湾区企业家、产业园区等的投资人或投资机构对项目进行免费指导,邀请腾讯官方老师围绕从项目路演、商业计划书设计到企业管理运营方案等主题为选手们开展赛前公开课指导,进一步为企业家们赋能。受访者D与大学同学刚毕业就开始创业,她们创业开始没多久就遇到深圳女创促进会举办的"女创之星"创业大赛,谈到创业大赛给她带来了什么,她提道:"我和同伴从大学开始就明确自己未来的创业生涯,曾经在学校我们就一起参加过学校举办的创新创业大赛还有学校创业促进会举办的各种活动,这为我积累了很多的创业经验。毕业后,恰好赶上深圳女创会举办的'女创之星'创业大赛,进入社会后,我们的创业项目的真正落地

和长久发展是最大考验，这次比赛创业专家的指导为我们的困惑指明了方向，给我们带来很大的帮助，在大赛中我也认识了很多优秀的创业女性，通过比赛提供的这样的一个平台，我可以向她们学习。"

2. 项目路演活动

女创会除了为女性创业者举办"女创之星"创新创业大赛，还会为胜出项目举办路演活动。路演活动能够使创业者在创业过程中通过创业项目阐释和身份意图的合法化两个阶段获得认可及资源，具体包括创业者通过介绍创业团队、创业项目市场价值及社会价值来阐释创业项目，并从创业实力、真诚可信、未来展望等方面的阐释合法化其创业身份（谌飞龙、陈松，2022）。女创会为优秀创业者及创业项目搭建平台，聘请创业指导专家为创业者进行专业点评，提升创业者和创业企业项目路演经验和综合竞争力；同时邀请各行业投资人或投资机构，为创业者提供展示其创业身份的渠道，创业者可以通过描述与表达项目市场价值与社会价值使投资者轻松地理解并认可投资项目的价值与可行性，从而获取有利的创业投资与资源。这一过程中，女创会为创业者和投资人搭建了沟通的桥梁，同时提升了创业者和创业企业的综合竞争力。该活动每月举办两次，女创会在公众号发布报名时间后，通过筛选安排三个创业者进行路演，并邀请知名创业导师或天使投资人现场深入讨论、剖析，挖掘项目价值，优化商业模式，规划融资策略，甚至现场拍板投资决定。

在创业竞赛与项目路演活动过程中，各创业项目负责人互相了解与学习彼此优点，在竞争中激发项目发展潜力，通过学习不断优化调整项目的资金、人脉、资源等细节，增加项目落地的可能性与竞争力。参与过创业竞赛与项目路演的受访者 B 提道：

此次项目路演有三家公司来参加，我从这次项目路演活动中受益匪浅，看到不同行业的项目特色，也对我自身的创业有所启发。

"女创之星"与项目路演活动的最终目的是打造女性创业榜样项目，即"女性创业的明星"，为其余创业竞赛项目树立标杆与榜样，同时帮助优胜项目获得更多创业资源，吸引更多的创业项目通过"以赛促创"的形式实现落地。张惠芬会长接受访谈时提道：

我们提出"女创之星"要打造女性创业的明星，人家明星走秀，我们是创业的明星。我说我们的明星出去就是一道亮丽的风景一样，为啥？我们的创业明星出去可以给你代言，你有产品我可以帮你带货直播，对不对？你要商务谈判，我可以协助你谈判去签约，这才是咱的明星，是咱女性创业的明星，所以我们要达到这一个目标。

(五) 提供市场资源对接平台

女创会为会员搭建与政府、高校、企业、社会组织、服务机构广泛交流合作的平台，是女性创业者与市场的资源对接平台。女创会为会员企业对接不同的资源平台，帮助企业与正式客户/供应商建立联系并逐步促成关系正式化，为女性企业家提供共享资源。例如，女创会举办的"女创优品·湾区爆品"新锐品牌选品会是女创会旨在为会员企业塑造品牌企业形象，增加产品曝光机会，拓展产品销售渠道的企业赋能活动。该活动包括系统梳理、专家诊断、现场评估、持续服务、提升迭代等流程，参赛者可以结识新媒体电商行业资深大咖、行业专家和新锐品牌操盘手，接受他们的现场点评和投票，脱颖而出的商品将获得湾区爆品网络带货主播阵容纯佣带货机会，大大拓展商品网络销路。

在谈到女创会对自己的帮助时，受访者 E 表示："因为我自己本身也会要负责项目的拓展，也会要做品牌的推广，而且又是联合创始人肯定是需要这样一些平台和一些机会去展示自己或者展示自己的品牌，所以，像女性促进协会这样的一个平台，我觉得它会给到大家很多这样的机会。而且这就是只要你是会员，你都是可以去做一些推广和宣传的。"

受访者 C 表示："女创会这里确实有很多资源你可以去做链接的。因为我们在创业的时候一定要懂得借力，然后做资源的整合，就是去借助别人的一些优势做自己的一些项目，一些推广也好，产品也好。"

第三节　本章小结

数字时代社会组织支持女性创业具有积极的社会意义。本章探究了两个女性创业教育和支持的社会组织典型案例。它们分别由当地妇联领导建立，是政府履行社会服务职能的延伸，致力于为女性创业者提供信息资讯、培训服务、实践与展示平台、精神支持等物质资源和精神资源帮助，特别是精准化的创业教育，激发女性在数字经济时代的创业潜能，帮助女性通过创业实现个人价值。海蕴创造性地构建了"女性创业五步法"创业女性帮扶体系，包括自我认知、系统学习、模式检验、问题管理与持续经营五个服务模块，为女性创业者从创业认知、创业教育、创业竞赛等方面提供创业支持，提高她们的创业能力。深圳女创会会员以拥有成熟创业经验的创业者为主，其中更包含创办女性产业的男性创业者。深圳女创会对女性创业的支持能够满足其根本的创业需求，如创业经验交流、心理健康减压讲座、创业技能培训、创业大赛、创业项目路演、对接资源平台、品牌推广等等。两个女性创业支持机构作为妇联领导下的社会服务组织，致力于服务女性创业群体，各有特色，值得其他女性创业社会支持机构借鉴学习。

第十四章

数字时代利益相关者支持女性创业的对策

数字技术作为新一代科技革命的主导力量，打破了创新创业活动的既有边界和内容，改变了单一主体的创业过程，形成了数字时代多主体协同共生的创业新组织——数字创业生态系统。数字创业生态系统以数字技术为引擎，以数字创业活动为纽带，不断集聚数字创业企业、数字用户、政府、大学及科研院所等多主体，实现多主体之间的协同共生（朱秀梅、杨姗，2023）。本课题组曾整合创业生态系统的四个要素（企业、政府、大学和研发机构），采用群体视角结合必要条件分析和模糊集定性比较分析，以33个国家为样本，研究发现电子政务效率是高人才竞争力的必要条件，电子政务提供的信息通信基础设施对高人才竞争力的产生具有普遍作用，对女性创业也有重要支撑作用。

数字创业生态系统是一个复杂的动态系统。因此，破除数字时代女性创业障碍不仅需要各利益相关者共同努力，还需要他们共建良好的数字创业生态系统。综上所述，本章从政府、学校、社会、家庭、个人五个维度对女性创业支持提出相应对策，以期推动女性创业事业可持续发展。

第一节 政府对女性创业的支持

一 提高女性创业相关政策数量

随着国家经济体制改革、全球经济环境及社会创业环境的变化，女性创业政策在实行过程中存在明显的阶段性特征。中国女性创业政策发展经历了三个时期，1998—2005 年为女性创业政策的萌芽期，该时期的政策总量较少，仅有 4 条，整体发展态势平稳，女性创业政策初步显现；2006—2013 年为女性创业政策的探索期，该时期的政策总量相对上升，有 17 条，整体发展态势呈小幅波动，女性创业政策开始在各个领域慢慢探索；2014—2021 年为女性创业政策的发展期，该时期的政策总量大幅增加，有 31 条，整体发展态势呈大幅波动，女性创业政策进一步发展。从政策发布时间的时序分析中，我们发现中国女性创业政策发布稳定性较差，因此政府相关部门应提高女性创业政策的发布稳定性。此外，政策发布数量的降低可能会导致已有政策内容过时，使现有政策无法适应快速变化的新环境，因此在今后，国家应该积极出台女性创业相关政策，提高政策发布力度，保证女性创业政策的时代性。

二 政府机构形成协作型合作关系

黄萃（2015）将合作关系划分为协作型、配合型、跟随型和抵触型四类。全国妇女联合会、教育部、人力资源和社会保障部形成了清晰的"铁三角"，这直观地说明了三个职能分工各不相同的部门在合作时形成了强烈的协作关系。工业和信息化部、国家发展和改革委员会、民政部等各个职能部门为实现国家总目标而积极配合核心部门完成任务，推动女性创业问题的积极解决，从而形成了配合型合作关系。协作型合作关系是提高国家治理能力现代化的必由之路，全国妇女联合会、教育部、国务院、人力资源和社会保障部、农业农村部、民政部及商务部等各职能部门之间通过建立协作型合作关系，联合颁布女性创业政策，既能实现各自部门责任和利益的协调统一，又能提高政府各部门之间的合作效率和质量。因此，女性创业政策的颁布机构须结合自身的特点与优势与其他职能部门之间建立协同合作关系，推动女性创业政策的颁布，提高女性创业政策的颁布效果。

三 丰富女性创业政策，出台女性创业专项政策

通过对政策关键词的共现网络进行分析，发现人才培养和策略性措施位于网络中心位置且在网络中充当核心枢纽，说明这两个关键词在政策中很重要且对其他关键词有很强的控制能力。可见，当前政府政策内容集中于人才培养和策略性措施，即当前政策主要体现在"教育""引导"和"落实"上，而在"规划""评价""保障"等方面的作用相对较少，应当丰富女性创业的其他政策内容，完善女性创业的具体实施细则。

从共现网络中心势来看，政策关键词共现网络呈现一定的集中趋势和差异性，有枢纽地位的关键词存在，但是整体呈现松散的状态。可见，当前政府缺乏女性创业的专项政策，这就导致了相关机构责任不明确、任务目标不具体等问题。因此，政府有关部门应当出台以女性创业为主的专项政策，提高政策内容质量。女性创业政策要与女性创业者的主观需求相结合，政府应与女性创业群体形成长效的沟通反馈机制，推动女性创业帮扶政策出台，保障政策内容的实用性和有效性。

四　均衡使用各类政策工具

女性创业政策中环境型工具使用频次最高，供给型政策工具次之，需求型政策工具最少。因此，政府要综合平衡三类政策工具的结构比例，保持政策工具的动态性。综合平衡指的是政策工具整体结构的平衡。政府在制定政策时应该尽量做到：第一，既要调整需求型、环境型和供给型政策工具的运用比例，又要调整各政策工具内部子政策工具的运用比例；第二，既要继续保持现有环境型政策工具和供给型政策工具的优势，又要逐步提高需求型政策工具的使用程度；第三，既要继续保持人才培养和策略性措施的优势，又要逐步提高公共服务、金融税收、目标规划、示范工程等子政策工具的使用程度，从而发挥政策工具对女性创业事业的积极推动作用。保持政策工具的使用动态性指的是政府在使用政策工具时应继续顺势而为、适时变化，以满足不同政策发展阶段对政策工具的实际需求。

五　设立女性创业扶持项目

第一，政府可以提供专门针对女性创业者的培训和指导项目，帮助她们提升创业技能和知识。这些培训可以包括商业计划编制、市场营销、财务管理等方面的内容，帮助女性创业者更好地规划和管理自己的创业项目。第二，政府可以设立专门的创业支持机构和平台，为女性创业者提供咨询、孵化、融资和网络资源等支持。这些机构可以提供创业导师和专业顾问的指导，帮助女性创业者解决创业过程中的问题和挑战。第三，政府可以设立创业基金或投资机构，专门为女性创业者提供资金支持和投资机会。这可以包括风险投资、创业贷款和担保等形式，帮助女性创业者获得启动资金和扩大经营的资金支持。第四，政府可以创建在线平台或实体社群，让女性创业者可以相互交流、分享经验和资源，互相支持和鼓励。这样的平台可以促进合作、合作伙伴关系和商业机会的发现。第五，政府可以鼓励女性创业者参与科技创新领域，通过提供科技创新奖励、研发补贴和知识产权保护等措施，推动女性在科技创新中发挥更大的作用。

第二节　学校对女性创业的支持

一　大力改革创新创业教育

创新创业教育体系目前最紧迫的任务是解决创业课程和师资问题。根据目前的创新创业教育实施情况，创新创业课程存在明显普及率缺陷，有必要改变以往浅尝辄止的做法，将创业课程纳入高校核心教育体系当中，提高女大学生接触创业教育的概率，才能保证女大学生对于创业有较全面的认知。第一，在设计和安排创业课程之前，我们需明确创业教育课程建设的原则，重视创业实践性作用。剔除低效和冗余的课程内容，构建层阶式创新创业课程体系，可按照三阶段难度提升的课程安排，完善课程的内容设计。第二，善用情景式创业教学，充分结合理论课堂和实践活动。发挥"第二课堂"的作用，安排丰富的课外活动，倡导多元化创业实践，建立开放灵活、有针对性的创业实践体系。进行创业竞赛赛制改革，竞赛种类多样化，科学完善参赛创业项目分类规则，提供分级式创业竞赛训练，聘请校外创业导师参与比赛过程并进行指导，对项目的商业价值进行严格的评定，跟踪参赛项目的落地情况，杜绝功利性参赛现象。第三，重视专创融合，将专业教育和创业教育有机结合，提高教育成效。平衡专业学习和创业学习，为女大学生制定高度灵活的学习规则，开发根据创业成果认定成绩的学分认定制度，研究弹性专业制度的可能性，为学生提供专项创业经费。第四，完善创新创业教师人才队伍。鉴于中国教师从传统型转向创业型多年未见成效（付八军、龚放，2019），应充分运用数字技术搭建人才交流平台，拓宽创业教师来源渠道，引进外界商业人士聘为创业导师，及时开发并出台创业教师国家标准，对于创业教师能力技术加以培训，以确保创业教师质量。针对校外创业导师可能存在的教学时间不充分的问题，应建立完善及时有效的沟通机制和妥善周全的时间安排，根据具体情况机动地设定多位导师轮班制度。

二 数字技术赋能官产学联动

数字时代创业必须重视创新要素。近年来，得益于互联网技术和自媒体的蓬勃发展，各个高校为维护自身形象的先进性和创新性，开始重视自身宣传工作和互联网技术的提升。但还有许多高校仅仅是空喊口号，自身的创新发展却没有跟上，配套设施陈旧，忽视互联网技术人才的作用，更不用提其中部分高校甚至还在使用许多年前的老旧校园网络系统，阻碍了高校创新创业教育发展的同时，大大降低了日常工作效率。当前，创业教育实践虽然也有与科技前沿相结合的内容，但信息技术未能充分融入整个创新创业教育过程。一方面，缺乏对创业信息的系统性整合（董云威，2020），即缺乏高质量、强即时性的信息资源服务平台；另一方面，校园配套设施落后和不完善，校内外创业园搭建未普及或利用率低，高校图书馆创业服务能力未开发完善（刘巧英，2020）。

根据亨利·埃茨科瓦茨的三螺旋理论，创新活动需三方协同推进。创业活动离不开创新，创新创业教育应按照政府主导、高校主推、社会助力（曾令斌，2017）的三方联动方式推进。政府主导创业教育建设大方向，根据新公共服务理论带来的启示，在创业教育发展中，政府应做好兜底服务工作，及时响应大学生创业者的合理需求，坚持开放包容创新理念，完善创业政策和相关法律，关爱女大学生成长，关注各方群体的利益，构建平等和谐的创业氛围，在维护女大学生创业环境的同时，更要激发女大学生的自立自强精神，鼓励女大学生积极承担社会责任。此外，政府应带头发扬数字技术，利用数字平台做好宣传工作，将数字技术运用于发展创业的方方面面。高校作为提供创业教育的主体，不仅要负责把关课堂教学质量，也需要把握女大学生创业实训全过程的需求情况，加大经费投入完善基础设备，做好数字化建设。应主动为女大学生提供多样化的创业实践途径，借鉴国外产学研一体化的教育模式（张燕妮，2020），普遍化设立创业园孵化器以推动创业（Lemaire et al.，2023）。根据合理的政策制度提供一定的创业启动资金支持，如创业奖学金、无息贷款等，要为女大学生提供当前大学生创业政策的解读和指引，便于她们了解获得政策帮扶的途径。不同地区的高校应当因地制宜，制定有本校特色的政策，避免机械模仿，实现高校校长适度流动，构建校际协同育人机制（康晓玲等，2021）。整合多方社会创业资源，利用互联网大数据技术建立完善的创业信息资源服务平台，便于女大学生获取创业信息，提高创业效率；建立广阔多元的校企交流平台，积极将女大学生优秀创业项目推送给投资者，以促成创业成果商业化，提升创业教育绩效，促进产教融合。通过建立"政府—高校—企业"的多方协同机制，全面推动女大学生创业教育发展。

三 关注差异群体创业教育需求

创业教育虽为通识教育，但也要注意在一定程度上因材施策。不同高校的情况有所差异，得益于优秀的学生素质和丰富的资源，"双一流"高校的创新创业教育建设是各类高校中最好的；而普通本科院校由于还未完全从传统的办学理念转变为创新创业教育理念，创新创业教育建设各项指标均处于落后水平；独立学院继承了母校的传统模式，与普通本科院校的创新创业教育建设情况相近；高职高专院校有自身优势，课程师资情况领跑，但也存在政策宣传和课程教师队伍不完善等情况；民办高校创新创业教育存在重理论轻实践、发展不平衡不充分的情况。建议各类高校根据自身情况，制定科学合理的创新创业教育策略。"双一流"高校应着重加强创业课程研究设计和教师队伍建设，普通本科院校和独立学院应加快办学理念向创新创业教育的转变才能真正建设好创业教育，高职高专院校应重视政策宣传落实工作和课程师资建设，民办院校应将创业实践建设作为重点完善对象，早日实现理论实践的双腾飞。各类高校可适当加强校际交流，创新创业教育建设领先的高校多向其他高校分享成功经验，互相借鉴，共同进步。

数字时代的创新发展要求迫使新思想不断涌现和碰撞，而文理分科和学科细分带来了诸多弊病（江涛涛、王文华，2021），因而注定了学科交叉融合是大势所趋，这是一种顺应时代潮流的变化。由于创业教育通常由学校的商学院、管理学院和工程学院组织开展，其他专业的学生可能会缺乏部分课程，但本书显示人文社科专业和自然科学专业的女大学生的创业教育满意度并没有显著差别，这反映出不同专业的创业教育可能各自存在一定问题，都有提升改进的空间。另外，也要警惕女大学生是否因自身特质或社会环境的原因，影响到了创业教育的效果。因此，在专创融合和学科交叉的背景下，创新创业教育体系的建设应当根据各学科的不同情况，做出有针对性的改进措施，也应给予女大学生强有力的心理支持，激发女大学生创业活力，鼓励女性独立。

独生子女由于风险厌恶和家庭资源独占等原因，其创业倾向通常低于非独生子女。而独生子女的创业动机多受环境因素的影响，例如创业教育、媒体、周边网络等，非独生子女更多的是受到经济需求的影响（陆丹、戴岳，2012）。因此，如果想要促进独生女大学生的创业意向，创业教育的作用非常重要，应发挥创业教育培养创新创业精神的作用，激发独生女学生的创业意愿。同时，基于当前的开放"三孩"政策，非独生子女的创业教育也应更加重视，提高她们对创业的认知，提供政策帮扶，减轻她们的家庭负担，解放压力才能放手创业。

少数民族大学生是民族地区创业的新生力军。少数民族群体多生活于偏远地区，受教育程度较低，经济条件和创业资源受限，且存在一定认知束缚。这类群体通常需要得到外界支持才能更好地进行创业，外部企业帮扶和数字技术是推动她们实现包容性创新的主要方式（郭咏琳、周延凤，2021）。这也再次强调了"互联网+思维"和数字技术的重要性。少数民族女大学生的创业教育应合理运用她们特有的民族自豪感，充分利用互联网技术，多接触高新科技领域，外部扶持结合内生驱动，鼓励其发挥民族地区的特殊文化资源优势（蒋卫华，2021），促进其返乡创业，同时也要关注她们的心理健康教育（沈茹，2015），提升她们的自信心和创业精神。

数字乡村建设是中国乡村振兴战略的重要发展方向，中国发达的网络购物令当前乡村的数字经济发展迅速，城乡数字鸿沟正在渐渐缩小。农村大学生返乡创业是带动农村经济发展的重要途径，但农村创业教育还存在一定问题，如创业教育主体功能失衡，农村年轻人才外流等。由于农村创业与城市创业的主要产业有较大差别，农村创业通常都是与农产品、旅游相关的产业，但大部分高校地处城镇，对农村情况不了解，而且目前的创业教育少有针对农业创业的具体教学内容，因此农村女大学生的创业教育满意度不及城镇女大学生，这也反映出了创新创业教育体系的不完善。对此，应通过农业农村局、教育局、科技局等多部门协同提供有针对性的农村创业教育（张宁，2021），加强农村女大学生思政教育，引发她们对于创新创业本质的认同（于美亚，2021），培养有文化素养、有创业能力、有乡土情怀、有生态理念、有创新思维的"新农人"（刘岩，2021）；强化政策靶向性，促进农村创业和精准扶贫协同发展，借助精准扶贫的各类帮扶政策，例如其中的资金补贴等政策，鼓励农村大学生返乡创业（张鹤，2021）；借助互联网技术强化农民和农村大学生的创业素养，推进数字乡村建设。

总的来看，应对差异群体的创业教育，心理健康和政治思想教育是非常值得重视的一环，观念的改变是创业的开始。合理运用"互联网+技术"，结合创业政策的扶持，打造由内而外的创业自信是促进女大学生创业的重要手段。

四 关爱女性群体权益

适龄女性求职成功率通常低于男性，而更多的职场女性由于生育、产假等原因，被迫放弃晋升机会，放弃职业发展的机遇，休假期间被工作单位辞退，甚至因此或暂时或永久地退出劳动力市场，这无疑是非常遗憾的。在"三孩"背景下，女性不仅要分担家庭经济压力、料理家务事，还要肩负起生育的重担，这对于女性身心来说都是一种挑战，这样一来创业就更遥不可及了。因此，一系列生育激励政策与促进女性创业是息息相关的，要避免一些看似美好实则会导致女性就业创业不平等现象加重的福利政策，制定适合中国国情的生育激励政策和创业扶持政策，为女性提供高质量的育儿保健服务，重视托儿机构的建设，解决女性后顾之忧（张琪、张琳，2017）。而在创业教育层面，我们需要做的就是鼓励与引导。相较于男大学生，女大学生对创业的兴趣并不低，她们也抱有很大的创业激情（董美娟、林慧，2015），但由于自我认同、社会期望、不平等待遇等各种原因，最终导致创业倾向低于男性。女性更容易受创业角色模型影响而改变自我效能（刘志，2015），因此创业教育要在教学内容里明确创业是无性别的职业，在创业教育中融入创业榜样的作用，邀请成功女企业家开展讲座，平衡男女创业导师的数量，展现女性创业力量，提升女大学生创业自信，强化女大学生创业弹性，建立在不利环境下依然坚持创业的信念。同时，我们要关注女大学生的"生育权"和"发展权"，通过完善创业政策与生育政策，让女大学生更少面临家庭和职业二者之间的取舍抉择，让创业不再是可望而不可即的选择，让女大学生相信女性也能创造自己的一番事业，男女生而平等。另外，在创业教育、思政教育和心理健康教育中，不仅要正面鼓励女大学生创业，也要正确引导男大学生的价值观，让男大学生了解女性会遇见的问题和障碍，设身处地理解女性群体的困难，倡导男女平等，日后无论在职场还是在家庭，都应与女性携手合作，互相尊重。

第三节　社会对女性创业的支持

创业具有社会嵌入性，它不仅取决于个体因素，在很大程度上也取决于社会环境（Starr & MacMillan，1990）。本书发现，女性在创业过程中会面临难以兼顾事业与家庭、融资困难等障碍。社会支持是影响创业韧性的重要情境因素，指的是社会关系网络（家人、朋友、同事等）给予个人财物和情感等方面支持的行为（Barrera，1986）。社会支持理论认为，个体拥有的社会支持网络越强大、得到的社会支持越多，可获取外部更多的有形资源等功能性支持和无形关怀等情感性支持（李慧慧等，2022），这就意味着越能够利用资源禀赋优势应对各种来自环境的挑战（刘蕾等，2020）。因此，作为一项重要的社会环境因素，社会支持对创业者尤其是女性创业者的重要作用逐渐得到重视（张秀娥、李梦莹，2020；Rosa et al.，1996）。因此，社会层面对女性创业的支持如下：

一　创新服务方式

从事女性创业咨询服务的社会组织应创新服务方式，以项目化的方式为女性创业者开展"一站式"的创业服务。首先，社会组织要为女性创业者整合资源。社会组织可以为创业女性整合创业资源和便利条件，将创业扶持政策、社会公益资金、学术与企业孵化机构、非营利组织、家庭支持和女性自身优势等资源加以整合按需提供给女性创业者，开展对女性的创业帮扶。其次，社会组织应帮助女性创业者简化创业程序、协助其招商引资，利用数字化手段为女性创业者提供实质性支持和帮助。最后，社会组织需要提前掌握区域创业行情和竞争情况、女性创业需求和所遇障碍，帮助女性在创业途中规避风险。

二 提供咨询与培训

培训是女性创业的关键一环，只有具备创业所需技能，掌握创业知识并熟练互联网技术，才能为有创业需求的女性提供女性赋能的系列培训，包括通畅的信息资源整合平台及专业的创业知识、技能培训。一方面，数字时代来临，互联网发展能显著提高女性创业概率，促进女性开展机会型创业（马继迁等，2020）。互联网拓宽信息获得渠道，衍生新的创业形式。因此，社会组织要利用互联网技术开展新型教育培训，推出网络技术培训与新型互联网创业形式的电子商务、网络应用、市场营销、运营等创业课程，从而增强女性数字素养和意识，既能意识到数字技术带来的便利，也能对随数字时代而来的风险有所防范，拓展女性创业者的思维与想象空间，把握数字时代创业新机遇。

另一方面，要为女性创业者提供专业性、系统性、针对性的创业知识和技能培训。例如，上海海蕴针对不同类型女性提供针对性的赋能系统培训，包括针对社区待业女性（全职妈妈）的"妈妈佳游计划"、针对非沪籍创业女性的"紫玉兰"女性企业成长计划、针对所有创业女性的"@她创业计划"。依据女性创业的特色方向和需求状况提供培训服务，对女性创业者进行包括创业相关技术和专业知识、经营管理、文化知识、法律法规等内容在内的赋能培训，教导女性识别创业风险，提高女性知识储备与创业能力。

三 举办竞赛

社会组织可以通过举办创业大赛为女性创业者提供展示、锻炼自我的实践平台，促进创业者将掌握的创业知识与实际操作相结合，通过撰写项目策划书拓展和梳理思路，对创业全过程作总体清晰把握，通过接受领域专家指导增强创业自信心与创业能力。创业大赛除征集参赛项目以外，也可通过与广大单位、政府、社会机构的合作拓宽资源与创业项目落地可行性。除此之外，大赛举办方通过促进诸多参赛项目女性负责人之间的相互交流，拓展双方社会网络与资源，便于女性创业社群共同克服创业障碍。

四 建立女性创业社群

由私营企业协会、工商联、妇联等形成的社团关系网络是人的社会资本的重要组成部分之一（罗青兰等，2012）。创业组织在培训妇女组织的同时，积极助力妇女投身创新创业的社会实践，帮助并鼓励更多女性实现创业梦想，提高女性创业幸福感与自我效能感。与此同时，组织也可以邀请创业成功女性分享经验，通过与有创业意向的女性及初创者交流，可以让创业者了解创业过程及障碍，吸取创业经验。此外，社会机构可以通过微信公众号、App等互联网手段发布推文、创业资讯、创业相关知识，突破时空限制，使更广范围的创业意向女性受益。

五 营造良好创业氛围

创业氛围是区域范围内的创业文化环境，即人们形成的关于创业的价值判断、主观规范和态度，代表着该区域人们关于创业的价值判断、社会规范，社会公众对于创业活动和创业者的态度和评价，会影响潜在创业者的风险规避程度，进而影响他们的创业倾向（蒋剑勇、郭红东，2012）。鉴于女性创业的主要障碍之一是社会中根深蒂固的性别观念，包括对女性能力的质疑、对家庭分工的偏见，认为女性难以兼顾家庭事业，因此为女性创业创造公平公正的创业环境和氛围刻不容缓。社会各界应切实改善创业者所处环境的创业范围，营造宽松平等的性别角色环境，减少对女性传统性别角色的过度渲染，以激发女性创业活力。例如，积极弘扬创业精神，宣传女性创业榜样与典型，引导社区内积极看待创业行为，并且鼓励创业意向者在家人、朋友、同事等社会网络关系及肯定、包容的社会氛围中开展创业活动。

第四节 家庭对女性创业的支持

一 理解和沟通

"创业—家庭冲突"是工作—家庭冲突在创业领域的表现，指个体无法在创业领域和家庭领域的角色扮演中进行有效协调而产生的角色间冲突（Jennings & McDougald，2007）。"创业—家庭冲突"这一概念源自对"工作—家庭冲突"研究的延伸，最初由 Netemeyer 等研究者在 1996 年将"工作—家庭冲突"细分为两个主要方面："工作对家庭的干扰"和"家庭对工作的干扰"（Netemeyer et al.，1996）。"创业干扰家庭"指的是由于创业相关的活动，家庭事务可能受到干扰，这可能导致创业者无法参与家庭活动或履行其家庭责任。"家庭干扰创业"即与家庭有关的活动对创业产生影响，导致因家庭事务无法开展创业活动，耽误事业进度。这两个维度诠释了创业者在创业和家庭间二者角色的冲突。对于女性创业者来说，她们作为女性的独特身份和母性本能，意味着她们在创业过程中可能会遇到"创业—家庭冲突"这一主要障碍。因此，家庭成员对女性创业者的理解和与之进行沟通是非常重要的。家庭成员可以提供情感上的支持，给予女性创业者鼓励、安慰和理解。他们可以成为女性创业者的倾诉对象，帮助她们排解压力和困惑，并给予积极的反馈和建议。家庭成员也要与女性创业者进行坦诚的沟通，共同制定适合家庭的创业计划，达到双赢的目标。

二 分担家务和照顾责任

女性的母性和社会"双重角色"使女性创业者须承担"双重责任"，导致创业与家庭的冲突，二者难以平衡。受"男主外，女主内"的传统观念影响，现有社会规范对女性的刻板印象让女性背负了太多角色压力（Kawai et al.，2023）。整个父权制体系以各种间接形式对"工作母亲"全方面施压。在职场环境中，性别、婚姻状况和生育状况往往成为隐性的招聘标准，导致女性面临所谓的"性别税"，而母亲则承受"母职税"。这些因素可能引发就业歧视、职业中断、薪酬差距以及所谓的"玻璃天花板"现象等，这些统称为"母职惩罚"（杨菊华，2019）。家庭中，家庭内部不平等的性别分工逻辑加深了职场母亲身心压力，在双重角色过载的来回切换中，导致"家庭—工作冲突"不断增加，在创业领域中的女性感触更加深刻。在满足传统"女主内"性别角色期望的同时，仍需扮演现代社会的女性工作角色，承受来自工作与家庭的双重角色压力，从而产生高于男性的"工作—家庭冲突"（刘三明等，2013）。"工作—家庭冲突"进一步影响到女性对工作的态度与工作绩效，同时对女性身心健康程度造成显著影响（邓子鹃、林仲华，2012）。因此，家庭成员可以帮助女性创业者分担家务和照顾责任，以减轻她们在家庭事务上的负担。这样，女性创业者可以有更多的时间和精力专注于创业工作，提高工作效率。

三 灵活的时间安排

事业和家庭的平衡是长时间的过程，女性有很多的社会角色，包括女儿、员工、妻子、母亲等等。在不同阶段，会有一个角色是动态的、相对重要的，由此可能会带来不同的角色冲突，但也应该相信解决的方案总比问题多。设定每一阶段的人生目标，调整心态，不要惧怕结果，体验的过程就是生活的乐趣。研究表明，优秀的领导者和优秀的家长在很多特质上都存有共性。职场给人带来的是专业知识和技能的提升，但是家庭，尤其孕育和抚养孩子对于女性而言，是一种挑战，也是宝贵的财富，如果女性可以明白一个不会说话的孩童的需求、可以管理家庭的大小琐事并且做得井井有条，那么当女性回归职场，其领导力也是不言而喻的。因此，回归家庭也是一种成长，养育孩子本身也是领导力提升的过程。虽然在家庭中女性也可以得到成长，但不建议女性完全回归家庭。因为这不仅是事业的损失，更妨碍了女性通过职场发展为孩子树立"榜样的力量"，身教胜于言传。家庭并没有多深奥，工作认真、待人和气、对孩子平常心，家庭便已经成功了一半。故而，职场与家庭不是绝对的天平两端，从女性自我认知、自我选择的角度而言，如果女性可以保持自我，那么即便在平衡过程中，天平不论倾向于家庭或者事业，同样都可以获得成长，活出自我，在事业与家庭中获得双赢。因此，家庭成员需要理解并支持女性创业者的工作安排，包括在必要时调整家庭日程，为女性创业者提供自由支配的时间，以满足她们的创业需求。

第五节 个人对女性创业的支持

一 增强女性自身心理资本

随着社会进步和性别平等意识的提高,越来越多的女性选择创业,并展现出了很大的潜力和创造力。然而,女性在创业过程中可能面临一些心理上的挑战和障碍,如缺乏创业自信心、面临性别刻板印象等。创业既是一项具有挑战性的任务,也是一场长期的心理马拉松,提升心理资本对于女性创业的成功至关重要。心理资本是指个人在成长和发展过程中形成的自我效能感(Luthans et al., 2006),它是一种积极的心理状态,其核心特征包括希望、自信、坚韧和乐观(Avey et al., 2010)。心理资本可以帮助女性创业者培养坚韧和适应能力,使她们能够在竞争激烈的创业环境中持续发展和成长。心理资本被认为是一种企业家经营企业和确保企业成功所需要的个体资源(Luthans & Youssef, 2004)。Envick(2005)声称,一些负责管理企业的人必须展示高水平的心理资本,以确保其创业成功。根据资源保护理论,个体会努力获取、保留、保护和培育他们所珍视的资源,并有避免资源损失的倾向(Lee & Ok, 2014)。心理资本是一种积极的心理资源,人们有动机去维护和保护它(Luthans et al., 2006),这有助于提高创业绩效。因此,女性在创业过程中增强自身心理资本是至关重要的。

第一,建立目标和追求激情。制定明确的目标和愿景,为自己的创业之旅注入激情和动力。明确自己的使命和价值观,对创业项目充满热情,并始终保持对成功的追求。坚定的目标和激情可以帮助女性克服困难,持续前进。第二,建立自信心。自信是成功的基石。女性应该相信自己的能力和价值,并对自己的决策和行动持有积极的信念。要认识到自己的优点和潜力,并将注意力放在自己的成就和成功上,而不是过分关注自己的不足之处。通过不断学习、培训和实践,不断提升自己的专业知识和技能,增强自信心。第三,培养坚韧和耐力。在创业过程中常常会遇到挫折和困难,女性应该培养坚韧的品质,具备面对挑战的勇气和决心。要持之以恒,不轻易放弃,面对困难时要坚持不懈地努力。通过培养坚韧和耐力,女性可以攻克难关,实现自己的目标。同时,女性应该学会有效地应对压力，保持情绪的稳定和冷静，不被困难和挫折击垮。例如，可以通过运动、冥想、与他人交流等方式来缓解压力，保持身心健康。第四，培养乐观积极的心态。积极的心态是成功创业的关键。女性应该学会积极面对挑战和困难，相信自己能够克服困难并取得成功。要意识到失败是成功的一部分，将其视为学习和成长的机会，不断调整和改进自己的方法和策略，并从中汲取经验教训。

二 提高自身创新性

创新性是一个人的内在特征或特质（Bhagat et al., 2019），指一个人接受变革和尝试新的信息技术的意愿（Agarwal & Prasad, 1998）。拥有创新性的创业者有创造新产品、新服务或新流程的倾向，会积极寻求满足客户需求及解决问题的新方案（Markman et al., 2016），刺激新机会的产生（Jelonek, 2015）。Boden（1999）研究指出个体具备创新意识，其发现商业机会的概率更高。创新性可以促进改变社会和经济结构的活动发展（Piñeiro-Chousa et al., 2020）。一方面，创业者的创新性能够使企业不断推出新产品和新服务，使企业迅速进入新市场（Covin & Wales, 2019）。另一方面，创业者的创新性能够促进企业对新技术的研发（Linton, 2019），这有助于企业成长和创造具有更高利润潜力的产品或服务（Rauch et al., 2009），并获得更大的市场份额，从而提升创业绩效（Parida et al., 2017）。因此，提高女性创业者的创新性对创业活动具有重要意义。

第一，持续学习和反思，培养自己的创新思维。创新是一个不断学习和不断反思的过程。女性创业者应该保持学习的态度，不断学习新知识、了解新技术和行业趋势，寻找新的解决方案。同时，要不断反思自己的创新过程和结果，总结经验教训，不断改进和优化自己的创新方法，并勇于尝试新方法。第二，积极应用数字时代的新技术。科技的发展为创新提供了更多的机会。女性创业者可以积极关注新兴技术的发展，并将其应用于自己的创业项目中。例如，大数据、云计算、物联网、人工智能、区块链等技术可以为创业者提供更多的竞争优势和创新空间。第三，提升自身的创业能力。不断提升自身的技能和知识，包括数字能力、机会识别与开发、创业学习、领导力、管理能力、市场营销、财务管理等。通过参加培训课程、学习相关书籍和文章，不断完善自己的能力和知识体系，为创新提供更多的支持和保障。第四，建立异质性高的创业团队。创新通常是一个团队的努力。女性创业者应该建立强大的团队，吸纳不同背景和专业知识的人才，促进团队成员之间的合作与创意碰撞。通过团队合作，女性创业者可以拓宽自身知识面并学习到不同领域的知识，从而激发更多的创新思维和想法。

三　主动构建社会关系网络

社会关系网络是指以个人为核心而展开的社会关系的总称，突出个体与个体关系的直接性（祝平燕，2010）。良好的社会关系网络对于数字时代女性创业的成功至关重要。尤其在中国社会里，一个人拥有的社会关系越多、越和谐，其社会行为就越成功。谋求建立社会关系网络被人们当作获取社会资本的捷径。布迪厄认为，社会资本是实际的或潜在的资源集合体，这些资源与对某种持久性关系网络的占有密不可分，这一关系网络是大家熟悉的、得到公认的，集体中的每一个成员都拥有这些资源（Bourdieu，1997）。他还强调，某一主体拥有的社会资本量取决于他能有效动员的关系网络的规模，群体成员关系、社会网络和社会关系有利于提高不同领域中行动者的地位。因此，女性创业者应该主动构建社会关系网络，与他人建立联系，拓展人脉和资源，积累创业的社会资本。

第一，积极利用社交媒体平台（如微博、抖音、Twitter、Facebook等）以及专业的在线社区和论坛来建立并扩展社会关系网络。通过发布有价值的内容、参与讨论和与其他专业人士互动，可以帮助女性创业者增加曝光度并吸引潜在合作伙伴或投资者的注意。第二，加入相关的专业组织或社区活动。参与行业研讨会、峰会、展览和社交活动，与其他创业者和专业人士建立联系，分享经验和资源，可以扩大女性的社会关系网络。通过建立良好的人际关系，女性可以获得更多的支持和帮助，同时也有机会与优秀的人才合作，提升自身的竞争力。第三，积极与他人建立合作关系。建立积极合作的工作关系是扩展社会关系网络的重要方式。与同事、合作伙伴和供应商建立良好的合作关系，共同解决问题、分享资源和互相支持，能够帮助女性创业者在业界树立良好的声誉,并得到更多的机会。第四,寻找创业导师或角色模型。女性创业者可以寻找成功的女企业家或行业专家作为创业导师或角色模型,她们可以提供指导和支持,分享经验和建议,帮助女性创业者扩展社会关系网络。

参考文献

中文著作

陈庆云主编:《公共政策分析》(第二版),北京大学出版社2011年版,第81页。

陈晓萍、徐淑英、樊景立主编:《组织与管理研究的实证方法》(第2版),北京大学出版社2012年版,第279—280页。

陈振明主编:《政策科学》(第二版),中国人民大学出版社2003年版,第170页。

范柏乃、蓝志勇编著:《公共管理研究方法》(第三版),科学出版社2018年版,第33—38、193、292—293页。

黄萃:《政策文献量化研究》,科学出版社2016年版,第13页。

刘军编著:《整体网分析讲义:UCINET软件实用指南》(第二版),格致出版社、上海人民出版社2014年版,第127—128页。

陶学荣、崔运武主编:《公共政策分析》,华中科技大学出版社2008年版,第224页。

吴明隆:《结构方程模型——AMOS的操作与应用》(第2版),重庆大学出版社2010年版,第212页。

吴明隆:《问卷统计分析实务——SPSS操作与应用》,重庆大学出版社2010年版,第195页。

中国信息通信研究院:《中国数字经济发展白皮书》(2020年版),第5—6页。

中文译著

[澳]欧文·E.休斯:《公共管理导论》(第四版),张成福等译,中国

人民大学出版社2015年版，第19页。

电子文献

《国家发展改革委等部门关于深入实施创业带动就业示范行动，力促高校毕业生创业就业的通知》，中国政府网，https://www.ndrc.gov.cn/xxgk/zcfb/tz/202202/t20220211_13 15434_ext.html。

《全国妇联等三部门发布通知，要求做好女性高校毕业生就业创业工作，中国政府网，https://app.www.gov.cn/govdata/gov/202109/06/475586/article.html。

学位论文

黄扬杰：《大学学科组织的学术创业力研究》，博士学位论文，浙江大学，2014年。

中文期刊论文

白彬、张再生：《基于政策工具视角的以创业拉动就业政策分析——基于政策文本的内容分析和定量分析》，《科学学与科学技术管理》2016年第12期。

蔡莉、王玲、杨亚倩：《创业生态系统视角下女性创业研究回顾与展望》，《外国经济与管理》2019年第4期。

蔡莉等：《创业研究回顾与资源视角下的研究框架构建——基于扎根思想的编码与提炼》，《管理世界》2011年第12期。

曹艳艳：《新常态下高职创新创业教育的困囿、成因及发展路径》，《教育与职业》2018年第11期。

曹宗平：《多重风险维度下农民工返乡创业问题研究》，《贵州社会科学》2018年第11期。

常进锋、陈呆然：《21世纪以来中国健康扶贫研究脉络与展望——基于CiteSpace的可视化分析》，《西南民族大学学报》（人文社会科学版）2022年第3期。

陈寒松等：《创业失败何以东山再起？——观察学习视角的农业创业多案例研究》，《管理评论》2020年第5期。

陈怀宇、张子源:《乡村振兴"她力量":基于日本女性职业农民培育政策的批判性借鉴》,《中国职业技术教育》2021年第9期。

陈明、张姝骁:《女性创业者的创业动机对创业承诺的影响研究》,《当代财经》2016年第12期。

陈悦等:《CiteSpace知识图谱的方法论功能》,《科学学研究》2015年第2期。

陈昀、贺远琼:《创业认知研究现状探析与未来展望》,《外国经济与管理》2012年第12期。

陈震红、董俊武、刘国新:《创业理论的研究框架与成果综述》,《经济前沿》2004年第9期。

陈忠卫等:《失败后如何从头再来——基于大学生创业竞赛失败修复的实证研究》,《高等工程教育研究》2022年第2期。

谌飞龙、陈松:《创业叙事—资源获取逻辑下创业营销过程分析:基于创业路演的质性研究》,《南开管理评论》2023年第2期。

程建青等:《何种创业生态系统产生女性高创业活跃度?》,《科学学研究》2021年第4期。

程建青等:《制度环境与心理认知何时激活创业?——一个基于QCA方法的研究》,《科学学与科学技术管理》2019年第2期。

程宣梅、张润、杨洋:《数字化情境下创业导向影响企业绩效研究——基于双重中介效应》,《浙江工业大学学报》(社会科学版)2022年第3期。

崔连广等:《创业幸福感:概念内涵、知识框架与未来研究展望》,《南开管理评论》2022年第5期。

邓子鹃、林仲华:《国内职业女性工作—家庭冲突研究述评》,《妇女研究论丛》2012年第2期。

邓子鹃:《国内近10年女性创业研究述评》,《妇女研究论丛》2013年第1期。

董静、赵策:《家庭支持对农民创业动机的影响研究——兼论人缘关系的替代作用》,《中国人口科学》2019年第1期。

董美娟、林慧:《社会性别理论视域下高校女大学生创业教育探究》,《教育评论》2015年第6期。

董云威:《大数据时代高职院校创新创业教育研究》,《电气传动》2020年第2期。

费涓洪:《女性创业特征素描——上海私营企业30位女性业主的个案调查》,《社会》2004年第8期。

付八军、龚放:《创业型大学本土化的实践误区》,《江苏高教》2019年第1期。

江树革:《大众创业时代中国海归女性创业研究》,《北华大学学报》(社会科学版)2018年第4期。

高建、盖罗它:《国外创业政策的理论研究综述》,《国外社会科学》2007年第1期。

高凌江:《支持女性创新创业的财税政策探讨》,《税务研究》2015年第12期。

高秀娟、彭春燕:《国家创业政策演化和发展的计量分析:特征与前瞻》,《重庆大学学报》(社会科学版)2021年第1期。

葛宝山、陈沛光、[美]罗伯特·西斯瑞克:《基于文献分析法的女性创业研究》,《情报科学》2012年第4期。

葛美云、祝吉芳:《欧盟中小企业政策支持女性创业发展的启迪——性别意识应纳入我国中小企业的决策之中》,《江苏社会科学》2003年第1期。

葛玉好、曾湘泉:《市场歧视对城镇地区性别工资差距的影响》,《经济研究》2011年第6期。

宫毅敏、林镇国:《创业竞赛对提升学生创新创业能力的影响——基于创业竞赛参赛意愿调查问卷的数据挖掘分析》,《中国高校科技》2019年第12期。

谷海洁、刘成城、李纪珍:《女性创业进入决策的影响因素及创业合法性的调节作用——基于GEM(2013)数据》,《技术经济》2016年第5期。

顾建光、吴明华:《公共政策工具论视角述论》,《科学学研究》2007年第1期。

顾洁、朱咏玲:《基于文献计量和内容分析的视听新媒体政策研究》,《当代传播》2022年第2期。

关培兰、申学武、梁涛：《加强研究工作 推动妇女创业——武汉大学"2003 女企业家国际论坛"综述》，《妇女研究论丛》2004 年第 2 期。

郭达、许艳丽：《〈2020 创业行动计划——重燃欧洲创业精神〉述评》，《科技进步与对策》2015 年第 5 期。

郭璐、胡保利、梅玉明：《谁会成为创业女大学生？——基于家庭因素、在学经历、创业关键能力的实证分析》，《江苏高教》2022 年第 9 期。

郭咏琳、周延风：《从外部帮扶到内生驱动：少数民族 BoP 实现包容性创新的案例研究》，《管理世界》2021 年第 4 期。

何晓斌、柳建坤：《政府支持对返乡创业绩效的影响》，《北京工业大学学报》（社会科学版）2021 年第 5 期。

胡怀敏、肖建忠：《不同创业动机下的女性创业模式研究》，《经济问题探索》2007 年第 8 期。

胡怀敏、朱雪忠：《人力资本对女性创业的影响研究》，《经济师》2007 年第 4 期。

胡俊波：《农民工返乡创业扶持政策绩效评估体系：构建与应用》，《社会科学研究》2014 年第 5 期。

胡萍：《国内外创业理论研究综述》，《浙江树人大学学报》（人文社会科学版）2008 年第 6 期。

胡泽文、孙建军、武夷山：《国内知识图谱应用研究综述》，《图书情报工作》2013 年第 3 期。

黄萃等：《责任与利益：基于政策文献量化分析的中国科技创新政策府际合作关系演进研究》，《管理世界》2015 年第 12 期。

黄萃等：《政策工具视角的中国风能政策文本量化研究》，《科学学研究》2011 年第 6 期。

黄红华：《政策工具理论的兴起及其在中国的发展》，《社会科学》2010 年第 4 期。

黄兆信、黄扬杰：《创新创业教育质量评价探新——来自全国 1231 所高等学校的实证研究》，《教育研究》2019 年第 7 期。

贾志科、祝西冰、许荣漫：《女性创业的促进对策与服务机制》，《社会科学家》2012 年第 6 期。

江涛涛、王文华：《新文科建设背景下商科创新创业教育改革研究》，《财会通讯》2021 年第 21 期。

姜忠辉、王枭扬、罗均梅：《创业自我效能感与创新机会识别：一个有调节的中介模型》，《科技管理研究》2022 年第 8 期。

蒋剑勇、郭红东：《创业氛围、社会网络和农民创业意向》，《中国农村观察》2012 年第 2 期。

蒋卫华：《民族地区农业农村产教融合"双创"人才培养机制研究》，《中国果树》2021 年第 4 期。

金一虹：《社会转型中的中国工作母亲》，《学海》2013 年第 2 期。

居凌云、梅强：《女性创业的现状与需求分析》，《软科学》2014 年第 4 期。

康晓玲等：《高校创新创业教育政策扩散的影响因素研究——以中国"双一流"A 类高校为例》，《软科学》2021 年第 10 期。

兰国帅：《国际教育技术研究前沿热点知识图谱建构研究——基于十八种 SSCI 期刊 1960—2016 年文献的可视化分析》，《现代远距离教育》2017 年第 3 期。

李春玲、李实：《市场竞争还是性别歧视——收入性别差异扩大趋势及其原因解释》，《社会学研究》2008 年第 2 期。

李翠妮等：《市场潜能促进了高学历人才创业吗？——基于 2016 年 CFPS 调查数据的实证分析》，《中国经济问题》2020 年第 5 期。

李赋薇、杨俊：《女性创业者身份认同策略选择及其行为影响：理论模型与未来议题》，《外国经济与管理》2020 年第 12 期。

李慧慧等：《社会支持、创业自我效能感与创业幸福感》，《外国经济与管理》2022 年第 8 期。

李纪珍、周江华、谷海洁：《女性创业者合法性的构建与重塑过程研究》，《管理世界》2019 年第 6 期。

李江等：《用文献计量研究重塑政策文本数据分析——政策文献计量的起源、迁移与方法创新》，《公共管理学报》2015 年第 2 期。

李兰、仲为国、王云峰：《中国女企业家发展：现状、问题与期望——2505 位女企业家问卷调查报告》，《管理世界》2017 年第 11 期。

李露露、周思媛、宋婧：《"时间荒"新议：基于青年女性创业者日常生活的观察》，《中国青年研究》2019 年第 10 期。

李培林：《理解与应对：我国新发展阶段的南北差距》，《社会发展研究》2022年第1期。

李培林：《社会学视角下的中国现代化新征程》，《社会学研究》2021年第2期。

李培林：《新发展社会学：理论框架的构建》，《社会科学文摘》2023年第3期。

李培林：《新中国70年社会建设和社会巨变》，《北京工业大学学报》（社会科学版）2019年第4期。

李培林等：《要点、重点与堵点：从脱贫攻坚到共同富裕》，《探索与争鸣》2021年第11期。

李朋波、王云静、谷慧敏：《女性创业的研究现状与展望——基于典型文献的系统梳理》，《东岳论丛》2017年第4期。

李鹏利等：《国家科技创业政策协调性研究——基于政策工具视角》，《科学管理研究》2021年第1期。

李新春、叶文平、朱沆：《社会资本与女性创业（1）——基于GEM数据的跨国（地区）比较研究》，《管理科学学报》2017年第8期。

李亚员：《当代大学生创业现状调查及教育引导对策研究》，《教育研究》2017年第2期。

李友梅：《以人民性引领中国特色社会学话语体系建设》，《中国社会科学》2023年第2期。

栗战书：《在乡村振兴促进法实施座谈会上的讲话》，《中国人大》2021年第11期。

廖中举、黄超、程华：《基于共词分析法的中国大学生创业政策研究》，《教育发展研究》2017年第1期。

刘春华、张再生、李祥飞：《基于混合多目标决策的我国中小企业创业政策评估》，《系统工程》2015年第3期。

刘汉辉、李博文、宋健：《互联网使用是否影响了女性创业？——来自中国家庭追踪调查（CFPS）的经验证据》，《贵州社会科学》2019年第9期。

刘华军、刘传明、孙亚男：《中国能源消费的空间关联网络结构特征及其效应研究》，《中国工业经济》2015年第5期。

刘佳：《社会资本与女大学生自主创业》，《当代青年研究》2016 年第 3 期。

刘蕾、李静、陈绅：《社会支持体系对大学生公益创业意愿的影响研究——基于创业者网络关系的视角》，《江苏高教》2020 年第 9 期。

刘鹏程、李磊、王小洁：《企业家精神的性别差异——基于创业动机视角的研究》，《管理世界》2013 年第 8 期。

刘巧英：《"双一流"高校图书馆服务校园"双创"对策探析》，《图书馆工作与研究》2020 年第 5 期。

刘三明等：《国外工作—家庭冲突性别差异研究综述》，《妇女研究论丛》2013 年第 5 期。

刘伟、雍旻、邓睿：《从生存型创业到机会型创业的跃迁——基于农民创业到农业创业的多案例研究》，《中国软科学》2018 年第 6 期。

刘霞：《选择与规制之间：新生代女性农民工的返乡调查》，《青年探索》2014 年第 2 期。

刘雪华、孙大鹏：《政策工具视角下我国城镇化政策文本量化研究——基于 2014—2020 年的国家政策文本》，《吉林大学社会科学学报》2022 年第 2 期。

刘岩：《应用型高校创业型"新农人"培育体系研究》，《农业经济》2021 年第 7 期。

刘银妹：《西南少数民族女性创业动机演变分析——以广西金秀六段瑶寨文化旅游开发有限公司为例》，《广西民族大学学报》（哲学社会科学版）2023 年第 1 期。

刘志：《美国创业意向研究的最新进展及其教育意蕴》，《东北师大学报》（哲学社会科学版）2015 年第 5 期。

刘忠艳：《ISM 框架下女性创业绩效影响因素分析——一个创业失败的案例研究》，《科学学研究》2017 年第 2 期。

刘忠艳：《中国青年创客创业政策评价与趋势研判》，《科技进步与对策》2016 年第 12 期。

刘忠宇、赵向豪、龙蔚：《网红直播带货下消费者购买意愿的形成机制——基于扎根理论的分析》，《中国流通经济》2020 年第 8 期。

陆丹、戴岳：《人口学背景下西部城市大学生创业动机影响因素研究》，

《教育与职业》2012 年第 24 期。

罗明忠、陈明：《人格特质、创业学习与农民创业绩效》，《中国农村经济》2014 年第 10 期。

罗青兰、孙乃纪、于桂兰：《社会网络视角下的女性创业研究》，《管理现代化》2012 年第 5 期。

马丹：《性别观念变迁的微观逻辑——以跟车卡嫂的劳动实践为例》，《社会学研究》2022 年第 3 期。

马鸿佳等：《创业领域即兴行为研究：前因、结果及边界条件》，《管理世界》2021 年第 5 期。

马继迁、陈虹、王占国：《互联网使用对女性创业的影响——基于 CFPS 数据的实证分析》，《华东经济管理》2020 年第 5 期。

毛基业、苏芳：《质性研究的科学哲学基础与若干常见缺陷——中国企业管理案例与质性研究论坛（2018）综述》，《管理世界》2019 年第 2 期。

孟祥斐、徐延辉：《高层次女性人才的性别意识及其影响因素研究——基于福建省的调查》，《妇女研究论丛》2012 年第 1 期。

穆瑞章、刘玉斌、王泽宇：《女性社会网络关系与创业融资劣势——基于 PSM 方法和众筹数据的经验研究》，《科技进步与对策》2017 年第 8 期。

倪云松：《流动性约束、创业资金与创业关系的性别差异——基于"中国家庭追踪调查"（CFPS）数据的研究》，《东岳论丛》2022 年第 2 期。

潘安成、李鹏飞：《交情行为与创业机会：基于农业创业的多案例研究》，《管理科学》2014 年第 4 期。

潘炳超、陆根书：《高校创业教育与大学生创业意向和创业自我效能的关系研究》，《复旦教育论坛》2020 年第 5 期。

潘燕萍、何孟臻、乔灵灵：《鱼和熊掌不可兼得？角色冲突—增益视角下女性创业者的机会识别过程研究》，《南方经济》2019 年第 10 期。

潘燕萍、刘晓斯、邱天财：《边界管理视角下女性创业者的角色显著性对创业行为的影响机制——基于多案例的比较分析》，《管理案例研究与评论》2021 年第 5 期。

裴谕新、陈思娟：《电商时代女性创业的性别化历程与家庭决策变革个案研究》,《妇女研究论丛》2019年第6期。

裴谕新、龚泽玉:《"鸡娃不如鸡自己":粤港澳大湾区创业女性的母职再造》,《妇女研究论丛》2022年第5期。

戚涌、王静:《江苏省大众创新创业政策评估》,《科技管理研究》2017年第1期。

钱永红:《创业意向影响因素研究》,《浙江大学学报》(人文社会科学版)2007年第4期。

强国令、滕飞:《数字普惠金融与女性创业》,《统计与信息论坛》2022年第4期。

邱泽奇、乔天宇:《电商技术变革与农户共同发展》,《中国社会科学》2021年第10期。

任彬彬、周建国:《地方政府河长制政策工具模型:选择偏好与优化路径——基于扎根理论的政策文本实证研究》,《中南大学学报》(社会科学版)2021年第6期。

任远、陈琰:《对城市失业下岗女性、女大学生和女性知识分子自我创业的比较分析》,《妇女研究论丛》2005年第3期。

沈茹:《少数民族大学生创业教育存在的问题及对策》,《学校党建与思想教育》2015年第7期。

石红梅、叶文振、刘建华:《女性性别意识及其影响因素——以福建省为例》,《人口学刊》2003年第2期。

时颖惠、薛翔:《政策工具视角下我国信息安全政策研究——基于81份政策文本的量化分析》,《现代情报》2022年第1期。

史苏、王天楠:《"新两农"返乡创业面临困境与对策研究》,《农业经济》2020年第7期。

舒畅:《独立学院"创业学"课程教学与实践改革研究——以武汉科技大学城市学院为例》,《中国教育学刊》2015年第1期。

宋林飞:《新中国70年发展的阶段性特征与经验》,《南京社会科学》2019年第10期。

宋少鹏:《公私之中——关于家庭劳动的国家话语(1949—1966)》,《近代中国妇女史研究》2011年第19期。

孙国翠、王兴元:《女性创业成功影响因素分析》,《东岳论丛》2012年第 2 期。

汤敏、刘玉邦、曾川：《"互联网+"背景下女大学生创业胜任力理论分析框架研究》，《西南民族大学学报》（人文社科版）2017 年第 6 期。

汤学俊：《创业企业家精神的影响因素研究——兼论性别视角的差异》，《南京社会科学》2016 年第 12 期。

唐靖、姜彦福：《创业过程三阶段模型的探索性研究》，《经济师》2008 年第 6 期。

陶艳兰：《塑造理想母亲：变迁社会中育儿知识的建构》，《妇女研究论丛》2016 年第 5 期。

童馨乐、潘妍、杨向阳：《计划生育政策对女性创业的影响研究——基于全国流动人口数据的实证检验》，《中国经济问题》2021 年第 3 期。

万是明：《高职院校层阶式创新创业课程体系建设的思考》，《教育理论与实践》2019 年第 24 期。

汪超、李志远、罗贻文：《基于 CNKI 数据的中国韧性社区知识图谱构建研究》，《中国矿业大学学报》（社会科学版）2021 年第 4 期。

汪云香、符永宏、嵇留洋：《社会性别理论视角下的高校女大学生创业教育》，《教育与职业》2015 年第 18 期。

汪忠、雷冬娣、唐苗：《女性社会企业家创业动机、社会拼凑与反贫困创新绩效关系研究》，《财经理论与实践》2020 年第 6 期。

王汉瑛、谭秀明、邢红卫：《创业生态系统框架下女性早期创业的资源约束模式》，《管理科学》2021 年第 2 期。

王洁琼、孙泽厚：《新型农业创业人才三维资本、创业环境与创业企业绩效》，《中国农村经济》2018 年第 2 期。

王婷、吴必虎：《基于关键词共现和社会网络分析的北京城市歌曲中地方意象特征研究》，《人文地理》2020 年第 6 期。

王卫东等：《性别角色观念与农村女性创业》，《中国农业大学学报》（社会科学版）2022 年第 2 期。

王向贤：《承前启后：1929—1933 年间劳动法对现代母职和父职的建构》，《社会学研究》2017 年第 6 期。

王扬眉、梁果、王海波：《家族企业继承人创业图式生成与迭代——基于烙印理论的多案例研究》，《管理世界》2021 年第 4 期。

王乙杰、杨大利：《性别角色观念对创业行为性别差异的影响》，《人口与经济》2021年第4期。

王轶、柏贵婷：《创业培训、社会资本与返乡创业者创新精神——基于全国返乡创业企业的调查数据》，《贵州财经大学学报》2022年第4期。

王转弟、马红玉：《创业环境、创业精神与农村女性创业绩效》，《科学学研究》2020年第5期。

魏江、权予衡：《"创二代"创业动机、环境与创业幸福感的实证研究》，《管理学报》2014年第9期。

巫锡炜、刀玮皓：《中国各民族族际通婚的结构特征：基于社会网络分析的考察》，《人口研究》2022年第2期。

吴宾、杨一民、娄成武：《基于文献计量与内容分析的政策文献综合量化研究——以中国海洋工程装备制造业政策为例》，《情报杂志》2017年第8期。

吴磊、刘纠纠、闻海洋：《农村女性创业具有"数字红利"吗？——基于CGSS2015数据的实证分析》，《世界农业》2021年第8期。

吴小英：《性别研究的中国语境：从议题到话语之争》，《妇女研究论丛》2018年第5期。

夏立新等：《网络问答社区中的用户知识转移模式研究——基于MetaFilter AskMe版块的实证分析》，《情报学报》2019年第5期。

夏清华、易朝辉：《不确定环境下中国创业支持政策研究》，《中国软科学》2009年第1期。

解学梅、吴永慧、郜敏：《女性创业者社会认知特征对新创企业绩效影响机理：基于SCT理论视角》，《系统管理学报》2021年第2期。

解学梅、吴永慧、徐雨晨：《女性创业者自恋人格与新创企业绩效关系研究——政治关联和创业激情的调节作用》，《研究与发展管理》2021年第5期。

解学梅、于平：《女性创业者性别刻板印象研究热点分析与演化路径：基于知识图谱的研究》，《管理评论》2022年第10期。

谢小芹、姜敏：《政策工具视角下市域社会治理现代化政策试点的扎根分析——基于全国60个试点城市的研究》，《中国行政管理》2021年第6期。

谢雅萍、周芳：《女性创业特征及其促进策略——基于福建省女性创业者的实证研究》，《广西大学学报》（哲学社会科学版）2012年第2期。

熊回香、周鑫、杨梦婷：《SNA视角下的微博健康医疗领域信息交互研究》，《情报科学》2021年第2期。

徐宏玲、李双海：《面向服务业创新升级的妇女创新创业政策效应评估——基于成都市女创业者的调查》，《四川大学学报》（哲学社会科学版）2018年第2期。

徐杰玲、徐朝亮：《女大学生创业的阻碍因素及对策研究》，《华东交通大学学报》2007年第6期。

徐新洲：《以"两融合"驱动"双一流"高校创新创业教育研究》，《学校党建与思想教育》2020年第20期。

许文婷、周建军、鞠方：《高房价是否抑制了女性创业？——基于CMDS数据的实证分析》，《科学决策》2022年第9期。

杨海燕：《我国高等教育研究的热点领域及前沿——基于CSSCI数据库2004—2014年收录文献关键词共现的计量和可视化分析》，《复旦教育论坛》2015年第4期。

杨静、王重鸣：《女性创业型领导：多维度结构与多水平影响效应》，《管理世界》2013年第9期。

杨菊华：《"性别—母职双重赋税"与劳动力市场参与的性别差异》，《人口研究》2019年第1期。

杨俊、韩炜、张玉利：《工作经验隶属性、市场化程度与创业行为速度》，《管理科学学报》2014年第8期。

杨俊、张玉利、刘依冉：《创业认知研究综述与开展中国情境化研究的建议》，《管理世界》2015年第9期。

杨俊：《创业过程研究及其发展动态》，《外国经济与管理》2004年第9期。

杨可：《母职的经纪人化——教育市场化背景下的母职变迁》，《妇女研究论丛》2018年第2期。

姚晓芳、代宇：《国内女性创业研究述评》，《经济问题探索》2011年第1期。

姚晓芳、乔珊、龙丹：《基于性别差异的女性创业绩效研究综述》，《华东经济管理》2014 年第 7 期。

叶婷、陈丽琴：《数字经济与农村女性创业——基于 NVivo 质性分析》，《山东女子学院学报》2021 年第 6 期。

于美亚：《高校学生思政教育与创新创业助力乡村发展研究》，《核农学报》2021 年第 6 期。

余江等：《数字创业：数字化时代创业理论和实践的新趋势》，《科学学研究》2018 年第 10 期。

禹旭才：《高校教师发展：全纳女性的概念及议题》，《湖南科技大学学报》（社会科学版）2015 年第 6 期。

曾刚、邓胜利：《我国数字包容政策分析与对策研究——基于政策工具视角》，《信息资源管理学报》2021 年第 5 期。

曾令斌：《创新创业教育改革的政策依据、内在逻辑与路径取向》，《教育与职业》2017 年第 22 期。

曾亿武、郭红东：《农产品淘宝村形成机理：一个多案例研究》，《农业经济问题》2016 年第 4 期。

湛军、张占平：《全球妇女创业现状概述与分析》，《河北大学学报》（哲学社会科学版）2007 年第 3 期。

湛中林：《交易成本视角下政策工具的选择与创新》，《江苏行政学院学报》2015 年第 5 期。

张超、官建成：《基于政策文本内容分析的政策体系演进研究——以中国创新创业政策体系为例》，《管理评论》2020 年第 5 期。

张峰、黄玖立、禹航：《体制内关系与创业》，《管理世界》2017 年第 4 期。

张鹤：《新时期大学生返乡就业创业与精准扶贫融合发展》，《核农学报》2021 年第 8 期。

张宏如、邓敏：《健康中国背景下中医药健康服务领域政策工具研究》，《河海大学学报》（哲学社会科学版）2022 年第 1 期。

张慧、周小虎、宋迪：《从 0 到 1：刻板印象威胁与女性创业者机会评估》，《经济管理》2020 年第 4 期。

张建民、周南瑾：《工作—家庭关系对女性创业的影响：一个理论框架》，《经济与管理评论》2019 年第 3 期。

张敬伟、李琪琪、靳秀娟：《中国农村女性创业者的身份构建过程研究》，《管理学报》2022 年第 5 期。

张敬伟、裴雪婷：《中国农民创业者的创业学习行为探析》，《科学学研究》2018 年第 11 期。

张军晓、李姚矿、姚晓芳：《女性创业者的社会网络：研究现状和未来方向》，《妇女研究论丛》2016 年第 3 期。

张琳：《机会识别与创新选择性别差异研究》，《商业研究》2016 年第 10 期。

张宁：《"互联网+"时代新型职业农民创业路径研究》，《农业经济》2021 年第 9 期。

张琪、张琳：《生育支持对女性职业稳定的影响机制研究》，《北京社会科学》2017 年第 7 期。

张茜等：《性别视角下创业企业融资绩效研究回顾与展望》，《研究与发展管理》2022 年第 4 期。

张秀娥、李梦莹：《创业韧性的驱动因素及其对创业成功的影响研究》，《外国经济与管理》2020 年第 8 期。

张燕妮：《法国创新创业教育的现状和启示》，《江苏高教》2020 年第 9 期。

张再生、李鑫涛：《基于 DEA 模型的创新创业政策绩效评价研究——以天津市企业孵化器为分析对象》，《天津大学学报》（社会科学版）2016 年第 5 期。

章曼娜、王佳桐、阙明坤：《双创竞赛提升了高职学生的创业意愿吗？——基于认知灵活性和创业警觉性视角的实证研究》，《职业技术教育》2022 年第 5 期。

赵荔、苏靖、赵静：《"互联网+"新业态中的女性创业特性分析——基于 47 位最值得关注创业女性榜单》，《企业经济》2017 年第 9 期。

赵毅、朱晓雯：《组织文化构建过程中的女企业家领导力特征研究——以董明珠的创新型组织文化构建为例》，《中国人力资源开发》2016 年第 8 期。

郑馨、周先波：《社会规范是如何激活创业活动的？——来自中国"全民创业"十年的微观证据》，《经济学》（季刊）2018 年第 1 期。

周劲波、陈丽超:《我国创业政策类型及作用机制研究》,《经济体制改革》2011年第1期。

周颂:《实用主义文化影响下的美国高校创业教育类型分析及启示》,《外国教育研究》2008年第4期。

周翼翔:《新创企业创业政策效果模型构建及评估:"供—需"匹配和感知价值视角》,《科研管理》2022年第2期。

朱秀梅、杨姗:《数字创业生态系统多主体协同机制研究》,《管理学报》2023年第1期。

朱秀梅、杨姗:《数字创业生态系统研究述评与展望》,《外国经济与管理》2022年第5期。

祝平燕:《社会关系网络与政治社会资本的获得——论妇女参政的非正式社会支持系统》,《湖北社会科学》2010年第2期。

卓泽林、龙泽海、徐星蕾:《高校大学生创新创业教育的有效途径及困境:一项循证研究》,《中国电化教育》2022年第6期。

邹欣、倪好、叶映华:《中国创业者的创业决策逻辑研究》,《应用心理学》2016年第1期。

英文专著

Fayolle, A., Kyrö, P., *The Dynamics between Entrepreneurship, Environment and Education*, New York: Edward Elgar Publishing, 2008.

Herbert R. F., Link A. N., *The Entrepreneur*, New York: Praeger, 1982.

OECD and UE, *The Missing Entrepreneurs* 2019: *Policies for Inclusive Entrepreneurship*, Paris: OECD Publishing; ÉDitions OECD, 2019.

Ragin C. C., *Redesigning Social Inquiry: Fuzzy Sets and Beyond*, Chicago: University of Chicago Press, 2008.

英文电子文献

Global Entrepreneurship Research Association. Global Entrepreneurship Monitor Report. 2022, Retrieved from: https://www.gemconsortium.org/report.

英文期刊论文

Aarstad J., Pettersen I. B., Henriksen K. E., "Entrepreneurial Experience and Access to Critical Resources: A Learning Perspective", *Baltic Journal of Management*, Vol. 11, No. 1, 2016, pp. 89 – 107.

Abatecola G., Cristofaro M., "Hambrick and Mason's 'Upper Echelons Theory': Evolution and Open Avenues", *Journal of Management History*, Vol. 26, No. 1, 2018, pp. 116 – 136.

Abdelwahed N. A. A., Alshaikhmubarak A., "Developing Female Sustainable Entrepreneurial Intentionsthrough an Entrepreneurial Mindset and Motives", *Sustainability*, Vol. 15, No. 7, 2023, p. 6210.

Aboramadan M., "Top Management Teams Characteristicsand Firms Performance: Literature Review and Avenues for Future Research", *International Journal of Organizational Analysis*, Vol. 29, No. 3, 2021, pp. 603 – 628.

Acs Z. J., et al., "Introductionto Special Issue of Small Business Economics on Female Entrepreneurship in Developed and Developing Economies", *Small Business Economics*, Vol. 37, 2011, pp. 393 – 396.

Adamus M., Čavojov Á. V., Šrol J., "The Impactof Stereotyped Perceptions of Entrepreneurship and Gender-Role Orientation on Slovak Women's Entrepreneurial Intentions", *Gender in Management: An International Journal*, Vol. 36, No. 6, 2021, pp. 745 – 761.

Adel G., "Entrepreneurship Philosophy in Economic Thoughts", *Development Strategy*, Vol. 49, 2017, pp. 61 – 77.

Agarwal R., Prasad J., "A Conceptual and Cperational Definition of Personal Innovativeness in the Domain of Information Technology", *Information Systems Research*, Vol. 9, No. 2, 1998, pp. 204 – 215.

Aghion P., et al., "Industrial Policyand Competition", *American Economic Journal: Macroeconomics*, Vol. 7, No. 4, 2015.

Aldrich H. E., Cliff J. E., "The Pervasive Effectsof Family on Entrepreneurship: Toward a Family Embeddedness Perspective", *Journal of Business Venturing*, Vol. 18, No. 5, 2003, pp. 573 – 596.

Alsos G. A., Isaksen E. J., Ljunggren E., "New Venture Financingand Subsequent Business Growth in Men-And Women-Led Businesses", *Entrepreneurship Theory and Practice*, Vol. 30, No. 5, 2006, pp. 667 – 686.

Alsos G. A., Ljunggren E., "The Roleof Gender in Entrepreneur-Investor Relationships: A Signaling Theory Approach", *Entrepreneurship Theory and Practice*, Vol. 41, No. 4, 2017, pp. 567 – 590.

Altinay L., Madanoglu M., Daniele R., et al., "The Influenceof Family Tradition and Psychological Traits on Entrepreneurial Intention", *International Journal of Hospitality Management*, Vol. 31, No. 2, 2012, pp. 489 – 499.

Alvarez S. A., Barney J. B., Anderson P., "Forming and Exploiting Opportunities: The Implications of Discovery and Creation Processes for Entrepreneurial and Organizational Research", *Organization Science*, Vol. 24, No. 1, 2013, pp. 301 – 317.

Amara N., Rhaiem M., Halilem N., "Assessing the Research Efficiency of Canadian Scholars in the Management Field: Evidence from the DEA and Fsqca", *Journal of Business Research*, Vol. 115, 2020, pp. 296 – 306.

Ambrish D. R., "Entrepreneurship Development: An Approach to Economic Empowerment of Women", *International Journal of Multidisciplinary Approach and Studies*, Vol. 1, No. 6, 2014, pp. 224 – 232.

Andersén J., "Resource Orchestration of Firm-Specific Human Capital and Firm Performance—The Role of Collaborative Human Resource Management and Entrepreneurial Orientation", *The International Journal of Human Resource Management*, 2019, Vol. 32, No. 10, 2021, pp. 2091 – 2123.

Anderson J. C., Gerbing D. W., "Structural Equation Modeling in Practice: A Review and Recommended Two-Step Approach", *Psychological Bulletin*, Vol. 103, No. 3, 1988, p. 411.

Anwar M., Ali Shah S. Z., "Managerial Networking and Business Model Innovation: Empirical Study of New Ventures in an Emerging Economy", *Journal of Small Business & Entrepreneurship*, Vol. 32, No. 3, 2020, pp. 265 – 286.

Anwar M., Clauss T., Issah W. B., "Entrepreneurial Orientation and New Venture Performance in Emerging Markets: The Mediating Role of Opportunity Recognition", *Review of Managerial Science*, Vol. 16, No. 3, 2022, pp. 769 – 796.

Ardichvili A., Cardozo R., Ray S., "A Theory of Entrepreneurial Opportunity Identification and Development", *Journal of Business Venturing*, Vol. 18, No. 1, 2003, pp. 105 – 123.

Arendell T., "Conceiving and Investigating Motherhood: The Decade's Scholarship", *Journal of Marriage and Family*, Vol. 62, No. 4, 2000, pp. 1192 – 1207.

Asante E. A., Affum-Osei E., "Entrepreneurship as a Career Choice: The Impact of Locus of Control on Aspiring Entrepreneurs' Opportunity Recognition", *Journal of Business Research*, Vol. 98, 2019, pp. 227 – 235.

Asheim B. T., Smith H. L., Oughton C., "Regional Innovation Systems: Theory, Empirics and Policy", Regional Studies, Vol. 45, No. 7, 2011, pp. 875 – 891.

Avey J. B., Luthans F., Youssef C. M., "The Additive Value of Positive Psychological Capital in Predicting Work Attitudes and Behaviors", *Journal of Management*, Vol. 36, No. 2, 2010, pp. 430 – 452.

Avnimelech G., Zelekha Y., "Religion and the Gender Gap in Entrepreneurship", *International Entrepreneurship and Management Journal*, Vol. 19, No. 2, 2023, pp. 629 – 665.

Azmat F., "Opportunities or Obstacles? Understanding the Challenges Faced by Migrant Women Entrepreneurs", *International Journal of Gender and Entrepreneurship*, Vol. 5, No. 2, 2013, pp. 198 – 215.

Bacq S., Alt E., "Feeling Capable and Valued: A Prosocial Perspective on the Link Between Empathy and Social Entrepreneurial Intentions", *Journal of Business Venturing*, Vol. 33, No. 3, 2018, pp. 333 – 350.

Bae T. J., Qian S., Miao C., et al., "The Relationship between Entrepreneurship Education and Entrepreneurial Intentions: A Meta-Analytic Review", *Entrepreneurship Theory and Practice*, Vol. 38, No. 2, 2014, pp. 217 – 254.

Bagozzi R. P., Yi Y., "On the Evaluation of Structural Equation Models", *Journal of the Academy of Marketing Science*, Vol. 16, 1988, pp. 74 – 94.

Bajwa S. S., Wang X., Duc A. N., et al., "Start-Ups Must Be Ready to Pivot", *IEEE Software*, Vol. 34, No. 3, 2017, pp. 18 – 22.

Bandura A., "Social Cognitive Theory of Self-Regulation", *Organizational Behavior and Human Decision Processes*, Vol. 50, No. 2, 1991, pp. 248 – 287.

Bandura A., Cervone D., "Differential Engagement of Self-Reactive Influences in Cognitive Motivation", *Organizational Behavior and Human Decision Processes*, Vol. 38, No. 1, 1986, pp. 92 – 113.

Barney J. B., Foss N. J., Lyngsie J., "The Role of Senior Management in Opportunity Formation: Direct Involvement or Reactive Selection?", *Strategic Management Journal*, Vol. 39, No. 5, 2018, pp. 1325 – 1349.

Barrera Jr M., "Distinctions between Social Support Concepts, Measures, and Models", *American Journal of Community Psychology*, Vol. 14, No. 4, 1986, pp. 413 – 445.

Bates T., Jackson Ⅲ W. E., Johnson Jr J. H., "Introductionto the Special Issue on Advancing Research on Minority Entrepreneurship", *Annals of the American Academy of Political and Social Science*, Vol. 613, No. 1, 2007.

Baù M., Sieger P., Eddleston K. A., et al., "Failbut Try Again? The Effects of Age, Gender, and Multiple-Owner Experience on Failed Entrepreneurs' Reentry", *Entrepreneurship Theory and Practice*, Vol. 41, No. 6, 2017.

Baughn C. C., Chua B. L., Neupert K. E., "The Normative Context for Women's Participation in Entrepreneurship: A Multicountry Study", *Entrepreneurship Theory and Practice*, Vol. 30, No. 5, 2006, pp. 687 – 708.

Baum J. R., Locke E. A., Smith K. G., "A Multidimensional Model of Venture Growth", *Academy of Management Journal*, Vol. 44, No. 2, 2001, pp. 292 – 303.

Bayon M. C., Lamotte O., "Age, Labour Market Situation and the Choice of

Risky Innovative Entrepreneurship", *Applied Economics Letters*, Vol. 27, No. 8, 2020, pp. 624 – 628.

Bayon M. C., Vaillant Y., Lafuente E., "Initiating Nascent Entrepreneurial Activities: The Relative Role of Perceived and Actual Entrepreneurial Ability", *International Journal of Entrepreneurial Behavior & Research*, Vol. 21, No. 1, 2015, pp. 27 – 49.

Becker-Blease J. R., Sohl J. E., "Do Women-Owned Businesses Have Equal Access to Angel Capital?", *Journal of Business Venturing*, Vol. 22, No. 4, 2007, pp. 503 – 521.

Bélanger J. J., Lafreniere M. A. K., Vallerand R. J., et al., "Driven by Fear: The Effect of Success and Failure Information on Passionate Individuals' Performance", *Journal of Personality and Social Psychology*, Vol. 104, No. 1, 2013, p. 180.

Benitez J., Llorens J., Braojos J., "How Information Technology Influences Opportunity Exploration and Exploitation Firm's Capabilities", *Information & Management*, Vol. 55, No. 4, 2018, pp. 508 – 523.

Bentler P. M., "Comparative Fit Indexes in Structural Models", *Psychological Bulletin*, Vol. 107, No. 2, 1990, p. 238.

Benzing C., Chu H. M., Kara O., "Entrepreneurs in Turkey: A Factor Analysis of Motivations, Success Factors, and Problems", *Journal of Small Business Management*, Vol. 47, No. 1, 2009, pp. 58 – 91.

Berger E. S. C., Kuckertz A., "Female Entrepreneurship in Startup Ecosystems Worldwide", *Journal of Business Research*, Vol. 69, No. 11, 2016, pp. 5163 – 5168.

Bergmann H., Hundt C., Sternberg R., "What Makes Student Entrepreneurs? On the Relevance (and Irrelevance) of the University and the Regional Context for Student Start-Ups", *Small Business Economics*, Vol. 47, No. 1, 2016, pp. 53 – 76.

Berry L. L., Bolton R. N., Bridges C. H., et al., "Opportunities for Innovation in the Delivery of Interactive Retail Services", *Journal of Interactive Marketing*, Vol. 24, No. 2, 2010, pp. 155 – 167.

Bertelsen R. G., Ashourizadeh S., Jensen K. W., et al., "Networks around Entrepreneurs: Gendering in China and Countries around the Persian Gulf", *Gender in Management: An International Journal*, Vol. 32, No. 4, 2017, pp. 268 – 280.

Beynon M. J., Jones P., Pickernell D., "Country-Level Entrepreneurial Attitudes and Activity Through the Years: A Panel Data Analysis Using fsQCA", *Journal of Business Research*, Vol. 115, 2020, pp. 443 – 455.

Bhagat R., Sambargi S., "Evaluation of Personal Innovativeness and Perceived Expertise on Digital Marketing Adoption by Women Entrepreneurs of Micro and Small Enterprises", *International Journal of Research and Analytical Reviews*, Vol. 6, No. 1, 2019, pp. 338 – 351.

Bhatia N., Bhatia S., "Changes in Gender Stereotypes Over Time: A Computational Analysis", *Psychology of Women Quarterly*, Vol. 45, No. 1, 2021, pp. 106 – 125.

Biddle B. J., "Recent Developments in Role Theory", *Annual Review of Sociology*, Vol. 12, No. 1, 1986, pp. 67 – 92.

Bird B., "Implementing Entrepreneurial Ideas: The Case for Intention", *Academy of Management Review*, Vol. 13, No. 3, 1988, pp. 442 – 453.

Bird B., Brush C., "A Gendered Perspective on Organizational Creation", *Entrepreneurship Theory and Practice*, Vol. 26, No. 3, 2002, pp. 41 – 65.

Bjornali E. S., Knockaert M., Erikson T., "The Impact of Top Management Team Characteristics and Board Service Involvement on Team Effectiveness in High-Tech Start-Ups", *Long Range Planning*, Vol. 49, 2016, pp. 447 – 463.

Bjørnskov C., Foss N. J., "Institutions, Entrepreneurship, and Economic Growth: What Do We Know and What Do We Still Need to Know", *Academy of Management Perspectives*, Vol. 30, No. 3, 2016, pp. 292 – 315.

Boden Jr R. J., "Flexible Working Hours, Family Responsibilities, and Female Self-Employment: Gender Differences in Self-Employment Selection", *American Journal of Economics and Sociology*, Vol. 58, No. 1, 1999, pp. 71 – 83.

Bohnet I., Van Geen A., Bazerman M., "When Performance Trumps Gender Bias: Joint vs. Separate Evaluation", *Management Science*, Vol. 62, No. 5, 2016, pp. 1225 – 1234.

Boudreaux C. J., Nikolaev B., "Capital Is Not Enough: Opportunity Entrepreneurship and Formal Institutions", *Small Business Economics*, Vol. 53, 2019, pp. 709 – 738.

Brahem M., Boussema S., "Social Media Entrepreneurship as an Opportunity for Women: The Case of Facebook-Commerce", *The International Journal of Entrepreneurship and Innovation*, Vol. 24, No. 3, 2023, pp. 191 – 201.

Brecht S., Le Loarne-Lemaire S., Kraus S., et al., "The Role of Time Management of Female Tech Entrepreneurs in Practice: Diary and Interview Results from an Innovative Cluster", *Journal of Business Research*, Vol. 163, 2023, p. 113914.

Brettel M., Mauer R., Engelen A., et al., "Corporate Effectuation: Entrepreneurial Action and Its Impact on R&D Project Performance", *Journal of Business Venturing*, Vol. 27, No. 2, 2012, pp. 167 – 184.

Broverman I. K., Vogel S. R., Broverman D. M., et al., "Sex-Role Stereotypes: A Current Appraisal", *Journal of Social Issues*, Vol. 28, 1972, pp. 59 – 78.

Brown L. M., "The Relationship Between Motherhood and Professional Advancement: Perceptions Versus Reality", *Employee Relations*, Vol. 32, No. 5, 2010, pp. 470 – 494.

Brush C. G., "Research on Women Business Owners: Past Trends, a New Perspective, and Future Directions", *Entrepreneurship Theory and Practice*, Vol. 16, No. 4, 1992, pp. 5 – 30.

Brush C. G., Cooper S. Y., "Female Entrepreneurship and Economic Development: An International Perspective", *Entrepreneurship & Regional Development*, Vol. 24, No. 1 – 2, 2012, pp. 1 – 6.

Brush C. G., De Bruin A., Welter F., "A Gender-Aware Framework for Women's Entrepreneurship", *International Journal of Gender and Entrepreneurship*, Vol. 1, No. 1, 2009, pp. 8 – 24.

Bruton G. D., Zahra S. A., Cai L., "Examining Entrepreneurship Through Indigenous Lenses", *Entrepreneurship Theory and Practice*, Vol. 42, No. 3, 2018, pp. 351 – 361.

Bullough A., Renko M., Abdelzaher D., "Women's Business Ownership: Operating Within the Context of Institutional and In-Group Collectivism", *Journal of Management*, Vol. 43, No. 7, 2017, pp. 2037 – 2064.

Busenitz L. W., Gomez C., Spencer J. W., "Country Institutional Profiles: Unlocking Entrepreneurial Phenomena", *Academy of Management Journal*, Vol. 43, No. 5, 2000, pp. 994 – 1003.

Butler J., "Performative Acts and Gender Constitution: An Essay in Phenomenology and Feminist Theory", *Theatre Journal*, Vol. 40, No. 4, 1988, pp. 519 – 531.

Cacciotti G., Hayton J. C., "Fear and Entrepreneurship: A Review and Research Agenda", *International Journal of Management Reviews*, Vol. 17, No. 2, 2015, pp. 165 – 190.

Cacciotti G., Hayton J. C., Mitchell J. R., et al., "A Reconceptualization of Fear of Failure in Entrepreneurship", *Journal of Business Venturing*, Vol. 31, No. 3, 2016, pp. 302 – 325.

Cacciotti G., Hayton J. C., Mitchell J. R., et al., "Entrepreneurial Fear of Failure: Scale Development and Validation", *Journal of Business Venturing*, Vol. 35, No. 5, 2020, p. 106041.

Caiazza R., Belitski M., Audretsch D. B., "From Latent to Emergent Entrepreneurship: The Knowledge Spillover Construction Circle", *The Journal of Technology Transfer*, Vol. 45, No. 3, 2020, pp. 694 – 704.

Cao Z., Wang L., "What Factors Decide the Willingness of Higher Vocational College Students to Run a Company: An Empirical Study of the Impact of Willingness to Start Business", *International Journal of Education, Culture and Society*, Vol. 5, No. 5, 2020, p. 85.

Carsrud A., Brännback M., "Entrepreneurial Motivations: What Do We Still Need to Know?", *Journal of Small Business Management*, Vol. 49, No. 1, 2011, pp. 9 – 26.

Carter S. , Mwaura S. , Ram M. , et al. , "Barriers to Ethnic Minority and Women's Enterprise: Existing Evidence, Policy Tensions, and Unsettled Questions", *International Small Business Journal*, Vol. 33, No. 1, 2015, pp. 49 – 69.

Cascio W. F. , Montealegre R. , "How Technology Is Changing Work and Organizations", *Annual Review of Organizational Psychology and Organizational Behavior*, Vol. 3, No. 1, 2016, pp. 349 – 375.

Castanias R. P. , Helfat C. E. , "Managerial and Windfall Rents in the Market for Corporate Control", *Journal of Economic Behavior & Organization*, Vol. 18, No. 2, 1992, pp. 153 – 184.

Cavada M. C. , Bobek V. , Maček A. , "Motivation Factors for Female Entrepreneurship in Mexico", *Entrepreneurial Business and Economics Review*, Vol. 5, No. 3, 2017, pp. 133 – 148.

Cenamor J. , Parida V. , Wincent J. , "How Entrepreneurial SMEs Compete Through Digital Platforms: The Roles of Digital Platform Capability, Network Capability, and Ambidexterity", *Journal of Business Research*, Vol. 100, 2019, pp. 196 – 206.

Chandra Y. , Paras A. , "Social Entrepreneurship in the Context of Disaster Recovery: Organizing for Public Value Creation", *Public Management Review*, Vol. 23, No. 12, 2021, pp. 1856 – 1877.

Chandrasekaran A. , Linderman K. , "Managing Knowledge Creation in High-Tech R&D Projects: A Multimethod Study", *Decision Sciences*, Vol. 46, No. 2, 2015, pp. 267 – 300.

Charfeddine L. , Zaouali S. , "The Effects of Financial Inclusion and the Business Environment in Spurring the Creation of Early-Stage Firms and Supporting Established Firms", *Journal of Business Research*, Vol. 143, 2022, pp. 1 – 15.

Chasserio S. , Pailot P. , Poroli C. , "When Entrepreneurial Identity Meets Multiple Social Identities: Interplays and Identity Work of Women Entrepreneurs", *International Journal of Entrepreneurial Behavior & Research*, Vol. 20, No. 2, 2014, pp. 128 – 154.

Chatterjee C. , Ramu S. , "Gender and Its Rising Role in Modern Indian Innovation and Entrepreneurship", *IIMB Management Review*, Vol. 30, No. 1, 2018, pp. 62 – 72.

Chatterjee I. , Shepherd D. A. , Wincent J. , "Women's Entrepreneurship and Well-Being at the Base of the Pyramid", *Journal of Business Venturing*, Vol. 37, No. 4, 2022, p. 106222.

Chen H. , Tao Y. , "Efficacy of Entrepreneurs' Psychological Capital on the Performance of New Ventures in the Development of Regional Economy in the Greater Bay Area", *Frontiers in Psychology*, Vol. 12, 2021, p. 705095.

Chen J. , Liu L. , "Customer Participation and Green Product Innovation in SMEs: The Mediating Role of Opportunity Recognition and Exploitation", *Journal of Business Research*, Vol. 119, 2020, pp. 151 – 162.

Chen J. , Wang L. , Li Y. , "Natural Resources, Urbanization, and Regional Innovation Capabilities", *Resources Policy*, Vol. 66, 2020, p. 101643.

Chen S. , Wu B. , Liao Z. , et al. , "Does Familial Decision Control Affect the Entrepreneurial Orientation of Family Firms? The Moderating Role of Family Relationships", *Journal of Business Research*, Vol. 152, 2022, pp. 60 – 69.

Chen Y. , Li R. , Song T. , "Does TMT Internationalization Promote Corporate Digital Transformation? A Study Based on the Cognitive Process Mechanism", *Business Process Management Journal*, Vol. 29, No. 2, 2023, pp. 309 – 338.

Chetty S. , Ojala A. , Leppäaho T. , "Effectuation and Foreign Market Entry of Entrepreneurial Firms", *European Journal of Marketing*, Vol. 49, No. 9/10, 2015, pp. 1436 – 1459.

Chin W. W. , "The Partial Least Squares Approach to Structural Equation Modeling", *Modern Methods for Business Research*, Vol. 295, No. 2, 1998, pp. 295 – 336.

Chowdhury S. , "Demographic Diversity for Building an Effective Entrepreneurial Team: Is It Important", *Journal of Business Venturing*, Vol. 20, 2005, pp. 727 – 746.

Chrisman J. J., Chua J. H., Pearson A. W., et al., "Family Involvement, Family Influence, and Family-Centered Non-Economic Goals in Small Firms", *Entrepreneurship Theory and Practice*, Vol. 36, No. 2, 2012, pp. 267 – 293.

Churchill Jr G. A., "A Paradigm for Developing Better Measures of Marketing Constructs", *Journal of Marketing Research*, Vol. 16, No. 1, 1979, pp. 64 – 73.

Civera A., Meoli M., "Empowering Female Entrepreneurs Through University Affiliation: Evidence from Italian Academic Spinoffs", *Small Business Economics*, Vol. 61, No. 3, 2023, pp. 1337 – 1355.

Clark K., Ramachandran I., "Subsidiary Entrepreneurship and Entrepreneurial Opportunity: An Institutional Perspective", *Journal of International Management*, Vol. 25, No. 1, 2018.

Colombelli A., Paolucci E., Ughetto E., "Hierarchical and Relational Governance and the Life Cycle of Entrepreneurial Ecosystems", *Small Business Economics*, Vol. 52, No. 2, 2019.

Cooke P., "Regional Innovation Systems, Clusters, and the Knowledge Economy", *Industrial and Corporate Change*, Vol. 10, No. 4, 2001, pp. 945 – 974.

Corbett A. C., "Learning Asymmetries and the Discovery of Entrepreneurial Opportunities", *Journal of Business Venturing*, Vol. 22, No. 1, 2007, pp. 97 – 118.

Covin J. G., Wales W. J., "Crafting High-Impact Entrepreneurial Orientation Research: Some Suggested Guidelines", *Entrepreneurship Theory and Practice*, Vol. 43, 2019, pp. 3 – 18.

Cui Y., Zhang Y., Guo J., et al., "Top Management Team Knowledge Heterogeneity, Ownership Structure and Financial Performance: Evidence from Chinese IT Listed Companies", *Technological Forecasting and Social Change*, Vol. 140, 2019, pp. 14 – 21.

D'Andria A., Gabarret I., Vedel B., "Resilience and Effectuation for a Successful Business Takeover", *International Journal of Entrepreneurial Behavior*

& Research, Vol. 24, No. 7, 2018, pp. 1200 – 1221.

Dai L., Maksimov V., Gilbert B. A., et al., "Entrepreneurial Orientation and International Scope: The Differential Roles of Innovativeness, Proactiveness, and Risk-Taking", Journal of Business Venturing, Vol. 29, No. 4, 2014, pp. 511 – 524.

Dakung R. J., Orobia L., Munene J. C., et al., "The Role of Entrepreneurship Education in Shaping Entrepreneurial Action of Disabled Students in Nigeria", Journal of Small Business & Entrepreneurship, Vol. 29, No. 4, 2017, pp. 293 – 311.

Danish A. Y., Smith H. L., "Female Entrepreneurship in Saudi Arabia: Opportunities and Challenges", International Journal of Gender and Entrepreneurship, Vol. 4, No. 3, 2012, pp. 216 – 235.

Das A., Das S. S., "E-Government and Entrepreneurship: Online Government Services and the Ease of Starting Business", Information Systems Frontiers, Vol. 24, No. 3, 2022, pp. 1027 – 1039.

Datta P. B., Gailey R., "Empowering Women through Social Entrepreneurship: Case Study of a Women's Cooperative in India", Entrepreneurship Theory and Practice, Vol. 36, No. 3, 2012, pp. 569 – 587.

Davidsson P., "Entrepreneurial Opportunities and the Entrepreneurship Nexus: A Re-Conceptualization", Journal of Business Venturing, Vol. 30, No. 5, 2015, pp. 674 – 695.

De Bruin A., Brush C. G., Welter F., "Introduction to the Special Issue: Towards Building Cumulative Knowledge on Women's Entrepreneurship", Entrepreneurship Theory and Practice, Vol. 30, No. 5, 2006, pp. 585 – 593.

Deng W., Liang Q., Li J., et al., "Science Mapping: A Bibliometric Analysis of Female Entrepreneurship Studies", Gender in Management: An International Journal, Vol. 36, No. 1, 2021, pp. 61 – 86.

DeTienne D. R., Chandler G. N., "The Role of Gender in Opportunity Identification", Entrepreneurship Theory and Practice, Vol. 31, No. 3, 2007, pp. 365 – 386.

Dezső C. L., Ross D. G., Uribe J., "Is There an Implicit Quota on Women in Top Management? A Large-Sample Statistical Analysis", *Strategic Management Journal*, Vol. 37, No. 1, 2016, pp. 98 – 115.

Di Domenico M., Haugh H., Tracey P., "Social Bricolage: Theorizing Social Value Creation in Social Enterprises", *Entrepreneurship Theory and Practice*, Vol. 34, No. 4, 2010, pp. 681 – 703.

Díaz-Fernández M. C., González-Rodríguez M. R., Simonetti B., "Top Management Team's Intellectual Capital and Firm Performance", *European Management Journal*, Vol. 33, No. 5, 2015, pp. 322 – 331.

Díez-Martín F., Blanco-González A., Prado-Román C., "Explaining Nation-Wide Differences in Entrepreneurial Activity: A Legitimacy Perspective", *International Entrepreneurship and Management Journal*, Vol. 12, No. 12, 2016, pp. 1079 – 1102.

Di Maggio P. J., Powell W. W., "The Iron Cage Revisited: Institutional Isomorphism and Collective Rationality in Organizational Fields", *American Sociological Review*, Vol. 48, 1983, pp. 147 – 160.

Douglas E., Prentice C., "Innovation and Profit Motivations for Social Entrepreneurship: A Fuzzy-Set Analysis", *Journal of Business Research*, Vol. 99, 2019, pp. 69 – 79.

Dul J., "Necessary Condition Analysis (NCA): Logic and Methodology of 'Necessary but Not Sufficient' Causality", *Organizational Research Methods*, Vol. 19, No. 1, 2016, pp. 10 – 52.

Dul J., Van der Laan E., Kuik R., "A Statistical Significance Test for Necessary Condition Analysis", *Organizational Research Methods*, Vol. 23, No. 2, 2020, pp. 385 – 395.

Duval-Couetil N., "Assessing the Impact of Entrepreneurship Education Programs: Challenges and Approaches", *Journal of Small Business Management*, Vol. 51, No. 3, 2013, pp. 394 – 409.

Dy A. M., Marlow S., Martin L., "A Web of Opportunity or the Same Old Story? Women Digital Entrepreneurs and Intersectionality Theory", *Human Relations*, Vol. 70, No. 3, 2017, pp. 286 – 311.

Eagly A. H., Kite M. E., "Are Stereotypes of Nationalities Applied to Both Women and Men?", *Journal of Personality and Social Psychology*, Vol. 53, No. 3, 1987.

Eddleston K. A., Ladge J. J., Mitteness C., et al., "Do You See What I See? Signaling Effects of Gender and Firm Characteristics on Financing Entrepreneurial Ventures", *Entrepreneurship Theory and Practice*, Vol. 40, No. 3, 2016, pp. 489 – 514.

Edelman L. F., Manolova T., Shirokova G., et al., "The Impact of Family Support on Young Entrepreneurs' Start-Up Activities", *Journal of Business Venturing*, Vol. 31, No. 4, 2016, pp. 428 – 448.

Eijdenberg E. L., Masurel E., "Entrepreneurial Motivation in a Least Developed Country: Push Factors and Pull Factors among MSEs in Uganda", *Journal of Enterprising Culture*, Vol. 21, No. 01, 2013, pp. 19 – 43.

Eisenhardt K. M., "Building Theories from Case Study Research", *Academy of Management Review*, 1989, Vol. 14, No. 4, pp. 532 – 550.

Ekinsmith C., "Challenging the Boundaries of Entrepreneurship: The Spatialities and Practices of UK Mumpreneurs", *Geoforum*, Vol. 42, No. 1, 2011, pp. 104 – 114.

Elia G., Margherita A., Passiante G., "Digital Entrepreneurship Ecosystem: How Digital Technologies and Collective Intelligence Are Reshaping the Entrepreneurial Process", *Technological Forecasting and Social Change*, Vol. 150, 2020, p. 119791.

Ennis C. A., "The Gendered Complexities of Promoting Female Entrepreneurship in the Gulf", *New Political Economy*, Vol. 24, No. 3, 2019, pp. 365 – 384.

Ephrem A. N., Nguezet P. M. D., Charmant I. K., et al., "Entrepreneurial Motivation, Psychological Capital, and Business Success of Young Entrepreneurs in the DRC", *Sustainability*, Vol. 13, No. 8, 2021.

Etzkowitz H., "Incubation of Incubators: Innovation as a Triple Helix of University-Industry-Government Networks", *Science and Public Policy*, Vol. 29, No. 2, 2002, pp. 115 – 128.

Fainshmidt S. , Witt M. A. , Aguilera R. V. , et al. , "The Contributions of Qualitative Comparative Analysis (QCA) to International Business Research", *Journal of International Business Studies*, Vol. 51, No. 4, 2020, pp. 455 – 466.

Fan M. , Qalati S. A. , Khan M. A. , et al. , "Effects of Entrepreneurial Orientation on Social Media Adoption and SME Performance: The Moderating Role of Innovation Capabilities", *PLOS ONE*, Vol. 16, 2021.

Fana M. , Torrejón Pérez S. , Fernández-Macías E. , "Employment Impact of Covid – 19 Crisis: From Short-Term Effects to Long-Term Prospects", *Journal of Industrial and Business Economics: Economia e Politica Industriale*, Vol. 47, No. 3, 2020.

Fiet J. O. , "The Theoretical Side of Teaching Entrepreneurship", *Journal of Business Venturing*, Vol. 16, No. 1, 2001, pp. 1 – 24.

Fiss P. C. , "A Set-Theoretic Approach to Organizational Configurations", *Academy of Management Review*, Vol. 32, No. 4, 2007, pp. 1180 – 1198.

Fiss P. C. , "Building Better Causal Theories: A Fuzzy Set Approach to Typologies in Organization Research", *Academy of Management Journal*, Vol. 54, No. 2, 2011, pp. 393 – 420.

Fornell C. , Larcker D. F. , "Evaluating Structural Equation Models with Unobservable Variables and Measurement Error", *Journal of Marketing Research*, Vol. 18, No. 1, 1981, pp. 39 – 50.

Foss L. , Henry C. , Ahl H. , et al. , "Women's Entrepreneurship Policy Research: A 30 – Year Review of the Evidence", *Small Business Economics*, Vol. 53, No. 2, 2019, pp. 409 – 429.

Foss N. J. , Lyngsie J. , "The Strategic Organization of the Entrepreneurial Established Firm", *Strategic Organization*, Vol. 12, 2014, pp. 208 – 215.

Fragoso R. , Rocha-Junior W. , Xavier A. , "Determinant Factors of Entrepreneurial Intention among University Students in Brazil and Portugal", *Journal of Small Business & Entrepreneurship*, Vol. 32, No. 1, 2020, pp. 33 – 57.

Franczak J. , Lanivich S. E. , Adomako S. , "Filling Institutional Voids: Combinative Effects of Institutional Shortcomings and Gender on the Alertness-Opportunity Recognition Relationship", *Journal of Business Research*, Vol. 155, 2023, p. 113444.

Fretschner M., Weber S., "Measuring and Understanding the Effects of Entrepreneurial Awareness Education", *Journal of Small Business Management*, Vol. 51, No. 3, 2013, pp. 410 – 428.

Fuel P., Pardo-del-Val M., Revuelto-Taboada L., "Does the Ideal Entrepreneurial Team Exist", *International Entrepreneurship and Management Journal*, Vol. 18, 2022, pp. 1263 – 1289.

Fuentes-Fuentes M. D., Bojica A. M., Ruiz-Arroyo M., et al., "Innovativeness and Business Relationships in Women-Owned Firms: The Role of Gender Stereotypes", *Canadian Journal of Administrative Sciences*, Vol. 34, No. 1, 2017, pp. 63 – 76.

Gaies B., Maalaoui A., Botti A., et al., "Investigating Pull-Entrepreneurship: The Effects of Exogenous Factors on Opportunity Perceptions in OECD Countries", *Journal of Enterprising Culture*, Vol. 30, No. 1, 2022, pp. 33 – 69.

Gálvez A., Tirado F., Alcaraz J. M., " 'Oh! Teleworking!' Regimes of Engagement and the Lived Experience of Female Spanish Teleworkers", *Business Ethics: A European Review*, Vol. 29, No. 1, 2020, pp. 180 – 192.

Gamache S., Abdul-Nour G., Baril C., "Development of a Digital Performance Assessment Model for Quebec Manufacturing SMEs", *Procedia Manufacturing*, Vol. 38, 2019, pp. 1085 – 1094.

Gao Y., Ge B., Lang X., et al., "Impacts of Proactive Orientation and Entrepreneurial Strategy on Entrepreneurial Performance: An Empirical Research", *Technological Forecasting and Social Change*, Vol. 135, 2018, pp. 178 – 187.

Garcia Martinez M., Zouaghi F., Garcia Marco T., "Diversity is Strategy: The Effect of R&D Team Diversity on Innovative Performance", *R&D Management*, Vol. 47, 2017, pp. 311 – 329.

Garrone P., Grilli L., Mrkajic B., "The Energy-Efficient Transformation of EU Business Enterprises: Adapting Policies to Contextual Factors", *Energy

Policy, Vol. 109, 2017, pp. 49 – 58.

Gartner W. B., "A Conceptual Framework for Describing the Phenomenon of New Venture Creation", *Academy of Management Review*, Vol. 10, No. 4, 1985, pp. 696 – 706.

Ge T., Abbas J., Ullah R., et al., "Women's Entrepreneurial Contribution to Family Income: Innovative Technologies Promote Females' Entrepreneurship Amid COVID – 19 Crisis", *Frontiers in Psychology*, Vol. 13, 2022, pp. (pagination missing).

Ghezzi A., Cortimiglia M. N., Frank A. G., "Strategy and Business Model Design in Dynamic Telecommunications Industries: A Study on Italian Mobile Network Operators", *Technological Forecasting and Social Change*, Vol. 90, 2015, pp. 346 – 354.

Gielnik M. M., Barabas S., Frese M., et al., "A Temporal Analysis of How Entrepreneurial Goal Intentions, Positive Fantasies, and Action Planning Affect Starting a New Venture and When the Effects Wear Off", *Journal of Business Venturing*, Vol. 29, No. 6, 2014, pp. 755 – 772.

Goel P., Parayitam S., Sharma A., et al., "A Moderated Mediation Model for E-Impulse Buying Tendency, Customer Satisfaction and Intention to Continue E-Shopping", *Journal of Business Research*, Vol. 142, 2022, pp. 1 – 16.

Greckhamer T., Furnari S., Fiss P. C., et al., "Studying Configurations with Qualitative Comparative Analysis: Best Practices in Strategy and Organisation Research", *Strategic Organization*, Vol. 16, No. 4, 2018, pp. 482 – 495.

Greenhaus J. H., Beutell N. J., "Sources of Conflict Between Work and Family Roles", *Academy of Management Review*, Vol. 10, No. 1, 1985, pp. 76 – 88.

Grégoire D. A., Corbett A. C., McMullen J. S., "The Cognitive Perspective in Entrepreneurship: An Agenda for Future Research", *Journal of Management Studies*, Vol. 48, No. 6, 2011, pp. 1443 – 1477.

Guan J. C., Mok C. K., Yam R. C. M., et al., "Technology Transfer and

Innovation Performance: Evidence from Chinese Firms", *Technological Forecasting and Social Change*, Vol. 73, No. 6, 2006, pp. 666 – 678.

Guo H., Tang J., Su Z., et al., "Opportunity Recognition and SME Performance: The Mediating Effect of Business Model Innovation", *R&D Management*, Vol. 47, No. 3, 2017, pp. 431 – 442.

Guo R., Cai L., Fei Y., "Knowledge Integration Methods, Product Innovation and High-Tech New Venture Performance in China", *Technology Analysis & Strategic Management*, Vol. 31, No. 3, 2019, pp. 306 – 318.

Gupta A., Batra S., Gupta V. K., "Gender, Culture, and Implicit Theories about Entrepreneurs: A Cross-National Investigation", *Small Business Economics*, Vol. 58, No. 2, 2022, pp. 1073 – 1089.

Gupta V. K., Goktan A. B., Gunay G., "Gender Differences in Evaluation of New Business Opportunity: A Stereotype Threat Perspective", *Journal of Business Venturing*, Vol. 29, No. 2, 2014, pp. 273 – 288.

Gupta V. K., Javadian G., Jalili N., "Role of Entrepreneur Gender and Management Style in Influencing Perceptions and Behaviors of New Recruits: Evidence from the Islamic Republic of Iran", *Journal of International Entrepreneurship*, Vol. 12, 2014, pp. 85 – 109.

Gupta V. K., Turban D. B., Pareek A., "Differences between Men and Women in Opportunity Evaluation as a Function of Gender Stereotypes and Stereotype Activation", *Entrepreneurship Theory and Practice*, Vol. 37, No. 4, 2013, pp. 771 – 788.

Hair J. F., Risher J. J., Sarstedt M., et al., "When to Use and How to Report the Results of PLS-SEM", *European Business Review*, Vol. 31, No. 1, 2019, pp. 2 – 24.

Hambrick D. C., Mason P. A., "Upper Echelons: The Organization as a Reflection of Its Top Managers", *Academy of Management Review*, Vol. 9, No. 2, 1984, pp. 193 – 206.

Hamilton E., "The Discourse of Entrepreneurial Masculinities (and Femininities)", *Entrepreneurship & Regional Development*, Vol. 25, No. 1 – 2, 2013, pp. 90 – 99.

Hand C. , Iskandarova M. , Blackburn R. , "Founders' Social Identity and Entrepreneurial Self-Efficacy amongst Nascent Entrepreneurs: A Configurational Perspective", *Journal of Business Venturing Insights*, Vol. 13, 2020, p. e00160.

Hao W. , Zhang J. , "The Reality, Risk and Governance of Regional Innovation Ecosystems under Digital Transformation Background", *IOP Conference Series: Earth and Environmental Science*, Vol. 769, No. 2, 2021.

Harmeling S. S. , Sarasvathy S. D. , "When Contingency Is a Resource: Educating Entrepreneurs in the Balkans, the Bronx, and Beyond", *Entrepreneurship Theory and Practice*, Vol. 37, No. 4, 2013, pp. 713–744.

Harper D. A. , "Towards a Theory of Entrepreneurial Teams", *Journal of Business Venturing*, Vol. 23, No. 6, 2008, pp. 613–626.

Harrison D. A. , Price K. H. , Bell M. P. , "Beyond Relational Demography: Time and the Effects of Surface-and Deep-Level Diversity on Work Group Cohesion", *Academy of Management Journal*, Vol. 41, No. 1, 1998, pp. 96–107.

Harrison R. T. , Mason C. M. , "Does Gender Matter? Women Business Angels and the Supply of Entrepreneurial Finance", *Entrepreneurship Theory and Practice*, Vol. 31, No. 3, 2007, pp. 445–472.

Hart D. M. , "The Emergence of Entrepreneurship Policy: Governance, Start-Ups, and Growth in the U. S. ", *Knowledge Economy*, Cambridge: Cambridge University Press, 2003.

Hayes A. F. , "Beyond Baron and Kenny: Statistical Mediation Analysis in the New Millennium", *Communication Monographs*, Vol. 76, 2009, pp. 408–420.

Healey M. P. , Bleda M. , Querbes A. , "Opportunity Evaluation in Teams: A Social Cognitive Model", *Journal of Business Venturing*, Vol. 36, 2021, p. 106128.

Hechavarría D. M. , Ingram A. E. , "Entrepreneurial Ecosystem Conditions and Gendered National-Level Entrepreneurial Activity: A 14–Year Panel Study of GEM", *Small Business Economics*, Vol. 53, 2019, pp. 431–458.

Hechavarria D., Bullough A., Brush C., et al., "High-Growth Women's Entrepreneurship: Fueling Social and Economic Development", *Journal of Small Business Management*, Vol. 57, No. 1, 2019, pp. 5 – 13.

Henseler J., Ringle C. M., Sarstedt M., "A New Criterion for Assessing Discriminant Validity in Variance-Based Structural Equation Modeling", *Journal of the Academy of Marketing Science*, Vol. 43, 2015, pp. 115 – 135.

Hessels J., Grilo I., Thurik R., et al., "Entrepreneurial Exit and Entrepreneurial Engagement", *Journal of Evolutionary Economics*, Vol. 21, No. 3, 2011, pp. 447 – 471.

Ho J., Plewa C., Lu V. N., "Examining Strategic Orientation Complementarity Using Multiple Regression Analysis and Fuzzy Set QCA", *Journal of Business Research*, Vol. 69, No. 6, 2016, pp. 2199 – 2205.

Hoogendoorn B., "The Prevalence and Determinants of Social Entrepreneurship at the Macro Level", *Journal of Small Business Management*, Vol. 54, 2016, pp. 278 – 296.

Howlett M., "Policy Instruments, Policy Styles, and Policy Implementation", *Policy Studies Journal*, Vol. 19, No. 2, 1991, pp. 1 – 21.

Hsu D. K., Shinnar R. S., Anderson S. E., "'I Wish I Had a Regular Job': An Exploratory Study of Entrepreneurial Regret", *Journal of Business Research*, Vol. 96, 2019, pp. 217 – 227.

Hsu D. K., Wiklund J., Anderson S. E., et al., "Entrepreneurial Exit Intentions and the Business-Family Interface", *Journal of Business Venturing*, Vol. 31, No. 6, 2016, pp. 613 – 627.

Huang J. C., Henfridsson O., Liu M. J., et al., "Growing on Steroids: Rapidly Scaling the User Base of Digital Ventures through Digital Innovation", *MIS Quarterly*, Vol. 41, No. 1, 2017, pp. 301 – 314.

Huang Y., Li P., Wang J., et al., "Innovativeness and Entrepreneurial Performance of Female Entrepreneurs", *Journal of Innovation & Knowledge*, Vol. 7, No. 4, 2022, p. 100257.

Huang Y., Li S., Xiang X., et al., "How Can the Combination of Entrepreneurship Policies Activate Regional Innovation Capability? A Comparative

Study of Chinese Provinces Based on fsQCA", *Journal of Innovation & Knowledge*, *Vol.* 7, No. 3, 2022.

Huang Y., Zhang M., Wang J., et al., "Psychological Cognition and Women's Entrepreneurship: A Country-Based Comparison Using fsQCA", *Journal of Innovation & Knowledge*, Vol. 7, No. 3, 2022, p. 100223.

Huang Z., Fan H., Shen L., et al., "Policy Instruments for Addressing Construction Equipment Emission—A Research Review from a Global Perspective", *Environmental Impact Assessment Review*, Vol. 86, 2021, p. 106486.

Huang Z., Huang Y., "The Quality Evaluation of Innovation and Entrepreneurship Education—An Empirical Study from 1231 Colleges and Universities in China", *Educational Research*, Vol. 40, No. 7, 2019, pp. 91–101.

Hughes M., Morgan R. E., "Deconstructing the Relationship between Entrepreneurial Orientation and Business Performance at the Embryonic Stage of Firm Growth", *Industrial Marketing Management*, Vol. 36, 2007.

Ibrahimova G., Moog P., "Colonialism versus Independence—The Role of Entrepreneurial Ecosystems in Azerbaijan Over Time", *Small Business Economics*, 2023, pp. 1–48.

Idris A., "An Inter-ethnic Study of Gender Differentiation and Innovativeness among Women Entrepreneurs in Malaysia", *South African Journal of Business Management*, Vol. 41, No. 4, 2010, pp. 35–46.

Ilomäki L., Paavola S., Lakkala M., et al., "Digital Competence—An Emergent Boundary Concept for Policy and Educational Research", *Education and Information Technologies*, Vol. 21, 2016, pp. 655–679.

Ireland R. D., Hitt M. A., Camp S. M., et al., "Integrating Entrepreneurship and Strategic Management Actions to Create Firm Wealth", *Academy of Management Perspectives*, Vol. 15, No. 1, 2001, pp. 49–63.

Israr M., Saleem M., "Entrepreneurial Intentions among University Students in Italy", *Journal of Global Entrepreneurship Research*, Vol. 8, No. 1, 2018, pp. 1–14.

Jafari-Sadeghi V., Dutta D., Ferraris A., et al., "Internationalisation Business Processes in an Under-Supported Policy Context: Evidence from Italian SMEs", *Business Process Management Journal*, Vol. 26, 2020, pp. 1055 – 1074.

Jamali D., "Constraints and Opportunities Facing Women Entrepreneurs in Developing Countries: A Relational Perspective", *Gender in Management: An International Journal*, Vol. 24, No. 4, 2009, pp. 232 – 251.

Janssen F., Fayolle A., Wuilaume A., "Researching Bricolage in Social Entrepreneurship", *Entrepreneurship & Regional Development*, Vol. 30, No. 3 – 4, 2018, pp. 450 – 470.

Jelonek D., "The Role of Open Innovations in the Development of E-Entrepreneurship", *Procedia Computer Science*, Vol. 65, 2015, pp. 1013 – 1022.

Jennings J. E., McDougald M. S., "Work-Family Interface Experiences and Coping Strategies: Implications for Entrepreneurship Research and Practice", *Academy of Management Review*, Vol. 32, No. 3, 2007, pp. 747 – 760.

Jin L., Madison K., Kraiczy N. D., et al., "Entrepreneurial Team Composition Characteristics and New Venture Performance: A Meta-Analysis", *Entrepreneurship Theory and Practice*, Vol. 41, No. 5, 2017, pp. 743 – 771.

Johnstone-Louis M., "Corporate Social Responsibility and Women's Entrepreneurship: Towards a More Adequate Theory of 'Work'", *Business Ethics Quarterly*, Vol. 27, 2017, pp. 569 – 602.

Jones R. J., Barnir A., "Properties of Opportunity Creation and Discovery: Comparing Variation in Contexts of Innovativeness", *Technovation*, Vol. 79, 2018, pp. 1 – 10.

Karimi S., Biemans H. J. A., Lans T., et al., "The Impact of Entrepreneurship Education: A Study of Iranian Students' Entrepreneurial Intentions and Opportunity Identification", *Journal of Small Business Management*, Vol. 54, No. 1, 2016, pp. 187 – 209.

Katz J. A., "A Psychosocial Cognitive Model of Employment Status Choice", *Entrepreneurship Theory and Practice*, Vol. 17, No. 1, 1992, pp. 29 – 37.

Kautonen T., Van Gelderen M., Fink M., "Robustness of the Theory of Planned Behavior in Predicting Entrepreneurial Intentions and Actions", *En-*

trepreneurship Theory and Practice, Vol. 39, No. 3, 2015, pp. 655 – 674.

Kaya B., Abubakar A. M., Behravesh E., et al., "Antecedents of Innovative Performance: Findings from PLS-SEM and Fuzzy Sets (fsQCA)", *Journal of Business Research*, Vol. 114, 2020, pp. 278 – 289.

Khurana I., "Understanding the Process of Knowledge Accumulation and Entrepreneurial Learning in Startups", *Industry and Innovation*, Vol. 28, 2021, pp. 1129 – 1149.

Kim I. C., "Korea's Policy Instruments for Waste Minimization", *Journal of Material Cycles and Waste Management*, Vol. 4, 2002, pp. 12 – 22.

Kohlbacher F., Herstatt C., Levsen N., "Golden Opportunities for Silver Innovation: How Demographic Changes Give Rise to Entrepreneurial Opportunities to Meet the Needs of Older People", *Technovation*, Vol. 39, 2015, pp. 73 – 82.

Kopelman R. E., Greenhaus J. H., Connolly T. F., "A Model of Work, Family, and Interrole Conflict: A Construct Validation Study", *Organizational Behavior and Human Performance*, Vol. 32, No. 2, 1983, pp. 198 – 215.

Kungwansupaphan, c., & Leihaothabam, j. k. s., "Entrepreneurial Orientation, Performance and The Moderating Role of Institutional Capital: A Case Study of Female Entrepreneurs In Thailand", *Journal of Developmental Entrepreneurship*, Vol. 24, No. 2, 2019, p. 1950008.

Krumboltz J. D., Mitchell A. M., Jones G. B., "A Social Learning Theory of Career Selection", *The Counseling Psychologist*, Vol. 6, No. 1, 1976, pp. 71 – 81.

Kuckertz A., Kollmann T., Krell P., et al., "Understanding, Differentiating, and Measuring Opportunity Recognition and Opportunity Exploitation", *International Journal of Entrepreneurial Behavior & Research*, Vol. 23, No. 1, 2017.

Kusa R., Duda J., Suder M., "Explaining SME Performance with fsQCA: The Role of Entrepreneurial Orientation, Entrepreneur Motivation, and Opportunity Perception", *Journal of Innovation & Knowledge*, Vol. 6, No. 4,

2021, pp. 234 – 245.

Ladzani W. M., Van Vuuren J. J., "Entrepreneurship Training for Emerging SMEs in South Africa", *Journal of Small Business Management*, Vol. 40, No. 2, 2002, pp. 154 – 161.

Lane A., Mallett O., Wapshott R., "Failure and Entrepreneurship: Practice, Research, and Pedagogy", *Journal of Small Business & Entrepreneurship*, Vol. 31, No. 1, 2019, pp. 97 – 99.

Langevang T., Gough K. V., Yankson P., et al., "Bounded Entrepreneurial Vitality: The Mixed Embeddedness of Female Entrepreneurship", *Economic Geography*, Vol. 91, No. 4, 2015, pp. 449 – 473.

Larsson J. P., Thulin P., "Independent by Necessity? The Life Satisfaction of Necessity and Opportunity Entrepreneurs in 70 Countries", *Small Business Economics*, Vol. 53, No. 4, 2019, pp. 921 – 934.

Lattacher W., Gregori P., Holzmann P., et al., "Knowledge Spillover in Entrepreneurial Emergence: A Learning Perspective", *Technological Forecasting and Social Change*, Vol. 166, 2021, Article 120660.

Lawler Ⅲ E. E., Suttle J. L., "Expectancy Theory and Job Behavior", *Organizational Behavior and Human Performance*, Vol. 9, No. 3, 1973, pp. 482 – 503.

Le P. B., Lei H., "The Effects of Innovation Speed and Quality on Differentiation and Low-Cost Competitive Advantage: The Case of Chinese Firms", *Chinese Management Studies*, Vol. 12, No. 2, 2018, pp. 305 – 322.

Lee J. H. J., Ok C. M., "Understanding Hotel Employees' Service Sabotage: Emotional Labor Perspective Based on Conservation of Resources Theory", *International Journal of Hospitality Management*, Vol. 36, 2014, pp. 176 – 187.

Lee J., Meijer E., Phillips D. F., et al., "Disability Incidence Rates for Men and Women in 23 Countries: Evidence on Health Effects of Gender Inequality", *The Journals of Gerontology Series A: Biological Sciences and Medical Sciences*, Vol. 76, 2021, pp. 328 – 338.

Lemaire S., Gael B., Haddad G., et al., "Knowledge Transfer from and within Digital Incubators: Does the Context of Entrepreneurship Matter? The

Case of Women Entrepreneurs in France", *Journal of Knowledge Management*, Vol. 27, No. 10, 2023, pp. 2642 – 2670.

Lewellyn K. B. , Muller-Kahle M. I. , "A Configurational Exploration of How Female and Male CEOs Influence Their Compensation", *Journal of Management*, Vol. 48, No. 7, 2022, pp. 2031 – 2074.

Lewis K. V. , Ho M. , Harris C. , et al. , "Becoming an Entrepreneur: Opportunities and Identity Transitions", *International Journal of Gender and Entrepreneurship*, Vol. 8, No. 2, 2016, pp. 98 – 116.

Lewis P. , Rumens N. , Simpson R. , "Postfeminism, Hybrid Mumpreneur Identities and the Reproduction of Masculine Entrepreneurship", *International Small Business Journal*, Vol. 40, No. 1, 2022, pp. 68 – 89.

Li M. , He L. , Zhao Y. , "The Triple Helix System and Regional Entrepreneurship in China", *Entrepreneurship & Regional Development*, Vol. 32, No. 7 – 8, 2020, pp. 508 – 530.

Li W. , Du W. , Yin J. , "Digital Entrepreneurship Ecosystem as a New Form of Organizing: The Case of Zhongguancun", *Frontiers of Business Research in China*, Vol. 11, 2017, pp. 1 – 21.

Li X. , Wang J. K. , Yang C. , "Risk Prediction in Financial Management of Listed Companies Based on Optimized BP Neural Network under Digital Economy", *Neural Computing and Applications*, Vol. 35, 2022, pp. 2045 – 2058.

Lian G. , Xu A. , Zhu Y. , "Substantive Green Innovation or Symbolic Green Innovation? The Impact of ER on Enterprise Green Innovation Based on the Dual Moderating Effects", *Journal of Innovation & Knowledge*, Vol. 7, No. 3, 2022, Article 100203.

Lim D. S. K. , Morse E. A. , Mitchell R. K. , et al. , "Institutional Environment and Entrepreneurial Cognitions: A Comparative Business Systems Perspective", *Entrepreneurship Theory and Practice*, Vol. 34, No. 3, 2010, pp. 491 – 516.

Lin R. , Xie Z. , Hao Y. , et al. , "Improving High-Tech Enterprise Innovation in Big Data Environment: A Combinative View of Internal and External

Governance", *International Journal of Information Management*, Vol. 50, 2020, pp. 575 – 585.

Liñán F., Jaén I., Martín D., "Does Entrepreneurship Fit Her? Women Entrepreneurs, Gender-Role Orientation, and Entrepreneurial Culture", *Small Business Economics*, Vol. 58, No. 2, 2022, pp. 1051 – 1071.

Linton G., "Innovativeness, Risk-Taking, and Proactiveness in Startups: A Case Study and Conceptual Development", *Journal of Global Entrepreneurship Research*, Vol. 9, No. 1, 2019, Article 20.

Liu S., Xu X. Y., Zhao K., et al., "Understanding the Complexity of Regional Innovation Capacity Dynamics in China: From the Perspective of Hidden Markov Model", *Sustainability*, Vol. 13, No. 4, 2021, Article 1658.

Liu X., Lin C., Zhao G., et al., "Research on the Effects of Entrepreneurial Education and Entrepreneurial Self-Efficacy on College Students' Entrepreneurial Intention", *Frontiers in Psychology*, Vol. 10, 2019, Article 869.

Liu X., Qin A., "Opinions on the Construction of Mass Entrepreneurship and Innovation + Internationalization' Educational Ecosystem in Rail Transit Higher Vocational Colleges-Take Guangzhou Railway Polytechnic as an Example", *Proceedings of the 2021 2nd International Conference on Computers, Information Processing and Advanced Education*, 2021, pp. 507 – 514.

López-Cabarcos M. Á., Ribeiro-Soriano D., Pineiro-Chousa J., "All That Glitters Is Not Gold. The Rise of Gaming in the COVID – 19 Pandemic", *Journal of Innovation & Knowledge*, Vol. 5, No. 4, 2020, pp. 289 – 296.

López-Cabarcos M. Á., Vázquez-Rodríguez P., Piñeiro-Chousa J. R., "Combined Antecedents of Prison Employees' Affective Commitment Using fsQCA", *Journal of Business Research*, Vol. 69, No. 11, 2016, pp. 5534 – 5539.

Loscocco K., Bird S. R., "Gendered Paths: Why Women Lag Behind Men in Small Business Success", *Work and Occupations*, Vol. 39, No. 2, 2012, pp. 183 – 219.

Low M. B., MacMillan I. C., "Entrepreneurship: Past Research and Future Challenges", *Journal of Management*, Vol. 14, No. 2, 1988, pp. 139 –

161.

Lu G. , Song Y. , Pan B. , "How University Entrepreneurship Support Affects College Students' Entrepreneurial Intentions: An Empirical Analysis from China", *Sustainability*, Vol. 13, No. 6, 2021, Article 3224.

Lubatkin M. H. , Simsek Z. , Ling Y. , et al. , "Ambidexterity and Performance in Small-to Medium-Sized Firms: The Pivotal Role of Top Management Team Behavioral Integration", *Journal of Management*, Vol. 32, No. 5, 2006, pp. 646 – 672.

Lumpkin G. T. , Dess G. G. , "Clarifying the Entrepreneurial Orientation Construct and Linking it to Performance", *Academy of Management Review*, Vol. 21, No. 1, 1996, pp. 135 – 172.

Lumpkin G. T. , Dess G. G. , "Linking Two Dimensions of Entrepreneurial Orientation to Firm Performance: The Moderating Role of Environment and Industry Life Cycle", *Journal of Business Venturing*, Vol. 16, No. 5, 2001, pp. 429 – 451.

Lumpkin G. T. , Lichtenstein B. B. , "The Role of Organizational Learning in the Opportunity-Recognition Process", *Entrepreneurship Theory and Practice*, Vol. 29, No. 4, 2005, pp. 451 – 472.

Luo Y. , Chan R. C. K. , "Gendered Digital Entrepreneurship in Gendered Coworking Spaces: Evidence from Shenzhen, China", *Cities*, Vol. 119, 2021, Article 103411.

Luthans F. , Avey J. B. , Avolio B. J. , et al. , "The Development and Resulting Performance Impact of Positive Psychological Capital", *Human Resource Development Quarterly*, Vol. 21, No. 1, 2010, pp. 41 – 67.

Luthans F. , Avolio B. J. , Avey J. B. , et al. , "Positive Psychological Capital: Measurement and Relationship with Performance and Satisfaction", *Personnel Psychology*, Vol. 60, No. 3, 2007, pp. 541 – 572.

Luthans F. , Luthans K. W. , Luthans B. C. , "Positive Psychological Capital: Beyond Human and Social Capital", *Business Horizons*, Vol. 47, No. 1, 2004, pp. 45 – 50.

Luthans F. , Youssef C. M. , "Human, Social, and Now Positive Psychological Capital Management: Investing in People for Competitive Advantage", *Organizational Dynamics*, Vol. 33, No. 2, 2004, pp. 143 – 160.

Lyons E., Zhang L., "Who Does (Not) Benefit from Entrepreneurship Programs?", *Strategic Management Journal*, Vol. 39, No. 1, 2018, pp. 85 – 112.

Ma C., Lin X., Wei W., "Linking Perceived Overqualification with Task Performance and Proactivity? An Examination from Self-Concept-Based Perspective", *Journal of Business Research*, Vol. 118, 2020, pp. 199 – 209.

Ma S., Kor Y. Y., Seidl D., "Top Management Team Role Structure: A Vantage Point for Advancing Upper Echelons Research", *Strategic Management Journal*, Vol. 43, No. 8, 2022, pp. O1 – O28.

Maclaran P., Chatzidakis A., "Feminising (Digital) Utopias", *Journal of Business Research*, Vol. 131, 2021, pp. 370 – 373.

Madani F., "'Technology Mining' Bibliometrics Analysis: Applying Network Analysis and Cluster Analysis", *Scientometrics*, Vol. 105, No. 1, 2015, pp. 323 – 335.

Maden C., "A Gendered Lens on Entrepreneurship: Women Entrepreneurship in Turkey", *Gender in Management: An International Journal*, Vol. 30, 2015, pp. 312 – 331.

Malerba F., McKelvey M., "Knowledge-Intensive Innovative Entrepreneurship Integrating Schumpeter, Evolutionary Economics, and Innovation Systems", *Small Business Economics*, Vol. 54, No. 2, 2020, pp. 503 – 522.

Malmström M., Johansson J., Wincent J., "Gender Stereotypes and Venture Support Decisions: How Governmental Venture Capitalists Socially Construct Entrepreneurs' Potential", *Entrepreneurship Theory and Practice*, Vol. 41, No. 5, 2017, pp. 833 – 860.

Malmström M., Voitkane A., Johansson J., et al., "What Do They Think and What Do They Say? Gender Bias, Entrepreneurial Attitude in Writing and Venture Capitalists' Funding Decisions", *Journal of Business Venturing Insights*, Vol. 13, 2020, Article e00154.

Mao Y., He J., Morrison A. M., et al., "Effects of Tourism CSR on Employee Psychological Capital in the COVID – 19 Crisis: From the Perspective of Conservation of Resources Theory", *Current Issues in Tourism*, Vol. 24, No. 19, 2021, pp. 2716 – 2734.

Maran T. K., Bachmann A. K., Mohr C., et al., "Motivational Foundations of Identifying and Exploiting Entrepreneurial Opportunities", *International Journal of Entrepreneurial Behavior & Research*, Vol. 27, No. 4, 2021, pp. 1054 – 1081.

Markman G. D., Russo M., Lumpkin G. T., et al., "Entrepreneurship as a Platform for Pursuing Multiple Goals: A Special Issue on Sustainability, Ethics, and Entrepreneurship", *Journal of Management Studies*, Vol. 53, No. 5, 2016, pp. 673 – 694.

Marlow S., "Gender and Entrepreneurship: Past Achievements and Future Possibilities", *International Journal of Gender and Entrepreneurship*, Vol. 12, 2020, pp. 39 – 52.

Marlow S., "Women and Self-Employment: A Part of or Apart from Theoretical Construct?", *The International Journal of Entrepreneurship and Innovation*, Vol. 3, No. 2, 2002, pp. 83 – 91.

Marlow S., Martinez Dy A., "Annual Review Article: Is It Time to Rethink the Gender Agenda in Entrepreneurship Research", *International Small Business Journal: Researching Entrepreneurship*, Vol. 36, 2018, pp. 3 – 22.

Marriott P., Tan S. M., Marriott N., "Experiential Learning—A Case Study of the Use of Computerised Stock Market Trading Simulation in Finance Education", *Accounting Education*, Vol. 24, No. 6, 2015, pp. 480 – 497.

Martiarena A., "How Gender Stereotypes Shape Venture Growth Expectations", *Small Business Economics*, Vol. 58, No. 2, 2022, pp. 1015 – 1034.

Martin B. C., McNally J. J., Kay M. J., "Examining the Formation of Human Capital in Entrepreneurship: A Meta-Analysis of Entrepreneurship Education Outcomes", *Journal of Business Venturing*, Vol. 28, No. 2, 2013, pp. 211 – 224.

Martinez Dy A., Martin L., Marlow S., "Emancipation through Digital Entrepreneurship? A Critical Realist Analysis", *Organization*, Vol. 25, No. 5, 2018, pp. 585 – 608.

Martins L. L., Eddleston K. A., Veiga J. F., "Moderators of the Relationship between Work-Family Conflict and Career Satisfaction", *Academy of Management Journal*, Vol. 45, No. 2, 2002, pp. 399 – 409.

Marvel M. R., Davis J. L., Sproul C. R., "Human Capital and Entrepreneurship Research: A Critical Review and Future Directions", *Entrepreneurship Theory and Practice*, Vol. 40, No. 3, 2016, pp. 599 – 626.

McAdam M., Crowley C., Harrison R. T., "Digital Girl: Cyberfeminism and the Emancipatory Potential of Digital Entrepreneurship in Emerging Economies", *Small Business Economics*, Vol. 55, No. 2, 2020, pp. 349 – 362.

McAdam M., Harrison R. T., Leitch C. M., "Stories from the Field: Women's Networking as Gender Capital in Entrepreneurial Ecosystems", *Small Business Economics*, Vol. 53, 2019, pp. 459 – 474.

McDonnell L. M., Elmore R. F., "Getting the Job Done: Alternative Policy Instruments", *Educational Evaluation and Policy Analysis*, Vol. 9, No. 2, 1987, pp. 133 – 152.

Meek W. R., Pacheco D. F., York J. G., "The Impact of Social Norms on Entrepreneurial Action: Evidence from the Environmental Entrepreneurship Context", *Journal of Business Venturing*, Vol. 25, No. 5, 2010, pp. 493 – 509.

Mehrabi H., Coviello N., Ranaweera C., "When is Top Management Team Heterogeneity Beneficial for Product Exploration? Understanding the Role of Institutional Pressures", *Journal of Business Research*, Vol. 132, 2021, pp. 775 – 786.

Messersmith J. G., Wales W. J., "Entrepreneurial Orientation and Performance in Young Firms: The Role of Human Resource Management", *International Small Business Journal*, Vol. 31, No. 2, 2013, pp. 115 – 136.

Meyer A. D., Tsui A. S., Hinings C. R., "Configurational Approaches to Organizational Analysis", *Academy of Management Journal*, Vol. 36, No. 6, 1993, pp. 1175 – 1195.

Miao C., Gast J., Laouiti R., et al., "Institutional Factors, Religiosity, and Entrepreneurial Activity: A Quantitative Examination across 85 Countries", *World Development*, Vol. 149, 2022, Article 105695.

Miller K. D., "Risk and Rationality in Entrepreneurial Processes", *Strategic Entrepreneurship Journal*, Vol. 1, No. 1-2, 2007, pp. 57-74.

Minniti M., Naudé W., "What Do We Know about the Patterns and Determinants of Female Entrepreneurship across Countries?", *The European Journal of Development Research*, Vol. 22, 2010, pp. 277-293.

Mitchell R. K., Chesteen S. A., "Enhancing Entrepreneurial Expertise: Experiential Pedagogy and the New Venture Expert Script", *Simulation & Gaming*, Vol. 26, No. 3, 1995, pp. 288-306.

Mitra J., Basit A., "Personal Networks and Growth Aspirations: A Case Study of Second-Generation, Muslim, Female Entrepreneurs", *Small Business Economics*, Vol. 56, No. 1, 2021, pp. 121-143.

Molino M., Dolce V., Cortese C. G., et al., "Personality and Social Support as Determinants of Entrepreneurial Intention. Gender Differences in Italy", *PloS One*, Vol. 13, No. 6, 2018, Article e0199924.

Morgan J., Sisak D., "Aspiring to Succeed: A Model of Entrepreneurship and Fear of Failure", *Journal of Business Venturing*, Vol. 31, No. 1, 2016, pp. 1-21.

Mostafiz I., Goh S. K., "International Women Entrepreneurs and International Opportunity Recognition Skills for Start-Up Ventures", *Journal for International Business and Entrepreneurship Development*, Vol. 11, No. 3, 2018, pp. 201-220.

Mueller S. L., Dato-On M. C., "Gender-Role Orientation as a Determinant of Entrepreneurial Self-Efficacy", *Journal of Developmental Entrepreneurship*, Vol. 13, No. 1, 2008, pp. 3-20.

Mukesh H. V., Pillai K. R., Mamman J., "Action-Embedded Pedagogy in Entrepreneurship Education: An Experimental Enquiry", *Studies in Higher Education*, Vol. 45, No. 8, 2020, pp. 1679-1693.

Naffziger D. W., Hornsby J. S., Kuratko D. F., "A Proposed Research Model of Entrepreneurial Motivation", *Entrepreneurship Theory and Practice*, Vol. 18, No. 3, 1994, pp. 29 – 42.

Naidu S., Chand A., "National Culture, Gender Inequality and Women's Success in Micro, Small and Medium Enterprises", *Social Indicators Research*, Vol. 130, 2017, pp. 647 – 664.

Nair S. R., "The Link between Women Entrepreneurship, Innovation and Stakeholder Engagement: A Review", *Journal of Business Research*, Vol. 119, 2020, pp. 283 – 290.

Nambisan S., "Digital Entrepreneurship: Toward a Digital Technology Perspective of Entrepreneurship", *Entrepreneurship Theory and Practice*, Vol. 41, No. 6, 2017, pp. 1029 – 1055.

Nambisan S., Baron R. A., "On the Costs of Digital Entrepreneurship: Role Conflict, Stress, and Venture Performance in Digital Platform-Based Ecosystems", *Journal of Business Research*, Vol. 125, 2021, pp. 520 – 532.

Nel P., Maritz A., Thongprovati O., "Motherhood and Entrepreneurship: The Mumpreneur Phenomenon", *International Journal of Organizational Innovation (Online)*, Vol. 3, No. 1, 2010, p. 6.

Netemeyer R. G., Boles J. S., McMurrian R., "Development and Validation of Work-Family Conflict and Family-Work Conflict Scales", *Journal of Applied Psychology*, Vol. 81, No. 4, 1996, p. 400.

Neumeyer X., Santos S. C., "A Lot of Different Flowers Make a Bouquet: The Effect of Gender Composition on Technology-Based Entrepreneurial Student Teams", *International Entrepreneurship and Management Journal*, Vol. 16, No. 1, 2020, pp. 93 – 114.

Neumeyer X., Santos S. C., Kalbfleisch P. J., "Entrepreneurship Ecosystems and Women Entrepreneurs: A Social Capital and Network Approach", *Small Business Economics*, Vol. 53, No. 2, 2019, pp. 475 – 489.

Noguera M., Alvarez C., Urbano D., "Socio-Cultural Factors and Female Entrepreneurship", *International Entrepreneurship and Management Journal*, Vol. 9, No. 2, 2013, pp. 183 – 197.

Nonaka I., Toyama R., Nagata A., "A Firm as a Knowledge-Creating Entity: A New Perspective on the Theory of the Firm", *Industrial and Corporate Change*, Vol. 9, No. 1, 2000, pp. 1 – 20.

North D. C., "A Transaction Cost Theory of Politics", *Journal of Theoretical Politics*, Vol. 2, No. 4, 1990, pp. 355 – 367.

Ogunsade A. I., Obembe D., Woldesenbet K., et al., "Entrepreneurial Attitudes among University Students: The Role of Institutional Environments and Cultural Norms", *Entrepreneurship Education*, Vol. 4, No. 2, 2021, pp. 169 – 190.

Ojala A., "Business Models and Opportunity Creation: How IT Entrepreneurs Create and Develop Business Models under Uncertainty", *Information Systems Journal*, Vol. 26, No. 5, 2016, pp. 451 – 476.

Ostmeier E., Strobel M., "Building Skills in the Context of Digital Transformation: How Industry Digital Maturity Drives Proactive Skill Development", *Journal of Business Research*, Vol. 139, 2022, pp. 718 – 730.

Ouldchikh Y. O., Peng H., "The Impact of Executive Turnover on Entrepreneurial Company's Performance: The Moderating Role CEO's Prior Work Experience in Algeria's Entrepreneurial Business Companies", *The International Journal of Management Science and Business Administration*, Vol. 9, No. 1, 2022, pp. 32 – 41.

Ozasir Kacar S., Essers C., Benschop Y., "A Contextual Analysis of Entrepreneurial Identity and Experience: Women Entrepreneurs in Turkey", *Entrepreneurship & Regional Development*, Vol. 35, No. 5 – 6, 2023, pp. 460 – 481.

Pai D. C., Lai C. S., Chiu C. J., et al., "Corporate Social Responsibility and Brand Advocacy in Business-to-Business Market: The Mediated Moderating Effect of Attribution", *Journal of Business Ethics*, Vol. 126, 2015, pp. 685 – 696.

Pan W., Xie T., Wang Z., et al., "Digital Economy: An Innovation Driver for Total Factor Productivity", *Journal of Business Research*, Vol. 139, 2022, pp. 303 – 311.

Paoloni P., Serafini G., "Female Entrepreneurship in Perspective: A Methodological Issue", *Administrative Sciences*, Vol. 8, No. 4, 2018, p. 67.

Pappas I. O. , Woodside A. G. , "Fuzzy-Set Qualitative Comparative Analysis (fsQCA): Guidelines for Research Practice in Information Systems and Marketing", *International Journal of Information Management*, Vol. 58, 2021.

Parcel T. L. , Menaghan E. G. , "Family Social Capital and Children's Behavior Problems", *Social Psychology Quarterly*, Vol. 56, No. 2, 1993, pp. 120 – 135.

Parida V. , Pesamaa O. , Wincent J. , et al. , "Network Capability, Innovativeness, and Performance: A Multidimensional Extension for Entrepreneurship", *Entrepreneurship & Regional Development*, Vol. 29, 2017.

Parnell J. A. , Long Z. A. , Lester D. L. , "Competitive Strategy, Capabilities and Uncertainty in Small and Medium-Sized Enterprises (SMEs) in China and the United States", *Management Decision*, Vol. 53, 2015.

Patrick T. B. , Monga H. K. , Sievert M. C. , et al. , "Evaluation of Controlled Vocabulary Resources for Development of a Consumer Entry Vocabulary for Diabetes", *Journal of Medical Internet Research*, Vol. 3, No. 3, 2001, p. e844.

Peláez Zuberbühler M. J. , Coo Calcagni C. , Martínez I. M. , et al. , "Development and Validation of the Coaching-Based Leadership Scale and Its Relationship with Psychological Capital, Work Engagement, and Performance", *Current Psychology*, 2021, pp. 1 – 22.

Pelled L. H. , "Demographic Diversity, Conflict, and Work Group Outcomes: An Intervening Process Theory", *Organization Science*, Vol. 7, No. 6, 1996.

Peng A. Y. , Hou J. Z. , KhosraviNik M. , et al. , "She Uses Men to Boost Her Career: Chinese Digital Cultures and Gender Stereotypes of Female Academics in Zhihu Discourses", *Social Semiotics*, Vol. 31, No. 4, 2021, pp. 482 – 499.

Peng H. , Chang Y. , Liu Y. , "Risk Preference, Prior Experience, and Serial Entrepreneurship Performance: Evidence from China", *Asia Pacific Business Review*, Vol. 27, 2021, pp. 1 – 19.

Peng Y. , Tao C. , "Can Digital Transformation Promote Enterprise Performance? From the Perspective of Public Policy and Innovation", *Journal of Innovation & Knowledge*, Vol. 7, No. 3, 2022.

Pergelova A., Manolova T., Simeonova-Ganeva R., et al., "Democratizing Entrepreneurship? Digital Technologies and the Internationalization of Female-Led SMEs", *Journal of Small Business Management*, Vol. 57, No. 1, 2019.

Peris-Delcampo D., Núñez A., Costa C. M., et al., "Quantitative and Qualitative Analysis of Psychosocial Factors Affecting Women's Entrepreneurship", *Behavioral Sciences*, Vol. 13, No. 4, 2023.

Peterson A., Wu A., "Entrepreneurial Learning and Strategic Foresight", *Strategic Management Journal*, Vol. 42, No. 13, 2021, pp. 2357–2388.

Piñeiro-Chousa J., López-Cabarcos M. Á., Romero-Castro N. M., et al., "Innovation, Entrepreneurship and Knowledge in the Business Scientific Field: Mapping the Research Front", *Journal of Business Research*, Vol. 115, 2020, pp. 475–485.

Piñeiro-Chousa J., López-Cabarcos M. Á., Romero-Castro N., et al., "Sustainable Tourism Entrepreneurship in Protected Areas: A Real Options Assessment of Alternative Management Options", *Entrepreneurship & Regional Development*, Vol. 33, 2021.

Piñeiro-Chousa J., Romero-Castro N., Vizcaíno-González M., "Inclusions in and Exclusions from the S&P 500 Environmental and Socially Responsible Index: A Fuzzy-set Qualitative Comparative Analysis", *Sustainability*, Vol. 11, No. 4, 2019, p. 1211.

Piñeiro-Chousa J., Vizcaíno-González M., López-Cabarcos M. Á., "Reputation, Game Theory, and Entrepreneurial Sustainability", *Sustainability*, Vol. 8, No. 11, 2016, p. 1196.

Plaschka G. R., Welsch H. P., "Emerging Structures in Entrepreneurship Education: Curricular Designs and Strategies", *Entrepreneurship Theory and Practice*, Vol. 14, No. 3, 1990.

Podsakoff P., MacKenzie S., Lee J. Y., et al., "Common Method Biases in Behavioral Research: A Critical Review of the Literature and Recommended

Remedies", *Journal of Applied Psychology*, Vol. 88, No. 5, 2003, pp. 879-903.

Poggesi S., Mari M., De Vita L., "What's New in Female Entrepreneurship Research? Answers from the Literature", *International Entrepreneurship and Management Journal*, Vol. 12, No. 3, 2016.

Politis D., "The Process of Entrepreneurial Learning: A Conceptual Framework", *Entrepreneurship Theory and Practice*, Vol. 29, 2005, pp. 399-424.

Porfírio J. A., Felício J. A., Carrilho T., et al., "Promoting Entrepreneurial Intentions from Adolescence: The Influence of Entrepreneurial Culture and Education", *Journal of Business Research*, Vol. 156, 2023, p. 113521.

Powell M., Ansic D., "Gender Differences in Risk Behaviour in Financial Decision-Making: An Experimental Analysis", *Journal of Economic Psychology*, Vol. 18, No. 6, 1997.

Prasastyoga B., Harinck F., Van Leeuwen E., "The Role of Perceived Value of Entrepreneurial Identity in Growth Motivation", *International Journal of Entrepreneurial Behavior & Research*, Vol. 27, No. 6, 2021.

Pryor C., Li C., Sergeeva A. V., et al., "In Loving Hands: How Founders' Affective Commitment Strengthens the Effect of Organizational Flexibility on Firms' Opportunity Exploitation and Performance", *Frontiers in Psychology*, Vol. 12, 2022.

Putniņš T. J., Sauka A., "Why Does Entrepreneurial Orientation Affect Company Performance?", *Strategic Entrepreneurship Journal*, Vol. 13, No. 1, 2019, pp. 7-28.

Qi Y., Peng W., Xiong N. N., "The Effects of Fiscal and Tax Incentives on Regional Innovation Capability: Text Extraction Based on Python", *Mathematics*, Vol. 8, No. 7, 2020.

Ragin C. C., "Set Relations in Social Research: Evaluating Their Consistency and Coverage", *Political Analysis*, Vol. 14, No. 3, 2006.

Rahi S., Mansour M. M. O., Alharafsheh M., et al., "The Post-Adoption

Behavior of Internet Banking Users Through the Eyes of Self-Determination Theory and Expectation Confirmation Model", *Journal of Enterprise Information Management*, Vol. 34, No. 4, 2021.

Ramos C. M., Casado-Molina A., "Online Corporate Reputation: A Panel Data Approach and a Reputation Index Proposal Applied to the Banking Sector", *Journal of Business Research*, Vol. 122, 2021.

Ramos-Rodríguez A., "What You Know or Who You Know? The Role of Intellectual and Social Capital in Opportunity Recognition", *International Small Business Journal*, Vol. 28, No. 6, 2010.

Rashid F., John M., Consolatta N., et al., "Impact of Microfinance Institutions on Economic Empowerment of Women Entrepreneurs in Developing Countries", *International Journal of Management Science and Business Administration*, Vol. 1, No. 10, 2015, pp. 45 – 55.

Rauch A., Wiklund J., Lumpkin G. T., et al., "Entrepreneurial Orientation and Business Performance: An Assessment of Past Research and Suggestions for the Future", *Entrepreneurship Theory and Practice*, Vol. 33, No. 3, 2009.

Rey-Martí A., Porcar A. T., Mas-Tur A., "Linking Female Entrepreneurs, Motivation to Business Survival", *Journal of Business Research*, Vol. 68, No. 4, 2015.

Ribes-Giner G., Moya-Clemente I., Cervelló-Royo R., et al., "Domestic Economic and Social Conditions Empowering Female Entrepreneurship", *Journal of Business Research*, Vol. 89, 2018.

Robb A. M., Watson J., "Gender Differences in Firm Performance: Evidence from New Ventures in the United States", *Journal of Business Venturing*, Vol. 27, No. 5, 2012.

Roberson Q., Holmes O., Perry J. L., "Transforming Research on Diversity and Firm Performance: A Dynamic Capabilities Perspective", *Academy of Management Annals*, Vol. 11, No. 1, 2017, pp. 189 – 216.

Rocha V., Praag M., "Mind the Gap: The Role of Gender in Entrepreneurial Career Choice and Social Influence by Founders", *Strategic Management*

Journal, Vol. 41, No. 5, 2020, pp. 841 – 866.

Rodrigues M., Daniel A. D., Franco M., "What Is Important to Know about Mumpreneurship? A Bibliometric Analysis", *International Journal of Organizational Analysis*, Vol. 30, No. 1, 2022.

Rogošić S., Baranović B., "Social Capital and Educational Achievements: Coleman vs. Bourdieu", *Center for Educational Policy Studies Journal*, Vol. 6, No. 2, 2016, pp. 81 – 100.

Roig-Tierno N., González-Cruz T. F., Martínez J. L., "An Overview of Qualitative Comparative Analysis: A Bibliometric Analysis", *Journal of Innovation & Knowledge*, Vol. 2, No. 1, 2016.

Romero-Castro N., López-Cabarcos M. Á., Piñeiro-Chousa J., "Uncovering Complexity in the Economic Assessment of Derogations from the European Industrial Emissions Directive", *Journal of Innovation & Knowledge*, Vol. 7, No. 1, 2022.

Rosa P., Carter S., Hamilton D., "Gender as a Determinant of Small Business Performance: Insights from a British Study", *Small Business Economics*, Vol. 8, No. 6, 1996, pp. 463 – 478.

Rosado-Cubero A., Freire-Rubio T., Hernández A., "Entrepreneurship: What Matters Most", *Journal of Business Research*, Vol. 144, 2022.

Rosser S. V., "Through the Lens of Feminist Theory: Focus on Women and Information Technology", *Frontiers: A Journal of Women Studies*, Vol. 26, No. 1, 2005, pp. 1 – 23.

Rothwell R., "Reindustrialization and Technology: Towards a National Policy Framework", *Science and Public Policy*, Vol. 12, No. 3, 1985.

Rovelli P., Rossi-Lamastra C., Longoni A., et al., "TMT Organizational Configurations and Opportunity Realization in Established Firms: An Exploratory Analysis", *Long Range Planning*, Vol. 53, No. 4, 2020, p. 101972.

Rudhumbu N., DuPlessis E. E., Maphosa C., "Challenges and Opportunities for Women Entrepreneurs in Botswana: Revisiting the Role of Entrepreneurship Education", *Journal of International Education in Business*, Vol. 13, No. 2, 2020.

Ruskovaara E., Pihkala T., "Teachers Implementing Entrepreneurship Education: Classroom Practices", *Education + Training*, Vol. 55, No. 2, 2013.

Ryan J. C., Daly T. M., "Barriers to Innovation and Knowledge Generation: The Challenges of Conducting Business and Social Research in an Emerging Country Context", *Journal of Innovation & Knowledge*, Vol. 4, No. 1, 2017.

Saeed W. S., Yousafzai S. Y., Yani-De-Soriano M., "The Role of Perceived University Support in the Formation of Students' Entrepreneurial Intention", *Journal of Small Business Management*, Vol. 53, No. 4, 2015, pp. 1127 – 1145.

Sahut J. M., Iandoli L., Teulon F., "The Age of Digital Entrepreneurship", *Small Business Economics*, Vol. 56, No. 3, 2021, pp. 1159 – 1169.

Salamzadeh Y., Sangosanya T. A., Salamzadeh A., et al., "Entrepreneurial Universities and Social Capital: The Moderating Role of Entrepreneurial Intention in the Malaysian Context", *The International Journal of Management Education*, Vol. 20, No. 1, 2022, p. 100609.

Santos F. J., Roomi M. A., Linn F., "About Gender Differences and the Social Environment in the Development of Entrepreneurial Intentions", *Journal of Small Business Management*, Vol. 54, No. 4, 2016.

Sarasvathy S. D., "Causation and Effectuation: Toward a Theoretical Shift from Economic Inevitability to Entrepreneurial Contingency", *Academy of Management Review*, Vol. 26, No. 2, 2001, pp. 243 – 263.

Sariol A. M., Abebe M. A., "The Influence of CEO Power on Explorative and Exploitative Organizational Innovation", *Journal of Business Research*, Vol. 73, 2017.

Sarri K., Trihopoulou A., "Female Entrepreneurs' Personal Characteristics and Motivation: A Review of the Greek Situation", *Women in Management Review*, Vol. 20, No. 1, 2005, pp. 24 – 36.

Sarstedt M., Hair J. F., Pick M., et al., "Progress in Partial Least Squares Structural Equation Modeling Use in Marketing Research in the Last Decade",

Psychology & Marketing, Vol. 39, No. 5, 2022.

Satalkina L., Steiner G., "Digital Entrepreneurship: A Theory-Based Systematization of Core Performance Indicators", *Sustainability*, Vol. 12, No. 10, 2020.

Schein V. E., "A Global Look at Psychological Barriers to Women's Progress in Management", *Journal of Social Issues*, Vol. 57, No. 4, 2001, pp. 675–688.

Schneider A., Ingram H., "Behavioural Assumptions of Policy Tools", *The Journal of Politics*, Vol. 52, No. 2, 1990.

Schneider C. Q., Wagemann C., "Qualitative Comparative Analysis (QCA) and Fuzzy-Sets: Agenda for a Research Approach and a Data Analysis Technique", *Comparative Sociology*, Vol. 9, No. 3, 2010.

Schott T., Sedaghat M., "Innovation Embedded in Entrepreneurs' Networks and National Educational Systems", *Small Business Economics*, Vol. 43, No. 2, 2014, pp. 463–476.

Schunk D. H., DiBenedetto M. K., "Motivation and Social Cognitive Theory", *Contemporary Educational Psychology*, Vol. 60, 2020, p. 101832.

Schwartz E. B., "Entrepreneurship: A New Female Frontier", *Journal of Contemporary Business*, Vol. 47, 1976, pp. 47–76.

Scott W. R., "Approaching Adulthood: The Maturing of Institutional Theory", *Theory and Society*, Vol. 37, No. 5, 2008, pp. 427–442.

Scranton P., "Classic Issues and Fresh Themes in Business History", *OAH Magazine of History*, Vol. 24, No. 1, 2010.

Seet P., Jogulu U., Cripps H., et al., "Transforming Self-Perceived Self-Employability and Entrepreneurship Among Mothers Through Mobile Digital Sharing Economy Platforms: An Exploratory Case Study", *Personnel Review*, Vol. 51, No. 1, 2022.

Segars A. H., "Assessing the Unidimensionality of Measurement: A Paradigm and Illustration Within the Context of Information Systems Research", *Omega*, Vol. 25, No. 1, 1997, pp. 107–121.

Seikkula-Leino J., Ruskovaara E., Ikavalko M., et al., "Promoting Entrepreneurship Education: The Role of the Teacher", *Education + Training*, Vol. 52, No. 2, 2010.

Setyaningrum R. P., Norisanti N., Fahlevi M., et al., "Women and Entrepreneurship for Economic Growth in Indonesia", *Frontiers in Psychology*, Vol. 13, 2023.

Shane S., Venkataraman S., "The Promise of Entrepreneurship as a Field of Research", *The Academy of Management Review*, Vol. 25, No. 1, 2000.

Shen Y., Wang Q., Hua D., et al., "Entrepreneurial Learning, Self-Efficacy, and Firm Performance: Exploring the Moderating Effect of Entrepreneurial Orientation", *Frontiers in Psychology*, Vol. 12, 2021, p. 731628.

Shirokova G., Osiyevskyy O., Bogatyreva K., "Exploring the Intention-Behavior Link in Student Entrepreneurship: Moderating Effects of Individual and Environmental Characteristics", *European Management Journal*, Vol. 34, No. 4, 2016.

Shortle J., Horan R. D., "Policy Instruments for Water Quality Protection", *Annual Review of Resource Economics*, Vol. 5, No. 1, 2013.

Steininger D. M., "Nterview with Frank Petry on 'Digital Entrepreneurship: Opportunities, Challenges, and Impacts'", *Business & Information Systems Engineering*, Vol. 64, No. 1, 2022.

Stroe S., Sirén C., Shepherd D., et al., "The Dualistic Regulatory Effect of Passion on the Relationship Between Fear of Failure and Negative Affect: Insights from Facial Expression Analysis", *Journal of Business Venturing*, Vol. 35, No. 4, 2020.

Taneja M., Kiran R., Bose S., "Understanding the Relevance of Experiential Learning for Entrepreneurial Self-Efficacy: A Gender-Wise Perspective", *The International Journal of Management Education*, 2023, Vol. 21, No. 1, 2023, pp. 1 – 16.

Tett R. P., Toich M. J., Ozkum S. B., "Trait Activation Theory: A Review of the Literature and Applications to Five Lines of Personality Dynamics Research", *Annual Review of Organizational Psychology and Organizational Behavior*, 2021, Vol. 8, pp. 199 – 233.

Thomann E., Maggetti M., "Designing Research with Qualitative Comparative Analysis (QCA): Approaches, Challenges, and Tools", *Sociological Methods & Research*, 2020, Vol. 49, No. 2, pp. 356–386.

Tortora D., Chierici R., Farina Briamonte M., et al., "'I Digitize So I Exist: Searching for Critical Capabilities Affecting Firms' Digital Innovation", *Journal of Business Research*, 2021, Vol. 129, pp. 193–204.

Véras E. Z., "Female Entrepreneurship: From Women's Empowerment to Shared Value Creation", *Journal on Innovation and Sustainability RISUS*, 2015, Vol. 6, No. 2, pp. 109–123.

Verdoliva V., Schiavone F., "Technologies 4.0 and Business Development", *European Management Journal*, 2021, Vol. 39, No. 3, pp. 315–316.

Verweij S., Noy C., "Set-Theoretic Methods for the Social Sciences: A Guide to Qualitative Comparative Analysis", *International Journal of Social Research Methodology*, 2013, Vol. 16, No. 2, pp. 165–169.

Vial G., "Understanding Digital Transformation: A Review and a Research Agenda", *Managing Digital Transformation*, 2021, Vol. 28, No. 2, pp. 13–66.

Vidal-Suñé A., López-Panisello M. B., "Institutional and Economic Determinants of the Perception of Opportunities and Entrepreneurial Intention", *Investigaciones Regionales-Journal of Regional Research*, 2013, No. 26, pp. 75–96.

Vincent S., Wapshott R., Gardiner J., "Putting the Agent into Research in Black and Minority Ethnic Entrepreneurship", *Journal of Critical Realism*, 2014, Vol. 13, No. 4, pp. 368–384.

Vossenberg S., "Women Entrepreneurship Promotion in Developing Countries: What Explains the Gender Gap in Entrepreneurship and How to Close It", *Maastricht School of Management Working Paper Series*, 2013, Vol. 8, No. 1.

Wagener S., Gorgievski M., Rijsdijk S., "Businessman or Host? Individual Differences between Entrepreneurs and Small Business Owners in the Hospitality Industry", *The Service Industries Journal*, 2010, Vol. 30, No. 9, pp. 1513–1527.

Walker J. K., Jeger M., Kopecki D., "The Role of Perceived Abilities, Subjective Norm and Intentions in Entrepreneurial Activity", *The Journal of Entrepreneurship*, 2013, Vol. 22, No. 2, pp. 181 – 202.

Wang Q., Keane M., "Struggling to be More Visible: Female Digital Creative Entrepreneurs in China", *Global Media and China*, 2020, Vol. 5, No. 4, pp. 407 – 422.

Wang Z., "On the Systematic Framework and Theoretical Value of the 'University-wide' Innovation and Entrepreneurship Education", *Educational Research*, 2015, Vol. 36, No. 5, pp. 56 – 63.

Wathanakom N., Khlaisang J., Songkram N., "The Study of the Causal Relationship between Innovativeness and Entrepreneurial Intention among Undergraduate Students", *Journal of Innovation and Entrepreneurship*, 2020, Vol. 9, No. 1.

Watson J., Robinson S., "Adjusting for Risk in Comparing the Performances of Male and Female-Controlled SMEs", *Journal of Business Venturing*, 2003, Vol. 18, No. 6.

Welter F., "Contextualizing Entrepreneurship: Conceptual Challenges and Ways Forward", *Entrepreneurship Theory and Practice*, 2011, Vol. 35, No. 1.

Westhead P., Solesvik M. Z., "Entrepreneurship Education and Entrepreneurial Intention: Do Female Students Benefit?", *International Small Business Journal*, 2016, Vol. 34, No. 8, pp. 979 – 1003.

Xie Z., Wang X., Xie L., et al., "Entrepreneurial Ecosystem and the Quality and Quantity of Regional Entrepreneurship: A Configurational Approach", *Journal of Business Research*, 2021, Vol. 128, pp. 499 – 509.

Xing Y., Liu Y., Boojihawon D. K., et al., "Entrepreneurial Team and Strategic Agility: A Conceptual Framework and Research Agenda", *Human Resource Management Review*, 2020, Vol. 30, No. 1.

Yavorsky J. E., Dill J., "Unemployment and Men's Entrance into Female-Dominated Jobs", *Social Science Research*, 2020, Vol. 85.

Yuan Y., "Executive Team Heterogeneity and the Moral Hazard of Equity

Pledging: Evidence from China", *Finance Research Letters*, 2022, Vol. 52, p. 103371.

Zhang F., Zhu L., "Social Media Strategic Capability, Organizational Unlearning, and Disruptive Innovation of Smes: The Moderating Roles of Tmt Heterogeneity and Environmental Dynamism", *Journal of Business Research*, 2021, Vol. 133.

Zhang J., Zhou N., "The Family's Push and Pull on Female Entrepreneurship: Evidence in China", *Emerging Markets Finance and Trade*, 2021, Vol. 57, No. 5, pp. 1312 – 1332.

Zhao E. Y., Yang L., "Women Hold Up Half the Sky? Informal Institutions, Entrepreneurial Decisions, and Gender Gap in Venture Performance", *Entrepreneurship Theory and Practice*, 2021, Vol. 45, No. 6.

Ziemianski P. P., Golik J., "Including the Dark Side of Entrepreneurship in the Entrepreneurship Education", *Education Sciences*, 2020, Vol. 10, No. 8.

附 录 一

《数字时代女性创业问卷》（创业版）

您好！非常感谢您在百忙之中参与问卷调查。本次调研采取匿名的方式，所有数据仅作为学术研究之用，并将严格保密。请您按照自己的真实情况回答。衷心感谢您的支持！

国家社会科学基金重点项目课题组

一、创业者基本信息

1. 您的年龄是（   ）

　A. 20 周岁及以下　　B. 21—30 周岁　　C. 31—40 周岁

　D. 41—50 周岁　　E. 51 周岁及以上

2. 您的最高学历（   ）

　A. 高中及以下　　B. 大专　　C. 本科　　D. 硕士　　E. 博士

3. 您是否已毕业（   ）

　A. 是　　B. 否

4. 您当前的婚姻状况（   ）

　A. 未婚　　B. 已婚　　C. 其他

5. 您有几个孩子（   ）

　A. 无　　B. 1 个　　C. 2 个　　D. 3 个及以上

6. 您是否返乡创业（   ）

　A. 是　　B. 否

7. 创业之前，您曾在几家公司（机构或组织）工作过（   ）

　A. 无　　B. 1—2 家　　C. 3—5 家　　D. 6—9 家

　E. 10 家及以上

8. 创业之前，您曾在相关行业有几年工作经验（　　）

　　A. 无　　　　B. 1—2 年　　　C. 3—5 年　　　D. 6—9 年

　　E. 10 年及以上

9. 您是不是创二代（　　）

　　A. 是　　　　B. 否

9. （1）如果是，那么您是否接手了家族企业（　　）［第 9 题选择 A，"是"的回答］

　　A. 是　　　　B. 否

二、企业背景信息

10. 贵公司所属的行业（　　）

　　A. 电子商务　　B. 消费生活　　C. 医疗健康　　D. 新零售

　　E. 智能硬件　　F. 文娱传媒　　G. 教育培训　　H. 金融

　　I. 物流　　J. 大数据　　K. 农业　　L. 其他

11. 您的创业属于（　　）

　　A. 个体创业　　B. 大公司衍生创业　　　C. 其他

12. 企业成立年限（　　）

　　A. 1 年以下　　B. 1—5 年　　C. 6—10 年　　D. 10 年以上

13. 企业所处的发展阶段（　　）

　　A. 初创期　　B. 生存期　　C. 成长期　　D. 成熟期　　E. 衰退期

14. 您的企业是否以使用<u>数字化的知识、信息</u>作为企业经营的关键要素（　　）

　　A. 是　　　　B. 否

15. 您经营的企业所在地：＿＿＿＿＿＿＿省

16. 您创业之前的职业是：＿＿＿＿＿＿＿

三、创业特征及障碍

17. 您认为女性创业者面临的困难障碍有哪些：＿＿＿＿＿＿＿【选出您认为最重要的 3—5 项】

　　A. 资金不充足　　　　B. 没有好的创业方向

　　C. 创业—家庭难以平衡　　　　D. 缺乏社会关系

　　E. 社会对女性的偏见　　　　F. 缺乏创业知识与技能

　　G. 缺少先进的数字基础设施　　　　H. 政策扶持力度不够

I. 难以寻找并留住可靠的员工　　J. 缺乏女性创业榜样

K. 其他

18. 您认为创业过程中最需要协助的有：_____【选出您认为最重要的3项】

A. 创业资金支持　　B. 创业政策支持　　C. 创业知识培训

D. 创业导师指导　　E. 创业场地支持

F. 数字基础设施支持（宽带、5G等）　　G. 其他：_____

19. 以下创业动机是否符合您的个人情况，请按照符合程度选择您认为合适的表述

	非常符合	比较符合	一般	比较不符合	非常不符合
FX1 我创业是为了获得成就认可	5	4	3	2	1
FX2 我创业是为了成为成功人士	5	4	3	2	1
FX3 我创业是想扩大圈子影响	5	4	3	2	1
FX4 我创业是想控制自己的人生	5	4	3	2	1
FX5 我创业是因为对做的事感兴趣	5	4	3	2	1
FX6 我创业是想实现具体想法	5	4	3	2	1
FX7 我创业是因为不满工作的薪资待遇	5	4	3	2	1
FX8 我创业是希望不再失业	5	4	3	2	1
FX9 我创业是因为想有时间照顾家人	5	4	3	2	1

20. 以下创业技能的描述是否符合您的个人情况，请按照符合程度选择您认为合适的表述

	非常符合	比较符合	一般	比较不符合	非常不符合
FX10 我能利用碎片化的时间学习	5	4	3	2	1
FX11 我能快速学习新知识（新方法、新技术）	5	4	3	2	1
FX12 我能利用数字平台（慕课、B站、网易公开课等）持续学习	5	4	3	2	1
FX13 我有快速搜集创业机会信息的渠道	5	4	3	2	1
FX14 我能准确识别新信息可能带来的变化	5	4	3	2	1
FX15 我能准确预测市场前景	5	4	3	2	1
FX16 我能将新的商机快速融入创业活动中	5	4	3	2	1

续表

	非常符合	比较符合	一般	比较不符合	非常不符合
FX17 我能开辟新市场	5	4	3	2	1
FX18 我能快速吸收、整合新的市场机遇	5	4	3	2	1
FX19 我能在创业/工作过程中积累各种经验	5	4	3	2	1
FX20 我能从失败的经验中吸取教训	5	4	3	2	1
FX21 我经常总结已发生的工作/创业行为	5	4	3	2	1
FX22 我能与潜在投资者建立并维持良好的关系	5	4	3	2	1
FX23 我能与拥有重要资源的关键人物建立关系	5	4	3	2	1
FX24 我能与员工建立良好的关系	5	4	3	2	1

21. 以下关于创业与家庭的描述是否符合您的个人情况，请按照符合程度选择您认为合适的表述

	非常符合	比较符合	一般	比较不符合	非常不符合
FX25 我的创业要求干扰了我的家庭和家庭生活	5	4	3	2	1
FX26 由于创业对我的要求，我想在家里做的事情没有完成	5	4	3	2	1
FX27 我的创业产生了压力，很难履行家庭职责	5	4	3	2	1
FX28 我的家人或配偶/伴侣的要求干扰了与创业有关的活动	5	4	3	2	1
FX29 由于家人或配偶/伴侣的要求，我想在创业中做的事情无法完成	5	4	3	2	1
FX30 与家庭有关的压力干扰了我履行与创业有关的职责的能力	5	4	3	2	1

22. 以下描述是否符合实际情况，请按照符合程度选择您认为合适的表述

	非常符合	比较符合	一般	比较不符合	非常不符合
FX31 由于是女性，人们认为我的能力较差	5	4	3	2	1
FX32 由于是女性，人们认为我在创业方面有较差的表现	5	4	3	2	1

续表

	非常符合	比较符合	一般	比较不符合	非常不符合
FX33 女性经常在创业中碰壁	5	4	3	2	1
FX34 社会鼓励女性创业	5	4	3	2	1
FX35 社会为女性创业提供了足够的社会服务	5	4	3	2	1
FX36 与男性相比，女性有平等的创业机会	5	4	3	2	1

23. 以下创业特征是否符合实际情况，请按照符合程度选择您认为合适的表述

	非常符合	比较符合	一般	比较不符合	非常不符合
FX37 我喜欢富有挑战性的工作	5	4	3	2	1
FX38 碰到难以克服的困难时，我会兴奋与快乐	5	4	3	2	1
FX39 能够衡量我能力的工作，对我有吸引力	5	4	3	2	1
FX40 我能很快想出许多有创意的点子	5	4	3	2	1
FX41 对于老生常谈的问题，我总能以崭新的观点看待	5	4	3	2	1
FX42 我喜欢改变一些惯例或既定的规则	5	4	3	2	1
FX43 我不会急于做出一项有风险的商业决策，即使时间紧迫	5	4	3	2	1
FX44 即使创建新企业有利可图，我也不愿为此借钱或贷款	5	4	3	2	1
FX45 创业过程中我尽量避免接手有可能失败的项目	5	4	3	2	1
FX46 我喜欢任务与要求都十分明确的工作	5	4	3	2	1
FX47 我喜欢按部就班地生活，突发之事越少越好	5	4	3	2	1
FX48 我可以和与我在意见上有较大分歧的人和睦相处	5	4	3	2	1
FX49 我成功是因为运气好	5	4	3	2	1
FX50 做长远计划是没有用的，因为市场是瞬息万变的	5	4	3	2	1
FX51 我经常觉得我的人生不是在我的掌控下的	5	4	3	2	1

24. 关于以下描述是否符合您的实际情况，请按照符合程度选择您认为合适的表述

	非常符合	比较符合	一般	比较不符合	非常不符合
FX52 在充满挑战性的工作面前，我有信心通过努力来获得成功	5	4	3	2	1
FX53 我认为我能够获得成功	5	4	3	2	1
FX54 我对目标锲而不舍，为取得成功能调整实现目标的途径	5	4	3	2	1
FX55 当身处逆境和被问题困扰时，我能克服困难	5	4	3	2	1

25. 以下关于创业团队的描述是否符合您的实际情况，请按照符合程度选择您认为合适的表述

	非常符合	比较符合	一般	比较不符合	非常不符合
FX56 我的创业团队中每位成员的教育背景都不相同	5	4	3	2	1
FX57 我的创业团队中每位成员的职业经历都不相同	5	4	3	2	1
FX58 每位创业团队成员都有自己的专长或专门知识	5	4	3	2	1

26. 以下关于绩效的表述是否符合您/贵公司实际的情况，请按照符合程度选择您认为合适的表述

	非常符合	比较符合	一般	比较不符合	非常不符合
FX59 我/公司在同行内市场占有率高	5	4	3	2	1
FX60 我/公司销售增长率高	5	4	3	2	1
FX61 我/公司的利润高	5	4	3	2	1
FX62 我/公司服务质量高	5	4	3	2	1
FX63 我/公司社会声誉高	5	4	3	2	1
FX64 我/公司创造了许多工作岗位	5	4	3	2	1
FX65 顾客对我/公司的满意度高	5	4	3	2	1

27. 您认为下列哪些政策会促进您的创业？请按照符合程度选择您认为合适的表述

	非常符合	比较符合	一般	比较不符合	非常不符合
FX66 配有专门的女性创业服务中心	5	4	3	2	1
FX67 为创业女性提供税收优惠	5	4	3	2	1
FX68 促进女性创业法律法规齐全	5	4	3	2	1
FX69 为创业女性提供小微贷款优惠	5	4	3	2	1
FX70 设立女性创业奖励金	5	4	3	2	1
FX71 加大对数字企业/人才的扶持力度	5	4	3	2	1
FX72 带头建设数字智慧园、数字特色小镇	5	4	3	2	1
FX73 及时更新数字企业的行业规范和标准	5	4	3	2	1

28. 您对该研究是否感兴趣，如感兴趣的话，是否愿意留下您的联系方式_____

附 录 二

《数字时代大学生创业政策和创业教育调查问卷》

您好！非常感谢您在百忙之中参与问卷调查。本次调研采取匿名的方式，所有数据仅作为学术研究之用，并将严格保密。请您按照自己的真实情况回答。衷心感谢您的支持！

国家社会科学基金重点项目课题组

一、创业者基本信息

1. 您的性别是（ ）

A. 男性　B. 女性

2. 您的年龄是（ ）

A. 20 周岁及以下　　B. 21—30 周岁　　C. 31—40 周岁

D. 41—50 周岁　　　E. 51 周岁及以上

3. 您的学历是（ ）

A. 大专（含在读）　　B. 本科（含在读）　　C. 硕士（含在读）

D. 博士（含在读）

4. 您的年级是（ ）

A. 一年级　B. 二年级　C. 三年级　D. 四年级　E. 五年级

F. 已毕业

5. 您所学专业属于什么学科门类：_____

A. 哲学　B. 经济学　C. 法学　D. 教育学　E. 文学　F. 历史学

G. 理学　H. 工学　I. 农学　J. 医学　K. 军事学　L. 管理学

M. 艺术学

6. 您在校期间有无过创业实践（ ）

A. 有　　B. 没有

7. 您是否注册过公司（ ）

A. 是　　B. 否

7.（1）如果是，您公司属于什么类型（ ）【第 7 题选择 A."是"的回答】

A. 数字型　　　　B. 传统型

8. 您是否参加过公益创业活动（ ）

A. 是　　　　B. 否

9. 您毕业后最想要的打算是（ ）

A. 就业　　B. 升学　　　C. 自主创业　　　D. 其他

9.（1）如果是自主创业，那您是否考虑选择数字型产业或在创业过程中使用数字工具（ ）【第 9 题选择 C."自主创业"的回答】

A. 是　　B. 否

10. 您所就读的学校类型（ ）

A."双一流"高校_____；B. 普通本科院校_____；C. 独立学院_____；D. 高职大专院校_____；E. 民办院校_____；

11. 您所就读的学校全称（如是独立学院，请写明学校及学院名称）：_____

二、创业特征及障碍

12. 您认为创业面临的困难障碍主要有哪些：_____【选出您认为最重要的 3—5 项】

A. 资金不充足　　　　B. 没有好的创业方向

C. 创业—学习难以平衡　　　D. 缺乏社会关系

E. 难以寻找可靠的合伙人　　　F. 缺乏创业知识与技能

G. 缺少先进的数字基础设施　　　H 政策扶持力度不够

I. 缺乏家人支持　　J. 缺乏创业榜样　　K. 其他

13. 您认为您自身如果要创业的话，最需要的协助：_____【选出您认为最重要的 3 项】

A. 创业资金支持　　　B. 创业政策支持　　　C. 创业知识培训

D. 创业导师指导　　　E. 创业场地支持

F. 数字基础设施支持（宽带、5G 等）　　　G. 其他_____

14. 以下创业意向是否符合您的个人情况，请按照符合程度选择您认为合适的表述

	非常符合	比较符合	一般	比较不符合	非常不符合
SX1 我将来想创业	5	4	3	2	1
SX2 我对未来的创业有了初步的想法	5	4	3	2	1
SX3 我的职业目标是成为一名企业家	5	4	3	2	1
SX4 为了成为一名企业家，我愿意做任何事情	5	4	3	2	1

15. 如果您创业的话，以下动机是否符合您的个人情况，请按照符合程度选择您认为合适的表述

	非常符合	比较符合	一般	比较不符合	非常不符合
SX5 我创业是为了获得成就认可	5	4	3	2	1
SX6 我创业是为了成为成功人士	5	4	3	2	1
SX7 我创业是想扩大圈子影响	5	4	3	2	1
SX8 我创业是想控制自己的人生	5	4	3	2	1
SX9 我创业是因为对做的事感兴趣	5	4	3	2	1
SX10 我创业是想实现具体想法	5	4	3	2	1
SX11 我创业是因为不满工作的薪资待遇	5	4	3	2	1
SX12 我创业是希望不再失业	5	4	3	2	1
SX13 我创业是因为想有时间照顾家人	5	4	3	2	1

16. 以下技能的描述是否符合您的个人情况，请按照符合程度选择您认为合适的表述

	非常符合	比较符合	一般	比较不符合	非常不符合
SX14 我能够利用碎片化的时间学习	5	4	3	2	1
SX15 我能够快速学习新知识（新方法、新技术）	5	4	3	2	1
SX16 我能够利用数字平台（慕课、网易公开课等）持续学习	5	4	3	2	1
SX17 我有快速搜集创业机会信息的渠道	5	4	3	2	1

续表

	非常符合	比较符合	一般	比较不符合	非常不符合
SX18 我能够准确识别新信息可能带来的变化	5	4	3	2	1
SX19 我能够准确预测市场前景	5	4	3	2	1
SX20 我能将新的商机快速融入创业活动中	5	4	3	2	1
SX21 我能够开辟新市场	5	4	3	2	1
SX22 我能够快速吸收、整合新的市场机遇	5	4	3	2	1
SX23 我能在工作/创业过程中积累各种经验	5	4	3	2	1
SX24 我能从失败的经验中吸取教训	5	4	3	2	1
SX25 我经常总结已发生的工作/创业行为	5	4	3	2	1
SX26 我能够与潜在投资者建立并维持良好的关系	5	4	3	2	1
SX27 我能够与拥有重要资源的关键人物建立关系	5	4	3	2	1
SX28 我能够与合作伙伴建立良好的关系	5	4	3	2	1

17. 以下创业行为的描述是否符合您的个人情况，请按照符合程度选择您认为合适的表述

	非常符合	比较符合	一般	比较不符合	非常不符合
SX29 我撰写过创业计划书	5	4	3	2	1
SX30 我试图获取过外部资金	5	4	3	2	1
SX31 我试图开始产品/服务的开发	5	4	3	2	1
SX32 我收集了相关市场和竞争对手的信息	5	4	3	2	1

18. 以下关于家庭支持的描述是否符合您的个人情况，请按照符合程度选择您认为合适的表述

	非常符合	比较符合	一般	比较不符合	非常不符合
SX33 如果我创业，我的父母/家庭会给我情感上的鼓励和支持	5	4	3	2	1
SX34 如果在创业上遇到困难，我的父母/家庭会为我提供意见和看法	5	4	3	2	1
SX35 如果我创业，我的父母/家庭会为我提供资金支持	5	4	3	2	1

续表

	非常符合	比较符合	一般	比较不符合	非常不符合
SX36 如果我创业，我的父母/家庭会帮助我接触到可能为我创业提供帮助的人	5	4	3	2	1
SX37 该题选"一般"	5	4	3	2	1

19. 以下个性特征是否符合实际情况，请按照符合程度选择您认为合适的表述

	非常符合	比较符合	一般	比较不符合	非常不符合
SX38 我喜欢富有挑战性的工作	5	4	3	2	1
SX39 碰到难以克服的困难时，我会兴奋与快乐	5	4	3	2	1
SX40 能够衡量我能力的工作，对我有吸引力	5	4	3	2	1
SX41 我能很快想出许多有创意的点子	5	4	3	2	1
SX42 对于老生常谈的问题，我总能以崭新的观点看待	5	4	3	2	1
SX43 我喜欢改变一些惯例或既定的规则	5	4	3	2	1
SX44 我不会急于做出一项有风险的商业决策，即使时间紧迫	5	4	3	2	1
SX45 即使创建新企业有利可图，我也不愿为此借钱或贷款	5	4	3	2	1
SX46 工作/创业过程中我尽量避免接手有可能失败的项目	5	4	3	2	1
SX47 我喜欢任务与要求都十分明确的工作	5	4	3	2	1
SX48 我喜欢按部就班地生活，突发之事越少越好	5	4	3	2	1
SX49 我可以和与我在意见上有较大分歧的人和睦相处	5	4	3	2	1
SX50 我成功是因为运气好	5	4	3	2	1
SX51 做长远计划是没有用的，因为市场是瞬息万变的	5	4	3	2	1
SX52 我经常觉得我的人生不是在我的掌控下的	5	4	3	2	1

20. 关于以下描述是否符合您的实际情况，请按照符合程度选择您认为合适的表述

	非常符合	比较符合	一般	比较不符合	非常不符合
SX53 在充满挑战性的工作面前，我有信心通过努力来获得成功	5	4	3	2	1
SX54 我认为我能够获得成功	5	4	3	2	1
SX55 我对目标锲而不舍，为取得成功能调整实现目标的途径	5	4	3	2	1
SX56 当身处逆境和被问题困扰时，我能克服困难	5	4	3	2	1

21. 您认为下列哪些政策会促进您的创业？请按照符合程度选择您认为合适的表述

	非常符合	比较符合	一般	比较不符合	非常不符合
SX57 配有专门的创业服务中心	5	4	3	2	1
SX58 为创业者提供税收优惠	5	4	3	2	1
SX59 促进创业法律法规齐全	5	4	3	2	1
SX60 为创业者提供小微贷款优惠	5	4	3	2	1
SX61 设立创业奖励金	5	4	3	2	1
SX62 加大对数字企业/人才的扶持力度	5	4	3	2	1
SX63 带头建设数字智慧园、数字特色小镇	5	4	3	2	1
SX64 及时更新数字企业的行业规范和标准	5	4	3	2	1

22. 您如何评价贵校的创业教育实施情况，并选择您认为合适的表述

	非常符合	比较符合	一般	比较不符合	非常不符合
SX65 有完整的大学生创新创业教育培养计划	5	4	3	2	1
SX66 创业教师具备创新创业教学素养与能力	5	4	3	2	1
SX67 有高质多样的大学生创新创业培训	5	4	3	2	1
SX68 创业教育与数字时代结合紧密	5	4	3	2	1
SX69 有校内外联动的创新创业实践平台	5	4	3	2	1
SX70 校企与校城间有带动性的双创示范基地	5	4	3	2	1
SX71 各类大学生创业竞赛的组织实施与联动有保障	5	4	3	2	1
SX72 大学生创业竞赛的内容形式丰富多样	5	4	3	2	1

23. 您如何评价当前大学生创新创业环境，并选择您认为合适的表述

	非常符合	比较符合	一般	比较不符合	非常不符合
SX73 大学生创新创业有免费孵化空间或租金补贴	5	4	3	2	1
SX74 大学生创新创业有科技创新资源开放共享平台	5	4	3	2	1
SX75 大学生创新创业有创业失败或风险救助机制	5	4	3	2	1
SX76 大学生创新创业有数字技术及基础设施支持	5	4	3	2	1

24. 您如何评价当前大学生创新创业扶持政策，并选择您认为合适的表述

	非常符合	比较符合	一般	比较不符合	非常不符合
SX77 国家对大学生创新创业的财政资金支持力度大	5	4	3	2	1
SX78 国家对大学生创业者的减税降费扶持效用大	5	4	3	2	1
SX79 大学生创新创业的融资担保政策便利	5	4	3	2	1
SX80 大学生创新创业与社会资本对接容易	5	4	3	2	1

25. 关于当前大学生创新创业成果转化，请按照符合程度选择您认为合适的表述

	非常符合	比较符合	一般	比较不符合	非常不符合
SX81 创新创业成果转化机制完善（设有成果转化机构、奖励及培训课程）	5	4	3	2	1
SX82 多方支持大学生创新创业项目落地发展	5	4	3	2	1

26. 关于当前大学生创新创业信息服务，请按照符合程度选择您认为合适的表述

	非常符合	比较符合	一般	比较不符合	非常不符合
SX83 创业信息获取数字渠道丰富通畅	5	4	3	2	1
SX84 高校创新创业宣传引导及时有效	5	4	3	2	1

27. 您对该研究是否感兴趣，如感兴趣的话，是否愿意留下您的联系方式_____。（选填题）

附录三

《数字时代女性创业》访谈提纲

国家社会科学基金重点项目课题组

1. 受访者的个人、企业简介（年龄、学历、籍贯、家庭儿女情况、创业行业等，创业阶段、现有企业规模利润等）；介绍下您的创业经历（1年内刚起步、1—3年创业中期、3年以上创业期）。

2. 家人（父母、配偶、子女等）是如何看待您选择创业的，是否支持？是什么因素或动机驱使您从事现在的（数字或返乡等）创业？

3. 您在创业各阶段过程中（初创、中期、后期）主要遇到了哪些障碍？（性别歧视、家庭、团队、资金、政策、个人能力、环境、创业机会等）如何克服的？

4. 您特别希望政府（或者社会、高校）出台哪些政策或措施来支持女性创业（支持您解决当前创业过程中遇到的问题）；您认为是否有必要设置一个专门的女性创业服务机构？如定期组织各种培训、讲座、创业者交流等活动的载体。

5. 您的企业是否有准备进行数字化转型或结合数字平台运营？在数字化转型过程中，面临着哪些主要问题（数字化、产品创新、市场创新、技术创新、管理模式创新等）？是否克服了？如何克服的？

6. 在您创业的各阶段，您作为领袖认为在各阶段（如组建阶段、初创阶段、生存阶段、成长阶段、成熟阶段）哪些能力更为重要？

7. 您认为女性和男性创业是否有较大差异？社会对女性创业者的态度？或者女性创业有什么优势？又比如在创业融资过程中，您是否认为您作为女性比男性融资更难？

8. 您是否接受过创业教育或进行过创业相关学习，您觉得哪些内容对您创业帮助最大？

9. 您身边有较多的创业女性吗？她们对您进行创业以及创业决策是否有影响？能否推荐给我们？

10. 您对本课题研究的建议。